Arabella Meran
Das Lachen der Pinguine
Caroline Mikkelsen, die erste Frau in der Antarktis

Das Buch

Frederikshavn 1931: Im Fischhandel ihrer Familie lernt die neugierige, lebenslustige Caroline den charmanten Kapitän Klarius Mikkelsen kennen. Von seiner Stimme und seinen blauen Augen fühlt sie sich in eine Welt der Entdeckungen in weiter Ferne getragen. Sie folgt ihm in den norwegischen Walfanghafen Sandefjord und setzt durch, dass sie ihn auf seiner nächsten Expedition begleiten darf. 1935 betritt Caroline Mikkelsen als erste Frau das ewige Eis der Antarktis. Doch dieser Meilenstein erregt kaum Aufsehen. Zurück in Sandefjord begnügt sich Caroline nicht damit, zu Hause auf ihren Mann zu warten, sondern baut ihre eigene Nähschule auf. Erst 60 Jahre später sucht die erfolgreiche, aber unglückliche Journalistin Jesse Brubaker nach der vergessenen Pionierin und will ihre Geschichte erzählen. Als sie die Südpolreisende endlich aufspürt, verändert die Begegnung Jesses eigene Zukunft.

Ein faszinierender Roman, der die wahre Lebensgeschichte von Caroline Mikkelsen mit der Suche einer modernen Frau nach Lebensglück verwebt.

Die Autorin

Arabella Meran ist in Köln geboren und im Rheinland zwischen Heuballen und Kuhfladen aufgewachsen. Schon in Jugendtagen war sie literaturbegeistert und hat selbst Geschichten und Theaterstücke geschrieben, die sie mit ihren fünf Schwestern auf der Wohnzimmerbühne inszeniert hat. Sie war zehn Jahre lang als Anwältin tätig. 2016 hat sie ihre Robe an den Nagel gehängt und einen Masterabschluss im Fach »Biografisches und Kreatives Schreiben« erworben. Inzwischen lebt sie in Berlin, wo sie ihrer Berufung als Autorin und Schreiblehrerin folgt. Auf ihren vielen Reisen in die beeindruckenden Landschaften Skandinaviens und in europäische Kulturstädte schöpft sie Inspiration für ihre Romane.

Arabella Meran
Das Lachen der Pinguine

Roman

Deutsche Erstveröffentlichung bei
Tinte & Feder, Amazon Media EU S.à r.l.
38, avenue John F. Kennedy, L-1855 Luxembourg
Februar 2023
Copyright © der deutschsprachigen Ausgabe 2023
By Arabella Meran
All rights reserved.

Umschlaggestaltung: bürosüd⁰ München, www.buerosued.de
Umschlagmotiv: © Andrew Buckin © Sk_Advance studio © Guschenkova © bezikus © Fredy Thuerig © marino bocelli © S_L / Shutterstock;
© Malgorzata Maj / ArcAngel
Entwicklungslektorat: Ute Köhler
Lektorat und Korrektorat: Media-Agentur Gaby Hoffmann, www.profi-lektorat.com
Gedruckt durch:
Amazon Distribution GmbH, Amazonstraße 1, 04347 Leipzig /
Canon Deutschland Business Services GmbH, Ferdinand-Jühlke-Straße 7, 99095 Erfurt /
CPI books GmbH, Birkstraße 10, 25917 Leck

ISBN 978-2-49671-310-7
e-ISBN 978-2-49671-311-4

www.tinte-feder.de

*Für meinen Vater,
der mir in meiner Kindheit viel vorgelesen
und meine Liebe zur Literatur geweckt hat.*

Einführung zum historischen Hintergrund

Dieser Roman holt die faszinierende und beinahe im Schatten der Geschichte vergessene Lebensgeschichte von **Caroline Mikkelsen** ans Licht. Die dänisch-norwegische Caroline Mikkelsen, geborene Aaen (1906–1998), hat am 20. Februar 1935 als erste Frau in der Geschichtsschreibung den Boden der Antarktis betreten. Dort hat sie die norwegische Flagge gehisst – wovon es heute noch eine Fotografie gibt – und ihre Begleiter haben ein Steinmonument errichtet. Sie war die junge Ehefrau des norwegischen Kapitäns Klarius Mikkelsen, der mit dem Versorgungsschiff *M/S Thorshavn* die antarktischen Gewässer beschiffte und Teil der Walfangflotte des Reeders Lars Christensen war. In dessen Auftrag erkundete und kartografierte er auch die Küste der Antarktis. So trägt diese Region heute noch den norwegischen Namen »Vestfold Hills«, die Ingrid-Christensen-Küste ist nach der Ehefrau des Reeders benannt und ein kleiner Berg heißt »Mount Caroline Mikkelsen«. Allerdings wurde der historische Landgang von Caroline zwar dokumentiert, aber nicht als Rekord gewürdigt. Erst im Jahr **1995**, 60 Jahre nach der weiblichen Erstbetretung, wurde der Steinhaufen der Norweger, der sich nahe der australischen Davis Station befindet, von Forschern wiederentdeckt. Die Leiterin dieser Antarktisstation war erstmalig eine Frau: **Diana Patterson**. Es ist auf ihr Engagement zurückzuführen, dass eine öffentliche Suche nach der verschollenen Caroline Mikkelsen ausgerufen wurde, die letztlich Erfolg hatte. Dank eines Zeitungsaufrufs in einer norwegischen Zeitung meldete sich der Sohn von Caroline, und die Pionierin hat im Alter von 89 Jahren endlich die öffentliche Würdigung erfahren, die sie verdient hat. Ihre Erstbetretung als Frau ist seit 1996 im Guinnessbuch der Rekorde eingetragen.

Aber warum hat Caroline 60 Jahre lang über ihr einzigartiges Antarktiserlebnis geschwiegen? Diese Frage hat meine Neugier als Schriftstellerin geweckt und ich habe mich auf die Suche nach der Persönlichkeit hinter dem Rekord gemacht. Dank der Auskünfte ihres hilfsbereiten Sohnes Johan und Interviews mit Zeitzeugen habe ich das facettenreiche Bild einer bescheidenen, lebensfrohen und kreativen Frau aufgedeckt. Mich hat es fasziniert, wie neugierig und aufgeschlossen die Tochter einer kinderreichen Fischerfamilie durch ihr Leben gegangen ist. Bereits als junge Frau mit Anfang 20 hat sie ein Jahr lang in Hollywood, USA, gelebt und dort eine Ausbildung zur Näherin gemacht. Als sie 1932 im Alter von 25 Jahren den Norweger Klarius Mikkelsen geheiratet hat, ist sie aus ihrer Geburtsstadt Frederikshavn (Dänemark) zu ihm ins Walfangzentrum Sandefjord (Norwegen) gezogen und hat einen Neuanfang im Land auf der anderen Seite der Meeresstraße gewagt. Im Laufe ihrer Ehe hat sie sich nicht mit einem Hausfrauendasein begnügt, sondern ihren kreativen Talenten folgend ein eigenes Geschäft aufgebaut.

In diesem Roman stütze ich mich auf **historische Fakten** wie die genaue Reiseroute der *Thorshavn* und Carolines biografische sowie berufliche Eckpunkte. Aber es gibt natürlich vieles, was nicht überliefert ist, das ich mit meiner **Fantasie** ausgefüllt habe, wie zum Beispiel das Kennenlernen mit Klarius und ihre Liebesgeschichte. Vor allem ist Carolines Leben in meiner Interpretation eine Geschichte über Selbstbestimmung und Suche nach Lebensglück.

Der historischen Figur der Caroline habe ich die **fiktive** australische Journalistin **Jesse Brubaker** an die Seite gestellt. Sie sucht im Jahr 1995 nach der verschollenen Antarktispionierin. Diese Figur ist gleichzeitig eine Hommage an die starken Frauen, die an der tatsächlichen Suche nach Caroline beteiligt waren. Jesse ist eine emanzipierte Frau der 1990er-Jahre, die sich unter ständigem Leistungsdruck in der Männerwelt behaupten muss und dabei ihre eigenen Bedürfnisse aus den Augen verliert. Was wird die Begegnung von Jesse mit der 89-jährigen Caroline wohl hervorbringen und kann sie etwas von ihr lernen?

Das werden Sie, liebe Leserinnen und Leser, bei der Lektüre herausfinden. Ich wünsche Ihnen eine anregende Entdeckungsreise in die Schneewelt der Antarktis und in die Innenwelt der Menschen auf den Spuren von Caroline und Jesse.

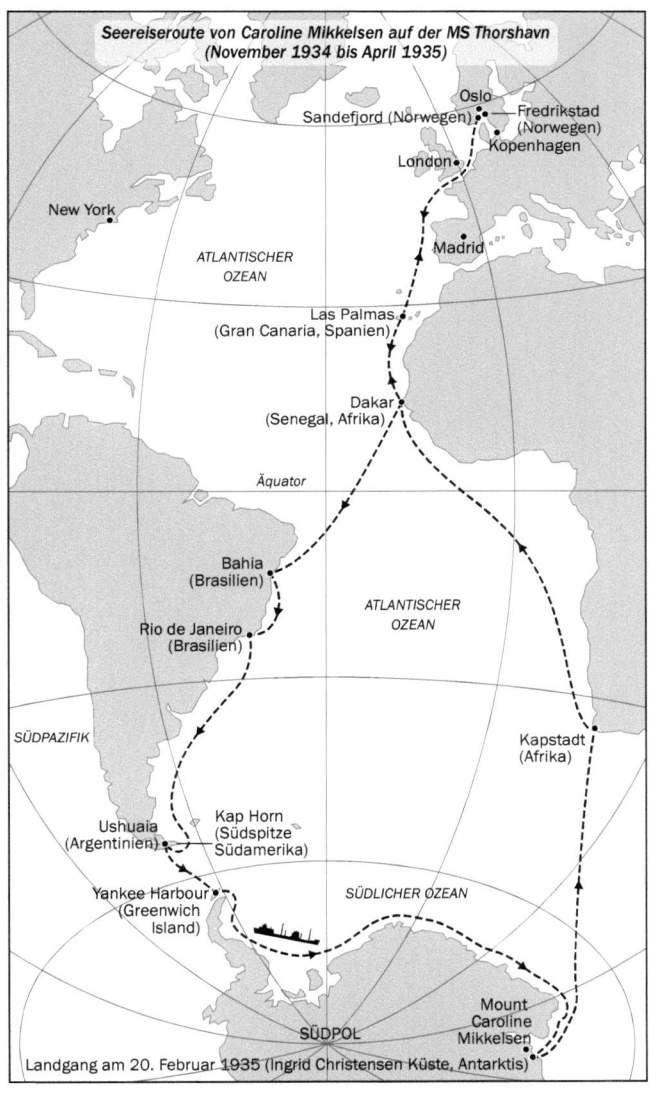

Historische Fotos

1909: Caroline als 3-Jährige (sie ist das Mädchen in der ersten Reihe mit dem neugierigen Blick, links beim Vater stehend) mit ihren Eltern und Geschwistern. Sie ist das 13. von 16 Kindern einer Fischerfamilie aus Frederikshavn (Dänemark)

Caroline Mikkelsen erreicht auf der *Thorshavn* die antarktischen Gewässer (Februar 1935)

Begegnung mit der Walfangflotte von Thor Dahl (Februar 1935)

Caroline beobachtet die Walschlachtung (Februar 1935)

Caroline Mikkelsen betritt am 20. Februar 1935 als erste Frau den Boden der Antarktis

Caroline und Kapitän Klarius Mikkelsen beim Landgang umringt von Adeliepinguinen (20. Februar 1935)

Die Männer der *Thorshavn* errichten einen Steinhaufen und Fahnenmast auf dem Boden der Antarktis (20. Februar 1935)

Caroline bei der Errichtung des Steinhaufens mit Depot (20. Februar 1935)

Picknick der *Thorshavn*-Besatzung mit Kaffee und belegten Broten (20. Februar 1935)

Caroline mit Pinguinen vor der soeben von ihr gehissten norwegischen Flagge (20. Februar 1935)

Prolog:
Die Stimme der Antarktis

Ich liege außerhalb deiner Reichweite, in unermesslicher Entfernung – und doch streckst du deine Hand nach mir aus, willst mich berühren, deinen Fuß auf meine weiße Haut setzen, deine Fahne in meine eisigen Tiefen rammen. Mich in Besitz nehmen – für deine Nation, für deinen Ruhm, für deine Unsterblichkeit. Ich liege vor deinem Auge, so weiß, dass du blind davon wirst. So weit, dass die Distanz ihre Bedeutung verliert. Du hörst meine Stimme. Sie führt dich über das Meer. Dein Schiff bahnt sich einen Weg zwischen den Eisspalten mit ihren scharfen Kanten, die wie Säbel in deinen Bug schneiden. Du gibst nicht auf. Deine Schritte führen dich über meine Oberfläche aus Felsen und Eis. Meine weiße Haut trinkt das Öl aus deinen Schlittenmotoren und das Blut deiner Hunde. Ich bewahre deine schmutzigen Spuren auf in meinen gefrorenen Kammern der Jahrhunderte, abgedeckt durch neue Schichten meiner Reinheit. Ich erneuere mich und du verlierst dich in mir. Dein Atem geht schnell, mein Atem geht im Rhythmus der Jahreszeiten, steigt auf und ab mit Licht und Dunkelheit. Die Kälte lässt meine Stimme in deinen Ohren klirren. Weiter, immer weiter zieht sie dich zu meinem Mittelpunkt, der im unsichtbaren Irgendwo liegt. Vielleicht findest du diesen Punkt, der dich zum Eroberer macht. Du willst belohnt werden für deine Entbehrungen, deine Opfer, deinen Mut. Du wirst ein Kreuz auf deiner Landkarte machen und all meinen Wölbungen einen Namen geben. Rufst du mich mit diesen Namen, bleibe ich stumm. Ich bleibe Niemandsland. Der Niemand, der bist du.

Ich zwinge dich zum Rückzug, sende den Frost in deine Glieder, lasse dir den Atem in der Brust erstarren, bis du deine Sehnsucht in meiner kalten Umarmung aushauchst. Willst du mich bezwingen, bezwinge ich dich.

Bist du fort, deckt der Schnee meine Erinnerung zu. Ich bin frei von dir. Aber du – du bleibst meine Geisel. Hast du meinen Gesang aus Eis einmal vernommen, wird er niemals mehr in dir verstummen.

Kapitel 1:
Alleine im Sturm

Sandefjord, Norwegen,
21. Dezember 1941

Lirr, der Nordwind, heulte um das Haus und seine Wände aus Holz stöhnten und ächzten wie ein Schiffsbauch, der vom Schelfeis der Antarktis zerquetscht wird. Caroline schrak in ihrem Bett hoch. Nein, sie war auf keinem Schiff. Es waren die Äste des Baums, die vom Sturm gepeitscht an der Hauswand rieben und kratzten. Die Daunendecke rutschte von ihren Schultern. Sofort spürte sie den eisigen Luftzug um den Nacken und ihren Rücken hinabkriechen. Bibbernd wickelte sie sich den molligen Wollschal um die Schultern und strich sich eine sandblonde Haarsträhne aus den Augen hinter das Ohr. Sie schlüpfte in ihre Fellhausschuhe und ging auf Zehenspitzen zum Fenster. Der Sturm pfiff durch die Ritzen der Holzfenster und wiegte den schweren Damastvorhang hin und her wie in einem langsamen Tanz. Sie schob den Vorhang einen Spalt weit auf und lugte in die Nacht hinaus. Der Mond schimmerte zaghaft hinter Wolken hervor, einige Sterne glitzerten wie Goldkörner. Sie konnte den Hafen von Sandefjord erkennen, über den der Leuchtturm wachte. Sein pulsierendes Licht wurde von der Dunkelheit beinahe verschluckt und vom Sturm zerrissen. Der unstete Leuchtstrahl des Turms wurde von den metallenen Schornsteinen der Walfangschiffe zurückgeworfen, die wie erstarrte Riesen im schäumenden Wasser lagen.

Da fing ein dunkler Schatten Carolines Blick ein, der direkt unter ihrem Fenster über das schneebedeckte Feld ihres Vorgartens huschte und in der Hecke verschwand. Vielleicht ein pelziger Troll, der in dieser grässlichen Nacht sein Unwesen trieb? Wohl eher der dicke Kater Leif von nebenan, beruhigte sie ihr Verstand. Als Frau von 35 Jahren war sie nun wirklich zu alt, um sich vor Trollen zu fürchten.

Der Wind fegte über die Schneefläche und formte Verwehungen, die ihren Vorgarten wie ein Wellenmeer aussehen ließen. Ihre Augen tauchten ein in dieses glitzernde Weiß. Wie damals in der Antarktis. Es kam ihr vor, als wäre es gestern gewesen. So viele Nächte hatte sie in ihrer Kajüte gelegen und dem Klang des Polarmeeres gelauscht. Selbst in einer windstillen Nacht hatten die Wellen rhythmisch gegen den Bug der *Thorshavn* geschlagen. Dazu hatte sich der melodische Gesang der Wale gesellt, der aus der Tiefe des Ozeans geheimnisvoll emporgeschwebt war. Hinein mischte sich in ihrer Erinnerung das fröhliche Lachen der Adeliepinguine, denen sie an Land begegnet war. Es war diese Symphonie der Antarktis, die immer noch in ihr nachhallte.

Ihre Zukunft lag vor ihr wie die unendliche Weite der Antarktis, alles schien weiß in Weiß zu verschwimmen; es fehlte jeglicher Orientierungspunkt. Aber sie musste sich für eine Richtung entscheiden, einen Weg wählen, der sie aus dieser Kälte hinausführte. Ein greller Todesschrei ließ sie zusammenzucken.

Im Sturm hatte ein tierischer Jäger seine Beute gefunden. Wahrscheinlich war eine Schnee-Eule auf eine Maus oder einen Lemming niedergestoßen. Es gab kein Entrinnen vor dem Tod. Caroline spähte in die Ferne, in der Hoffnung, das erste Licht des Morgens zu entdecken. Aber diese längste Nacht des Jahres wollte noch kein Ende nehmen.

Im Flur hörte sie das Knirschen der Dielen wie unter dem Tritt eines Fußes. Carolines Herzschlag beschleunigte sich und ihr Atem stockte. In törichter Angst hefteten sich ihre Augen auf die Türklinke, die aber von niemandem heruntergedrückt wurde. Sie wusste, sie war alleine in dem Haus mit den vielen Zimmern. Wie war sie nur hierhergekommen? In dieses Haus am Meer in einem fremden Hafen. Warum war in dieser Nacht niemand bei ihr, um sie zu wärmen und zu schützen?

Ihr Blick fiel auf den Schreibtisch unter dem Fenster, an dem sie am Abend gesessen und einen Brief an ihre Schwester Elin begonnen hatte. Die Worte waren versiegt. Sie fand keinen Ausdruck für ihr Verlassensein. Früher waren die Worte in Strömen geflossen, als sie Elin ihre geheimsten Gedanken anvertraut hatte. Ja, damals in ihrer Heimatstadt Frederikshavn, wo alles angefangen hatte.

Caroline setzte sich an den Schreibtisch und nahm den Füllfederhalter auf, der sich so vertraut zwischen ihren Fingern anfühlte. Mit langsamen Strichen formte sie auf dem weißen Papier mit blauer Tinte ein Muster. Sie wusste selbst nicht, was sie zeichnen wollte. Ihre Hand schien wie von selbst ihrer Fantasie zu folgen. Als das Morgenlicht auf ihre Zeichenblätter fiel, erkannte sie, dass dort Eisblumen unter ihren Händen erblüht waren. Sie lächelte.

Kapitel 2:
Stürmische See mit Kapitän Mikkelsen

Frederikshavn, Dänemark,
23. September 1931

Meine liebe Elin,
 ich hoffe, du verbringst eine schöne Zeit bei Tante Astrid in Kopenhagen. Zwei Wochen bist du nun schon weg und ich vermisse dich jeden Tag mehr. Ich schaue mir deine Postkarte aus dem Tivoli an und stelle mir vor, wie du mit dem Riesenrad fährst und dabei Popcorn isst.
 Daheim ist alles wie immer. Und doch nicht ganz, denn in den letzten Tagen ist etwas passiert, was mich in eine gewisse Aufregung versetzt hat. Wie du weißt, helfe ich seit ein paar Wochen im Büro von Onkel Rasmus aus, weil seine Sekretärin in anderen Umständen ist und wegen starker Morgenübelkeit das Bett hüten muss. Wenn ich mittags in der Werftkantine

zusammen mit den Kolleginnen essen gehe, trage ich das Namensschild »Rasmus Clausen Nordstern Fischhandel« an meiner Bluse und der Koch an der Essensausgabe – natürlich gibt es jeden Tag Fisch – sagt: »Grüßen Sie Ihren Onkel von mir« und lädt mir eine extragroße Portion auf den Teller. Aber selbstverständlich besteht meine Tätigkeit in Onkels Großhandel nicht nur aus der Mittagspause (und der Frühstückspause und dem Nachmittagstee), sondern ich mache mich durchaus nützlich im Büro. Die Bürovorsteherin, Fräulein Olsen, hat mir alles erklärt. Ich öffne morgens die Post und sortiere sie, am wichtigsten sind die Auftragseingänge. Die Durchschläge muss ich sofort ins Lager weitergeben. Ich trage dann die bestellten Waren in das Auftragsbuch ein, damit Fräulein Olsen daraus später die Rechnung erstellen kann. Der zweite wichtige »Warenlauf« ist der Einkauf. Onkels Großhandel bezieht die meisten Fischprodukte direkt von den Fischereibetrieben. Diese liefern ihre Produkte täglich fangfrisch. Aber seit ein paar Monaten hat Onkel Rasmus auch Fischöl in sein Warensortiment aufgenommen und verhandelt noch mit verschiedenen Lieferanten. Entschuldige bitte, dass ich dich mit diesen Fischereien langweile, aber du wirst merken, das ist alles die Einleitung für den großen Auftritt eines norwegischen Kapitäns! Endlich ist es heraus. Meine Erzählung dreht sich im Kern wirklich um einen Mann.

Letzten Dienstag saß ich also im Büro und war fleißig dabei, Aufträge zu bearbeiten, als die Tür aufging und Onkel Rasmus einen neuen Geschäftspartner hereinführte.

»Meine Damen, das ist Kapitän Mikkelsen aus Norwegen«, stellte Onkel ihn vor. »Genauer gesagt aus Sandefjord. Er ist ein erfahrener Walfänger und befehligt zurzeit die *M/S Thorshavn*, ein Versorgungsschiff für die Walkochereien auf See der Reederei Thor Dahl, die von Lars Christensen geleitet wird.«

Ich wusste aus den Einkaufslisten, dass Onkel diese Reederei seit Kurzem zu seinem ständigen Zulieferer von Walöl gemacht hat.

»Kapitän Mikkelsen ist heute mit seinem Schiff in unserem Hafen eingelaufen und hat uns fünfhundert Fässer Fischöl geliefert. Da er nun schon vor Ort ist, führe ich ihn in unserem Handelshaus herum«, verkündete Onkel, und der Kapitän nickte entschieden dazu.

Ich muss sagen, dass dieser Mann mir zuerst eher vierschrötig vorkam, nicht viel größer als ich, dafür aber umso älter (ich schätze, er geht bereits auf die fünfzig zu), mit breiten Schultern und einem runden Kopf mit einem irgendwie eckigen Gesichtsschnitt, die Haut gegerbt von der Seeluft und mit auffallend hellen Augen, die seinem Gesicht einen Hauch von Jugendlichkeit verleihen.

»Schön, Sie kennenzulernen, Fräulein Aaen«, begrüßte er mich mit einer tiefen Stimme, die meinen Eindruck eines Seebären noch verstärkte. Aber sein Händedruck war überraschend weich. Das also war meine erste Begegnung mit Kapitän Mikkelsen – wie du merkst, alles andere als spektakulär. Aber dabei blieb es nicht. Am selben Tag hatte Onkel Rasmus den Kapitän zum Abendessen eingeladen. Als ich Feierabend machen wollte, sagte Onkel zu mir: »Komm doch heute Abend auch zu uns zum Essen. Der Kapitän freut sich bestimmt, wenn eine hübsche Frau aus einer Fischerfamilie uns Gesellschaft leistet.«

Da ich nichts vorhatte und schon ein bisschen gespannt war, was der Norweger vielleicht Interessantes erzählen würde, sagte ich zu.

Daheim wusste Mutter längst Bescheid. Onkel Rasmus hatte ihr einen Botenjungen mit einer Nachricht geschickt und weiß Gott was berichtet – von wegen, dass ich einen Verehrer hätte … Auf jeden Fall hat sie darauf bestanden, dass ich mich besonders hübsch mache. Ich habe meine Haare hochgesteckt und mein Kleid mit dem dschungelartigen Blumenmuster angezogen, dazu das rote Samtjäckchen. Mutter hat mir noch ihre Perlenkette umgelegt – dass die Perlen eine Imitation waren, würde der Kapitän hoffentlich nicht bemerken.

»Wenn man fast fünfundzwanzig Jahre alt ist, stehen die Männer nicht mehr Schlange. Du darfst nicht so wählerisch sein, sonst bleibst du noch sitzen«, habe ich von Mutter wieder das alte Lied zu hören gekriegt. Das kennst du, liebe Elin, ja zur Genüge. Auch wenn du ein Jahr jünger bist als ich und damit noch einen kleinen Aufschub im Heiratsprogramm hast. Deshalb bist du schließlich zu Hause ausgezogen. Du lässt dir von Mutter nichts sagen und gibst ihr Widerworte. Ich bewundere dich für deine Eigenständigkeit (was nicht gleich Streitsüchtigkeit ist, wie Mutter immer behauptet).

Ich aber nehme mir die Vorwürfe von Mutter zu Herzen. Aber was kann ich denn dafür, dass die jungen Männer aus meinem Bekanntenkreis alle entweder so schlecht verdienen, dass sie noch keine Familie ernähren können, oder sich andere Frauen mit Aussteuer suchen?

»Willst du denn ewig bei uns wohnen?«, fragt Mutter dauernd – du kennst sie ja. Aber ich falle ihnen doch gar nicht zur Last, trage zum Familieneinkommen bei, trotzdem behandelt sie mich wie ein Kind, das sich ihren Vorstellungen unterordnen muss. Ich studiere inzwischen ständig die Wohnungsinserate in der Zeitung, denn zu gerne würde ich in eine Wohngemeinschaft mit anderen jungen berufstätigen Frauen ziehen, aber entweder ist die Miete zu hoch oder die Wohnungen liegen im schlimmsten Hafenviertel. Da weiß man vorher, dass die Wände faulig sind und die Sitten auch.

Und was Owe betrifft – seit zwei Jahren gehen wir miteinander aus, falls man unsere Lichtspielhausbesuche und hin und wieder tanzen zu gehen überhaupt als festes Ausgehen bezeichnen kann. Ich bin am Ende meiner Geduld. Owe ist so schrecklich passiv. Immer muss ich vorschlagen, was wir unternehmen wollen. Ich habe das Gefühl, ich schleppe ihn hinter mir her. Wir führen jedes Mal das gleiche Gespräch. Ach, ich kann mir einfach nicht vorstellen, ihn zu heiraten, selbst wenn Mutter große Hoffnungen in diese Bekanntschaft zu setzen scheint, vor allem auch, weil Owe im väterlichen Betrieb eine feste Anstellung hat, wie du weißt. Außerdem halte ich es für fast ausgeschlossen, dass Owe jemals die Tatkraft aufbringt, mir einen Heiratsantrag zu machen. Falls er überhaupt über Leidenschaft verfügt, scheint mir diese im Tiefschlaf zu liegen, und ich verfüge nicht über die Magie, sie zu erwecken.

Nun also zum Abendessen mit dem Kapitän: Mutter hatte von Onkel in Erfahrung gebracht, dass Kapitän Mikkelsen Witwer, kinderlos und einer neuen Ehe nicht abgeneigt sei. Also stimmte mich Mutter auf Bräutigamsschau ein, getreu ihrer Lieblingsweisheit: »Iss den Fisch, solange er frisch ist, verheirate die Tochter, solange sie jung ist.«

»Ich denke, du willst Owe als Schwiegersohn haben. Warum soll ich mich jetzt für den norwegischen Kapitän in Schale werfen?«, fragte ich Mutter ein wenig trotzig.

»Ach, wenn Owe zu schlafmützig ist, dir endlich einen Heiratsantrag zu machen, dann wirf deine Angel besser nach einem lebendigeren Fisch aus. Konkurrenz belebt das Geschäft. Sobald ein schneidiger Kapitän dich umwirbt, kommt Owe vielleicht in die Puschen. Und wenn Herr Mikkelsen bei dir anbeißt, auch gut.«

Als gehorsame Tochter habe ich mir den Kapitän also am Abend genauer angeschaut – und meine Meinung währenddessen ein Dutzend Mal geändert.

Ich war ein wenig früher als 19 Uhr im Hause Clausen und habe Tante Gunda beim Eindecken des Tischs geholfen. Bei der Sitzordnung habe ich nicht protestiert, als sie mich dem norwegischen Gast schräg gegenüber platzierte. Onkel Rasmus hatte neben dem Kapitän auch seinen Geschäftspartner Herrn Olsen, einen Handelsvertreter, und dessen Ehefrau eingeladen. Als es an der Haustür schellte, wurde ich etwas nervös. Tatsächlich war Kapitän Mikkelsen der erste Gast. Ich hörte seine tiefe Stimme im Flur; er lachte mit Onkel Rasmus und machte Tante Gunda ein Kompliment zum einladenden Essensduft. Onkel geleitete den Gast ins Esszimmer und stellte mich noch einmal vor. Der Kapitän trat ein paar Schritte auf mich zu. Ich war beeindruckt und vielleicht auch ein wenig eingeschüchtert. Er hat den sicheren Gang eines Mannes, den kein Sturm so schnell aus dem Gleichgewicht bringt. Irgendwie hat er mich an Vater erinnert. Im nächsten Moment dachte ich: Nein, der Mann ist viel zu alt für mich! Er reichte mir wieder seine weiche Hand und lächelte mich mit kleinen, geraden Zähnen an. Du weißt ja, ich bin ein bisschen auf Zähne fixiert und mag keine großen, schiefen Hauer, wie sie unser Mathematiklehrer, Herr Nielsen, hatte. Das war also klar ein Pluspunkt. Der Kapitän übernahm dann souverän das Ruder unserer Gesprächsführung. Übrigens spricht er sehr gut Dänisch; ich selbst kann in dieser Beziehung nicht gleichziehen, da ich seine Muttersprache nicht beherrsche, wenn allerdings Deutsch und Englisch gefragt sind, kann ich mit meinen leidlichen Kenntnissen aufwarten. Er fragte mich einige Sachen, z. B. wie lange ich schon im Büro meines Onkels tätig sei, wofür ich mich interessiere – hier ist mir vor lauter Aufregung kaum etwas eingefallen. Ich sagte: »Ich nähe gerne und verziere meine Kleider mit Stickereien und Häkelapplikationen«, dabei deutete ich auf die Bordüre meines Kleides, und der Blick des Kapitäns wanderte anerkennend an meinem Ausschnitt entlang. Ich hatte den Eindruck, dass er nicht nur das Häkelwerk bewunderte. Ich merkte, wie das Blut in meine Wangen schoss.

»Außerdem finde ich die Buchhaltung ganz spannend – mich interessiert alles rund um den Fischhandel. Ich bin schließlich damit aufgewachsen«, schob ich hastig hinterher, um ihn von meinem Ausschnitt abzulenken.

Seine blauen Augen hoben sich wieder in mein Gesicht. Ob ich denn gute Seebeine hätte, wollte er dann wissen.

»Ja«, beteuerte ich. »Ich bin oft mit Vater zum Fischen hinausgefahren.« Ich hoffte, er wollte nun nicht auch meine Beine in Augenschein nehmen. Zum Glück läutete es in diesem Moment wieder an der Haustür und das Ehepaar Olsen kam herein.

Bei Tisch drehte sich das Gespräch zwischen den drei Geschäftspartnern zunächst hauptsächlich um den Fischfang und -handel. Kapitän Mikkelsen hatte dazu viel beizutragen, er sprach mit Autorität und aus jahrelanger Erfahrung – dabei schien er in meinen Augen minütlich zu altern. Dieser Mann steht in der Mitte seines Lebens, wenn nicht schon im letzten Drittel, und ich erst am Anfang. Im Vergleich mit ihm fühlte ich mich wie ein junges Ding, das von der Welt nichts versteht. Wie eine Schülerin, die vor dem allwissenden Lehrer demütig die Stimme und die Augen senkt. Bei genauerer Betrachtung im Kronleuchterlicht über dem Esstisch fielen mir die vielen Falten um Augen und Mund des Kapitäns auf; auch auf seinem Haupt schien sich sein hellbraunes feines Haar ein wenig zu lichten. Mit seinen kompakten Händen mit den runden Fingern hielt er sein Essbesteck wie zwei Degen zum Angriff. Sein Rindersteak kämpfte er in erstaunlicher Geschwindigkeit nieder. Immerhin benutzte er regelmäßig die Serviette, sodass ich über Soßenkleckse auf seinem Kinn nicht klagen kann. Insgesamt hat er durchaus annehmbare Tischmanieren. Nicht jeder vollführt die Nahrungsaufnahme so stilvoll wie unsere Tante Astrid. Lässt sie dich bei deinem Besuch wieder mit dem Goldbesteck üben? Ach, ich wäre jetzt so gerne bei dir in Kopenhagen und würde deine Meinung zu alledem hören, aber leider kann ich mich nur schriftlich mitteilen. Verzeihe, dass dieser Brief kaum ein Ende nimmt, aber ich muss diese Details einfach niederschreiben, auch, um mir selbst über meine Gefühle klarer zu werden. Während ich dies festhalte, prickelt es in meiner Magengrube – eines scheint mir sicher: Ich bin durch die Begegnung mit Kapitän Mikkelsen mehr in Aufregung geraten, als ich zugeben will.

Damit du das besser verstehst, bleibe ich noch einige Zeilen lang beim Abendessen. Mein Eindruck vom Kapitän unterlag einer spürbaren Wandlung, als er von seiner Fahrt nach Argentinien berichtete. Er war im letzten Jahr Kapitän eines Expeditionsschiffs im Auftrag von Herrn Lars Christensen, der anscheinend der einflussreichste Reeder in Norwegen ist und neben dem Walfang auch die Erforschung der Geografie sowie des Tierreichs von wenig bekannten Regionen vorantreibt. Kapitän Mikkelsen schilderte die Überfahrt mit Stürmen und Krankheiten an Bord und die Landung in der Hafenstadt Ushuaia. Diese liegt am südlichsten Zipfel von Argentinien, dort, wo der Südpazifik und der Südatlantik zusammentreffen und sich vereinen. Diese Hafenstadt ist die letzte Anlaufstelle in der Zivilisation, bevor ein Schiff in das unwirtliche Eismeer der Antarktis vorstößt. Kapitän Mikkelsen erzählte so lebendig, mit so viel Energie und Witz. Ja, wir haben alle herzhaft gelacht über einige seiner Erlebnisse, sodass ich förmlich mitgerissen wurde und mich von seiner Stimme und seinen blauen Augen in weite Ferne getragen fühlte – in eine Welt der Entdeckungen und Abenteuer. Jetzt kam er mir wieder viel jünger vor, so vital und charmant! Ja, er verfügt tatsächlich über Charme – eine Eigenschaft, die meinem treuen Owe leider völlig fehlt.

Beim Dessert, Vanillepudding mit heißen Kirschen in Rum eingelegt, waren meine Wangen gerötet (nein, nicht vom Rum) vor Spannung über die Erzählungen, und auch, weil der

Kapitän sich plötzlich mir zuwandte und mich fragte, ob ich denn reiselustig sei.

»Ja, ich würde gerne mehr von der Welt kennenlernen«, gestand ich. Als ich von meinem Ausbildungsaufenthalt an der Hollywood Academy in Los Angeles redete, hörte er ganz interessiert zu.

»Meine Schwester Elin und ich hatten das Glück, ein Stipendium für ein Jahr zur Schneiderausbildung in den Filmstudios zu bekommen. Sonst hätten wir uns das nie leisten können«, sagte ich und biss mir im nächsten Moment auf die Zunge. Wie peinlich, dass ich die bescheidenen Verhältnisse meines Elternhauses so plump ausgeplaudert hatte.

»Es war eine abenteuerliche Zeit im fernen Amerika, ich habe nicht nur Nähen gelernt, sondern auch ganz gut Englisch und wie man zu Swingmusik tanzt«, plapperte ich weiter, um meine ungeschickte Bemerkung zum Geldmangel zu überspielen. Herr Mikkelsen schaute mich die ganze Zeit wie gebannt an.

Plötzlich verkündete er: »*You are my kind of woman!* – Sie sind eine Frau nach meinem Geschmack!«, und zwinkerte mir dabei zu. Ich war so überrascht, dass ich keine Antwort hervorgebracht habe – nur ein wahrscheinlich idiotisches Lächeln.

Nach dieser Aufregung zog der Rest des Abends wie im Nebel an mir vorüber. Die Herren gingen nach dem Essen ins Raucherzimmer. Wir Damen wechselten auf die Sofas und tranken einen Eierlikör. Tante Gunda und Frau Olsen sprachen über die letzte Sitzung des Wohltätigkeitskomitees. Mir gelang es nicht, das Gespräch wieder auf Kapitän Mikkelsen zu lenken – obwohl ich doch gerne mehr über seine familiäre Situation erfahren hätte.

Auf meinem leicht wankenden Fußweg nach Hause blies mir die Meeresluft um die Nase, was meine Gedanken aber nicht klärte, sondern sie umso mehr durcheinanderwirbelte.

War der Kapitän tatsächlich an mir interessiert? Muss ich nicht schrecklich langweilig auf ihn gewirkt haben? Oder ist er einfach nur zu allen jungen Damen charmant? Vielleicht sollte ich seine Komplimente und seine Blicke nicht überbewerten. Ich nahm mir vor, in den nächsten Tagen mehr über ihn herauszubekommen.

Am nächsten Tag im Büro war Onkel Rasmus gut gelaunt, aber auch sehr beschäftigt. Erst am Nachmittag erwischte ich ihn allein in seinem Büro, als ich ihm eine Tasse Kaffee und Gebäck hineinbrachte.

»Wie lange bleibt Kapitän Mikkelsen denn in Frederikshavn?«, erkundigte ich mich ohne geschickte Einleitung.

Onkel Rasmus lachte. »Das ist meine Caroline, ehrlich und direkt! Hat der Kapitän dir gut gefallen? Allerdings läuft er mit seinem Schiff morgen wieder aus. Aber Sandefjord liegt uns im Skagerrak direkt gegenüber, da kann man sich gut besuchen. Soll ich dich bald in geschäftlicher Mission zur Reederei Thor Dahl schicken? Dann kannst du Herrn Mikkelsen näher inspizieren.«

»Also, Onkel Rasmus, du eilst dem Lauf der Dinge wirklich voraus«, versuchte ich, ihn zu bremsen.

»Die großen Fische, die man fangen will, sind immer am anderen Ufer«, orakelte Onkel. Hier erkannte man gut den Bruder unserer Mutter – beide haben in ihrer Kinderstube sämtliche dänische Sprichwörter verinnerlicht.

»Aber ich weiß doch gar nichts Entscheidendes über Herrn Mikkelsen. Zum Beispiel, wie er zur Ehe steht. Mutter sagte, er sei Witwer.«

»Er ist ein tüchtiger und zuverlässiger Mann, der einer Frau ein warmes Heim bieten kann und auch eine Kostprobe vom Rest der Welt. Was willst du mehr?« Onkel schien fast ein wenig ungehalten, dass ich vorsichtige Bedenken bezüglich Herrn Mikkelsen als meinem idealen zukünftigen Ehemann anzubringen wagte. Er und Mutter schienen die Sache offenbar längst beschlossen zu haben. Aber was versteht Onkel Rasmus schon von den Windungen des weiblichen Herzens?

»Ich möchte ihn auf jeden Fall näher kennenlernen. Aber ob wir zusammenpassen, müssen wir erst noch herausfinden«, erklärte ich. Onkel Rasmus hob begütigend die Hände. Ich dachte, die Angelegenheit würde nun erst mal für einige Wochen ruhen. Aber als ich am Abend gerade die Schreibmaschine zudeckte und die Teetassen des Tages auf ein Tablett räumte, ging die Bürotür auf und Kapitän Mikkelsen stand wie ein Leuchtturm vor mir. Vor Schreck fiel mir eine Tasse herunter und zerschellte am Boden in tausend Stücke.

»Ist schon Polterabend?«, fragte der Kapitän und zwinkerte mir aus seinen himmelblauen Augen zu.

Wie es weiterging, schreibe ich dir in meinem nächsten Brief – ein bisschen Spannung muss sein. Ich denke an dich und sehne mich nach deiner Heimkehr. Ich zähle die nächsten zwölf Tage, wünsche dir aber natürlich, dass du deine Zeit in Kopenhagen unbesorgt genießt, liebe Schwester.

Sei herzlich gegrüßt
deine Caroline

Kapitel 3:
Sternschnuppen und Windbeutel mit dem Kapitän

Frederikshavn, 30. September 1931

Meine liebe Elin,
    danke für deinen Brief, über den ich mich sehr gefreut habe.
    Deine Geschichte mit dem Papagei im Tivoli hat mir die Lachtränen in die Augen getrieben. Du fragst, wie es mit mir und dem Kapitän weitergegangen ist. Gerne setze ich dich darüber ins Bild.
    Nach dem großen Scheppern vom Porzellan (und seiner nicht weniger aufregenden Bemerkung zum Polterabend) hat mich Herr Mikkelsen gefragt, ob er mich zum Abendessen ausführen dürfe. Mit hochrotem Kopf habe ich genickt und eilig die Scherben aufgefegt, während der Kapitän mir schmunzelnd dabei zusah, was mich doppelt nervös gemacht hat. Dann sind

wir hinausgegangen und der Kapitän wollte wissen, ob ich mit ihm ins Pier 4 kommen wolle, dort gebe es das beste *stjerneskud*, das er kenne. Mir ist dieses Lokal nur als ziemliche Kaschemme für Hafenarbeiter und Matrosen bekannt, aber ich wollte nicht hochnäsig erscheinen und habe Ja gesagt. Wir sind zu Fuß dorthin gegangen, der Wind vom Meer hat meine Haare zerzaust und mir stieg der Duft des Rasierwassers von Herrn Mikkelsen in die Nase – ein wenig herb mit süßem Nachklang, so wie Räucherstäbchen an Weihnachten. Dass er sich für mich einparfümiert hatte, schmeichelte mir ein wenig, obwohl es wirklich mehr als ein paar Spritzer Rasierwasser braucht, um mich zu betören. Du weißt ja, dass Owe sich mit seinen Geruchsattacken auf meine Nase, Schweiß gemischt mit Eau de Cologne, nicht gerade in meiner Gunst hocharbeiten konnte.

Als wir ins Lokal hineinkamen, schlug mir ein deftiger Geruch von Räucherfisch und Bier entgegen. Die Luft im fensterlosen Raum war warm und stickig. Die Wirtschaft war brechend voll mit Seeleuten und Hafenarbeitern, die laut sprachen und lachten. Aber trotzdem kam es mir nicht vulgär, sondern einladend und sogar gemütlich vor. Der Innenraum war dicht vollgestellt mit robusten, dunklen Holztischen und festen Stühlen; die niedrige Decke war mit Holz ausgekleidet; rundherum an den Wänden gab es hölzerne Nischen mit Sitzbänken wie Kajüten. Ich kam mir vor wie im Bauch eines Schiffes. Der Kapitän half mir fürsorglich aus meinem Mantel und bahnte uns entschlossen einen Weg durch das Gedränge. Er fand eine winzige Nische in einer Ecke, wo wir auf Fässern mit Kissenbelag um einen schmalen Tisch saßen – und zwar so dicht, dass sich unsere Knie berührten –, was ich gar nicht so unangenehm fand.

»Sie sind doch sicher ein echtes Kattegatmädchen, oder?«, mutmaßte er, und ich nickte. Also bestellte er zwei helle Biere für uns und das Tagesspezial: das Sternschnuppengericht mit dem gerollten Fischfilet. Bis das Essen kam, fragte er mich, ob ich schon einmal in Sandefjord gewesen sei oder in Norwegen überhaupt, was ich leider verneinen musste. Stattdessen erzählte ich ihm von unserer Verwandtschaft in Hamburg.

»In Hamburg spannen sie die Regenschirme auf, wenn es in London regnet«, witzelte er. »Aber in Sandefjord scheißen die Möwen gegen den Wind!«

Ich wusste nicht, was ich auf diese Bemerkung erwidern sollte. Wollte er unsere deutschen Verwandten schlechtmachen? Es ist schon was dran, dass man den Hamburgern eine gewisse Hochnäsigkeit vorwirft und sie sich in Mode und Manieren am Typus versnobter Engländer zu orientieren scheinen. Oder meinte er, sie hätten keine eigene Identität und sähen zu sehr auf die Nachbarn auf der anderen Seite des Ärmelkanals? Viel mehr interessiert mich aber, was er mit den gegen den Wind »scheißenden« Möwen über seine Heimatstadt sagen wollte. Ich kann es eigentlich gar nicht leiden, wenn Männer vulgär sprechen, aber bei Herrn Mikkelsen klang dieses Wort eher bodenständig als dreckig. Ich vermute, die Sandefjorder Möwen (und Menschen) sind charakterfest (oder dumm) und lassen sich vom Gegenwind nicht abschrecken. Kurz darauf kam das Essen und wir sprachen nicht mehr so viel. Der Kapitän war ganz in den Verzehr des Fischs vertieft, den er fast in Zitronensaft ertränkte und kräftig mit Salz und Pfeffer bestreute. Er scheint eine robuste Zunge zu haben.

»Können Sie kochen?«, fragte er mich unvermittelt.

Ich fühlte mich durch diese Direktheit ein bisschen in die Enge gedrängt, weshalb ich trocken antwortete: »Ich backe lieber, denn ich liebe süße Sachen! Aber einen Fisch kann ich schon genießbar zubereiten.«

Er nickte und grinste. Meine forsche Art schien ihm zu gefallen. Was für süße Sachen ich denn gerne mochte, wollte er wissen. Ich zählte einige Backwerke auf – keine vollständige Liste, denn dann wäre der Abend rasch herum gewesen.

»Windbeuteln kann ich einfach nicht widerstehen«, gab ich abschließend zu.

»Gut zu wissen«, fand der Kapitän und schob sein Knie gegen meines.

»Sie wollen nicht für immer in Frederikshavn leben, oder?«, wollte er drei Schlucke Bier später wissen.

»Ich würde gerne mehr von der Welt sehen«, bestätigte ich. »Ich fand es zum Beispiel sehr spannend, Los Angeles und die Amerikaner kennenzulernen. Aber ein Heimathafen, in dem ich mich wohlfühle, ist mir auch wichtig.«

»Sie sind eine Frau, die anpacken kann, nicht wahr? Wie bei Ihrem Onkel im Büro. Interessiert Sie die Buchführung?«

Ich nickte. »Ja, das sorgfältige und gründliche Arbeiten liegt mir. Das habe ich schon beim Nähen gelernt. Eigentlich bereitet mir das Nähen mehr Freude, als Zahlen in ein Buch zu schreiben. Denn bei Farben und Mustern kann ich meine Fantasie einsetzen und das Ergebnis ist hübsch anzusehen.«

»Würden Sie lieber als Näherin arbeiten als in der Buchhaltung von Ihrem Onkel?«, forschte er nach.

»Ja«, schoss es mir über die Lippen, und ich spürte, wie meine Wangen heiß wurden. Das ist ein heikles Thema. Würden Onkel Rasmus oder gar Mutter mich so sprechen hören, wären sie sicherlich böse mit mir. Schließlich muss ich dankbar sein für meine gut bezahlte Stelle in der Buchhaltung. Als Näherin würde ich viel weniger Geld verdienen und mir die Finger blutig stechen, wie Mutter mir schon oft vorgehalten hatte. Wie schaffte Herr Mikkelsen es nur, mir diese freimütigen Geständnisse zu entlocken? Es lag vielleicht an seinen blauen Augen, die mich so intensiv anblickten und ein bisschen schwindelig machten.

»Aber wären Sie auch damit zufrieden, Hausfrau zu sein?«, bohrte er weiter.

Ich riss mich aus seinem Blick los und schaute auf meinen Teller. Jetzt durfte ich nichts Unbedachtes von mir geben. »Ich bin im Hause meiner Eltern mit fünfzehn Geschwistern aufgewachsen. Glauben Sie mir, meine Mutter hat mich in die Pflichten einer Hausfrau gründlich eingewiesen. Haushaltsführung und Kindererziehung sind große Aufgaben, die eine Frau rundum beschäftigen können.«

Der Kapitän nickte und schien mit meiner Antwort sehr zufrieden zu sein, wie auch sein Knie mir zu verstehen gab.

Ich zerdrückte die Pellkartoffeln auf meinem Teller und fragte mich, ob ich da eben die Wahrheit gesagt hatte. Es waren die Worte meiner Mutter (oft genug vorgesprochen), die da über meine Lippen gekommen waren. Aber will ich so ein Leben führen wie unsere Mutter? Von morgens bis abends hin und her rennen zwischen Waschtrog und Küche, Windeln wechseln, Nasen putzen, Gemüse putzen, manchmal ein kleines Seufzen, wenn sie die rührseligen Hörspiele im Radio hört. Tagein, tagaus der gleiche Trott.

Der Kapitän winkte die Kellnerin herbei und fragte, ob sie etwas Süßes auf der Speisekarte hätten. »Götterspeise mit Vanillesoße« lautete die Antwort, und er bestellte mir eine Portion. Während ich den roten Wackelpudding genüsslich über meine Zunge gleiten ließ (ich muss dabei immer an unsere Sommerferien im Baumhaus denken), dazu die milchige Soße vom Löffel schlürfte und sich in meinem Mund die Säure mit der Süße verband, spielte ein Mann mit rotem Bart traurige Seemannsweisen auf einem Akkordeon. Der Kapitän schaute melancholisch ins Nichts und unsere Knie trafen sich wieder unterm Tisch in einem warmen Einverständnis.

Der Kapitän brachte mich später zur Straßenbahn und verabschiedete sich mit einem unverbindlichen »Kommen Sie gut nach Hause« von mir, begleitet von einem lockeren (behandschuhten) Händedruck, der irgendwie gar nicht zum Rest des Abends passte. Als ich daheim im Bett lag, wurde mir bewusst, dass ich noch nicht einmal seinen Vornamen kannte.

So, meine liebe Elin, jetzt bist du auf dem Laufenden. Kapitän Mikkelsen ist am Folgetag mit seinem Schiff ausgelaufen und ich habe seither (es sind sechs Tage, aber wer zählt die schon?) nichts mehr von ihm gehört.

Ich bin unser Gespräch aus dem Pier 4 inzwischen bestimmt ein Dutzend Mal in Gedanken durchgegangen und überlege, ob meine Antworten ihm vielleicht doch nicht gefallen haben. Andererseits: Ich habe diesen Kontakt gar nicht selbst angestrebt und habe auch genügend Zweifel. Es genügt schon sein hohes Alter, das mir in ärgerlichen Momenten geradezu greisenhaft vorkommen will. Also habe ich auch nichts verloren, wenn der Kapitän sich nie wieder bei mir meldet.

Ich hoffe, du hast nach wie vor viel Abwechslung in Kopenhagen, und dass die neuen Bekanntschaften dir erhalten bleiben. Von diesem gewissen Herrn Andersen möchte ich gerne mehr hören!

Ich grüße und drücke dich
deine Caroline

Kapitel 4:
Ein Anruf aus der Antarktis

Sydney, Australien, 13. Februar 1995

Jesse blättert hektisch durch den Stapel der Zeitungsausschnitte. Sie muss den Artikel mit der Überschrift »Vermisste kehrt zurück« finden. Ihre Augen rasen über die Buchstaben, klammern sich an den schwarzen Balken und Strichen fest, hüpfen über Bilder mit grobkörnigen Gesichtern blasser Menschen. Die Uhr tickt. Sie muss unbedingt den Artikel finden und vor Redaktionsschluss einsenden. Sie hat gut recherchiert, aber ihr ist ein wichtiges Detail entgangen. Die vermisste Person. Mit der vermissten Person ändert sich alles. Sie wühlt weiter. Ihre Finger verfangen sich in den trockenen Seiten des Papiers, zerknittern die dünnen Blätter, kleben fest, sie kann nicht mehr umblättern. Sie hört das Läuten des Telefons. Marlow wartet auf ihre Eingabe. Ihr Herz schlägt heftig in ihrer Brust. Sie zupft die klebrigen Papierstreifen von ihren Fingern und greift zu einem neuen Paket Zeitungen. Ihr Schreibtisch ist umringt von Türmen aus gestapelten Zeitungen. Ein Mahnmal, das sie daran erinnert, was es heißt, eine gute Journalistin zu sein. Sie bewegt sich auf einen der Papiertürme zu, greift mit ihren klebrigen Fingern nach dem Rand einer Zeitung aus der Mitte des Turms. Sie weiß, wenn sie daran zieht, wird der Stapel zusammenbrechen. Aber sie braucht gerade diese Zeitung. Es ist die Ausgabe von morgen. Darin würde sie ihren Artikel finden. Voller Fehler. Sie müsste ihn jetzt lesen, dann könnte sie ihre Fehler noch korrigieren. Was piept da? Es ist das Faxgerät auf der Kommode neben der Tür. Im Einfuhrschlitz liegt ihr Artikel mit den Fehlern. Langsam und unaufhaltsam wird er eingezogen. »Nein!«, ruft sie mit tonloser Stimme. Sie drängt zwischen den Zeitungstürmen hindurch, die ihr den Weg versperren. Sie stemmt ihre Schulter gegen den Papierturm. Der bittere Geruch der Druckerschwärze sticht ihr in die Nase. Der Turm schwankt, stürzt um. Der Boden bebt. Sie selbst stürzt. Auf Knien kriecht sie auf das Faxgerät zu. Sie ist zu langsam. Das Blatt wird unaufhaltsam eingezogen. Im Auswurfschlitz des Geräts taucht es kopfüber mit verwischten Buchstaben wieder auf. Sie streckt ihren Arm aus. Ihre Hand schlägt wild auf die Tastatur des Faxgeräts, immer wieder drückt sie auf den »Stopp«-Knopf. Aber das Surren der Maschine macht deutlich, dass ihr Artikel gesendet wird. Unvermeidlich.

Jesse fährt keuchend in die Höhe. Sie sitzt in ihrem Bett, die Decke liegt zerknüllt zu ihren Füßen. Das Schlafshirt klebt feucht an ihrem Rücken. Ihre Augen durchforschen die Dunkelheit des Zimmers. Auf dem Nachttisch leuchten die grünen Ziffern des Digitalweckers. 03:13 Uhr. Wie in der Nacht davor und davor und davor.

Neben ihr im Bett liegt Aidan. Sie kann nur seinen Rücken und den dunklen Haarschopf erkennen. Sein Atem geht ruhig. Sie beneidet ihn um seinen guten Schlaf. Jesse schwingt ihre Beine über die Bettkante und fühlt den festen Boden unter ihren

Füßen. Ihr Herz trommelt heftig. Sie tappt im Dunkeln durch den Flur in die kleine Küche. Der Geruch vom Abendessen hängt noch im Raum. Ihr Magen krampft sich zusammen und sie öffnet das Fenster. Sie lehnt sich an das Fensterbrett. Schwer atmend lässt sie die Nachtluft über ihr Gesicht streichen und den Schweiß auf Stirn und Nacken trocknen. Unter ihr liegt die Straße, erhellt von Dutzenden Laternen, die hier aufgereiht wie Soldaten ihre stumme Pflicht erfüllen. Dicht an dicht parken nachtgraue Autos an beiden Straßenrändern. Aus der Ferne hört sie eine Sirene aufheulen und allmählich verklingen. Im Mietshaus gegenüber flackert in einzelnen Fenstern blaues Licht von Fernsehgeräten. Jesses Augen sind noch immer vom Schrecken ihres Traumes geweitet und fühlen sich überempfindlich an. Sie lässt ihren Blick wandern, von den blauen Fensterhöhlen zum Kiosk mit den heruntergelassenen Rollläden. Zum Baum, dessen Äste sich sacht im Wind wiegen. So lange, bis ihre Augenlider schwer werden und sie in ihrem nass geschwitzten T-Shirt fröstelt. Den Rest der Nacht wird sie auf dem Sofa liegen, eingehüllt in die raue Häkeldecke, und vergeblich auf den Schlaf warten.

»Jesse, es ist kurz vor acht«, sagt eine Stimme, und sie wird sanft an der Schulter gerüttelt. Widerwillig blinzelt sie. Anscheinend war sie doch irgendwann in den Morgenstunden eingeschlafen. Aidan beugt sich über sie. Er riecht frisch geduscht, ist schon rasiert und angezogen. Jesse richtet sich auf und lässt ihr verstrubbeltes rotes Haar über ihr Gesicht fallen – wie einen Schleier gegen die Anforderungen des neuen Tages.
»Ich muss los«, sagt Aidan. »Bis heute Abend.«
Die Wohnungstür schlägt zu. Jesse zwingt sich aufzustehen.

Zwei Stunden später überquert Jesse Brubaker den Vorplatz des Sydney Morning Messenger und taucht in den langen Schatten des Gebäudes ein. Die Hacken ihrer Pumps schlagen rhythmisch auf den grauen Steinboden. In der Drehtür macht sie kleine Schritte, auf dem glänzenden Marmor des Foyers greifen ihre Beine wieder weiter aus. Im Fahrstuhl riecht es nach Kaffee und den Turnschuhen vom Büroboten. Jemand sagt, heute werde es warm werden. Nicht wärmer als gestern, eine Brise vom Pazifik, einfach ein fantastischer Spätsommertag, gut für die Surfer, einerlei für die Stubenhocker.

In der Redaktion in der siebten Etage sind die Tische des Großraumbüros noch weitgehend leer. Die meisten Reporter kommen erst um die Mittagszeit ins Büro. In der Zeitungswelt drehen sich die Uhren morgens langsam, nehmen am Nachmittag Fahrt auf und rasen am Abend in halsbrecherischer Geschwindigkeit auf das täglich wiederkehrende Ereignis aus Weltuntergang und Erlösung zu: den Redaktionsschluss um 20 Uhr. Die stillen Morgenstunden sind wie das Aufräumen nach der Party, nur ohne Kater. Jesse arbeitet dann all ihre Nachrichten ab, erledigt Anrufe und taucht in Recherchen ein.

Jesse kommt an Elvira vorbei, die an ihrem Schreibtisch über das Eintreffen der Kollegen wacht. Elvira ist seit 20 Jahren Büroleiterin im Newsroom-Support und verantwortlich für fünf Schreibkräfte, drei Recherche-Assistenten und zwei Praktikanten. Elvira hat ihr Bagel-Frühstück vor sich ausgebreitet. Gerade taucht sie ihr Brotmesser in ein Glas mit selbst eingemachter Himbeermarmelade, die die gleiche Farbe wie ihre Fingernägel und Lippen hat.

»Morning, Mrs Brubaker«, begrüßt sie Elvira. »Ihr Telefon klingelt schon die ganze Zeit.«

»Ich kümmere mich darum«, antwortet Jesse kühl, um nicht untertänig zu klingen. Sie setzt sich an ihren Schreibtisch in ihrem kastenförmigen Arbeitsbereich, der von schulterhohen Stellwänden abgegrenzt wird. Bei den meisten ihrer Kollegen sind die Stellwände übersät mit angepinnten Zetteln, Artikeln und Fotos. Dennis Wobble hat sogar rote Wollfäden über sein Zettelarrangement gezogen wie ein Verschwörungstheoretiker. Bei Jesse hängt nur eine große Weltkarte mit Zeitzonen. Sie möchte jederzeit den Überblick behalten. Ihr Schreibtisch ist genauso spartanisch und aufgeräumt wie die Wände. Die weiße Tastatur steht im rechten Winkel vor dem bauchigen Bildschirm ihres PCs und weist keine dunklen Fingerspuren oder Krümel auf, im Gegensatz zu so manchen Exemplaren ihrer Kollegen, die sich mit einer Hand ein Sandwich in den Mund schieben, während sie ihre Artikel tippen. Links neben dem Bildschirm steht ein Bonsaibäumchen, das über Nacht mal wieder einige Blätter abgeworfen hat. Jesse betrachtet die Pflanze mit sorgenvollem Blick und tastet mit dem Zeigefinger die Erde ab – sie ist ein wenig feucht, am Wassermangel kann es also nicht liegen. Seufzend wendet sie sich ab und zieht ihr dickes, in schwarzes Leder eingebundenes Kalenderbuch aus der obersten Schublade des Rollcontainers und schlägt es auf. Der heutige Tag ist übersät mit kleinen Post-its in Orange, Gelb und Grün – nach diesem Ampelsystem sieht sie sofort, welche Aufgabe wie dringend ist. Das Telefon auf ihrem Schreibtisch klingelt und Jesse hebt beim dritten Läuten ab.

»Hallo, mein Name ist Diana Patterson. Ich bin die Leiterin der Davis Station in der Antarktis«, sagt eine Frauenstimme, die klar wie ein Glockenton klingt. »Haben Sie schon mal von Caroline Mikkelsen gehört?«

»Nein. Wer ist das?«, fragt Jesse. Die Anruferin spricht und Jesse hört zu. Ihr Rücken strafft sich und ihr gespitzter Bleistift tanzt über den gelben Notizblock.

Um 15 Uhr sitzen sie alle um den ovalen Tisch im Glaskasten. Die Luft ist angefüllt mit Stimmen und Rauch.

»Meine Quelle für die Hindmarsh-Story ist so verlässlich wie ein Prom-Date mit einer Schönheitskönigin«, sagt Paul

McQuire, lacht schallend und reibt sich über das glatt rasierte Kinn mit Grübchen.

»Hast du schon versucht, an die Sekretärin von Mcgrath ranzukommen?«, fragt Gordon Robinson, der mit Gelfrisur, blau-weiß gestreiftem Hemd, Hosenträgern und Goldarmband wie ein Wall-Street-Broker aussieht, der den modischen Ausgang aus den 80er-Jahren nicht gefunden hat.

»Willst du den Schmutz, dann geh zur Haushälterin oder zur Schwiegermutter«, gibt Peter Pearce, den sie P. P. nennen, eine goldene Regel des investigativen Journalismus zum Besten. P. P. hatte im letzten Jahr den Walkley Award in der Kategorie »Best Investigative Report« für seine »Trainwreck 99«-Story bekommen und war seitdem ein noch größeres Arschloch als vorher. Der Praktikant aus Auckland macht sich Notizen wie ein Eichhörnchen. Er wird von allen nur »Runner« genannt, weil er der Laufbursche vom Dienst ist, trotz Anglistikstudium und Campuszeitungskarriere.

Die Tür fliegt auf und Robert Marlow poltert herein, unter seinem Arm klemmt eine Ausgabe der Daily Post. Der Chefredakteur lässt sich in den Sessel am Kopfende fallen und es wird still im Raum. Jesse hört die Eiswürfel in der Wasserkaraffe klirren. Sieben Augenpaare scannen die Überschriften des Konkurrenzblatts auf der Suche nach einer heißen Spur, die sie verpasst haben. Die Daily Post ist zwar ein Boulevardblatt und liegt unter dem Niveau vom Sydney Morning Messenger, aber wenn eine Story von denen groß aufgerissen wird, müssen sie mit gehaltvoller Hintergrundreportage nachziehen.

»Was ist mit dieser Flughafensache?« Marlow trommelt mit seinem Zeigefinger auf die Headline in der Post. Dort kann Jesse die auf dem Kopf stehende Schlagzeile »2.000 streikende Flughafenarbeiter legen Sydneys Airport lahm« entziffern. Marlow guckt auffordernd in die Runde und wartet darauf, dass sich einer seiner Redakteure freiwillig meldet, das Thema aufzugreifen. Der Flughafenstreik ist eine Story ohne Fleisch, reinste Fleißarbeit, an dem Knochen sollte jemand anderes nagen, denkt Jesse und betrachtet konzentriert ihre blau lackierten Fingernägel.

Neben ihr sitzt Dennis Wobble und kritzelt mit gerunzelter Stirn in seinen Notizen herum. Er ist der Einzige, der seine Krawatte nicht gelockert hat. Seine Halsfalten quellen über den Hemdkragen und sein Gesicht ist rot angelaufen. Er sieht aus wie ein Luftballon kurz vorm Platzen. Manchmal fragt sie sich, ob sein Familienname ihn zur Fettleibigkeit verflucht hat.

»Ich habe vor zwei Wochen über den Tarifstreit berichtet, mit Experteneinschätzung und Glosse. Der Drops ist gelutscht«, sagt McQuire in seinem Cary-Grant-Akzent des aufrichtigen Charmeurs.

»Dann muss jetzt ein neuer Aufhänger her«, verlangt der Chef. »Frauen, Minderheiten, ein dramatisches Einzelschicksal …«

P. P., der preisgekrönte Superschreiber, zieht seine Mundwinkel nach unten und schaut gelangweilt aus dem Fenster. Jesse blickt hinüber zu Patricia Larkin. Sie beide sind die einzigen Frauen im Redaktionsteam Politik, Wirtschaft und Gesellschaft. Als Jesse vor drei Jahren beim Sydney Morning Messenger angefangen hat, wollte man sie zuerst in das Redaktionsteam für Kultur stecken. Dort schreiben fünf Frauen und zwei Männer über Kunst, Literatur, Mode und so weiter.

»Wer seine Masterarbeit über japanische Hochzeitsgedichte geschrieben hat, der ist für unseren Kulturteil wie geschaffen«, klingt es noch wie ein Fluch in ihren Ohren. Aber davon hat Jesse nach zwei Jahren bei der Lokalzeitung Townsville Gazette die Nase voll. Wenn sie noch einen Artikel über Schülertheater, Wohltätigkeitsbasare, Kirchenkonzerte oder Shopping-Mall-Schönheitswettbewerbe verfassen müsste, würde sie daran ersticken. Sie ist Journalistin geworden, um die Welt zu verändern.

Hier im Redaktionsteam unter Marlow steht die Politik im Vordergrund und sie kann endlich über wichtige gesellschaftliche Themen schreiben. Sie hat es noch nicht geschafft, ihre feste Nische für ein Thema zu besetzen. Patricia hat sich alle feministischen und Queer-Themen unter den Nagel gerissen. Jetzt sitzt sie mit ihren raspelkurzen, weißblond gefärbten Haaren im Sessel wie auf ihrem Motorrad, die Beine breit von sich gestreckt, und lächelt gelassen. Jesse weiß schon, dass es sie selbst treffen wird, bevor ihr Name fällt.

»Jesse«, sagt Marlow. »Irgendwelche Ideen?«

Jesse nimmt Haltung an und fügt sich in das Unvermeidliche. »Ich könnte ein Interview mit einem streikenden Arbeiter vom Bodenpersonal machen. Und eines mit einem Reisenden, der am Flughafen gestrandet ist. Den Streik von zwei Seiten beleuchten«, schlägt Jesse vor.

»Ah, *he said, she said*. Gut«, befindet Marlow. »Machen Sie es kontrastreich. Armer Arbeiter versus reiche Geschäftsfrau. Vielleicht finden Sie einen indigenen Australier. Sie können Runner zum Flughafen schicken, damit er ein paar O-Töne von Reisenden einsammelt. Fünfhundert Wörter. Bis morgen.«

Jesse nickt, notiert den Auftrag auf einem orangefarbenen Zettel und klebt ihn in ihr Kalenderbuch. Der Praktikant scharrt mit den Füßen.

»Was haben Sie heute mitgebracht?«, fragt Marlow und leitet damit die Besprechungsroutine ein. Wie meistens ergreift Paul McQuire als Erster das Wort.

»Ich bin nach wie vor an der Story über den Brückenbau nach Hindmarsh Island dran. Die Ngarrindjeri-Frauen haben eine Demonstration für nächste Woche angekündigt. Außerdem hat mir eine Quelle geflüstert, es gäbe ein geheimes Papier der Umweltaktivisten beim Parlamentarier Ian Mcgrath. Ich versuche, da dranzukommen«, trägt Paul vor.

»An Mcgrath kommen Sie nur auf inoffiziellem Weg heran«, sagt Marlow.

»Ich sag ja, du musst den Personaleingang nehmen«, mischt sich P. P. ein. »Wenn die Haushälterin den Mund nicht aufmacht, versuch es bei der Hundesitterin, dem Gärtner, dem Poolboy …«

»Danke für die Anregungen, P. P.«, sagt McQuire trocken.

Als Nächstes stellt Dennis Wobble seinen Beitrag vor. Es geht mal wieder um das Ranking von Politikern. Er ist auf Wahlkampf spezialisiert und lechzt den Umfragewerten entgegen wie ein Fußballfan dem Anpfiff. Gordon Robinson wird seine Serie mit Porträts von Topmanagern fortsetzen – darunter gibt es kaum Frauen. Das Thema hätte Jesse auch gerne bearbeitet, aber Robinson war ihr mal wieder mit seiner rücksichtslosen Börsenmaklerattitüde zuvorgekommen. P. P. geht einer Spur über illegale Blutkonserven in Krankenhäusern nach – wie immer hat er dramatische Schlagzeilen im Visier. Patricia verfolgt einen Arbeitsgerichtsprozess, in dem wegen der Diskriminierung einer lesbischen Frau verhandelt wird. Total ihr Thema.

»Ich habe einen neuen Story-Aufriss«, verkündet Jesse, als Marlow die Redaktionssitzung gerade beenden will. »Es geht um die Erstbetretung der Antarktis durch eine Frau. Nächsten Montag, am 20. Februar, jährt sich dieses historische Ereignis zum sechzigsten Mal.«

»Antarktis ist doch Schnee von gestern«, winkt P. P. ab. »Wenn es sich wenigstens um die Mondlandung drehen würde.«

Jesse wirft P. P. einen finsteren Blick zu. Was bildet sich der Kerl eigentlich ein? Sie ist im letzten Jahr auch für den Walkley Award nominiert gewesen, für ihre Story über alleinerziehende Mütter, die mit ihren Kindern im Stardust Motel am Rande der Stadt und der Gesellschaft leben. Sie ist ihm als Journalistin ebenbürtig und trotzdem spielt er sich wie ein

Guru auf, der seine untertänigen Schüler zu ihren Stoffen und Recherchemethoden belehren muss.

»War schon mal eine Frau auf dem Mond?«, wirft Patricia ein.

»Nein, bisher waren nur Männer auf dem Mond«, erwidert Dennis Wobble, der Statistikbücher wie das Guinnessbuch der Rekorde quasi inhaliert hat.

»Aber in meiner Story geht es um die Antarktis«, sagt Jesse mit Schärfe in der Stimme und erntet überraschte Stille.

»Über die Antarktis gibt es nur eine Geschichte, die spannend ist«, meint P. P. gravitätisch und zieht alle Aufmerksamkeit auf sich. »Und das ist der Wettlauf zum Südpol zwischen dem Norweger Amundsen und dem Engländer Scott im Jahr 1911. *Das* ist eine echte Heldengeschichte, ein Duell voller Entbehrungen, Kampfgeist, Sieg und tragischem Tod. Wie bei der Mondlandung interessiert sich die Welt nur für den Wettlauf um den ersten Fußabdruck. Wer in die Fußstapfen seiner Vorgänger tritt, hinterlässt keinen eigenen Eindruck. Egal, ob Mann oder Frau.«

Marlow nickt und steht auf. Auch Jesse erhebt sich und holt tief Luft.

»Heute Morgen hat mich die Leiterin der australischen Davis Station in der Antarktis angerufen. Diana Patterson. Übrigens die erste Frau in dieser Führungsposition. Wir haben vorletztes Jahr ein Porträt über sie gebracht. Sie hat mir erzählt, dass die Wissenschaftler der Davis Station eine systematische Suche nach der Landestelle aus dem Jahr 1935 gestartet haben.«

Jesses Worte überschlagen sich fast. Sie zwingt sich, langsamer zu sprechen. Marlow fixiert sie mit seinem Habichtblick unter den buschigen Augenbrauen, was ein gewisses Interesse an ihrer Story signalisiert.

»Dieser Küstenabschnitt im Osten der Antarktis wurde im Jahr 1935 erstmalig von der Mannschaft eines norwegischen Walfängers betreten. Sie haben der Region ihren Namen gegeben, nämlich Vestfold Hills und Ingrid-Christensen-Küste, nach der Frau des Reeders, der diese Expedition in Auftrag gegeben hat. Am 20. Februar 1935 hat eine gewisse Caroline Mikkelsen, die Ehefrau des Kapitäns des Walfängers ...«, Jesse schielt in ihren Notizblock, »... *M/S Thorshavn*, als erste Frau der Welt ihren Fuß auf Antarktisgebiet gesetzt. Die Norweger haben dort einen Steinhaufen errichtet und die norwegische Flagge gehisst. Dieser Steinhaufen müsste heute noch existieren. Die Landung von Caroline Mikkelsen wurde bereits im Jahr 1957 in einem offiziellen Logbuch über Antarktisexpeditionen vermerkt. Aber seltsamerweise scheint sich nie jemand für die historische Bedeutung dieses Ereignisses interessiert zu haben.«

»Genau«, fällt ihr Marlow ins Wort. »Wenn sich sechzig Jahre lang niemand für diese Frau interessiert hat, warum sollten wir jetzt über sie berichten? Jubiläum hin oder her.« Er fixiert sie unter hochgezogenen Augenbrauen.

»Weil die Geschichtsschreibung sie offensichtlich übersehen hat. Wir können für ihre Entdeckung sorgen. Wenn die Welt sie nicht kennt, dann ist sie doch ›News‹, oder?«

»Als Frauenthema finde ich das schon interessant«, springt Patricia ihr bei.

»Lebt die Frau noch?«, will Marlow wissen.

»Das ist ja gerade das Spannende«, sagt Jesse mit glühenden Wangen. »Niemand weiß, wo und wer diese Frau ist. Nur ihr Name ist bekannt und dass sie offenbar die Ehefrau des Kapitäns war. Ich würde mich auf die Suche nach einer Verschollenen machen.«

»Okay«, sagt Marlow. »Aber nur, weil Sie letztes Jahr mit der Story über die Mütter im Motel einen guten Instinkt bewiesen haben. Sie haben bis Freitag Zeit, diese Antarktis-Frau zu finden. Wenn sie noch lebt, machen Sie ein Interview. Tausend bis fünfzehnhundert Wörter. Wenn die Frau tot ist: zweihundert Wörter.«

Kapitel 5:
Owe – o weh!

Frederikshavn, 12. Oktober 1931

Meine liebe Elin,

obwohl du mir auf meinen letzten Brief noch nicht geantwortet hast (und ich gespannt auf deine Meinung zu einem gewissen Kapitän M. warte), muss ich dir nun schon wieder schreiben. Es geht immer noch um einen Mann, nämlich um (o Wunder) Owe (o weh) … Unsere Mutter hat dessen Mutter bei ihrem Teekränzchen erzählt, dass ich einen norwegischen Kapitän zum Verehrer habe. Unnötig zu sagen, dass Mutter da ihre Hoffnungen über die Realität stellt. Die Vorstellung eines Konkurrenten hat Owe derart aufgeweckt, dass er mir zu unserem seit Langem geplanten Treffen doch tatsächlich eine Blume mitgebracht hat: eine Margerite. Zur romantischen Rose hat seine Kavaliersanwandlung nicht gereicht. Er trug ein neues Hemd. Seine zwei Ausgehhemden, rot kariert und blau kariert, kenne ich inzwischen schon zur Genüge. Jemand – bestimmt seine Mutter – hat sich die Mühe gemacht, die Schuppen und

Haare von den Schultern seiner Jackettjacke zu bürsten. Das war echt überfällig.

Wir gingen also ins Lichtspielhaus und wie immer suchte ich den Film aus: »Dance, Fools, Dance« mit Joan Crawford und Clark Gable, ein echtes neues Hollywood-Traumpaar, wenn du mich fragst. Owe spendierte mir eine kleine Tüte Popcorn und wir saßen schweigend in den tiefen Sesseln nebeneinander. Einmal touchierte sein Handrücken die Seite meines Oberschenkels. Ich rückte ein wenig ab und er startete keine weiteren Annäherungsversuche. Nach dem Film sind wir noch auf einen Kaffee ins Coppa gegangen und Owe hat mir ausführlich eine Begebenheit aus seinem Büro erzählt (frag mich nicht nach den Details, ich habe sie schon vergessen). Jedenfalls kam in jedem dritten Satz vor, wie zufrieden sein Chef mit ihm sei und dass er fest mit einer baldigen Gehaltserhöhung rechne.

»Hast du eigentlich schon gehört, dass die Möwen in Sandefjord gegen den Wind scheißen?«, fragte ich unvermittelt in seinen Monolog hinein. Owe hielt mitten im Satz inne, sein Mund stand leicht offen und er schob mit dem Zeigefinger seine Brille nach oben, sodass das Glas einen weiteren Fettabdruck bekam.

»Das ist wirklich keine Sprache für eine Dame«, sagte er schließlich und schwieg danach beleidigt.

Ich rührte noch einen Schuss Sahne in meinen Kaffee und schielte nach der Uhr über dem Tresen.

»Woher kommt dein plötzliches Interesse für Norwegen?«, fragte Owe misstrauisch.

»Ach, einfach so«, entgegnete ich leichthin. »Immerhin kann man an klaren Tagen von Skagen bis zur Küste von Vestfold schauen. Interessiert es dich denn nicht, mal über deinen eigenen Tellerrand zu blicken?«

Owe rutschte nervös auf seinem Sitz herum und winkte der Kellnerin, dass er zahlen wolle. »Warum in die Ferne schweifen, das Gute liegt so nah«, philosophierte er kraftlos.

»Ich schweife gerne in die Ferne und möchte auch mal gegen den Wind fliegen«, erklärte ich, legte einen Geldschein für meinen Kaffee auf den Tisch und stolzierte zur Tür hinaus. Ich kam mir vor wie eine Diva in einer Filmszene – es fehlte nur noch das dramatische Orchester dazu. Zu gerne hätte ich den Gesichtsausdruck von Owe, der Schleiereule, gesehen.

Auf dem Nachhauseweg habe ich vor mich hin gekichert und übermütig kleine Kieselsteine vor mir her gekickt. Ich bin so erleichtert: Ich werde mich nie wieder mit Owe treffen. Mit diesem Mann verschwende ich meine Zeit. Ich habe etwas Besseres verdient!

Auch wenn ich jenen, dessen Namen ich nicht erneut nennen werde, nicht wiedersehe, meine Begegnung hat mir doch die Augen für die Welt geöffnet und vor allem dafür, was ich mir *nicht* wünsche. Ich will keinen Langweiler an meiner Seite haben, der antriebslos ist und keine großen Träume hat. In Zukunft will ich etwas wagen, will meine Möglichkeiten ausschöpfen und mich nicht mit dem Mittelmaß zufriedengeben.

Was sagst du zu meinen neuen Vorsätzen, liebe Elin? Ich vermisse unsere schwesterlichen Gespräche so sehr.

Ich herze und drücke dich
deine Caroline

Kapitel 6:
Zuckermandeln für die andere

Frederikshavn, 3. November 1931

Meine liebe Elin,
 warum passieren eigentlich immer die aufwühlenden Dinge, wenn du gerade nicht da bist? Ich wünschte, ich könnte dir die verwirrenden Ereignisse der letzten Tage von Angesicht zu Angesicht erzählen. Stattdessen muss ich doch wieder zu Papier und Füllfederhalter greifen.
 Ich sage es ohne große Umschweife geradeheraus: Kapitän Mikkelsen ist wieder auf der Bildfläche erschienen! Das ist an und für sich nichts Erstaunliches, denn die Reederei Thor Dahl, für die er tätig ist, ist schließlich Zulieferer für das Unternehmen von Onkel Rasmus. Ich gebe zu, dass in den letzten Wochen nach meinem Zusammentreffen mit dem Kapitän das Öffnen der Geschäftspost einen gewissen zusätzlichen Spannungsfaktor für mich hat, da ich nach dem Briefkopf der Reederei Thor Dahl

Ausschau halte. Wenn ich dann ein solches Exemplar herausgefischt habe, prüfe ich dieses Schreiben stets mit einem unprofessionellen Interesse (ich gebe es zu!). Ich suche nach Hinweisen darauf, wann Kapitän Mikkelsen das nächste Mal mit einer Lieferung in unseren Hafen einlaufen wird. Leider habe ich in der Korrespondenz bisher nur Rechnungen für bereits gelieferte Ware vor mir gehabt. Zu meinem Verdruss habe ich gesehen, dass die *M/S Thorshavn* unter dem Kommando von Kapitän Mikkelsen bereits zwei Mal in den letzten drei Wochen in Frederikshavn Ware für meinen Onkel gelöscht hat. Aber Herr Mikkelsen selbst hat es offenbar vorgezogen, an Bord zu bleiben oder sich zwecks gesellschaftlicher Vergnügungen an Land anderweitig zu orientieren.

Falls du meinst, du könntest einen gewissen Tonfall von Enttäuschung oder Verbitterung aus meinen Worten heraushören, so lass mich dir versichern, dass es eher Verwunderung ist. Und vielleicht auch ein bisschen Ärger über mich selbst, dass ich mich von den Beteuerungen von Onkel Rasmus und Tante Gunda irreführen ließ, der Kapitän sei so angetan von mir (»verzaubert« sagte Tante, »hingerissen« sagte Onkel). Noch eindeutiger schienen aber die Taten und Worte des Kapitäns selbst, die wir ja bei deiner Stippvisite daheim noch mal ausführlich durchgesprochen hatten. Auch du warst der Ansicht, der Kapitän habe mir gegenüber ein eindeutiges Werbungsverhalten an den Tag gelegt.

Wie dem auch sei, die Woge der Zuneigung scheint sich bei ihm in eine Flaute verwandelt zu haben. Ich habe damit inzwischen meinen Frieden geschlossen, nicht ohne mir auch die vielen Nachteile einer Verbindung zwischen dem Kapitän und mir vor Augen zu führen: der große Altersunterschied, der Umstand, dass ich zu ihm nach Sandefjord ziehen müsste. Auch wenn die norwegische Küste in der Luftlinie greifbar nah erscheint, ist es doch ein anderes Land, dessen Sprache ich nicht beherrsche usw.

Ich bin froh, dass ich Onkel Rasmus zu keinem Zeitpunkt gefragt habe, ob und wann Herr Mikkelsen vielleicht wieder seine Aufwartung machen werde. Damit hätte ich mein (zeitweiliges) Interesse verraten, was ich eigentlich gut verborgen hatte. Denn sonst würde Onkel mich nun bestimmt mit wohlmeinenden, tröstenden Worten traktieren. Es reicht mir schon, dass Mutter alle Tage zu mir sagt: »In jedem Netz zieht man Fische aus dem Meer, aber der große Fang schlüpft manchmal durch die Maschen.«

Dabei schüttelt sie meist seufzend ihren Kopf. Ich kann ihr Mitleid für die sitzen gebliebene alte Jungfer wirklich kaum noch ertragen.

Aber du, Elin, kennst mich von allen am besten. Und ich kann dir versichern, dass, wenn überhaupt etwas verletzt ist, dann nicht mein Herz, sondern nur mein Stolz.

Aber mein leicht angekratzter Stolz hat vorgestern eine gehörige Politur bekommen. Ich machte gerade Nachmittagspause in der gemütlichen Teeküche im Nebenzimmer vom Büro mit einem Hagebuttentee und Spritzgebäck, als ich von draußen eine tiefe Stimme hörte, die mir sofort bekannt vorkam.

»Darf ich Ihnen eine kleine Aufmerksamkeit von der *Thorshavn* überbringen?«, sagte der Sprecher zu meinen zwei Kolleginnen, die an ihren Schreibtischen saßen. Ich hörte, wie ein Stuhlbein über den Boden schleifte, als eine aufstand, um das Mitbringsel in Empfang zu nehmen.

»Aber da fehlt doch eine Dame«, bemerkte der Mann, den ich nun eindeutig als niemand anderen als Kapitän Mikkelsen erkannte. Ich wischte mir schnell die Kekskrümel von der Bluse und trat in lässiger Haltung (zumindest versuchte ich mich darin) in den Büroraum. Der Kapitän stand breitbeinig in seiner gut sitzenden dunkelblauen Uniform mit kniehohen

Lederstiefeln da, als hätte er auch das Kommando über diesen Raum. Ein Lächeln ließ sein kerniges Gesicht ein wenig weicher wirken, als er mir drei kleine Döschen überreichte. Ebensolche sah ich in den Händen meiner Kolleginnen. Sie enthielten Walfischfett, was ich als Geschenk für eine Dame völlig unromantisch finde, auch wenn der Winter naht und unsere Lederschuhe bald wieder eingefettet werden müssen. Aber die Dosen sollten schließlich keine romantische Gabe sein, sondern ein Präsent vom Geschäftspartner an die Mitarbeiterinnen.

»Danke, sehr aufmerksam von Ihnen«, sagte ich kühl, setzte mich an meinen Arbeitsplatz und drehte dem Kapitän den Rücken zu. Er plauderte noch einige Minuten mit Fräulein Olsen, die auffallend oft lachte (oder gurrte, besser gesagt). Dann verabschiedete sich der Kapitän und stampfte hinaus.

»Was für ein charmanter Mann«, schwärmte Fräulein Olsen, holte ein Handspiegelchen aus ihrer Tasche und überprüfte ihre Schminke. Ich habe dir die Bürovorsteherin noch gar nicht richtig beschrieben. Fräulein Olsen ist 29 Jahre alt – das behauptet sie jedenfalls, Tante Gunda hat mir jedoch zugeflüstert, dass die Dame ihren 29. Geburtstag schon drei bis vier Mal gefeiert hat. Sie hat sehr schöne Hände mit langen Fingern und korallenrot lackierten Fingernägeln, ihr Lippenstift ist dazu passend in derselben Farbe. Sie trägt ihr dunkelblondes Haar, das sie regelmäßig in Senfpackungen und Zitronensaft einlegt, wie sie uns erzählt, damit es heller wird, in modischen Wellen. Auch ihre Kostüme sind immer gut geschneidert. Sie ist die perfekte Sekretärin, elegant, aber nicht mondän, und zuverlässig. Zu uns Mitarbeiterinnen ist sie zuweilen pedantisch. Neben ihr komme ich mir immer wie ein Trampel vor. Mit ihrer Mannequintaille und den grazilen Oberschenkeln kann ich nicht konkurrieren. Fräulein Olsen umschwebt stets der Duft von Orchideen und Zimt. Sie hat ein sündhaft teures Parfüm, das sie sich in einer Parfümerie in Stockholm nach eigenen Wünschen zusammenstellen lässt. Helga und ich fragen uns, warum Fräulein Olsen noch nicht geheiratet hat – trotz einer Heerschar von Verehrern, wie unschwer an den Blumensträußen zu erkennen ist, die sie jeden Montag von ihren Verabredungen vom Wochenende mit ins Büro bringt. Helga hat ihr auf der letzten Weihnachtsfeier nach dem dritten Punsch entlockt, dass sie nur einen »Direktor« heiraten will. Offenbar hat sie den richtigen Anwärter noch nicht gefunden. Ich bin mir aber nicht sicher, ob Fräulein Olsen wirklich ihren Beruf für ein reines Hausfrauendasein aufgeben möchte. Sie scheint mir sehr stolz auf ihre Berufstätigkeit zu sein (sie macht ständig Weiterbildungen an der Abendschule), und rümpft die Nase über ihre Schulfreundinnen, die alle schon Mann und Kinder haben.

»Vor lauter Backstaub und Babypuder sind die kleinen grauen Zellen völlig vernebelt und man kann kein anständiges Gespräch mehr mit diesen Schürzenträgerinnen führen!«, habe ich Fräulein Olsen schon mehr als einmal sagen hören.

Warum schreibe ich dir so viel über Fräulein Olsen? Du ahnst inzwischen vielleicht, dass auch dem Kapitän bei seinem Besuch einige ihrer Qualitäten aufgefallen sind. Es waren bestimmt nicht ihre hervorragenden Stenografiekünste.

Der restliche Nachmittag nach dem Besuch des Kapitäns verlief ereignislos. Ich müsste lügen, wenn ich abstreiten würde, dass ich nicht ein bisschen darauf wartete, dass Onkel Rasmus mir eine Einladung zum erneuten Ausgehen mit dem Kapitän überbringen würde. Aber nichts dergleichen geschah und ich lief im Nieselregen in meinen Gummistiefeln mit Fellbesatz heim (vielen Dank noch mal für dein wunderbar praktisches Geschenk aus Kopenhagen).

Am nächsten Morgen kam Fräulein Olsen eine halbe Stunde zu spät zur Arbeit. Das ist bisher noch nie vorgekommen. Helga meinte, sie sei auch noch nie krank gewesen. Umso neugieriger waren wir, was wohl der Anlass dieser Premiere war. Fräulein Olsen war in Hochstimmung. Sie trug ihr neues Kostüm mit den neckischen Beinschlitzen an den Seiten und einen Hut mit Federboa, der mehr zu einer Operndiva als zu einer Sekretärin passt.

»Guten Morgen, meine Lieben«, flötete sie und setzte sich an ihren Schreibtisch. Aber anstatt sich wie üblich dem Auftragsbuch zuzuwenden, begann sie, in aller Ruhe ihre Fingernägel frisch zu lackieren (in Rosa). Der beißende Geruch des Lacks bereitete mir bald Kopfweh.

»Ich nehme mir den Nachmittag frei, ist schon von Herrn Clausen genehmigt«, sagte sie. Helga und ich warfen uns erstaunte Blicke zu.

»Hast du etwas Schönes vor?«, fragte Helga. Die beiden kennen sich schon seit drei Jahren und sind per Du.

»Das kann man wohl sagen«, antwortete Fräulein Olsen und lächelte geheimnisvoll. Der Vormittag verstrich, ohne dass wir mehr in Erfahrung bringen konnten. Allerdings naschte sie laut knackend aus einer Tüte mit gebrannten Mandeln, so wie man sie am Pier von den Händlern mit Bauchladen kaufen kann. Aus meiner Magengrube stieg ein unangenehmer Verdacht auf. Um Punkt 13 Uhr zog sie sich ihren Mantel an, nicht ohne zuvor ihren Lippenstift nachgezogen und sich frisch einparfümiert zu haben. Ich habe fast einen Hustenanfall in dieser Duftwolke bekommen. Mit einem Lächeln auf den Lippen stöckelte sie nach unten. Helga und ich stellten uns auf die Zehenspitzen, um durch die hohen Fenster in den Innenhof schauen zu können.

»Ich wette, sie trifft sich mit einem Direktor«, sagte Helga. Ich nickte und fühlte mich irgendwie kloßig.

Tatsächlich, da marschierte die kompakte Gestalt eines Uniformträgers mit Kapitänsmütze durch die Toreinfahrt: Herr Mikkelsen! Seine Auserwählte stolzierte auf ihn zu und er gab ihr zu Begrüßung einen Kuss rechts und links auf die Wange (offensichtlich eine Steigerung zum lahmen Händedruck, den er für mich übrig gehabt hatte). Dann gingen die beiden davon. Fräulein Olsen hakte sich bei ihm ein und ihr helles Lachen schallte zu uns hoch, als sie dabei den Kopf in den Nacken legte und ihre Haare schüttelte.

Liebe Elin, ich gebe zu, dass ich über diese Entwicklung ziemlich geknickt bin. Offensichtlich habe ich dem Kapitän nicht gefallen und jetzt probiert er die nächste ledige Sekretärin aus. Sie ist ihm immerhin eine zweite Verabredung wert. Ist das nicht ein wenig (ziemlich!) schamlos? Vor meinen Augen die neue Kandidatin abzuholen? Typisch Seemann: In jedem Hafen eine andere – in diesem Fall mehr als eine pro Hafen. Ich tue gut daran, diesen alten Herrn möglichst radikal und endgültig aus meinen Gedanken zu verbannen.

Bitte schreibe mir bald und erzähle mir von den schönen Dingen, die du in Hamburg erlebst! Ich kann die Aufmunterung gut gebrauchen. Vielleicht komme ich dich besuchen.

Ich umarme dich
deine Caroline

Kapitel 7:
Walfisch oder Haifisch

Frederikshavn, 7. November 1931

Es gab wirklich keinen Grund, warum dieser alte Kapitän ihr den Schlaf rauben sollte. Caroline drehte sich wütend von einer Seite auf die andere in ihrem zerwühlten Laken. Das Mondlicht erhellte ihre Dachkammer. Der kurze Zeiger ihres Weckers näherte sich der Vier – und sie hatte noch kein Auge zugetan. Als sie gestern beobachtet hatte, wie Kapitän Mikkelsen Fräulein Olsen mit stürmischen Küssen – diese Übertreibung erlaubte sie sich – abgeholt hatte, stand ihr Entschluss fest, sich von diesem Hallodri endgültig abzuwenden. Aber ihre Gedanken kreisten trotzdem unablässig um den Kapitän. Sie kam sich vor wie eines dieser naiven Fräuleins aus den Radiosendungen, die ihre Mutter immer hörte. Wie war sie nur in diese sentimentale Herzensweh-und-Hochzeitsglocken-Geschichte hineingerutscht? Als Titel für ihre würde passen: »Stürmische See« oder »Der Kapitän und die Seenot«.

Als das Schrillen des Weckers sie um sieben Uhr endlich erlöste, fühlte Caroline sich völlig geplättet. Sie tapste in die Küche und machte sich einen heißen Kakao, schaltete das Radio ein und schaute durch den Regenschleier in den kargen Garten.

»Warum bist du noch nicht angezogen?«, fragte ihre Mutter, als sie gegen acht Uhr in ihrem Hauskleid und mit Lockenwicklern in den Haaren in die Küche gedampft kam, um das Frühstück für Vater und sich zu bereiten.

»Ich fühle mich heute unwohl. Frauenbeschwerden«, murmelte Caroline, was zur Hälfte stimmte. Sie meldete sich im Büro krank. Sollte Fräulein Olsen darüber doch denken, was sie wollte. Vielleicht wusste sie gar nicht, dass der Kapitän auch Caroline ausgeführt hatte. Das Letzte, was Caroline an diesem Morgen vertragen konnte, war, sich im Büro die Schwärmereien ihrer Konkurrentin von deren Verabredung anzuhören.

Caroline verbrachte einen faulen Vormittag im Bett, löste Kreuzworträtsel und naschte Nussschokolade. Gegen Mittag fühlte sie sich so weit wiederhergestellt, dass sie ihrer Mutter beim Wäschewaschen half. Am späten Nachmittag ging sie zum Spazieren hinaus – aber bloß nicht in den Hafen, dem Schauplatz der jüngsten Herz-Schmerz-Verwicklungen. Stattdessen schlenderte sie an den Schaufenstern der Damenmodegeschäfte entlang und schaute nach neuen Anregungen für ihre Kreationen an der Nähmaschine.

Als Caroline bei Einbruch der Dunkelheit nach Hause kam, fing ihre Mutter sie aufgeregt an der Haustür ab.

»Du hast Besuch«, raunte sie Caroline ins Ohr, zupfte ihre vom Wind zerzausten Haare zurecht und schob sie ins Wohnzimmer, bevor sie protestieren konnte. Dort stand eine wohlbekannte Männergestalt breitbeinig vor dem Kamin und schaute ihr erwartungsvoll entgegen: Kapitän Mikkelsen.

Er begrüßte Caroline mit einer kleinen Verbeugung, die ungewohnt förmlich wirkte. Aber wenn er dachte, mit einer einzigen Verbeugung sein Umwerben von Fräulein Olsen vergessen zu machen, hatte er sich geschnitten.

»Es freut mich, Sie wiederzusehen, Caroline«, sagte der Kapitän. »Ich hoffe, die frische Luft hat Ihnen gutgetan – Sie sehen jedenfalls ganz munter aus mit Ihren roten Wangen.«

Caroline starrte den Besucher unwirsch an. Was wollte er hier? Wie er sie so vertraulich beim Vornamen nannte, war ziemlich anmaßend. Hatte Mutter ihm von ihrer »Unpässlichkeit« erzählt oder war er zuvor im Büro auf Brautschau gewesen? Eigentlich wäre heute Abend Helga an der Reihe gewesen, wenn er alle ledigen Frauen ausprobieren wollte. Der Kapitän genierte sich offenbar keine Spur, dass er zwei Frauen gleichzeitig umwarb. Carolines Mutter jedenfalls grinste wie ein Honigkuchenpferd und schob Caroline auf das Sofa. Der Kapitän nahm daneben Platz und Mutter selbst setzte sich in Vaters Ohrensessel dazu.

»Ich hoffe, Sie bleiben zum Abendessen, auch wenn ich heute nichts Besonderes vorbereitet habe«, flötete Carolines Mutter. »Als weit gereister Kapitän ist die dänische Küche sicher nicht neu für Sie. Mein Mann kommt auch bald nach Hause. Er wird sich freuen, mit einem Kapitänskollegen sprechen zu können«, redete die Mutter eifrig auf ihn ein. Sie hörte gar nicht mehr auf zu sprechen und zählte ungefragt sämtliche Vorzüge von Caroline auf: »Meine Caroline kocht gute Hausmannskost, Caroline ist so fleißig im Haushalt, Caroline liebt Kinder, Caroline ist so praktisch veranlagt, Caroline näht ihre eigene Garderobe, Caroline hat immer gute Laune.«

Caroline wäre vor Scham am liebsten im Boden versunken. Es hörte sich so an, als würde die Mutter eine alte Kuh auf dem Markt anpreisen. Der Kapitän nickte zu allem und lächelte mit seinen kleinen weißen Zähnen. Die Einladung zum Abendessen schlug er höflich aus und fragte stattdessen, ob er Caroline am nächsten Samstagnachmittag in ein Café ausführen dürfe. Ihre Mutter bejahte natürlich sofort, aber der Kapitän schaute Caroline aus seinen blauen Augen intensiv an und wartete auf ihre Entscheidung. Sie zögerte und suchte in Gedanken nach einer schlagfertigen ablehnenden Antwort.

»Sie dürfen sich auch die besten Windbeutel von Frederikshavn aussuchen«, sagte der Kapitän und zwinkerte ihr zu. Er hatte sich offenbar ihre Lieblingsspeise gemerkt. Auf diese Art umschmeichelt, stimmte sie zu. Aber im nächsten Augenblick straffte sie ihren Rücken. So einfach würde sie sich nicht von süßen Worten oder Gebäckstücken des Seejägers umgarnen lassen – sie wollte ihn büßen lassen für seine *Untreue*. Sollte er sie doch ausführen und ihr Windbeutel und Kakao spendieren, danach könnte sie ihm immer noch die kalte Schulter zeigen und ihn zurück ins Haifischbecken werfen – wobei er wohl eher selbst der Hai war und Caroline seine Beute.

Schon war der Samstag gekommen und ihre Mutter veranstaltete den ganzen Vormittag über einen riesigen Wirbel um die Verabredung. Sie zerrte die Nachbarin Frau Jensen herbei, damit sie Caroline mit ihrem Glühstab Locken in die Haare brennen sollte. Caroline saß gehorsam still während der Prozedur, nur einmal schrie sie auf, als Frau Jensen ihr die Kopfhaut ansengte. Aber das Ergebnis konnte sich sehen lassen.

»Hier, zieh dieses Kleid an, das macht eine gute Figur.« Mutter kam mit dem schwarzen Trauerkleid von Cousine Lily ins Zimmer gerauscht. Caroline weigerte sich.

»Aber das ist aus Paris von Dior«, beharrte Mutter. »Schwarz ist elegant, sieh doch nur der Schnitt. Dazu legst du das bunte Tuch um die Schultern.«

»In diesem Kleid sehe ich aus wie eine Witwe«, empörte sich Caroline. Nach sieben Anproben unter den Argusaugen ihrer

Mutter entschied sie sich für ein rot-grün kariertes Wollkleid, das sie im letzten Winter selbst genäht hatte. Am Ausschnitt wollte Mutter die ersten zwei Knöpfe abtrennen, damit der Kapitän sich von ihren weiblichen Wogen überzeugen könne. Caroline gab seufzend nach und zumindest der erste Knopf fiel Mutters Schere zum Opfer. Der Kapitän machte sich bestimmt keine Gedanken, was er anziehen solle und wie er sie von seinen Qualitäten überzeugen könne.

»Warum bist du bloß so widerborstig?«, schimpfte Mutter und bürstete energisch über die Schultern von Carolines Wollkleid. »Sei doch froh, dass du endlich einen schneidigen Verehrer hast.«

Als Caroline ihr erzählte, dass der feine Herr am Donnerstag auch ihre Kollegin ausgeführt hatte, lachte sie schallend. »Das ist wohl ein echter Schlawiner. Der weiß, wie man die Frauen herumbekommt. Konkurrenz belebt das Geschäft.«

Die Taktik des Kapitäns fand sie offenbar ermutigend. Die Möglichkeit, dass die Konkurrentin Caroline den Jäger wegschnappen könnte, schien sie nicht zu beunruhigen.

»Das Fräulein Olsen ist eine ganz Abgebrühte«, meinte Mutter. »Das eingebildete Weibsbild hat schon einem Dutzend guter Männer in Frederikshavn einen Korb gegeben. Sie wartet wohl auf einen Millionär. Dabei ist sie selbst nicht mehr die Jüngste. Und du siehst mindestens genauso hübsch aus, jedenfalls natürlicher, nicht so aufgedonnert. Seeleute wollen keine verwöhnte Prinzessin zur Braut, sondern eine bescheidene und fleißige Frau!«

Caroline biss sich auf die Zunge, um eine wütende Antwort zu unterdrücken. Ihre Mutter glaubte anscheinend, der Kapitän werde sich nur für sie entscheiden, weil die Olsen ihm einen Korb gegeben hatte oder weil Caroline keine verwöhnte Prinzessin war. Beide Varianten waren nicht sehr schmeichelhaft für sie.

Ihr Vater saß den ganzen Morgen über in seinem Ohrensessel, rauchte Pfeife und tat so, als bekäme er nichts mit.

Als der Kapitän dann pünktlich um 15 Uhr vor der Tür stand, begrüßte ihn Caroline mehr trotzig als freundlich und sagte, als Mutter außer Hörweite war: »Ich habe nur zwei Stunden Zeit. Ich bin später noch verabredet.«

Der Kapitän schmunzelte und nickte. Er hielt ihr seinen Arm hin und Caroline hakte sich unverbindlich ein. Im Weggehen sah sie, wie die Gardine im Wohnzimmer verdächtig wackelte – Vater hatte sich offenbar doch aus seinem Sessel erhoben, um einen Blick auf den Anwärter zu werfen.

Der Kapitän führte sie ins Café Royal. Immerhin das beste und teuerste Café der Stadt – auch wenn es mit dem Tebirkes in Kopenhagen nicht mithalten konnte. Sie setzten sich an einen runden Marmortisch im ersten Stock am Fenster. Diesmal saßen sie so weit auseinander, dass eine Knieberührung ausgeschlossen war. Als Caroline die süßen und bunten Auslagen in der Theke inspizierte, hob sich ihre Laune beträchtlich. Sie bestellte einen Windbeutel und ein Stück Walnusstorte mit Rum im Marzipanmantel. Wenn schon, denn schon, dachte sie, sollte der Herr Kapitän sie ruhig für gefräßig halten. Dazu nahm sie eine heiße Schokolade, die so dickflüssig war, dass der Löffel darin nicht unterging. Der Kapitän bestellte ein Lachsbrötchen und einen schwarzen Kaffee, ganz männlich herzhaft. Während Caroline genießerisch Gabel für Gabel die Köstlichkeiten vertilgte, erzählte der Kapitän von seinen Reiseplänen für die nächsten Jahre.

»Die Versorgung der Walkochereien ist gut für den Geldbeutel, eine sichere Sache, aber keine Herausforderung«, sagte er mit seiner tiefen Stimme, die immer ein wenig in Carolines Magengrube nachschwang. »Mich reizen die weiten Ozeane und das unerforschte Land der Antarktis.«

Caroline erfuhr, dass er mit dem Reeder Lars Christensen aus Sandefjord gut bekannt war, der schon einige Antarktisexpeditionen finanziert und geleitet hatte.

»Herr Christensen sucht unerschrockene und zuverlässige Kapitäne, die auch mal einige Monate am Stück unterwegs sein können. Ich bin da genau der Richtige für diese Expeditionen.«

»Da ist es sicher von Vorteil, dass Sie ledig sind«, warf Caroline keck ein. Der Kapitän schnaubte und machte eine wegwerfende Handbewegung.

»Die Frau eines Seefahrers muss in der Lage sein, ohne ihren Mann auszukommen und das Haus gut in Ordnung zu halten.«

Caroline sagte nichts dazu und löffelte ihre heiße Schokolade.

»In der Familie Christensen läuft alles auf Kurs. Sie haben vier gut geratene Kinder, die Frau führt den großen Haushalt tadellos und nimmt sogar an den Expeditionen ihres Mannes teil«, berichtete der Kapitän.

»Frau Christensen war in der Antarktis?«, rief Caroline. »Das ist erstaunlich. Wie mutig! Es wundert mich, dass ich davon gar nichts in der Zeitung gelesen habe.«

»Nun, sie war ja nur Passagierin, die Verantwortung auf dem Schiff tragen immer noch die Männer«, erklärte der Kapitän und hakte nach: »Würde Sie ein solches Seeabenteuer auch reizen?«

»Und ob!«, stieß sie laut hervor und fegte vor Aufregung die Kuchengabel vom Tisch.

»Vielleicht wollen Sie mich bald mal in Sandefjord besuchen kommen? Dann stelle ich Sie gerne der Familie Christensen vor.« Der Kapitän lächelte sie siegessicher an. Er wusste, dass er Caroline am Haken hatte.

»Oder Sie fragen das Fräulein Olsen«, entgegnete sie schnippisch und rührte in ihrem Kakao.

»Ich frage aber Sie, Caroline«, sagte der Kapitän ernst. Plötzlich wurde ihr ganz heiß und sie spürte das Blut in ihrem Hals pulsieren.

»Das könnte interessant sein«, brachte sie mit belegter Stimme hervor. So ein Mistkerl! Wie schaffte er es immer wieder, sie aus dem Gleichgewicht zu bringen und ihre Vorsätze über Bord zu werfen?

Zum Abschied gab er Caroline die Hand. Sie war sich nicht sicher, ob sie enttäuscht war, keinen Wangenkuss wie Fräulein Olsen zu bekommen.

»Bis bald«, sagte der Kapitän und ging mit ausgreifenden Schritten davon.

Caroline hatte keine Lust, ihrer Mutter einen genauen Bericht über die Verabredung zu erstatten, und flüchtete sich in einen Spaziergang. Sie musste nachdenken. Außerdem hatte sie das Gefühl, ihr Magen müsste vor lauter Süßkram platzen – sie würde gewiss nie wieder einen Windbeutel essen!

Nach einer geheimnisvollen Windstille am Sonntag brauste am Montagabend ein richtiger Sturm herein. Tagsüber im Büro herrschte noch Flaute. Fräulein Olsen verhielt sich wie immer und ließ sich nichts anmerken. Caroline tuschelte mit Helga in der Teeküche, aber diese hatte nichts Neues in Sachen Kapitänswerben gehört. Als Caroline jedoch von der Arbeit heimkam, hing im Wohnzimmer eine Rauchwolke, und ihre Spürnase verriet ihr sofort, dass ein Gast da gewesen sein musste, denn unter den gewohnten Pfeifengeruch vom Vater hatte sich ein unbekanntes Aroma gemischt. Auf dem Wohnzimmertisch standen zwei leere Whiskeygläser und Vater hatte einen leicht glasigen Blick. Er winkte sie zu sich und Caroline ließ sich in die tiefe Sitzkuhle des Sofas sinken, aus der es kein Entkommen zu geben schien. Mutter kam dazu, ergriff ihre Hand und tupfte sich mit ihrem einzigen Spitzentaschentuch die Augen wie eine große Stummfilmtragödin.

»Ich hatte eben Besuch von Kapitän Mikkelsen«, erzählte Vater und kam auf seine typische Art gleich zum Punkt.

»Er hat mir von seiner beruflichen und häuslichen Situation erzählt und ich bin sehr zufrieden mit dem, was ich gehört habe. Er wird einen soliden Ehemann abgeben.«

Mutter nickte eifrig und tupfte ihre trockenen Augenwinkel.

»Der Kapitän hat seine Heiratsabsichten deutlich gemacht und will dich einladen, ihn in Sandefjord besuchen zu kommen. Du wirst einige Tage im Hause seiner Mutter unterkommen. Wenn er übermorgen mit seinem Schiff übersetzt, kannst du gleich mitfahren. Er hat gesagt, du wärst mit diesem Plan einverstanden.«

»Natürlich ist sie das, nicht wahr, Caroline«, klinkte sich Mutter ein. Caroline war vollkommen benommen von diesem Tempo, auch wenn sie seit dem magenfüllenden Cafébesuch am Samstag den Vorschlag des Kapitäns zu einem Aufenthalt in seiner Heimatstadt in Gedanken unablässig hin und her gewälzt hatte.

»Also, von übermorgen hat der Kapitän nichts gesagt«, stotterte sie. »Und auch nichts von seiner Mutter.«

»Aber was stellst du dir denn sonst vor?«, fragte Mutter ärgerlich. »In seinem Junggesellenhaus wirst du jedenfalls nicht übernachten, solange du keinen Ehering am Finger hast!«

»So meinte ich das doch gar nicht. Ich dachte, ich würde mir ein Zimmer in einer Pension nehmen …«, verteidigte Caroline sich.

»Papperlapapp«, winkte Mutter ab. »Du solltest froh sein, dass deine zukünftige Schwiegermutter dich so freundlich empfängt. Wenn du als Frau Mikkelsen neu in der Stadt sein wirst, bist du auf deine Schwiegermutter angewiesen, damit sie dich in die Gesellschaft einführt. Du solltest diese Frau so früh wie möglich kennenlernen.«

Für Mutter schien schon festzustehen, dass sie Frau Mikkelsen werden würde, was Caroline die Zornesröte ins Gesicht trieb.

»Du tust gerade so, als hätte ich den Heiratsantrag bereits angenommen. Vielleicht will ich den Kapitän gar nicht heiraten! Ich kenne den Mann doch kaum«, stieß sie hervor. Vor lauter Empörung fielen ihr keine Argumente gegen den Kapitän ein.

»Jetzt bleib ruhig, Tochter«, sagte Vater auf seine ruppige Art. »Fahr doch erst mal nach Sandefjord und schau dir alles an. Danach kannst du dich entscheiden.«

Mutter holte Luft für eine weitere Tirade, aber in dem Moment stapften Carolines Brüder Finn und Mads in den Flur und Mutter rannte hinaus, um mit ihnen zu schimpfen, weil sie den Schnee von ihren Schuhen auf dem Dielenboden verteilten. Vater stopfte sich seinen Pfeifenkopf und summte vor sich hin.

»Ich erkenne den Hecht im Karpfenteich. Kapitän Mikkelsen ist ein solcher Hecht. Glaub einem alten Fischer. Wie lange willst du noch warten?«, fragte Vater.

»Also gut, ich fahre übermorgen mit dem Kapitän nach Sandefjord. Schließlich habe ich nichts zu verlieren«, entschied Caroline und ging auf ihr Zimmer.

In der Nacht quälten Caroline wieder allerlei Fragen. Welche Kleider sollte sie einpacken? Ob die Mutter des Kapitäns wohl Dänisch sprach? Caroline selbst konnte nur wenige Wörter Norwegisch. Ihr wurde bewusst, was es heißen würde, nach Sandefjord zu ziehen: Sie würde nicht nur auf der Nordseite der Bucht sein, sondern in einem anderen Land – als Fremde. Aber so anders würden die Sitten in Norwegen schon nicht sein und die Sprache konnte sie lernen. Ach, sie sollte den Besuch dort einfach abwarten und schauen, welche Eindrücke sie gewann. Hinterher würde sie bestimmt klüger sein.

Als Caroline am nächsten Morgen mit schweren Lidern aufstand, war es draußen noch dunkel und die Straße lag wie im Puderzuckermantel vor ihr. Sie bat ihren Onkel Rasmus um eine Woche Urlaub, den er sofort genehmigte. Zum Abschied wünschte er ihr eine schöne Zeit in Sandefjord. Typisch: Mutter hatte die Nachricht offenbar bereits in der ganzen Stadt verbreitet, zumindest bei der Verwandtschaft, dass Caroline bald unter eine norwegische Haube kommen würde.

Kapitel 8: Mit Marzipankartoffeln schiesst man nicht

Sydney, 13. Februar 1995

Jesse sitzt wieder an ihrem Schreibtisch und tippt energisch den Flughafenartikel in den Computer. Der Praktikant Runner hat ihr die O-Töne aus dem Streikzentrum gebracht. Ein gestrandeter Fluggast, ein Autohändler, hat zu Protokoll gegeben: »Fliegen war früher so verlässlich wie die schlechte Laune meiner Frau, jetzt ist es so unzuverlässig wie der Urinstrahl eines alten Mannes.«

Das dazu passende vulgäre Grinsen kann Jesse sich lebhaft vorstellen. Eine Geschäftsfrau aus der Modebranche hat geäußert: »Ich habe Verständnis für die Anliegen des streikenden Bodenpersonals. Aber dass ich einen wichtigen Auftrag verliere, wenn ich mein Meeting in Melbourne verpasse, daran denkt natürlich keiner.«

Ist wohl klar, welches Zitat es in den finalen Artikel schaffen wird, denkt Jesse.

Wer provoziert, der imponiert, hat Rupert Stein, ihr alter Chefredakteur der Townsville Gazette, immer gesagt und dabei durch seine nikotingelben Zähne gepfiffen. Von einer der Streikenden vom Bodenpersonal (»indigene Frau in gelber Weste« laut Zettel in krakeliger Handschrift von Runner) stammt: »Mit meinem Lohn kann ich gerade mal meine Miete zahlen. Meine fünfzehnjährige Tochter muss unser Essen auf dem Tisch als Zeitungsausträgerin dazuverdienen. Ich mache noch Nachtschichten in einem Schnellrestaurant.«

Ja, das ist großes Sozialdrama – wie es täglich in der Zeitung steht. Die Leser sind abgehärtet dagegen. Jesse seufzt und blättert den Notizblock um. Hoffentlich hat Runner noch bessere O-Töne eingesammelt. Sonst würde Marlow sie wieder dazu nötigen, sich in der letzten Stunde vor Redaktionsschluss ans Telefon zu hängen und mit Schweißperlen auf der Stirn ein Dutzend Leute durchzutelefonieren, bis sie ausreichend schlagzeilenwürdige O-Töne aus deren Redefluss herausgefischt hat.

»Diese AUSBEUTER sollte man in einer ihrer maroden Maschinen auf den Mond schießen.« O-Ton eines Streikenden von der Flughafen-Security.

»Wir müssen uns jeden Monat vom Betriebsarzt wiegen lassen. Wer zu dünn oder zu dick ist, wird gefeuert.« Eine dicke Frau mit Streikplakat und einer Tüte voller Marzipankartoffeln.

Jesse kritzelt ein Fragezeichen daneben. Runner hat wirklich noch einiges zu lernen. Sie nimmt einen Schluck vom kalten Kaffee, spießt einen blassrosa Würfel aus ihrem Melonensalat auf und schiebt ihn sich in den Mund. Die Wassermelone ist inzwischen zimmerwarm und schmeckt mehlig nach Zahnfleisch.

Um kurz vor 16 Uhr schreibt Jesse den letzten Satz ihres Artikels: »Im Kampf von David gegen Goliath ist die Steinschleuder nur mit Marzipankartoffeln bestückt.«

Peter Pearce kommt den Gang zwischen ihren Schreibtischen entlang. Jesse riecht sein süß-herbes Hugo-Boss-Rasierwasser, bevor sie ihn sieht. Er bleibt hinter ihr stehen, seine gebräunte Hand mit dem Siegelring am kleinen Finger legt sich wie selbstverständlich auf ihre Stuhllehne und seine Fingerknöchel touchieren ihre Schulter. Jesse richtet sich kerzengerade auf. Sie braucht keine Rückenlehne – und erst recht nicht die *helfende Hand* ihres preisgekrönten Kollegen. Dieser überfliegt ihren Text.

»Mir gefällt Ihre biblische Ironie, Brubaker«, sagt P. P. gönnerhaft. »Aber der Urinstrahl zieht das Niveau herunter.«

»Als Zitat geht das«, erwidert Jesse knapp und öffnet ihr Inter-Mail-Fenster, um den Artikel an Marlow zum Sign-off zu senden.

»Und was soll die Marzipankartoffel in der Überschrift?«, spielt P. P. weiter den Chefredakteur.

»Das ist eine Anspielung auf die Hungerkrawalle in den böhmischen Ländern in den Jahren 1914 bis 1918. Die Streikparole damals lautete: ›Kartoffeln her oder es gibt eine Revolution!‹«, erklärt Jesse und kann sich ein erhabenes Lächeln nicht verkneifen. Was P. P. an Arroganz hat, gleicht Jesse an Bildung aus. Inzwischen haben auch Patricia Larkin und Dennis Wobble an ihren Nachbartischen den Schlagabtausch mitbekommen und recken ihre Hälse.

»Der Durchschnittsaustralier hat von europäischer Geschichte keinen Schimmer. Solch eine Referenz erkennt nur der distinguierte Feuilletonleser«, belehrt Mr Award-Gewinner sie.

»Die große irische Kartoffel-Hungersnot kennt aber jeder Depp von der Highschool«, mischt sich nun Dennis ein.

»Wie lautet denn deine Überschrift?«, will Patricia wissen.

»Mit Marzipankartoffeln wirft man nicht«, verliest Jesse. »Im Artikel zitiere ich eine Streikende, die Marzipankartoffeln als Wurfgeschosse dabeihat. Das ist nämlich das Weihnachtsgeschenk des Arbeitgebers. Anstelle eines dreizehnten Gehalts.«

»Finde ich clever«, sagt Patricia und nickt mit ihrem weißen Haupt.

Marlow reißt die Tür zu seinem Glaskastenbüro auf und bellt »Kaffee« in den Raum. Seine Schreibsoldaten lösen ihre Versammlung auf und Elvira eilt mit der Kaffeekanne ins Büro vom Chefredakteur.

Um kurz nach 20 Uhr holt Jesse ihre bequemen Sneakers aus der untersten Schublade ihres Schreibtischs und streift die High Heels ab, die schon den ganzen Tag in ihre Fersen schneiden. Wenig später spaziert sie beschwingt aus dem Büro. Draußen empfängt sie milde Nachtluft. Sie steuert ihren Stammsupermarkt an. Der liegt nur einen Block vom Büro entfernt und hat bis 22 Uhr geöffnet.

Als Jesse durch die automatische Schiebetür eintritt, weht ihr kalte Klimaanlagenluft entgegen und sie zieht ihre blaue Strickjacke aus Merinowolle über. Sie nimmt sich einen Plastikkorb und geht an den Obst- und Gemüseauslagen vorbei, die im Speziallicht farbig leuchten wie frisch gepflückt. Jesse hat darüber mal einen Artikel geschrieben. Die Marketingprofis verwenden für Fleisch, Brot, Gemüse usw. jeweils unterschiedliches Licht, bei dem die Farbe und der Wärmegrad exakt auf das Produkt abgestimmt sind. Die Ware wird sprichwörtlich »ins rechte Licht gerückt«. Für Obst und Gemüse ist eine Lichttemperatur von ca. 3.000 Kelvin ideal. Aber Jesse lässt sich nicht manipulieren. Sie legt drei Granny Smith in ihren Korb. Aber nicht, weil diese so appetitlich grün schimmern, sondern weil das schon seit Kindertagen ihre Lieblingssorte ist. Diese grünen Äpfel hat sie immer mit Kimberly, ihrem walisischen Stockhorse, geteilt – zur Belohnung nach einem gemeinsam erfolgreich gemeisterten Hindernisparcours. Jesse kennt sich in dieser Filiale gut aus, sie steuert die Produkte, die sie braucht, auf schnellstem Wege an. Eine Packung tiefgefrorenes Buttergemüse und Kroketten landen in ihrem Einkaufskorb, dazu fettarmer Joghurt, eine Müslimischung mit extra vielen Nüssen, eine Fertigmischung Salat mit Dressing im Tütchen und zwei fertig gebratene Hähnchenhälften.

Als sie die Wohnungstür aufstößt, über der rechten Schulter die Einkaufstasche, in der linken Hand die Post, dringt ihr der Geruch von chinesischem Essen in die Nase. Aidan sitzt im Wohnzimmer vor dem Fernseher und schaut ein Footballspiel an, während er aus einer Pappschachtel Reis mit Hühnchen isst.

»Ich dachte, wir wollten heute Abend zusammen essen«, sagt Jesse und lässt ihre Einkaufstasche auf den Parkettboden vor Aidans Füße krachen.

»Ich war extra noch einkaufen. Hähnchenbrust mit Salat.«

Aidan schaltet den Fernseher auf stumm und setzt seinen Hundewelpenblick auf.

»Ich hatte solchen Hunger«, jammert er und hebt vorwurfsvoll seinen Arm, damit sie die Uhr an seinem Handgelenk ablesen kann. »Es ist fast halb zehn, mein Mittagessen hatte ich vor acht Stunden.«

»Immer dasselbe«, murmelt Jesse und lässt sich neben ihn auf die Couch fallen. »Hast du wieder eine dicke Abfindung rausgeschlagen?« Sie holt einen Apfel aus der Tüte und beißt krachend hinein. Der Hähnchengeruch breitet sich aus und ihr Magen knurrt.

»Vor Gericht war mal wieder der türkische Basar eröffnet«, antwortet Aidan. »Ich habe für meine Mandantin drei

Monatsgehälter und Aktienanteile als Abfindung erwirkt. Alle waren zufrieden mit diesem Deal. Selbst der Habicht von Finch & Rupert.« Jesse weiß, wie sehr Aidan das beinahe tägliche Kräftemessen vor Gericht genießt – besonders mit seinem Erzfeind von der Kanzlei, die sich auf die Vertretung von großen Arbeitgebern spezialisiert hat.

»Super«, sagt sie ein wenig kraftlos. Sie geht in die Küche und räumt ihre Einkäufe in den Kühlschrank. Im Stehen, gegen das Spülbecken gelehnt, knabbert sie ihre Hähnchenbrust ab. Die fettige Haut hat sie vorher natürlich mit geübten Fingern abgezogen, das Fleisch ist lauwarm und schmeckt herrlich salzig.

Im Schlafzimmer streift sie ihren Hosenanzug ab, hängt alles ordentlich über einen Bügel und schlüpft in eine Radlerhose und ein verblichenes T-Shirt von der J.P. Morgan Corporate Challenge vom letzten Jahr. Dann geht sie ins Arbeitszimmer, das sie mit Aidan teilt. Unter dem Fenster stehen ihre Schreibtische einvernehmlich nebeneinander wie Doppelhaushälften. Aber in den fünf Jahren, seit sie hier zusammenwohnen, ist es noch nie vorgekommen, dass sie beide gemeinsam daran gesessen haben. Die Wand gegenüber vom Fenster ist komplett eingenommen von einem riesigen, vollgestopften Bücherregal. Drei Reihen sind durch Aidans juristische Wälzer belegt, die übrigen Bretter sind gefüllt mit Jesses Sammlung von Weltliteratur und diversen Sachbüchern sowie journalistischen Standardwerken. Zwischen Bücherregal und Schreibtischen steht ihr Spinning-Rad. Sie schwingt sich darauf und macht den Fernseher an, dessen Bildschirm an der Wand gegenüber in perfekter Höhe im Abstand von 1,8 Metern hängt, sodass sie ihren Nacken beim Radeln in idealer Sportposition halten kann und trotzdem keinen geistigen Leerlauf haben muss. Sie wählt die Nachrichtensendung von ABC aus, aktiviert das Messgerät am Rad und strampelt los.

45 Minuten und 21 Kilometer später bei einem durchschnittlichen Puls von 140 und einem Kalorienverbrauch von 520 kcal steigt sie vom Rad. Sie geht zum Schreibtisch und notiert einige Stichwörter auf gelbem Notizpapier. Beim Spinning kommen ihr immer gute Ideen für ihre Artikel und heute hat sie wieder eine interessante Info aus den Nachrichten aufgeschnappt, nämlich etwas, was ihr bei der Antarktis-Story weiterhelfen könnte. Ihre verschwitzte Hand bleibt auf dem Papier kleben, aber das macht nichts. Sie schreibt »Polarinstitut Norwegen?« und »Archiv von Reederei?« und unterstreicht »Guinnessbuch der Rekorde« doppelt. Zufrieden geht sie unter die Dusche.

Als sie sich um kurz nach 23 Uhr ins Bett legt, hat Aidan schon seine Nachttischlampe gelöscht und schläft wie ein Baby – allerdings ein schnarchendes Baby mit Bartstoppeln.

Kapitel 9:
In Sandefjord bei der Schwiegermutter

Sandefjord, 10. November 1931

Am Tag der Abreise ließ Kapitän Mikkelsen seine Zukünftige mit einem Taxi daheim abholen und zum Pier bringen. Caroline schleppte ihren schweren Lederkoffer die Rampe hinauf auf das Schiff. Um den Inhalt des Koffers hatte sie in schier endlosen Diskussionen mit ihrer Mutter gerungen. Schließlich hatten sie sich auf eine Auswahl guter Kleidungsstücke geeinigt, einige davon Leihgaben von Cousine Lily. Diese Kleider stammten zwar aus Paris, waren aber nicht auf Carolines Figur zugeschnitten. Besonders am Ausschnitt waren sie zu eng, was Mutter gar nicht schlimm fand.

»Der Kapitän soll deine weiblichen Wogen ruhig sehen«, betonte Mutter mehr als einmal. Caroline würde sich in diesen Kleidern nicht zur Schau stellen, hatte sie in geheimem Trotz beschlossen.

An Deck der *M/S Thorshavn* erwartete sie der Erste Offizier, ein Norweger mit einem schmalen Gesicht und einer langen Narbe auf der Wange. Er führte sie in eine kleine Kajüte mit schlichter Ausstattung. Auf dem Weg dorthin musste sie einigen schwer beladenen Matrosen mit kräftigen Oberarmen ausweichen. Auf dem ganzen Schiff wimmelte es vor Geschäftigkeit. Es wurden unzählige Säcke und Fässer aufgeladen und alles für die Abfahrt bereit gemacht. Caroline erhaschte einen Blick auf Kapitän Mikkelsen – seinen Vornamen kannte sie noch immer nicht –, der gebieterisch auf der Brücke stand und seiner Mannschaft Anweisungen erteilte, seinen besonderen Gast aber zu übersehen schien.

So saß sie also in der fensterlosen Kajüte auf einer Holzbank an einem kleinen Tisch, dessen zerkratzte Beine am Boden festgeschraubt waren. Neben ihr stand der Lederkoffer, den der Erste Offizier höflich für sie getragen hatte, nicht ohne zu bemerken: »Haben Sie da Steine reingepackt?«

Gegenüber der Sitzgelegenheit gab es eine schmale Metallpritsche, auf der eine gefaltete graue Wolldecke lag. An der Wand am Fußende hing ein weißer Metallkasten mit einem roten Kreuz, neben dem Kopfende der Pritsche stand ein Metalleimer. Hoffentlich würde sie diesen nicht bei einer Entleerung ihres Magens benutzen müssen. An diesem Tag blies ein kräftiger Ostwind und der Seegang war stark. Ihr dämmerte, dass sie hier offenbar auf der Krankenstation untergebracht war.

Endlich ertönte das Schiffshorn, kurz darauf das Hafenhorn und die Dieselmotoren ließen den Boden erzittern, als das Schiff mit voller Kraft in See stach. Bestimmt eine halbe Stunde verging, während Caroline angespannt auf dem Holzbänkchen saß, ohne Mantel und Pelzmütze abzulegen, und sich vorkam wie eine unartige Schülerin, die zum Nachsitzen bestellt worden war. Das schwankende Schiff warf sie hin und her und sie musste sich mit beiden Händen an den Wänden abstützen, um nicht vom Sitz zu fallen. Von ihrem Fast-Verlobten keine Spur. Irgendwann hörte Caroline schwere Schritte vor der Tür, die aufgerissen wurde. Mit einem salzigen Windstoß kam der Erste Offizier herein und stellte eine Thermoskanne und eine Metalltasse vor sie auf den Tisch.

»Alles klar, Fräulein?«, wollte er wissen.

Sie nickte.

»Da haben Sie was Warmes für den Magen. Mit Gruß vom Kapitän.«

Der Mann sah sie erwartungsvoll an und sie schraubte höflich den Verschluss der Thermoskanne auf und roch an dem warmen Dampf. Ihr stieg ein Algenaroma in die Nase.

»Danke. Später gerne«, sagte sie und schraubte die Kanne schnell wieder zu. Das Schiff wurde von einer Welle angehoben und Carolines Magen wogte mit. Sie schluckte drei Mal kräftig, ihre Magensäure stand ihr schon unangenehm hoch in der Speiseröhre, dennoch zwang sie sich zu einem Lächeln.

»Wenn Sie sich lieber ein bisschen betütern wollen ...« Der Erste Offizier hielt ihr seinen Flachmann hin und grinste mit großen tabakbraunen Schneidezähnen. Caroline winkte dankend ab. Der Mann zuckte mit den Achseln und stiefelte hinaus.

Als die M/S *Thorshavn* nach über zwei Stunden endlich in den Hafen von Sandefjord einlief, war Carolines innere und äußere Haltung ziemlich angeschlagen. Den Metalleimer hatte sie zum Schluss doch benutzen müssen. Hoffentlich würde ihr verbündeter Offizier das nicht dem Kapitän verraten – nachdem sie sich doch beim ersten Treffen mit ihren guten »Seebeinen« gebrüstet hatte.

Caroline wankte mehr, als dass sie von Bord ging. Ihren Lederkoffer trug nun ein pockennarbiger Matrose mit einer Tätowierung am Hals: eine Nixe mit großen Brüsten. »Ist da ein Piratenschatz drinnen?«, hatte er beim Hochheben des Koffers gefragt.

Am Pier setzte sie sich auf das Ledermonstrum und atmete den kalten Wind ein, was ihre Sinne etwas belebte. Um sie herum wuselte es wieder von Matrosen, die die Ladung löschten, und bald war Caroline umringt von Fässern und Kisten. Sie kam sich selbst wie ein Stück der Ladung vor, hier abgestellt und zeitweilig vergessen.

Schließlich tippte ihr jemand von hinten auf die Schulter. Sie drehte sich widerwillig um und da stand er vor ihr: *Ihr* Kapitän, mit einem charmanten Lächeln, das sie mit einem finsteren Blick erwiderte.

»Na, immer noch ein bisschen blass ums Näschen, das Fräulein Aaen«, bemerkte er. Machte der Kerl sich etwa über sie lustig? »Aber die See nimmt leider keine Rücksicht auf sensible weibliche Fracht«, plauderte der Kapitän gut gelaunt weiter.

Am liebsten hätte sie »Was ich an Sensibilität zu viel habe, fehlt Ihnen an Manieren« geantwortet, aber das verkniff sie sich. Der Kapitän griff ihr resolut unter den Arm und zog sie auf die Füße.

»Meine Mutter erwartet Sie mit dem Automobil am Ende des Piers«, erklärte er und packte ihren Koffer.

»Ist da schon Ihre ganze Aussteuer drinnen?«, kommentierte er das Gewicht des Ledermonstrums. Caroline biss sich auf die Lippen und folgte ihm schweigend. Von wegen Aussteuer – diesen unsensiblen Klotz würde sie niemals heiraten!

Am Ende des Piers parkte eine schwarze Limousine, davor wartete eine große, schmale Gestalt, in einen braunen Pelzmantel gehüllt. Auf dem Kopf trug die Frau eine hohe Pelzmütze wie die Soldaten vor dem Buckingham Palace und machte einen einschüchternden Eindruck.

»Fräulein Caroline Aaen – meine Mutter, Nora Mikkelsen«, stellte der Kapitän sie einander vor. Caroline blickte in ein schmales, ebenmäßiges Gesicht mit einer langen Nase und dünnen Lippen. Mit ihren hellblauen Augen schaute sie Caroline wachsam an. Frau Mikkelsen reichte ihr eine behandschuhte Hand. Das war der Händedruck einer Frau, die das Kommando hatte. Caroline machte einen Knicks mit steifen Knien.

»Es freut mich, Sie kennenzulernen«, sagte sie ihr Sprüchlein auf Norwegisch auf, das ihre Mutter ihr eingetrichtert hatte. Frau Mikkelsen nickte, ohne zu lächeln, und sprach einige Worte mit dem Kapitän auf Norwegisch, wovon Caroline lediglich die Hälfte verstand. Dann verstaute er das Gepäck im Kofferraum und hielt ihr die Beifahrertür auf.

»Bis heute Abend«, sagte er auf Dänisch und stapfte zurück zu seinem Schiff, wo er sicher noch einiges zu regeln hatte.

Frau Mikkelsen nahm auf dem Fahrersitz Platz, ließ den Motor an und fuhr in rasantem Tempo durch den Ort. Hier sah es nicht viel anders aus als in Frederikshavn. Frau Mikkelsen mit ihrem verwegenen Rennfahrerstil war so gar nicht die häusliche Witwe, die Caroline sich ausgemalt hatte. Während der Fahrt sagte sie einige Worte zu ihr, zeigte auf Geschäfte – Bank, Lebensmittel, Schneiderei –, die Caroline sich vielleicht merken sollte, und hupte ungeduldig, sobald ihr ein Fuhrwerk in den Weg kam. In einer Seitenstraße blieb Frau Mikkelsen abrupt vor einem rot angestrichenen, zweistöckigen Holzhaus mit weißem Gartenzaun stehen und sie stiegen aus. Caroline hievte ihren Koffer selbst ins Haus. Das Angebot ihrer Gastgeberin, beim Tragen zu helfen, lehnte sie fast panisch ab. Noch mehr Bemerkungen über ihren schweren Koffer vertrug sie nicht. Im Haus roch es nach Kohlsuppe und Kaminrauch.

»Mittagessen«, sagte die Hausherrin knapp. Sie hängten ihre Mäntel und Mützen an die Garderobenhaken und Frau Mikkelsen führte sie in ein kleines Esszimmer mit Holztäfelung und einem Wollteppich, sehr schlicht eingerichtet, es gab keinen Bilderschmuck an den Wänden.

Am Tisch füllte Frau Mikkelsen ihr einen Teller mit Kohlsuppe und reichte frisch gebackenes Graubrot dazu. Carolines Magen hatte sich zum Glück wieder beruhigt und sie aß mit Appetit. Ohne die Pelzmütze sah die Kapitänsmutter viel freundlicher aus. Sie hatte ihre braunen Haare, die mit grauen Strähnen durchzogen waren, zu einem Dutt hochgesteckt und trug ein schlichtes schwarzes Kleid. Sie fragte nach der Überfahrt und Caroline sagte »*god*«, womit sich dieses Thema erschöpft hatte. Als Nächstes erkundigte sie sich nach den dänischen Eltern und Geschwistern ihres Gastes.

»*God.*«

Nachdem Caroline auf alle Fragen mit ihrem neuen norwegischen Lieblingswort »gut« geantwortet hatte, wurde es der Gastgeberin langweilig und sie wechselte dazu über, Caroline alles Mögliche zu erzählen – über Sandefjord und den Walfang. Caroline verstand nur jedes fünfte Wort, aber »Klarius« und »*sønnen min*« für »mein Sohn« kamen in beinahe jedem Satz vor, sodass sich das Geheimnis um den Vornamen ihres Fast-Verlobten gelüftet hatte. Dieser Name passte zu ihm. Klarius klang entschlossen und klar.

Nach zwei Tellern Suppe verlegten sie das Gespräch, das von Carolines Seite bald nur noch aus Nicken und Lächeln bestand, auf ein Sofa. Frau Mikkelsen holte ein Fotoalbum hervor und zeigte ihr die Familiengeschichte in Bildern. Klarius sah als Junge recht schelmisch aus, fand Caroline. Er hatte zwei Brüder, die aber beide auf See verstorben waren. Caroline murmelte ihr Beileid. Eine ältere Schwester hatte Klarius noch, sie lebte in Narvik. Auf einer Seite prangte ein Hochzeitsbild, das Caroline neugierig betrachete. Es zeigte einen wesentlich jüngeren Klarius mit einer hübschen Brünetten. Frau Mikkelsen kommentierte das Bild mit: »Erste Ehefrau, gestorben.« Die Ehe schien kinderlos geblieben zu sein oder diese waren auch gestorben und kein Foto erinnerte mehr an sie. Caroline traute sich nicht, danach zu fragen.

Als sie das Fotoalbum durchgesehen hatten, stand die alte Dame abrupt auf und ging in den Flur, wies auf Carolines Koffer und auf die Treppe. Diese verstand und folgte ihr mit dem Gepäck mühsam die Treppe hinauf. Wenn im Koffer wenigstens ein Piratenschatz gewesen wäre. Aber das immense Gewicht kam in Wirklichkeit vom Bügeleisen, das Mutter sie genötigt hatte einzupacken, damit sie sich bloß nicht mit zerknitterten Blusen und Röcken präsentieren würde. Das weitere Gewicht im Koffer war zwei Flaschen Whiskey geschuldet, die Vater ihr als Gastgeschenk mitgegeben hatte. Caroline war sich nicht sicher, wann sie diese Gaben am besten überreichen sollte. Da es zwei Flaschen waren, wäre es wohl am besten, bis zum Abendessen zu warten, um sie dann dem Kapitän und seiner Mutter gleichzeitig zu schenken.

Den Nachmittag verbrachte Caroline im Gästezimmer. In dieser Dachkammer stand das Bett direkt neben dem Kaminschacht, sodass es wohlig warm war. Die Laken waren gestärkt und rochen nach Mottenkugeln. Frau Mikkelsen bekam wohl nicht oft Besuch, aber ihr Haushalt war tadellos geführt. Caroline räumte ihre Kleider in den Eichenschrank. Tatsächlich hatten ihre Kleider im Koffer einige Falten abbekommen, aber sie wollte Frau Mikkelsen nicht nach einem Bügelbrett fragen. Immerhin war das Haus ihrer Gastgeberin schon elektrifiziert, sodass sie das moderne Eisen in ihrer Kammer an den Strom anschließen konnte. Sie nutzte die Matratze behelfsmäßig als Unterlage und glättete mit dem Bügeleisen die schlimmsten Falten. Mutter wäre zufrieden mit ihr.

Kapitel 10: Verhängnisvoller Hering

Sandefjord, 10. November 1931

Als es dämmrig wurde, ging Caroline in ihrer frisch gebügelten Bluse mit Blumenmuster nach unten und fand Frau Mikkelsen in der Küche. Sie bot ihre Hilfe bei der Zubereitung des Abendessens an. Die Hausherrin reichte ihr eine Schürze und schob ihr eine Schüssel mit Kartoffeln und Steckrüben zum Schälen hin. Im Radio liefen Nachrichten, von denen sie kaum etwas verstand, und norwegische Volksmusik, sodass die beiden sich nicht unterhalten mussten. Frau Mikkelsen beobachtete scharf jeden Handgriff, den Caroline verrichtete. Sie hatte das Gefühl, sie müsste eine Küchenprüfung ablegen. Als ein stattlicher Haufen Kartoffeln und Steckrüben vor ihr lag, sollte sie das Gemüse auf einer kleinen Metallreibe reiben. Hierbei musste sie höllisch aufpassen, sich nicht einen Fingernagel oder einen Fetzen Haut abzuschneiden. Es sollte Kartoffelpuffer geben. Die Küchenchefin fragte sie, nach welcher Art ihre Mutter ihr das beigebracht habe. Mit Ei und Mehl, teilte Caroline ihr mit.

Die alte Dame runzelte die Stirn und brummte unzufrieden. Energisch stellte sie Caroline eine Packung Haferflocken hin. Sie zeigte auf ihre Zähne, die für ihr Alter noch sehr robust aussahen, und machte beißende Bewegungen. Aha, die Puffer sollten durch die Haferflocken mehr Biss erhalten. Mehl war wohl nur etwas für weichliche Dänen. Caroline wurde angewiesen, die Haferflocken in Milch und Butter aufzukochen. Frau Mikkelsen schnitt Zwiebeln, dann mischte sie alle Zutaten in einer großen Schüssel, ihre knochigen Hände mit den dicken blauen Adern packten auch hier beherzt zu. Caroline bekam die Aufgabe, die »*potet pannekaker*« in einer großen Eisenpfanne zu brutzeln. Die Pfanne war mindestens so alt wie die Küchenchefin selbst, so viele Kratzer hatte sie und eine Fettschicht, die man nicht mehr abwaschen konnte. Mit viel Bratöl buk Caroline also die Puffer, die ihr ziemlich gut gelangen.

Dann holte Frau Mikkelsen drei Heringe aus der Speisekammer. Sie waren in Eis eingewickelt und bestimmt fangfrisch vom selben Morgen. Sie breitete die Heringe auf einem Holzbrett aus. Daneben legte sie feierlich vier Messer so scharf wie Skalpelle, so, als würde sie eine Operation vorbereiten. Nun kam der Moment, den Caroline gefürchtet hatte: Frau Mikkelsen zeigte auf die Heringe und dann auf sie. Caroline sollte ihre Küchenfertigkeiten demonstrieren. Sie presste ihre Lippen zusammen und atmete flach. Schon seit sie denken konnte, ekelte sie sich vor Fischaugen und Innereien. In Mutters Küche drückte sie sich meist vor dem Ausnehmen der Fische. Zögerlich nahm Caroline eines der Messer in die rechte Hand und das kühle Schuppentier in die linke. Dabei hielt sie dessen Kopf von sich weg, sodass sie nicht in seine toten Augen schauen musste. Ungeschickt schlitzte sie den Bauch auf, machte dann den Schnitt über dem Kopf bis zur Nackengräte und zog den Kopf samt Gräten durch den Bauchschlitz zum Schwanz hin weg, wobei rotes Blut herausquoll, über ihre Finger rann und auf dem Holzbrett eine schleimige Lache bildete. Caroline unterdrückte nur mit Mühe ein Würgen. Sie hechtete zum Waschbecken, ließ den Fisch hineinfallen und wusch sich hastig das Blut von den Händen, bevor sie auch den Fisch mit spitzen Fingern unter den Wasserstrahl hielt. Sie drehte sich um. Frau Mikkelsen stand mit den Armen in die Hüften gestemmt vor ihr und schüttelte den Kopf. Was folgte, war ein Redeschwall auf Norwegisch aus ihrem Mund, wovon Caroline lediglich das Wort »Fischertochter« verstand. Als Nächstes wies sie mit ihrem knochigen Zeigefinger auf die Küchentür. Die Geste war eindeutig: Sie würde das Essen ohne die Hilfe ihres unfähigen Gastes fertig kochen. Caroline stürmte hinaus, ohne die Schürze abzulegen, holte ihren Mantel vom Haken und rettete sich vor die Tür. Fast hätte sie sich in den Schnee übergeben, was heute nicht das erste Mal gewesen wäre. Das wäre noch schöner gewesen, wenn der Kapitän diese Spuren zur Begrüßung vorgefunden hätte.

Caroline zog den Mantel fest um ihren Körper und wickelte sich den Schal um den Kopf, ihre Mütze hatte sie auf der Flucht vergessen. Derartig unmodisch vermummt ging sie die Straßen um das Haus herum auf und ab. Einige Kinder beäugten sie neugierig. Wie sollte sie dieser Frau bloß wieder unter die Augen treten? Müsste sie sich bei ihrer Gastgeberin entschuldigen? Völlig klar, dass sie ihrem Sohn von Carolines Versagen beim Fischausnehmen berichten würde. Ob das in ihren Augen ein Ausschlussgrund für die Heiratskandidatin war? Aber wenn der Kapitän ein Fischweib haben wollte, dann sollte er sich eben eines suchen. In dem Fall war er bei Caroline an der falschen Adresse. So versuchte sie, sich Mut zuzureden, und stapfte schließlich zurück zum Haus. Sie läutete. Frau Mikkelsen öffnete ihr mit verstockter Miene und marschierte wortlos zurück in die Küche. Mittlerweile roch es durchdringend nach gebratenem Fisch, die Heringe waren offenbar in der Pfanne gelandet. Caroline ging ihr zögernd in Richtung Küche nach. Frau Mikkelsen machte eine abwinkende Handbewegung und sagte barsch: »Wohnzimmer!« Also setzte sie sich auf das Sofa im Wohnzimmer. Der Esstisch war schon für drei Personen eingedeckt. Es gab nichts, was Caroline tun konnte, außer nutzlos zu warten.

Endlich schellte es an der Tür und Frau Mikkelsen machte ihrem Sohn auf. Caroline hörte die Mutter im Flur tuscheln. Anschließend kamen die beiden ins Wohnzimmer, wo sie immer noch wie ein gescholtenes Kind auf dem Sofa saß. Der Kapitän schritt mit einem breiten Lächeln auf sie zu und sagte auf Dänisch: »Sind die Fische wohl nicht Ihre Freunde?«

Caroline hob die Schultern und lächelte unglücklich. Er ging zielstrebig zum Wandschrank, und hinter einer Tür kam ein Spiegelkabinett angefüllt mit Alkoholika aller Art zum Vorschein. Eine Bar, auf die Vater neidisch gewesen wäre. »Oh, bitte warten Sie einen Moment, ich möchte Ihnen noch etwas geben«, sagte Caroline und sprang auf. Klarius hielt verdutzt inne und sie stürmte an ihm vorbei die Treppen hinauf, um ihr Gastgeschenk zu holen. Mit den zwei Flaschen in den Händen eilte sie ins Wohnzimmer zurück und überreichte je eine atemlos an Frau Mikkelsen, die keine Miene verzog, und an Klarius, der sie schmunzelnd ansah.

»Vielen Dank. Ein guter irischer Whiskey. Den wollen wir doch gleich mal probieren«, sagte er gut gelaunt und zwinkerte ihr aus seinen blitzenden blauen Augen zu. Eigentlich vertrug Caroline solche hochprozentigen Sachen nicht, aber unter diesen Umständen war ihr eine Nervenberuhigung vor dem Essen sehr willkommen. Klarius schenkte allen ein Glas ein und sogar seine Mutter griff zu. So kippten sie das irische

Verbrüderungsgetränk und Caroline wurde sofort heiß im Magen und wohlig schummerig.

Die Hausherrin wies auf den Stuhl am Esstisch zur linken Seite von Klarius, der am Kopfende Platz nahm. Sie selbst zog den Stuhl Caroline gegenüber hervor, der nahe an der Tür war, durch die Frau Mikkelsen auch gleich in die Küche eilte. Sollte sie anbieten, beim Auftragen der Speisen zu helfen? Aber Klarius fing an, mit Caroline zu sprechen, sodass sie lieber bei ihm sitzen blieb. Er erzählte ihr, dass er gerade über neue Aufträge verhandelte. Offenbar wollte er ihr vermitteln, dass er gut in Arbeit und Lohn stand. Zwischendurch kam seine Mutter hinein, stellte einige Heizstövchen auf den Tisch, darauf fünf Porzellanschüsseln mit Deckeln. Es duftete nach Fisch. Caroline bekam ein schlechtes Gewissen, dass Frau Mikkelsen all das alleine hatte kochen müssen. Bis auf die Kartoffelpuffer, immerhin die hatte Caroline hinbekommen. Die Mutter legte ihre Schürze ab. Klarius sprach ein kurzes Tischgebet und hob alle Deckel ab. Carolines Augen wanderten zuerst zu den drei Heringen, die kopflos und braun gebraten nebeneinanderlagen, als hätten sie kein Wässerchen mit ihrem Blut getrübt, mit Dill und Zitrone eingedeckt. Sie musste ein Kichern unterdrücken – ach, dieser Whiskey ... Jeder sollte selbst seinen Teller befüllen, Klarius griff immer als Erster zu. In den anderen Schüsseln waren Rosenkohl, Steckrüben, Bohnen und eine helle und eine dunkle Soße. Während des Essens stellte Frau Mikkelsen ihrem Sohn einige Fragen, und er antwortete knapp – natürlich alles auf Norwegisch. Caroline verstand kaum etwas und konnte sich nicht am Gespräch beteiligen. Klarius machte genussvolle Geräusche und lobte das Essen, besonders den Hering, wobei seine Mutter triumphierend ihre Lippen kräuselte. Immerhin sagte sie, dass die Kartoffelpuffer aus Carolines Kochhand stammten. Klarius nickte anerkennend dazu und schnalzte mit der Zunge.

»Morgen machen wir einen Stadtrundgang«, kündigte der Kapitän beim Nachtisch an. Es gab *rømmegrøt*, einen Brei aus Sauerrahm und Grieß mit Zucker und Zimt.

»Das schmeckt wirklich lecker«, wandte sich Caroline an die Köchin. »Vielleicht können Sie mir zeigen, wie man *rømmegrøt* zubereitet.«

Frau Mikkelsen stimmte knapp zu und tätschelte Caroline dabei den Handrücken. Offenbar hatte der Whiskey auch sie ein wenig erwärmt. So ging Caroline einigermaßen versöhnt mit dem Tag zu Bett und war gespannt, was sie morgen erleben würde.

Kapitel 11:
Kuss und Parfüm vom Walfisch

Sandefjord, 11. November 1931

Caroline hatte wie ein Stein geschlafen und wurde von einem kräftigen Klopfen an der Zimmertür geweckt. Sie rieb sich die Augen, es war sieben Uhr morgens und draußen noch stockfinster. Auf dem Glas der Dachluke hatten sich Eisblumen gebildet.

»*Frokost* – Frühstück«, rief Frau Mikkelsen durch die Tür, und Caroline hörte sie die Treppe hinuntersteigen. Sie raffte sich auf und ging schnell ins Bad eine Etage tiefer. Es war das einzige im Haus und sie musste es sich mit der Hausherrin teilen. Sie hatte vor dem Schlafengehen ein Bad genommen und musste sich am Morgen nur noch frisieren, wobei sie darauf achtete, keines ihrer langen blonden Haare, die sich beim Kämmen lösten, im Waschbecken liegen zu lassen. Das Bad war unglaublich sauber und aufgeräumt; die Handtücher legte Frau Mikkelsen nach jeder Benutzung wieder akkurat über die Halterung zurecht. Kein Vergleich zu den wilden Handtuchbergen in Carolines Familienbadezimmer.

Das Frühstück nahm sie mit Frau Mikkelsen in der Küche ein. Es gab schwarzen Kaffee und Knäckebrot, das Caroline mit Butter und leckerer Brombeermarmelade aß. Ihre Gastgeberin löffelte Haferschleim. Sie zeigte wieder auf ihre gesunden Zähne – Hafer ist gut für die Zähne.

Um kurz nach acht Uhr holte sie der Kapitän mit seinem Automobil ab. Es war die gleiche Marke wie das seiner Mutter, allerdings nicht so verbeult und mit Fellen auf den Ledersitzen, sodass man sich nicht sein Hinterteil abfror.

Der Kapitän hatte einen ähnlichen Fahrstil wie seine Mutter, nur dass er noch heftiger im Wechsel auf Gas und Bremse trat. Caroline hielt sich krampfhaft am Deckengriff fest, weil sie fürchtete, sonst durch die Frontscheibe zu fliegen. Das war vielleicht eine Höllenfahrt auf verschneiter Straße! Zum Glück waren sie schnell auf der Hafenstraße, die um das Halbrund des Hafenbeckens verlief. Dort zuckelte ein Pferdefuhrwerk mit Kohlebeladung vor ihnen her, sodass Klarius langsam fahren musste, was ihn ziemlich ungeduldig machte. Sie umrundeten den Hafen in östlicher Richtung, die Sonne ging auf und schien Caroline direkt in die Augen, und bogen dann nach Süden in den langen Arm des Fjords ein. Hier reihten sich einstöckige Lagerschuppen und Bürokabinen aus Wellblech aneinander. Eine Geschäftigkeit von Fuhrwerken und Arbeitern beim Be- und Entladen ließen den Kapitän im Schritttempo fahren. Jetzt war Klarius plötzlich glänzender Laune und grüßte fast jeden Arbeiter mit Namen durch das geöffnete Fenster. Vor einem der langen Holzbauten mit breiten Toren hielt er an.

»Hier sind die Lagerhallen meiner Reederei und eine Schreibstube«, sagte Klarius und geleitete Caroline am Arm zur Eingangstür einer falunrot angestrichenen Holzbaracke mit kleinen Fenstern und einer Antenne auf dem Dach. Über drei ausgetretene Stufen gelangten sie hinein. Im Büro saßen zwei Männer in Cordhosen und grob gestrickten grauen Wollpullovern, beide mit rundlichen Bäuchen, die wie zahme Grizzlybären aussahen. Sie rauchten und tranken Kaffee, vor ihnen stand ein Funkgerät und auf dem Tisch lagen allerlei Papiere. An den Wänden hingen Seekarten.

»Guten Morgen«, grüßte Klarius, und die zwei Grizzlybären standen auf. »Das ist Fräulein Aaen aus Frederikshavn, die Nichte von unserem Geschäftspartner Rasmus Clausen Nordstern Fischhandel«, stellte er sie vor. »Das sind meine Werftkoordinatoren, Lars Riedel und Lars Hansen.«

Die zwei Larse zeigten jeweils große gelbe Zähne. Lars Nummer zwei hatte einen Goldzahn, ansonsten wirkten sie wie Brüder, was aber vom Nachnamen her nicht sein konnte. Sie hielten Caroline ihre Pranken zum Schütteln hin.

»Jeder Fang und jeder Warenausgang läuft über ihren Tisch«, erklärte der Kapitän, und die beiden Larse brummten zustimmend. Caroline nickte anerkennend. Klarius ließ sich von ihnen die aktuelle Liste zeigen und sie trafen einige Absprachen. Mit einem dreistimmigen »*god dag*« ging es wieder nach draußen.

Anschließend führte Klarius sie in die Lagerhalle, die voller Regale und Fässer stand, auf den ersten Eindruck ein wenig dämmrig und schmutzig wirkte, aber sichtlich funktional war. Einige Arbeiter waren mit Hubwagen beschäftigt und luden Fässer auf und ab. Caroline schritt mit Klarius die langen Reihen der Metallregale ab und er erläuterte ihr, wie die Ware sortiert war, nämlich nach Rohöl, Waltran – der stark nachgefragt wurde für die Herstellung von Seife, Margarine, Kunstharz und Nitroglyzerin –, Knochenpulver für Leim und Gelatine und Ambra aus dem Waldarm für die Parfümherstellung. Das alles waren Erzeugnisse der hiesigen Walkochereien auf See. Caroline erfuhr, dass nur ein geringer Anteil des Fangs als Frischfleisch auf den Markt kam. Als sie zum Regal mit den Ambrafässern kamen, holte Klarius unvermittelt einen kleinen Glasflakon aus seiner Manteltasche und reichte ihn ihr. Caroline sah, dass es ein Parfüm aus Paris war, das »*Fleurs d'Amour* – Blumen der Liebe« hieß.

»Aus unserer Ambra hergestellt.« Er schaute sie erwartungsvoll an. Caroline öffnete den Drehverschluss und hielt ihre Nase an die Öffnung. Ein wunderbarer Duft nach frischen Blüten drang in ihre Nase. Sie seufzte unwillkürlich.

»Gut?«, fragte Klarius.

Caroline nickte und lächelte.

»Für dich«, sagte er, beugte sich vor und gab ihr einen Kuss direkt auf die Lippen. Sie war so erstaunt über diese plötzliche Annäherung, dass sie die Berührung erst mit einer Zeitverzögerung richtig spürte. Seine Lippen waren weich und ein wenig feucht, was sie irgendwie aufregend fand – auf jeden Fall besser als die trockenen Hamsterküsse von Owe. Caroline schnappte erstaunt nach Luft, aber da hatte er sich schon von ihr abgewendet und schritt weiter an den Regalen entlang. Sie steckte das Parfümgeschenk in ihre Manteltasche und eilte ihm hinterher. Ein Lagerarbeiter kam angefahren und der Kapitän sprach mit ihm, sodass sie auf seine impulsive Zärtlichkeit nicht antworten konnte.

Der Kapitän geleitete Caroline wieder ins Freie. Sie musste in der Sonne blinzeln – sie hoffte, die Rötung ihrer Wangen vom Kuss hatte sich inzwischen normalisiert.

»Jetzt zeige ich Ihnen die Stadt«, versprach Klarius, und sie stiegen wieder ins Automobil. Er schien so beschwingt vom Lagerbesuch zu sein, dass er noch mehr Gas gab als zuvor.

Zurück beim Hafenbecken bog er in eine kleine Nebenstraße ein. Sie kamen an zwei weißen Kirchen mit spitzen Türmen vorbei, dann hielt Klarius am Rande eines Parks, der jetzt eine kahle Schneefläche war.

»Schöne Wiese im Sommer mit Blumen«, sagte er anpreisend. Am Rande erhob sich ein herrschaftliches Gebäude im Jugendstil – das Kurhaus.

»Das ist unser Badepark. Hier kommen im Sommer viele Kurgäste her. Unser Wasser macht gesund«, frohlockte Klarius und zeigte seine kleinen weißen Zähne. Bestimmt hatte seine Mutter ihn auch mit viel gesundem Haferschleim großgezogen, schoss es Caroline durch den Kopf. Sie hakte sich bei ihm unter und sie spazierten gemeinsam durch den Park. Es fühlte sich so vertraut an, als wären sie schon lange ein Paar. Sie kamen an einigen Figuren aus Bronze vorbei.

»Poseidon«, sagte Klarius und schloss mit einer Handbewegung alle Skulpturen mit ein. Am nördlichen Ende des Parks stießen sie auf eine Promenade mit vielen Geschäften. Caroline hätte sich die Damenmode gerne genauer angeschaut, aber Klarius steuerte mit schnellem Schritt einem Ziel entgegen. Vor einem Café mit herrlicher Auslage blieb er stehen.

»Haben Sie Lust auf Windbeutel?«, fragte er und zwinkerte ihr zu. Wenn Liebe durch den Magen ging, dann waren Windbeutel bei ihr auf jeden Fall die richtige Herzensnahrung. Aber mehr noch als die Süße brachte Klarius den Wind des Meeres und das Versprechen von Abenteuer in ihr Herz – und damit konnte sie im Gegensatz zum Zuckerzeug nie übersättigt werden.

Kapitel 12: Unterwegs mit der Schwiegermutter

Sandefjord, 12. November 1931

An ihrem dritten Tag in Sandefjord wurde Caroline wieder pünktlich um sieben Uhr vom Klopfen an der Tür geweckt. Sie schlich ins gemeinsame Bad, was ihr mit jedem Tag unangenehmer wurde. Denn Frau Mikkelsen hatte Caroline am Abend gescholten, sie solle nicht so viel warmes Wasser verbrauchen – sie hatte wieder ein Bad genommen und sich die Haare gewaschen. Dann gab es aber auch Momente, in denen Frau Mikkelsen plötzlich freundlich war. Caroline verstand diese Frau nicht. Entweder war sie sehr launisch, oder ihre ruppigen Zurechtweisungen waren gar nicht böse gemeint und sie musste sich nur daran gewöhnen.

Das Frühstück lief genauso ab wie am Morgen davor. »Gute Zähne hast du«, bemerkte Frau Mikkelsen unvermittelt. Caroline lächelte verlegen zu diesem seltenen Lob. Nach dem Frühstück sagte die Hausherrin: »*Klarius må jobbe*«, dabei rieb sie Daumen und Zeigefinger zusammen, was wohl heißen sollte: Er muss Geld verdienen. Frau Mikkelsen hatte sich angewöhnt, ihre norwegischen Worte mit Gesten zu begleiten, sodass Caroline meistens gut verstand, was sie meinte.

Anschließend deutete sie nach draußen und trappelte mit ihren Füßen. Sie wollte offenbar einen Spaziergang mit Caroline machen. Also zogen sie ihre Stiefel, Mäntel, Schals und Hüte an. Frau Mikkelsen trug wieder die hohe Bärenfellmütze, in der sie wie eine englische Palastwache aussah. Die hohe Gestalt der alten Dame stapfte auf den schmalen Gehsteigen in erstaunlichem Tempo vor Caroline her. Sie ging so rasant, wie sie Auto fuhr. Sie sagte ihr nicht, wo sie hinwollte. Als sich vor ihnen ein Kirchturm aus Backstein erhob, ahnte Caroline, dass dies ihr Ziel war. Ob Frau Mikkelsen schon mit dem Pfarrer einen Termin für die Trauung ausmachen wollte? Caroline kicherte in ihren Schal. Das war so absurd. Die Mutter von Klarius war bestimmt keine Fürsprecherin für sie. Frau Mikkelsen wünschte sich für ihren Sohn sicherlich eine Frau, die täglich ohne Zimperlichkeit ein Dutzend Fischbäuche aufschlitzte und nicht täglich heiß badete wie die Königin vom Nil. Doch wenn Caroline an den weichen Kuss von Klarius dachte, prickelte es warm in ihren Lippen und sie hoffte insgeheim, dass sie doch die Gunst seiner Mutter gewinnen konnte. Ein wenig außer Atem stand Caroline nun vor der Kirche auf einer Anhöhe. Frau Mikkelsen hielt zielstrebig auf ein windschiefes Törchen zu, dessen Angeln beim Öffnen rostig quietschten. Caroline eilte hinterdrein und stand unversehens auf einem Friedhof. Der Gottesacker war in einen weißen Schneemantel gehüllt, der alle Toten gleichermaßen zudeckte. Frau Mikkelsen ging mit sicheren Schritten voraus, ihre Füße fanden den Weg gleich einer Schlafwandlerin. Im Vorübergehen ließ Caroline ihren Blick über die Grabsteine streifen. Hier gab es offenbar viele Großfamilien, die seit Generationen in Sandefjord lebten. Im hinteren Teil des Friedhofs ragten hohe Fichten auf. In diese Richtung steuerte die alte Dame. Als sie näher kamen, flatterten Krähen von den Gräbern auf. Ihr heiseres Krächzen ließ Caroline erschaudern. Diese Vögel waren die Wächter der Toten. Nun wurden die Grabreihen unregelmäßiger, die Steine standen schief wie kaputte Zähne. Frau Mikkelsen blieb abrupt vor einem Familiengrab stehen. Caroline las die Namen und das Herz wurde ihr schwer. Hier lagen die Mikkelsens: der Ehemann von Nora und ihre zwei Söhne, die Brüder von Klarius, die auf See umgekommen waren. Der Grabstein war aus grau gemasertem Marmor und zwei Meter breit. Im rechten Teil des Steins war noch Platz für weitere Namen. Das ließ Caroline erst recht schaudern. Nun las sie den Namen der ersten Frau des Kapitäns: Lisa, geboren 1890 – also 16 Jahre früher als Caroline – und gestorben 1928.

Mutter Mikkelsen holte einen Handbesen aus einem Versteck hinter dem Grabstein und kehrte damit den Schneebelag von einer kleinen Steinplatte in der Mitte der Grabfläche. Daneben schauten unter dem Schnee fünf immergrüne Büsche von unterschiedlicher Größe hervor. Ob wohl für jeden Verstorbenen ein Busch gepflanzt worden war? Aber für wen war der fünfte und kleinste Busch? Vielleicht gab es doch ein totes Kind, das keine Inschrift erhalten hatte? Vielleicht war Lisa bei der Geburt oder im Wochenbett gestorben? Caroline wusste so wenig. Aber war es nicht wichtig, die Vergangenheit seines Zukünftigen zu kennen? Sie wollte wissen, welcher Schmerz seine Spuren in Klarius' Herz hinterlassen hatte. Frau Mikkelsen holte eine rote Totenkerze aus ihrer Handtasche und stellte sie auf die freigelegte kleine Steinplatte. Dort zeigte sich nun das Relief eines Engels. Die alte Dame zog eine Packung Streichhölzer hervor. Aus einem Impuls heraus hielt Caroline ihr die Hand entgegen. Frau Mikkelsen verstand und reichte ihr die Zündhölzer. Caroline kniete nieder und zündete die Kerze an. Dann standen die beiden Frauen eine Weile mit gefalteten Händen nebeneinander, schauten auf das rote Lichtlein und Frau Mikkelsen bewegte ihre Lippen in einem stummen Gebet. Sie bekreuzigte sich und sagte »Amen« und Caroline tat es ihr nach. Frau Mikkelsen nickte Caroline zu, wobei sie das Glitzern von Tränen in ihren Augen sehen konnte. Einvernehmlich stapften sie zurück zum Tor. Die Krähen schrien ihnen nach. Caroline hatte nun ein wärmeres Gefühl als vorher.

Sie ließen den Friedhof hinter sich und Frau Mikkelsen führte Caroline mit strammen Schritten zu einem belebten Imbiss im Geschäftsviertel am Rande des Badeparks, wo sie sich mit Fischsuppe stärkten. Nach dem Mittagessen hatte Frau Mikkelsen schon den nächsten Programmpunkt parat: »*Vi skal til Klarius* – Wir gehen zu Klarius«, entschied sie und marschierte mit Caroline im Schlepptau durch einige Seitenstraßen bis vor ein Kaufmannshaus. Auf dem Büroschild aus Messing las Caroline »Reederei Thor Dahl«. Jetzt ging ihr auf, dass Frau Mikkelsen sie zum Arbeitgeber von Klarius gebracht hatte. Caroline musste wohl sehr verblüfft ausgesehen haben, denn die Kapitänsmutter nickte aufmunternd, tätschelte ihr den Arm und schob die schwere Holztür auf. Sie stiegen in den dritten Stock hinauf. Dort hing neben der Büroeingangstür eine Schiffsglocke anstelle einer Klingel. Frau Mikkelsen bimmelte und kurz darauf öffnete eine rundliche Dame mit Hornbrille die Tür. Sie begrüßte sie, als hätte sie ihren Besuch erwartet. Caroline trat ins Vorzimmer und sah sich erstaunt um, als Frau Mikkelsen »*farvel*« sagte und im Treppenhaus verschwand. Die Bürodame stellte sich Caroline als Frau Gundersen vor und führte sie am Empfangstisch vorbei zu einem Zimmer am Ende des Flurs.

Hinter der Tür hörte Caroline zwei tiefe Männerstimmen murmeln. Die Bürodame klopfte und steckte ihren Kopf zur Tür hinein, tauschte ein paar Worte, dann ging die Tür weit auf und ein imposanter Herr mittleren Alters in einem feinen Anzug mit Einstecktuch und einer goldenen Krawattennadel stand vor Caroline. Klarius, der auf der Besucherseite des großen Schreibtischs gesessen hatte, trat daneben und machte sie miteinander bekannt.

»Das ist Lars Christensen. Er leitet die Reederei Thor Dahl schon seit über zehn Jahren. Seine Frau Ingrid ist die Tochter des Firmengründers Thor Dahl, der leider schon von uns gegangen ist. Herr Christensen hat Sandefjord zum Walfangzentrum von Norwegen gemacht. Ich bin sehr stolz, für ihn arbeiten zu dürfen«, sagte Klarius. Herr Christensen nickte seinem Kapitän freundlich zu und reichte Caroline die Hand.

»Wie schön, dann lerne ich auch mal die tüchtige Nichte von Herrn Clausen kennen«, begrüßte er sie in gutem Dänisch und musterte sie mit seinen dunklen Augen. Er hatte ein ebenmäßiges Gesicht und einen entschlossenen Zug um den Mund. Klarius stand daneben und sah in seinem dunklen Anzug ebenfalls sehr geschäftsmännisch und ziemlich attraktiv aus. Auf seinem Gesicht lag ein Lächeln, das ein bisschen wie Besitzerstolz wirkte, was Caroline in diesem Moment gar nicht störte. Ihr Herz klopfte vor Aufregung. Wie es wohl wäre, wirklich »die Seine« zu sein? Es gab Augenblicke, in denen sie sich ihm nahe fühlte und sich ihm am liebsten ganz anvertrauen würde. Aber dann erlebte sie wieder Momente, in denen er ihr wie ein Fremder erschien. Offenbar hatte Klarius Herrn Christensen einige gute Dinge über sie erzählt. Ob der Reeder schon von der geplanten Verlobung wusste und vielleicht sogar als Klarius' Arbeitgeber ein Wörtchen mitzureden hatte?

Klarius holte einen zweiten Stuhl herbei und sie nahmen am Schreibtisch Platz. Frau Gundersen erschien. Sie brachte Kaffee und Gebäck. Herr Christensen übernahm die Gesprächsführung. Er erzählte von der guten Zusammenarbeit mit Kapitän Mikkelsen, lobte das Geschäft von Carolines Onkel und erkundigte sich nach ihren Büroaufgaben dort. Caroline zupfte nervös an der Manschette ihrer Bluse und nannte einige Fischprodukte aus ihren Auftragsbüchern. Sie kam sich vor wie eine Musterschülerin in einer Prüfung.

»Ah, aus Ihnen wird sicher bald eine echte Sandefjorderin, Fräulein Aaen«, meinte Herr Christensen und nickte seinem Kapitän anerkennend zu.

Caroline senkte ihren Blick in die Kaffeetasse und spürte, wie ihre Ohren heiß wurden. Es war ein seltsames Gefühl, dass alle Leute ihre Verlobung mit Klarius längst für gesetzt hielten, wo sie selbst sich noch gar nicht sicher war, ob ihr Herz und ihr Verstand diese Verbindung guthießen.

Kapitel 13:
Wenn Herzschälchen im Ofen zerbrechen, liegt die Schuld bei der Bäckerin

Sydney, 14. Februar 1995

Jesse füllt den Teig in die beiden Porzellanschälchen in Herzform, die sie zuvor für eine Stunde im Eisfach kaltgestellt hat, wie es im Rezept empfohlen ist. Sie wagt sich zum ersten Mal an eine Tarte au Chocolat mit flüssigem Kern. Der Teig besteht aus geschmolzener Bitterschokolade mit Butter, Eigelb und Eischnee, Mehl und Zucker verrührt, verfeinert mit geriebener Orangenschale, einem Schuss Rumaroma und einer Prise Chilipulver. Die dunkle Masse ist ziemlich klebrig und will sich nicht vom Rührlöffel lösen, sodass sie mit ihren Fingern nachhelfen muss. Jesse wirft einen schnellen Blick auf die Küchenuhr. 19:32 Uhr. Wenn Aidan wie gewöhnlich gegen 20 Uhr heimkommt, müsste der Schokoladenkuchen gerade servierfertig sein. Den Tisch hat sie schon eingedeckt und zwei lange rosa Kerzen warten darauf, entzündet zu werden. Heute ist Valentinstag und sie möchte ihren Mann mit seinem Lieblingskuchen überraschen. Nervös streicht sie sich mit dem Daumen eine störende Haarsträhne aus dem Gesicht, wobei eine Teigschliere an ihrer Wange haften bleibt. Sie stellt die beiden Schokokuchenherzen in den heißen Backofen und rennt ins Schlafzimmer, um sich das Kleid mit dem tiefen Rückenausschnitt anzuziehen. Schon strömt der verlockende Schokoduft durch die Wohnung. Wenn Aidan von seinem langen Arbeitstag erschöpft durch die Wohnungstür kommt, dann soll dieser Duft ihn willkommen heißen und ihren romantischen Abend einläuten. Vielleicht bringt er Jesse einen Blumenstrauß mit. Sie hat ihn schließlich heute Morgen daran erinnert, dass Valentinstag ist. Gerade streift sie die Seidenstrumpfhose über ihre langen Beine, als sie aus der Küche ein helles Bersten hört, kurz und durchdringend. Sie springt vom Bett, läuft seidenbestrumpft in die Küche und wäre beinahe auf den glatten Fliesen ausgerutscht. Das unbarmherzige Oberlicht des Ofens präsentiert ihr das Unglück: Eines der Porzellanherzen ist zersprungen und der Schokoladenteig ist nicht nur im Kern flüssig, sondern vollständig, und er breitet sich wie eine dunkle Woge über die weißen Scherben aus.

»Mist, verdammter!«, entfährt es Jesse. Ihre Hände gleiten in die Ofenhandschuhe und sie holt das Blech heraus. Auch die zweite Form hat einen Sprung und droht, jeden Moment auseinanderzubrechen.

»Alles für die Mülltonne«, stöhnt sie.

Das hat sie nun davon, dass sie diese kitschigen Herzen auf dem Trödelmarkt gekauft hat. Wahrscheinlich ist das Porzellan von minderer Qualität und erst der Kälteschock im Eisfach und nun die Ofenhitze haben das Material überfordert. Warum hat sie nicht eine normale Backform genommen? In diesem

Moment summt ihr Mobiltelefon auf der Anrichte. Sie hat eine SMS von Aidan bekommen:

Bin spät dran. Wird wohl 20:30 Uhr.

Jesse holt tief Luft. Sie hat eine Gnadenfrist erhalten und kann den Abend noch retten. Sie hastet in den Flur, zieht sich etwas über und sprintet zum Supermarkt. Dort drängt sie sich ungeduldig zwischen Matronen mit hoch beladenen Einkaufswagen durch und findet in der Tiefkühlabteilung, was sie sucht: Tarte au Chocolat zum Aufbacken. Die ist zwar nicht selbst gemacht, aber das wird Aidan ihr hoffentlich verzeihen.

Zurück in der Wohnung stellt sie den Ersatzkuchen sofort in den Ofen und schabt die klebrige Masse aus Schokoteig und Porzellansplittern in den Abfalleimer. Als sie Aidans Schlüssel im Türschloss hört, richtet sie sich wie ertappt auf und überlegt, wo sie das verklebte Blech mit den Spuren des Backdebakels vor seinen Adleraugen verstecken könnte. Wenn ihr etwas misslingt, ist Aidan immer der Erste, dem es auffällt.

»Jesse, bin da«, hört sie seine Stimme aus dem Flur. »Was riecht denn hier so gut?«

Sie stopft das Blech in die Spülmaschine, wo es eigentlich nicht hingehört, aber Hauptsache, es ist weg. Ihr Mann erscheint im Türrahmen. Er trägt einen feinen Anwaltsanzug und sein sonst so ordentlich gescheiteltes Haar ist vom Wind leicht zerzaust. Er lächelt sie an, wobei sich die zwei Grübchen auf seinen Wangen bilden, die sie so mag. Er hat einen Blumenstrauß in der Hand.

»Happy Valentine's Day«, sagt er und reicht ihr die Blumen. Jesse ist in drei Schritten bei ihm, er drückt ihr einen schmatzenden Kuss auf die Lippen und die Blumen in die Hand. Automatisch erwidert sie den Gruß und den Kuss. Ihr Blick wandert zum Strauß. Es sind vielleicht zehn Tulpen in blassen

Farben und in eine Plastikmanschette gewickelt, auf der das 24/7-Logo von der Tankstelle prangt. Jesse schluckt trocken und versucht, ihre Enttäuschung niederzukämpfen. Dieser jämmerliche Strauß sieht nach einem Restposten aus. Deshalb ist Aidan heute später gekommen: Ihm ist auf dem Nachhauseweg eingefallen, dass ja Valentinstag ist, und da hat er last minute bei der nächsten Tankstelle gehalten und nur noch diese kümmerlichen Blumen erwischt, die andere fürsorgliche Männer für ihre Geliebten verschmäht haben.

»Was hast du da im Ofen?«, fragt Aidan gut gelaunt.

»Deinen Lieblingskuchen«, sagt Jesse, und ihre Stimme klingt schrill im Versuch von Fröhlichkeit.

»Aber gekauft. Der Kuchen, den ich selbst gebacken habe, ist nichts geworden«, gesteht sie und starrt auf die Tulpenköpfe, die noch ganz geschlossen sind, als würden sie sich für ihre Hässlichkeit schämen.

»Macht nichts«, meint Aidan. »Dann schmeckt er wenigstens.«

Jesse zwingt sich zu einem Lächeln und stellt die Blumen in eine Vase. Aidan und sie sind doch ein perfektes Paar: Er hat vergessen, rechtzeitig schöne Blumen für sie zu besorgen, und sie hat die Tarte au Chocolat verpatzt. Es ist schließlich die Geste, die zählt, nicht das Resultat. Sie zündet die zwei Kerzen an und der Backofen bimmelt. Sie holt den Tiefkühlkuchen heraus, der in seiner runden Pappform zum Wegwerfen wie ein großer Muffin aussieht, und drapiert ihn auf einem weißen Teller, den sie mit Puderzucker bestäubt hat. Sie setzen sich gegenüber an den Tisch und Jesse schneidet den Schokoladenkuchen an, aus dessen Kern tatsächlich dickflüssige Schokolade fließt. Immerhin.

»Lecker«, kommentiert ihr Mann und schiebt sich im Eiltempo Gabel für Gabel in den Mund. Den tiefen Rückenausschnitt ihres verführerischen Kleides bemerkt er nicht. Wie sollte er auch, sie zeigt ihm schließlich ihre Vorderseite. Im ganzen Backstress hat sie vergessen, sich ihre Lippen für einen schönen Kussmund zu schminken. Aber über solche Verführungsrituale sind sie eh längst hinaus. Jesses Magen rebelliert gegen die bittersüße Schokobombe und sie hält sich mehr an Rotwein und Käsewürfel.

Nach dem Essen zieht es Aidan wie immer vor den Fernseher und er schaut die Sportschau. Jesse schrubbt energisch das Backblech mit dem fest eingebrannten Teig. Dabei spritzt ihr Spülmittel ins linke Auge.
»Typisch«, murmelt sie, wütend auf sich selbst, ihr Auge vor Schmerz zusammengepresst. Sie versucht, mit klarem Wasser nachzuspülen, und reibt am Auge herum, das anfängt zu tränen. Und plötzlich heult sie. Aber richtig. Ihr Brustkorb hebt und senkt sich vor Schluchzen und kleine Sturzbäche laufen aus ihren Augen. Toll, ein hysterischer Anfall ist die Krönung dieses Valentinstages. Wenigstens bekommt ihr Mann nichts davon mit. Aber sie ist selbst schuld, so enttäuscht zu sein. Sie hat einfach überhöhte Erwartungen. Dieses ganze Valentins-Theater ist doch nur eine Marketingerfindung, um Paare dazu zu bringen, hochpreisigen Schmuck und übertreuere Blumen zu kaufen. Das hat mit Liebe nichts zu tun!
Als sie sich wieder gefangen hat, schleicht sie ins Badezimmer. Aus dem Spiegel blickt ihr ein blasses Gesicht mit grauen Streifen von der Wimperntusche auf den Wangen und einem geröteten und verquollenen linken Auge entgegen. Einen Schönheitswettbewerb würde sie heute nicht mehr gewinnen. Aber sie ist auch im besten Zustand keine Beauty-Queen. Mit ihrem feuerroten Haar und den Sommersprossen ist sie noch nie der Typ Barbie gewesen, den die Leute im Allgemeinen bewundern. Sie wäre bereits zufrieden, wenn wenigstens Aidan sie schön finden würde. Aber er behandelt sie schon seit

Längerem nicht mehr wie seine Frau, sondern eher wie eine Mitbewohnerin. Sie teilen Routine statt Romantik. Der heutige Abend hat ihr das wieder deutlich vor Augen geführt. Sie wäscht sich das Gesicht und streift das nutzlose Kleid ab. Sie zieht Radlerhosen und ein Schlabber-T-Shirt an und setzt sich auf ihr Spinning-Rad. Wenn sie noch dreihundert Kalorien abtrainiert, dann kann sie sich nachher einigermaßen zufrieden neben Aidan ins Bett legen.

Kapitel 14:
Im Fangnetz vom Kapitän

Sandefjord, 12. November 1931

»Interessieren Sie sich für das Walfangmuseum?«, fragte Klarius, als sie nach dem Besuch bei Herrn Christensen wieder ins Freie traten. Caroline nickte enthusiastisch. Wenn der Walfang ihre neue Welt werden sollte, wollte sie unbedingt mehr darüber erfahren. So spazierten sie zuerst auf der Promenade am Badepark entlang, wandten sich dann nach Norden und ließen das Hafenviertel hinter sich. Bald standen sie vor dem Hvalfangstmuseet, einem großen, zweistöckigen Gebäude mit Pyramidendach und einer Doppelflügeltür aus hellem Holz mit Kassettenmuster. Im Foyer begrüßte Klarius die junge Dame am Empfangstisch und sie wurden ohne Eintrittskarte durchgewunken – offenbar war der Kapitän hier ein Gast des Hauses.

Klarius führte Caroline durch die eindrucksvollen Räume mit vielen Ausstellungsstücken zum Walfang und erzählte ihr einiges mehr über Lars Christensen, der dieses Museum im

Jahr 1917 der Stadt gestiftet und im Laufe der Jahre viele der Museumsstücke von seinen eigenen Expeditionen hierher mitgebracht hatte.

»Lars Christensen war gerade erst auf Antarktisexpedition. Seine Ehefrau Ingrid war auch mit an Bord«, erzählte Klarius.

»Als Frau in dieser eisigen Wildnis«, rief Caroline. »Sie muss ganz schön mutig sein!«

Caroline hoffte, der Kapitän werde sich an sein Versprechen von ihrem Windbeutel-Essen in Frederikshavn erinnern und ihr diese Dame einmal persönlich vorstellen. Als hätte er ihre Gedanken erraten, sagte Klarius: »Ja, Ingrid Christensen ist eine beeindruckende Frau, die Sie unbedingt kennenlernen müssen. Sie ist nicht nur hoch angesehen hier in der Stadt, sondern auch eine äußerst herzliche Person. Ich bin mir sicher, Sie beide werden sich prächtig verstehen.«

Caroline nickte freudig. Im nächsten Raum hing das gigantische Skelett eines Blauwales von der Decke. Zwischen diesen mächtigen Rippenbögen hätte man eine ganze Schulklasse unterbringen können. Tatsächlich war der Raum gefüllt von Kindern, die laut »Oh« und »Ah« riefen.

»Dieser Blauwal ist einundzwanzig Meter lang«, übertönte die hohe Stimme der Lehrerin das Geschrei ihrer Klasse. Caroline ging auf einen aufrecht stehenden Blauwalschädel zu, dessen Maul erschreckend weit aufgerissen war. Seine Kieferspannbreite betrug mindestens fünf Meter. Wer in die Fänge dieses Kiefers geriet, war verloren. Trotz der Furcht einflößenden Dimensionen war Caroline fasziniert von diesen Giganten der Schöpfung. Was es wohl für ein Gefühl wäre, einen solchen Wal einmal in natura und lebendig im Ozean schwimmen zu sehen?

»Ist Ihnen ein solcher Wal schon begegnet?«, fragte sie den Kapitän. Dieser grinste stolz.

»Schon oft. Als Seemann hat man natürlich Respekt vor diesen Tieren. Ein Blauwal oder ein Pottwal kann mit seiner Kraft ein ganzes Schiff umstürzen.«

Zwei kleine Jungen aus der Schülergruppe standen nun neben ihnen und starrten den Kapitän mindestens genauso staunend an wie das Walmaul. Klarius schien von der neuen Zuhörerschaft angespornt zu sein und sprach abwechselnd auf Dänisch und auf Norwegisch weiter: »Früher brauchten die Walfänger jede Menge Mut und Geschicklichkeit, denn sie haben ihre Beute mit kleinen Beibooten gejagt, immer dem ›Blas‹ hinterher – so nennt man den Atemstrahl des Wals. Wenn sie mit dem Boot dicht genug am Wal dran sind, schleudern sie mit der Hand ihre Harpunen. Manchmal braucht es bis zu einhundert Einstiche, um dieses Monstrum zu bezwingen. Erst wenn der Wal viel Blut verloren hat, wird er langsamer – dann muss der Harpunier im richtigen Moment den Todesstoß in den Kopf machen. Aber die Wale sind kluge Tiere, sie rufen sich unter Wasser Warnungen zu. Manchmal tun sie sich zusammen und greifen ein Boot an und stürzen es um. Das ist das Ende der Harpuniere.« Er führte seinen Zeigefinger in einer eindeutigen Geste über seine Kehle. Die zwei Jungs blickten ihn mit offenen Mündern an, sodass Caroline die Zahnlücken zwischen ihren Milchzähnen erkennen konnte.

»Jan, Ole, *hvor er du* – wo bleibt ihr denn?«, rief die Lehrerin nach den Jungs und bahnte sich einen Weg durch das Walgerippe hindurch zu ihren versprengten Schützlingen. Klarius drehte sich um und im selben Augenblick veränderte sich das Gesicht der Lehrerin, sie hielt kurz inne und legte ihre Hand erstaunt auf die Brust, dann breitete sich ein strahlendes Lächeln auf ihrem Gesicht aus.

»Klarius«, begrüßte ihn die Lehrerin, und dieser trat einige Schritte auf sie zu und die beiden umarmten sich. Danach wechselten sie einige vertrauliche Worte miteinander; sie hatte dabei ihre Hände immer noch auf seine Unterarme gelegt und ihre Gesichter waren ganz nah beieinander. Caroline beäugte die Frau neugierig. Sie war zierlich und sah in ihrem hochgeschlossenen kastanienbraunen Wollkleid mit schwarzen Strümpfen ein wenig altjüngferlich aus, aber ihre Gesichtszüge waren ebenmäßig und unbestreitbar hübsch. Sie trug ihr hellbraunes Haar kinnlang mit Seitenscheitel und in modische Wellen gelegt. Beim Lachen zeichnete sich ein feines Netz von Falten um ihre Augen ab. Sie war wohl schon Ende dreißig. Einer der Jungs sprach seine Lehrerin mit »*Fru Gulbrandsen*« an, deutete auf Klarius und fragte etwas. Der löste sich aus dem Bann der Brünetten und schaute amüsiert auf den Jungen. In der Antwort der Lehrerin kam das Wort »Kapitän« vor, was den Knirps offensichtlich noch mehr beeindruckte. Caroline trat einen Schritt an Klarius heran, dem nun wieder einfiel, wer seine eigentliche Begleitung war.

»Der Junge will wissen, ob mich schon einmal ein Wal aus meinem Boot geworfen hat«, übersetzte er lachend.

»Ach übrigens, das ist Frau Gulbrandsen«, fügte er hinzu, stellte Caroline als Fischliebhaberin aus Frederikshavn vor und zwinkerte ihr dabei zu. Caroline biss sich auf die Lippen, um ein amüsiertes Lächeln zu verbergen – sie war sich sicher, dass Klarius sie mit dieser Anspielung auf ihr Küchenversagen mit den Heringen nur necken wollte. Sie nickte der Lehrerin höflich zu und sagte: »*God dag.*«

Nun zupfte einer der Jungs den Kapitän am Ärmel und stellte ihm eine Frage.

»Heutzutage jagen wir die Wale nicht mehr mit der Harpune in der Hand«, erläuterte er und wiederholte seine Antwort für Caroline auf Dänisch. »Wir schießen die Harpunen aus Stachelpistolen auf den Wal. In der Spitze der Harpune sitzt eine kleine Sprengladung.«

Klarius imitierte das Geräusch, wenn solch eine Sprengladung im Körper des Wals explodierte: »Prchooowww.« Die Jungs waren begeistert und Frau Gulbrandsen legte ihre Hand vertraulich auf Klarius' Arm. Der Kapitän hatte die Führung übernommen und die Schulkinder folgten ihm zu einer Vitrine, wo er ihnen die Waffen erklärte. Zur Illustration hingen dort kolorierte Fotografien von erlegten Walen auf einem Schiffsdeck, umringt von ihren zwergenhaft erscheinenden Fängern in Stiefeln in einem See von Blut. Caroline schluckte trocken und versuchte, das Bild der blutigen Heringe in der Küche von Frau Mikkelsen aus ihren Gedanken zu verbannen. Was wohl für Mengen an Blut aus solch einem 21 Meter langen Blauwal herauskämen? Sie wollte sich das gar nicht vorstellen. Auf einmal erschien ihr die Aussicht, eines Tages mit Klarius auf Walfangexpedition zu fahren, alles andere als verlockend. Vielleicht war sie doch besser im Büro mit der Buchführung aufgehoben, wo sie den Walen nicht in ihrer natürlichen Größe, sondern nur in sauber verschlossenen Fässern begegnete.

Caroline entfernte sich von der Schülergruppe. Sie ging in den nächsten Raum und betrachtete Schlitten und Ledermäntel von Südpolexpeditionen. Nach einer Weile reckte sie ihren Hals in alle Richtungen, aber von Klarius war keine Spur zu entdecken. Das Geschrei der Schüler war in einen anliegenden Raum weitergezogen. Was dachte er sich dabei, sie hier alleine zu lassen? Sie folgte den Stimmen, musste aber feststellen, dass die Schüler unbeaufsichtigt im Ausstellungsraum mit den ausgestopften Tieren umherliefen; drei Kinder rannten im Kreis um einen stehenden Eisbären, der bedrohlich schwankte. Caroline ging ins Foyer und blieb wie angewurzelt im Türrahmen stehen. In einer Fensternische saßen sich Klarius und die Lehrerin gegenüber, Knie an Knie, augenscheinlich in ein inniges Gespräch vertieft. Caroline marschierte hinüber und sagte: »Ihre Schüler werfen gleich den Eisbären um!«

Klarius und seine berückende Gesprächspartnerin blickten aufgeschreckt hoch, Klarius legte seinen Kopf in den Nacken und lachte aus voller Kehle und sagte dann einige Worte auf Norwegisch zu der Lehrerin. Diese lächelte volllippig, machte aber keine Anstalten, ihren Platz zu räumen und ihre Lausebengel zur Ordnung zu rufen.

»Marit hat mir eben von einem Haus bei ihr in der Nachbarschaft erzählt, das gerade zum Verkauf steht«, sagte Klarius zu Caroline. Soso, nun nannte er die Dame auch noch beim Vornamen.

»Sie kennen sich wohl schon lange?«, entfuhr es Caroline.

»Ja, wir sind alte Schulfreunde«, antwortete Klarius mit einem schelmischen Blitzen in den Augen, die er wieder auf die Brünette gerichtet hatte. Caroline hätte schwören können, dass Marit Gulbrandsen seine Jugendliebe war. Ihr Blick schoss zu den Händen der Frau hinunter, und sie sah, dass diese keinen Ehering trug. Carolines Gedanken gingen in einen Galopp über.

»Und nun wollen Sie in die Nachbarschaft Ihrer Schulfreundin ziehen, Herr Mikkelsen?«, fragte sie herausfordernd.

»Nun, Klarius will nicht ewig in seiner Pension wohnen bleiben«, mischte sich seine alte Flamme mit klarer Stimme und fast akzentfreiem Dänisch ein. Caroline hatte aus den Erklärungen seiner Mutter verstanden, dass Klarius zurzeit in einer Pension für Junggesellen und Witwer wohnte, wo die Hauswirtin die Mieter mit Frühstück und Abendessen versorgte und außerdem für sie putzte und die Wäsche machte.

»Wenn ich wieder heirate, kaufe ich ein solides Haus mit Blick auf den Hafen«, verkündete Klarius. »Das Objekt, was Marit mir vorgeschlagen hat, ist genau das, was ich suche. Natürlich müsste es innen noch von einer weiblichen Hand gemütlich hergerichtet werden.«

Der Kapitän lächelte selbstzufrieden und schaute zwischen Caroline und seiner alten Freundin hin und her – und ließ dabei offen, welche der beiden Damen diese begehrenswerte Aufgabe übernehmen sollte.

»Na, dann will ich Sie nicht weiter beim Pläneschmieden stören«, sagte Caroline spitz, drehte sich auf dem Absatz um und ging schnurstracks zum Ausgang.

Caroline stapfte mit gesenktem Blick die Promenade am Badepark entlang. Was ihr gestern noch so beschaulich vorgekommen war, schien hier heute kalt und öde. Ihr Blick streifte ein Schaufenster, und plötzlich hielt sie inne. Es war die Auslage eines Fotostudios, die große Fotografien in Schwarz-Weiß von Einzelpersonen, Paaren und Familien zeigte, die alle in bester Sonntagskleidung für ein Erinnerungsbild posierten. Vor allem die Verlobungs- und Hochzeitsbilder sprangen ihr beinahe spöttisch ins Auge.

»Am besten tauschst du in Sandefjord schon Verlobungsbilder mit dem Kapitän aus«, hatte ihre Mutter am Tag der Abreise zu ihr gesagt. Caroline fand diese Sitte ziemlich romantisch und hatte das bei allen Verlobungen ihrer Schwestern mit sehnsüchtigen Blicken beobachtet. Das einzige Mal, dass ein richtiger Fotograf ein Bild von Caroline gemacht hatte, war bei ihrem Abschlussball gewesen. Da war sie 17 Jahre alt und sehr aufgeregt gewesen. Die Fotografie zeigte sie neben ihrem Tanzpartner Jan, der verlegen den Arm um ihre Taille gelegt hatte. Sie selbst starrte mit erschrocken aufgerissenen Augen in die Kamera und ihr Mund formte ein »O« – fast wie ein Hilferuf. Sie hätte gerne ein schönes Bild von sich selbst. Eines, das vielleicht sogar die Sehnsucht eines Mannes wecken konnte. Aus einem Impuls heraus schob sie die Ladentür auf und trat durch einen roten Samtvorhang ein.

Im Fotoatelier empfing sie ein ganz besonderer Geruch – ein wenig säuerlich wie bei frischer Wandfarbe. Das kam bestimmt aus dem Fotolabor. Hinter der Ladentheke stand eine Frau mittleren Alters mit glänzenden dunklen Haaren, die sie in geflochtenen Zöpfen um ihren Kopf wie eine Krone gelegt hatte. Sie trug ein blaues Wollkleid mit rot-weißen Mustern in der Tracht der Samen aus Lappland. Ihr Teint war braun und sie hatte markante dunkle Augenbrauen über nussbraunen Augen. Sie flößte Caroline sofort Vertrauen ein.

»Kann ich hier ein Porträtbild von mir machen lassen?«, fragte sie in holprigem Norwegisch, und ihre Stimme wurde vom dicken Teppich fast verschluckt. Die Fotografin bejahte und stellte sich als Aila vor. Sie führte Caroline in ein fensterloses Hinterzimmer – das Fotoatelier. Eine kleine Sitzbank stand vor einer Leinwand, die von schwarzen Vorhängen eingerahmt war. Davor befand sich der Fotokasten auf einem Dreibein, daneben zwei große Scheinwerfer. Aila nahm Caroline den Mantel ab und betrachtete sie eingehend von oben bis unten. Sie trug ihr dunkelgrünes Wollkleid mit dem V-Ausschnitt, dazu ihre Lieblingskette mit dem Medaillon. Aila zeigte auf ein Frisiertischchen mit Hocker. Dort knipste sie das Licht beim Spiegel an und dieser war plötzlich eingerahmt von einem guten Dutzend Glühbirnen – wie Caroline es aus den Garderoben der Hollywoodstars kannte. Sie kam sich wie ein Starlet vor dem großen Auftritt vor. Mit einem aufgeregten Kribbeln setzte sie sich vor den Spiegel und Aila reichte ihr eine Bürste. Caroline hatte über Nacht Lockenwickler getragen und ihre Frisur am Morgen mit Mittelscheitel und drei weichen Wellen bis über die Ohren gut in Form gebracht. Nun strich sie mit der Bürste über ihre Locken, damit sie noch lockerer fielen. Dann nahm sie vor dem schwarzen Vorhang Platz und die Fotografin ließ die Scheinwerfer aufleuchten. Sie steckte verschiedene farbige Plastikscheiben davor, bis sie mit einer Lichtfarbe zufrieden war.

Sie bedeutete Caroline, wie sie sich zur Linse drehen sollte. Aber mit ihrem erstarrten Lächeln schien die Fotografin nicht zufrieden zu sein.

»Ich erzähle dir was«, sagte Aila. »Treffen sich zwei Fische im Meer. Der eine Fisch sagt: ›Hi‹. Der andere Fisch sagt: ›Wo?‹« Dabei sah sie sich ängstlich nach dem vermeintlichen »Hai« um. Caroline musste vor Lachen losprusten. Jetzt zählte die Fotografin: »Eins, zwei, drei, HAI« – und gerade, als ein neuerliches Lachen in Carolines Hals nach oben rollte, drückte sie auf den Auslöser.

»Ist es gut geworden?«, fragte Caroline. Aila nickte geheimnisvoll wie eine Magierin und überreichte Caroline den Abholschein.

Carolines letzter Abend in Sandefjord verlief genauso angespannt wie ihr erster – nur aus anderen Gründen.

Als sie ins Haus von Frau Mikkelsen kam, roch es schon nach Gemüse und Bratfett aus der Küche. Die Hausherrin winkte ihr mit einem Kochlöffel aus der Küchentür, sie möge nach oben gehen. Also stieg Caroline hoch in ihr Dachkämmerlein, legte sich aufs Bett und hing ihren Gedanken nach, in die sich die brünette Lehrerin immer wieder einschlich.

Um 19 Uhr kam Klarius ins Haus. Er stand breitbeinig im Flur und schaute zu Caroline hoch, als sie würdevoll die Treppe herunterkam und seinen Blick trotzig erwiderte. Auf der vorletzten Stufe jedoch rutschte sie mit dem Fuß ab und stolperte ihm entgegen. Er fing sie mit seinen starken Armen auf. Einen Moment lang war sie umfangen von seiner Wärme und spürte seinen festen Brustkorb, gegen den sich ihre weichen Brüste geradezu unanständig drückten. Ihre Wange lag an seiner, als würden sie Tango tanzen. Feine Bartstoppeln kitzelten ihre Haut und sie konnte seinen Duft wahrnehmen. Er roch nach

Rasierwasser mit einer herben Note von Tannennadeln, was sie anziehend männlich fand.

»Warum sind Sie so plötzlich aus dem Museum verschwunden, Caroline? Ich habe Sie vermisst«, flüsterte er in ihr Ohr, und sein heißer Atem streifte wie eine Liebkosung über ihre Ohrmuschel und ließ sie erschaudern. Aber dann meldete sich ihre Eifersucht. Sie richtete sich auf und schob ihn auf Armeslänge von sich.

»Sie waren doch so bezaubert von Ihrer Jugendfreundin, da wollte ich nicht im Weg sein«, erwiderte sie schnippisch. Klarius lächelte und seine Augen blitzten amüsiert. Nun hörte sie das Klappern von Töpfen aus der Küche und löste sich endgültig aus seiner Umarmung, bevor seine Mutter sie dabei ertappte.

Er ging voran ins Esszimmer und schenkte ihr wieder von dem Whiskey ein – das willkommene Gastgeschenk von Caroline –, sie nippte rasch dran, in der Hoffnung, dass der Alkohol sie auflockern werde. Dann aßen sie Bohnen-Gemüse-Eintopf mit Frikadellen, die bissfest mit Haferflocken angereichert waren. Klarius erzählte seiner Mutter von ihrem Besuch im Walfangmuseum, wobei er die Begegnung mit seiner Jugendflamme diskret unter den Tisch fallen ließ.

In der Nacht konnte Caroline kaum schlafen. Vielleicht fehlte ihr das heiße Bad – auf das sie aus Rücksicht auf die Warmwasser-Sparwünsche ihrer Gastgeberin verzichtet hatte. Caroline war froh, als sie um sieben Uhr das vertraute Klopfen an der Zimmertür hörte. Mit fahrigen Handgriffen packte sie ihren Koffer, der nun zum Glück nicht mehr ganz so schwer war. Den Abholschein für das Porträtfoto steckte sie in ihre Manteltasche. Sollte sie diesen Klarius zum Abschied geben? Würde er diese Geste als ein Verlobungsangebot auffassen? Wollte sie das überhaupt? Sie war hin- und hergerissen.

Nach dem Frühstück holte Klarius sie mit dem Automobil ab, um sie zur Fähre zu bringen. Zum Abschied gab ihr Frau Mikkelsen die Hand, wickelte den Schal fest um Carolines Hals – in der Nacht waren die Temperaturen auf minus 20 Grad abgesunken und die Kälte klirrte draußen – und wünschte ihr eine gute Rückreise. »Auf Wiedersehen«, sagte sie nicht.

Auf der Fahrt zum Hafen war Caroline ziemlich angespannt, was nicht an der rasanten Fahrweise des Kapitäns lag, sondern an ihren Gedanken, wie sie beim Abschied mit ihm verbleiben sollte.

Am Pier empfing sie das Tuten der Fähre, die kurz vor dem Ablegen war. Das Deck wirkte menschenleer. Wegen der Kälte drängten sich alle Passagiere im Innenbereich. Das Beladen des Bauchs war schon abgeschlossen, die Laderampe wurde gerade eingefahren. Klarius nahm Carolines Koffer in die Hand und schritt ihr voraus die Passagierrampe hinauf. An Deck gab er ihr den Koffer in die Hand, zögerte kurz und drückte ihr dann einen warmen Kuss auf die Wange – mit der tief in die Stirn gezogenen Mütze und dem Schal über dem Kinn war von Carolines Gesicht auch nicht viel küssbare Haut frei.

»Bis bald, Caroline«, verabschiedete er sich.

Angewärmt von der weichen Berührung seiner Lippen zog sie den Abholschein aus ihrer Manteltasche und drückte ihn Klarius in die Hand, der sie erstaunt ansah. »Das ist eine Überraschung«, sagte Caroline atemlos. »Sie müssen nächste Woche hingehen, dann werden Sie schon sehen.«

Klarius las nun den Namen des Fotoateliers auf der Karte und ein verstehendes Lächeln breitete sich auf seinem Gesicht aus, das ihn bübisch wirken ließ. Er nickte, drückte ihre behandschuhte Hand zum Abschied und verließ das Schiff über die Rampe. Caroline stieg in den Passagierraum hinunter und suchte sich einen Platz am Fenster. Nur die Hälfte der Sitzbänke war besetzt, aber sie nahm die anderen Fahrgäste ohnehin kaum wahr. Ihr Kopf fühlte sich wie die Trommel einer Waschmaschine an, in der die vielen bunten Erinnerungsstücke der letzten drei Tage durcheinandergewirbelt wurden.

Als Caroline in Frederikshavn von Bord ging, sah sie voller Erstaunen die beachtliche Gestalt ihrer Mutter auf dem Pier stehen. Sie winkte sie gebieterisch herbei und legte Carolines Koffer auf den mitgebrachten Schlitten.

»Du hättest mich wirklich nicht abzuholen brauchen, Mama«, sagte Caroline, die schon ahnte, dass weniger die Fürsorge für ihre Tochter als ihre Neugier diese zum Hafen getrieben hatte. Ihre Mutter nickte vehement, die Feder auf ihrem Hut wippte mit und ließ sie wie ein aufgeregtes Huhn aussehen.

»Jetzt erzähl mal: Wie war es in Sandefjord? In was für einem Haus lebt die Mutter vom Kapitän? War sie nett zu dir? Hast du deinen Verlobten in der Zeit oft gesehen? Was hast du über seine Lebensverhältnisse herausbekommen?«

Caroline blieb abrupt stehen.

»Herr Mikkelsen ist nicht mein Verlobter! So weit sind wir noch nicht.«

Sie schaute ihrer Mutter trotzig ins Gesicht. Diese schüttelte ärgerlich den Kopf und ihre Hutfeder fegte über Carolines Kopf. Die Mutter nahm Carolines Hand, klemmte sie in ihre Armbeuge und zog sie auf den Heimweg.

»Nun erzähl schon!«, forderte ihre Mutter sie erneut auf. Caroline berichtete ihr, was sie an den einzelnen Tagen unternommen und wen sie kennengelernt hatte. Aber einige Details sparte sie aus: das Heringsblut, den Kuss und das Porträtfoto, das sie für Klarius hatte machen lassen.

»Ich hoffe, du hast dich ordentlich bei Frau Mikkelsen für ihre Gastfreundschaft bedankt«, ermahnte sie die Mutter. Caroline versicherte ihr das mehrfach und bekam ein immer schlechteres Gewissen. Sie konnte das Gefühl nicht loswerden, dass sie darin versagt hatte, die Kapitänsmutter von ihren ehefraulichen Qualitäten zu überzeugen.

»Wenn er dich sogar dem Reeder Christensen vorgestellt hat, ist eure Verlobung fast offiziell«, begeisterte sich Mutter. »Man stellt eine Frau seinem Arbeitgeber nur vor, sofern man feste Heiratsabsichten hat.«

»Ich glaube schon, dass der Kapitän ein gewisses Interesse an mir hat«, bestätigte Caroline zaghaft.

»Ich hoffe, du warst nicht zu spröde. Zu viel Zurückhaltung ist in deinem Alter und in deiner Situation wirklich nicht angebracht. Schließlich bist du kein Osterlämmlein mehr. Bist du dem Kapitän denn entgegengekommen?«, wollte ihre Mutter wissen und schaute sie dabei eindringlich an. Caroline sah beharrlich auf ihre Schuhe und schwieg. Den Rest des Weges schimpfte die Mutter.

»Da schickt man seine fünfundzwanzigjährige Tochter nach Norwegen, damit sie endlich unter die Haube kommt, der Bräutigam und seine Mutter bemühen sich rührend um sie und das undankbare Frauenzimmer macht einen auf Pflänzchen Rührmichnichtan!«

Ihre Mutter redete sich in Rage und allmählich regte sich auch in Caroline Zorn, je mehr diese mit ihr schimpfte. Was erwartete ihre Mutter eigentlich von ihr? Dass sie am besten gleich mit diesem Mann ins Bett steigen sollte, um die Verbindung anstandslos herbeizuführen?

Caroline war nach dieser Reise noch verwirrter als zuvor. Je mehr ihre Mutter sie zu dieser Heirat drängte, umso mehr Widerstand verspürte sie dagegen. Nicht gegen Klarius, aber gegen das Gefühl, wie eine Ware auf dem Markt angeboten zu werden. Gleichzeitig wünschte sie sich, dass Klarius ihr ein klares Zeichen seiner Zuneigung geben würde. Aber wollte sie wirklich seine Frau werden? Ja, es hatte diese Momente der Zärtlichkeit gegeben, die eine pochende Sehnsucht in ihr geweckt hatten. Sie konnte sich ihn als ihren Liebhaber vorstellen, aber machte das einen guten Ehemann aus ihm? Wäre er ihr treu? Würde er Verständnis für ihre Wünsche haben? Vielleicht würde er ihr ohnehin keinen Antrag machen und dann erledigten sich diese Fragen von selbst. Dieser Gedanke war aber alles andere als tröstlich.

Kapitel 15:
Einmal die Erste sein

Sydney, 15. Februar 1995

Jesse sitzt an ihrem Schreibtisch, hält den Telefonhörer an ihr linkes Ohr, während ihre rechte Hand mit dem Bleistift über ihren Notizblock jagt. Sie spricht heute erneut mit Diana Patterson, der Leiterin der australischen Davis Station in der Antarktis.

»Und die Landestelle der Norweger von 1935 ist ganz in der Nähe der Davis Station?«, fragt Jesse. Sie kritzelt in Blockbuchstaben an den Rand ihres Papiers: Landkarte Antarktis prüfen: Wo liegt Davis Station?

»Ja, das vermuten wir, alle uns bekannten Aufzeichnungen weisen darauf hin«, bestätigt ihr die Leiterin mit energischer Stimme. Jesse stellt sich ihre Gesprächspartnerin wetterfest und resolut vor – wie eine Eisbärin. Zu Diana Patterson hat sie sich notiert: Jahrgang 1950, die erste Frau, die 1989 mit der Leitung einer australischen Antarktisstation betraut wurde, der Mawson Station.

»Im letzten Jahr haben wir auf der Davis Station ein Jubiläum gefeiert, nämlich die erste Landung eines ANARE-Teams im Gebiet der Vestfold Hills im März 1954. ANARE steht für ›Australian National Antarctic Research Expeditions‹. In diesem Zusammenhang habe ich mich gründlich mit der Historie des Stützpunkts beschäftigt. Mein Biologe im Team hat mich dann auf die Spur von Caroline Mikkelsen gebracht. Sie müssen wissen, dass dieser ganze Küstenabschnitt der Antarktis schon von seiner Namensgebung auf die Expedition der Norweger im Winter 1934/35 zurückgeht. Kapitän Klarius Mikkelsen hatte die *M/S Thorshavn* durch diese Gewässer geführt. Es war ein Versorgungsschiff für die Walfangflotte von Lars Christensen aus Sandefjord. Er war der mächtigste norwegische Reeder und Walfänger seiner Zeit. Als die Norweger an Bord der *Thorshavn* im Februar 1935 dort entlangschifften und an Land gingen, nannten sie die Küste ›Ingrid-Christensen-Küste‹ nach der Ehefrau ihres Auftraggebers. Sie haben ihre Entdeckung kartografiert. An dieser Küste gibt es auch einen Berg, den ›Mount Caroline Mikkelsen‹, also nach der Ehefrau des Kapitäns benannt. Wie Sie sehen: Die Frau des Reeders bekommt die ganze Küste, die Frau des Kapitäns immerhin einen Berg.«

Jesse kritzelt, so schnell sie kann.

»Woher weiß man, dass der Kapitän der *Thorshavn* und seine Frau wirklich an Land gegangen sind?«, hakt Jesse nach.

»Bereits im Jahr 1957 hat ein ANARE-Team einen Steinhaufen mit einem Fahnenmast und der norwegischen Flagge entdeckt. Dieser Fund ist in der Liste historischer Orte und Monumente der ATCM – das steht für ›Antarctic Treaty Consultative Meeting‹ – vermerkt. ›Mikkelsen Steinhaufen und Holzmasten, errichtet von Kapitän Mikkelsen der *Thorshavn*, in Begleitung von seiner Ehefrau und Besatzungsmitgliedern auf den Vestfold Hills‹, lautet der Eintrag. Aber die Fundstelle ist danach offenbar in Vergessenheit geraten oder wurde aus unerfindlichen Gründen nicht weiter untersucht. Insbesondere hat sich niemand für die Bedeutung interessiert, nämlich die Erstbetretung des antarktischen Kontinents durch eine Frau.«

Die Stimme von Diana Patterson klingt feierlich und dringlich zugleich. Jesse spürt, dass dieser Frau – der einzigen unter Männern in dieser eisigen Ödnis – etwas daran liegt. Sie weiß selbst, was es heißt, die Erste zu sein.

Die Erste sein. Was ist das wohl für ein Gefühl? Jesse ist bisher niemals und nirgendwo die Erste gewesen. Sie hat ein Abonnement auf den zweiten Platz. Sie ist die zweite Tochter, die zweite Ehefrau, die zweite Mutter – wenn überhaupt – für Aidans Söhne aus erster Ehe. Im Regal ihrer Jugend haben ein Dutzend schimmernder Pokale von ihren Reitturnieren gestanden, auf jeder Trophäe ist die Zwei eingraviert gewesen wie ein Fluch. Silberne Medaillen sind ihr um den Hals gehängt worden, silberne Ketten von ihren Verehrern. Immerhin ein Goldring zur Hochzeit. Die Highschool und das College hat sie als Zweitbeste ihres Jahrgangs abgeschlossen. Zweimal ist sie Zweite bei wichtigen journalistischen Wettbewerben gewesen. Im letzten Jahr ist sie für den Walkley Award nominiert gewesen und leer ausgegangen, denn lediglich der Sieger wird geehrt. Nur die Nummer eins zählt in der »Hall of Fame« der kollektiven Erinnerung. Spricht irgendwer von Buzz Aldrin, der als Zweiter seinen Fußabdruck im Mondstaub hinterlassen hat? Nein, einzig von Neil Armstrong ist die Rede. Den Namen vom Dritten im Bunde kennt erst recht keiner.

Jesse wäre so gerne Erste, bloß ein einziges Mal! Vielleicht hat sie mit dieser Story die Gelegenheit, die Erste zu sein, die der Antarktispionierin zu ihrem Recht in der Geschichtsschreibung verhilft. Vorhin hat Jesse im Guinnessbuch der Rekorde nachgeschaut. Wobble hat ihr sein Lieblingsnachschlagewerk mit aufmunterndem Augenzwinkern herübergereicht. Aber im Buch der Rekordhalter befindet sich zur Antarktis nur der Eintrag zu Roald Amundsen, der am 14. Dezember 1911 als erster Mensch den Südpol erreichte. Natürlich nicht alleine, aber die Zweiten und Dritten sind vergessen. Von einer Frau auf dem antarktischen Kontinent fehlt jede Spur. Jesse hat diese Spur nun aufgenommen, und wie ein Spürhund wird sie diese bis zu ihrem Ursprung zurückverfolgen. Aber Jesse weiß auch, dass sie ihre Fakten wasserdicht ermitteln muss, damit sie ihre Entdeckung der Welt präsentieren kann.

»Gibt es bloß diese eine Quelle, die besagt, dass Caroline Mikkelsen 1935 den Boden der Antarktis betreten hat?«, will sie wissen. Ein kurzes Schweigen tritt am anderen Ende der Leitung ein.

»Das ist die einzige Quelle, die ich kenne«, erwidert Diana und klingt verstimmt.

»Sie müssen verstehen, dass ich als investigative Journalistin großen Wert auf Faktenchecks lege. Es ist üblich und eine Frage der Glaubwürdigkeit, mindestens zwei Quellen heranzuziehen«, erklärt Jesse. Ihre Gesprächspartnerin schweigt und es rauscht in der Leitung.

»Der Fund eines Steinhaufens im Jahr 1957 reicht nicht aus, um nachzuweisen, dass Caroline Mikkelsen tatsächlich an Land gegangen ist – oder überhaupt auf dieser Reise mit an Bord war«, fährt Jesse unerbittlich fort. »Schließlich hat der Kapitän die Küste nach Ingrid Christensen benannt, obwohl diese Dame bei ihrer Entdeckung Tausende von Kilometern entfernt in ihrem warmen Zimmerchen irgendwo in Norwegen gesessen hat. Die Namensgebung ist kein Beweis.«

»Wollen Sie behaupten, dass der Kapitän den Landgang seiner Frau dreist erfunden hat?«, fragt Diana herausfordernd. »Ich dachte, Sie wollten mich in dieser Suche unterstützen. Aber offenbar wollen Sie den Anspruch von Caroline Mikkelsen diskreditieren.«

»Keineswegs«, beruhigt Jesse sie. »Ich mache nur meine Arbeit. Ich könnte Ihnen unzählige Beispiele von schlechter Recherche nennen, die zu peinlichen Falschberichten geführt haben. Die Welt ist voller Hochstapler, die sich nach Ruhm und Ehre sehnen und nur darauf warten, dass ein schlagzeilenhungriger Journalist auf ihre Münchhausen-Geschichten hereinfällt. Die Hitler-Tagebücher zum Beispiel. Oder die diversen Prätendentinnen, die in den 1920er-Jahren behaupteten, sie seien die Großfürstin Anastasia von Russland, jüngste Tochter und Erbin des Zaren Nikolaus II, die als Einzige die Ermordung der Zarenfamilie 1918 überlebt habe.«

Wobble, der ihr Telefonat von seinem Nachbarschreibtisch aus mit einigem Interesse verfolgt, hält ein Stück Papier hoch, auf das er »Miss Oxford« geschrieben und darüber ein Krönchen gemalt hat. Jesse muss sich ein Grinsen verkneifen. Sie kann es wirklich nicht lassen, immer ihre Bildung vorzuführen. Aber im Zeitungsgeschäft ist Wissen die einzige harte Währung, und Jesse versteht es, diese auszuspielen.

»Aber so liegt der Fall hier doch gar nicht«, klingt Dianas Stimme eisklar durch das Telefon. »Caroline Mikkelsen ist nicht diejenige, die Ruhm für sich einfordert. Im Gegenteil. Nach ihrer Rückkehr von der Expedition wurden keine Fanfaren für sie gespielt und sie ist offenbar im weiteren Verlauf ihres Lebens in Anonymität versunken. Wenn sie überhaupt noch lebt.«

»Das ist genau der Punkt«, bemerkt Jesse sachlich. »Wir wären einen riesigen Schritt weiter, wenn wir diese Frau gefunden hätten. Dann wäre die Aufklärung viel einfacher. Sie könnte uns sicherlich Hinweise liefern, die ihre Erstbetretung belegbar machen.«

»Ja, das ist exakt das, was ich mit Ihrer Hilfe erreichen möchte«, sagt Diana, und ihre Stimme klingt um einige Grad wärmer. »Ich habe schon vor einigen Monaten eine Anfrage an das norwegische Konsulat gestellt, die sich ihrerseits mit den Einwohnermeldeämtern verbunden haben. Aber leider blieb die Suche nach einer Caroline Mikkelsen erfolglos. Sie taucht auch weder in norwegischen Geburtenregistern auf noch im Sterberegister von Sandefjord. Dort befanden sich der Heimathafen der *M/S Thorshavn* und die Reederei Thor Dahl, sodass davon auszugehen ist, dass auch Kapitän Mikkelsen und seine Frau dort ansässig waren. Außerdem habe ich letzten Herbst drei Mal in einem ABC-Radiointerview über die Suche nach Caroline Mikkelsen gesprochen, mit dem Aufruf an die Zuhörer nach Hinweisen. Ohne Erfolg. Aber von australischer Seite ist da auch wenig zu erwarten.«

»Sie haben wirklich schon gute Recherchearbeit geleistet«, lobt Jesse ihre Informantin und fühlt sich wie ein Luftballon, aus dem die Luft herausgelassen wird. Wo soll sie hier noch ansetzen?

Ihr kommen die Worte von Rupert Stein, ihrem Chefredakteur der Townsville Gazette, in den Sinn: *Ist keine Treppe da, musst du eine Leiter bauen.*

»Wenn wir Caroline Mikkelsen im Moment nicht in persona finden, bleibt noch die Suche nach schriftlichen Nachweisen. Es wäre ein wichtiges Glied in der Beweiskette, wenn wir sie als Passagierin der *Thorshavn* etablieren könnten. Es müsste doch ein Logbuch von dieser Expedition geben«, sagt Jesse mehr zu sich selbst als zu ihrer Gesprächspartnerin.

»Da empfehle ich Ihnen, sich an die Reederei Thor Dahl zu wenden«, schlägt Diana vor und klingt wieder ein wenig versöhnt. »Oder an das Walfangmuseum in Sandefjord. Das hat Lars Christensen selbst gegründet. Dort gibt es bestimmt auch ein Archiv.«

Jesse macht sich eifrig Notizen.

»Danke, das werde ich«, sagt sie. »Ich klemme mich dahinter, das versichere ich Ihnen.«

Als das Gespräch beendet ist, reibt sich Jesse ihr linkes Ohr, das rot glüht.

»Diese Stationsleiterin ist ein ganz schöner Drill-Sergeant, was?«, sagt Wobble und beißt in einen Muffin mit bunten Streuseln. Jesse bekommt plötzlich Heißhunger auf etwas Süßes. Sie holt ihre Notration Kaffeeschokolade aus der Schublade und steckt sich ein dickes Stück in den Mund. Während sie die Schokolade genüsslich auf ihrer Zunge zergehen lässt und eine Strähne ihres roten Haars um den Zeigefinger aufwickelt, kommt Paul McQuire vorbeimarschiert mit Runner im Schlepptau.

»McQuire«, ruft sie ihm nach, und er bleibt kurzweilig stehen. »Wie würden Sie eine vermisste Person in Norwegen suchen? Die Behörden sind eine tote Spur.«

»Ich würde eine Vermisstenanzeige aufgeben«, sagt McQuire und eilt weiter. Jesse macht sich eine Notiz.

»Du könntest einen Privatdetektiv beauftragen«, schlägt Patricia vor, die zwei Plätze weiter sitzt.

»Um Marlow dafür das Budget aus den Rippen zu leiern, müsste ich schon eine Weltsensation aus dem Hut zaubern«, entgegnet Jesse ein wenig niedergeschlagen.

»Mumie im Eis! Die erste Frau in der Antarktis hat ihre Kühnheit mit dem Leben bezahlt!«, deklamiert Patricia die Schlagzeile.

Jesse lächelt und steigt auf das Lieblingsspiel mit ihrer Kollegin ein. »Eine heiße Frau am Südpol bringt das Eis zum Schmelzen!«

»Achter Kontinent entdeckt – wo der Jungbrunnen entspringt«, ruft Patricia, und Jesse ergänzt mit Pathos: »Norwegerin Caroline Mikkelsen ist in sechzig Jahren nicht gealtert!«

Jesse und Patricia lachen lauthals. Wobble grinst auch.

»Wenn du irgendwo ein hübsches Foto von der vermissten Norwegerin auftreiben kannst, dann steigen die Chancen, dass Marlow deine Story druckt«, prophezeit er, und sein Doppelkinn wackelt bekräftigend.

Um kurz nach 16 Uhr an diesem Nachmittag schiebt Jesse ihren Bürostuhl ordentlich unter ihren Schreibtisch, hängt sich ihre Handtasche über die Schulter und verlässt mit federnden Schritten die Redaktion. Schon seit Wochen freut sie sich auf das Nachwuchs-Springreitturnier. Laura kommt natürlich auch, denn seit sie als Mädchen zusammen im Reitverein gewesen sind, sind sie beste Sportsfreundinnen. Ihre frühere Konkurrenz aus den Turnieren ist längst verblasst. Nun sitzt Jesse in ihrem Auto, hat im Radio den Sender mit der aktuellen Popmusik eingeschaltet und steuert den Moore Park an, der in einem Vorort im Südosten von Sydney liegt. Diese großzügige Parkanlage ist das Eldorado aller Sportfans. Dort befinden sich das Footballstadion, die Cricket Grounds und natürlich das Centennial Parklands Reitzentrum, das sie aus ihrer aktiven Zeit als Reiterin bestens kennt.

Als Jesse dort ankommt, steigt ihr sofort der vertraute Stallgeruch in die Nase. Sie atmet tief ein und muss unwillkürlich seufzen. Der herbe Geruch der Pferde vermischt sich mit dem süßen Duft von Stroh zu einer unverwechselbaren Note. Selbst das strenge Aroma der Pferdeäpfel riecht sie gerne. Aber an ihren Wildlederstiefeletten will sie keinen Pferdemist mit nach Hause tragen, deshalb holt sie ihre alten Reitstiefel aus dem Kofferraum und wechselt ihr Schuhwerk. So gerüstet marschiert sie über den lehmigen Boden zur Reithalle. Das heutige Turnier für die Junioren, Reiter im Alter zwischen 16 und 18 Jahren, findet in der kleinen Halle statt, in der Jesse früher selbst viele Turniere geritten ist. In der großen Halle wird jedes Jahr zur Osterzeit die »Royal Easter Show« veranstaltet, ein internationales Show-Event mit den besten Pferden und Reitern aus aller Welt. Jesse und Laura gehen jedes Mal dorthin. Aber eigentlich mag Jesse die kleinen Turniere lieber, bei denen die Zuschauerplätze dicht am Parcours sind und sie alles hautnah miterleben kann. Sie kauft sich ein Ticket am Einlass und kommt an der Stirnseite in die Halle, deren Dach von Stahlträgern gehalten wird und von großen Glasscheiben eingerahmt ist, sodass man fast den Eindruck hat, man befände sich im Freien. Die Luft ist geschwängert vom Staub der Sandbahn und vom Geruch der Pferde. Ein Geräuschmix aus Hufgetrappel und Schnauben der Tiere, aufgeregten Rufen der Trainer, Kommentaren des Ansagers durch die Lautsprecher und dem Gemurmel der Zuschauer legt sich über Jesses Ohren. Ihr Blick streift über die Sitzreihen auf der Suche nach ihrer Freundin.

»Jesse, hierher«, ruft Laura und winkt ihr von der Tribüne an der langen Seite des Reitfeldes zu. Laura hat ihnen beiden mal wieder gute Plätze in der Mitte hinter dem Tisch der Juroren gesichert. Jesse folgt dem Bogen entlang der Bande und steigt die Stufen der Tribüne hoch. Als sie bei Laura ankommt, umarmen sie sich.

»Ich habe das Sitzkissen schon für dich angewärmt«, sagt Laura und schiebt ihr grinsend eines ihrer zwei Kissen rüber. Jesse lässt sich lächelnd ins warme Polster sinken. Ihre Freundin war bereits in Kindertagen immer bestens ausgestattet und hat ihren Überfluss gerne mit Jesse geteilt, die dazu geneigt hat, wichtige Ausstattung zu vergessen oder zu verlieren. Mehr als einmal hat Laura ihr mit Springgamaschen für ihr Pferd Kimberly ausgeholfen. Ihre kindliche Vergesslichkeit hat Jesse inzwischen überwunden oder zumindest mit ihren Post-it-Zetteln in den Griff bekommen.

»Gleich beginnt die zweite Prüfung mit dem Stilspringen.« Laura hält ihr das aufgeschlagene Programm hin. Gemeinsam studieren sie die Namen der Reitenden und ihrer Pferde. Die meisten kennen sie und haben ihre Favoriten. Sie halten natürlich zu den Mädchen. Das Springreiten ist so ziemlich die einzige olympische Sportart, bei der Männer und Frauen in der gleichen Prüfung bei Turnieren gegeneinander antreten. Denn im Springreiten und in der Dressur kommt es nicht auf die körperliche Kraft des Reiters oder der Reiterin an, sondern auf die Technik, das Vertrauensband und die perfekte Kommunikation zwischen Mensch und Pferd.

»Mädchen haben mehr Feingefühl als Jungs«, das ist schon seinerzeit Jesses Überzeugung gewesen, und sie hat in den Turnieren mit ihrer treuen Kimberly so manchen kräftigen Burschen besiegt, der außer großspurigen Sprüchen und Gertenhieben nicht viel draufhatte. Auch Laura ist eine sehr gute Reiterin gewesen, sodass Jesse und sie oft die vorderen Plätze unter sich ausgemacht haben – wobei Laura es einige Male auf die Nummer eins geschafft hat und Jesse nicht. Aber sie hat es ihr gegönnt. Laura ist sogar mit 17 Jahren zur Schönheitskönigin von New South Wales gekürt worden. Mit ihrem Schneewittchen-Look ist sie wirklich eine Beauty gewesen. Auch heute noch, mit 41, sieht Laura top aus. Aber ihre Schönheit kommt nicht von den Pflegecremes, die sie jahrelang mit ihrem Ex-Mann verkauft hat, sondern von einer Zufriedenheit, die sie von innen strahlen lässt. Laura behauptet, das Geheimnis ihrer Gelassenheit liege im Yoga. Jesse würde zu gerne etwas davon abhaben.

»Komm bald mal wieder in mein Yogastudio, das wird dir guttun«, meint Laura, als hätte sie Jesses Gedanken erraten. Ihre Freundin führt seit vier Jahren mit viel Erfolg ein eigenes Yogastudio, wo sie auch selbst als Lehrerin einige Stunden gibt.

»Ich würde gerne, aber ich habe so viel Stress auf der Arbeit, und wenn ich endlich Feierabend habe, ist es schon spät und ich bin völlig erschöpft«, erwidert Jesse und hebt entschuldigend ihre Schultern.

»Aber dein Spinning machst du noch, oder?«, fragt Laura.

»Ja. Aber das Rad steht direkt in der Wohnung und so habe ich keine zusätzlichen Wege«, erklärt Jesse. In Wirklichkeit hat Jesse keine echte Motivation, Yoga zu mögen. Sie hat es einige Male probiert. Anstatt sich zu entspannen und »ihr Zentrum zu finden«, wie Laura es nennt, hat Jesse die Langsamkeit der Übungen ungeduldig gemacht. Wenn sie Sport treibt, möchte sie ein messbares Ergebnis sehen. Wie beim Spinning, wo sie nach einer Trainingseinheit genau weiß, wie viele Kilometer sie gefahren ist, wie hoch ihr Puls war und wie viele Kalorien sie dabei verbraucht hat. Die Yogaübungen kommen ihr vor wie ein Stochern im Nebel.

»Schau mal, die Passagen zwischen den Hindernissen sehen bei Lucky Star ziemlich unrhythmisch aus«, kommentiert Laura das Pferd, das gerade den Hindernisparcours absolviert. Jesse verfolgt gebannt die Bewegungen des erhabenen Tieres, das Muskelspiel seiner Flanken und die Haltung von Kopf und Hals, die ihrem kundigen Blick verraten, ob das Pferd gut geführt wird.

»Der Nacken ist überstreckt und das Pferd macht ständig Ausweichbewegungen«, bemerkt Jesse. »Die junge Reiterin gibt zu viel Zug auf die Trense und verursacht dem Tier damit Schmerzen am Gebiss.«

Prompt verweigert Lucky Star vor dem nächsten Hindernis und wirft seinen Kopf widerspenstig in den Nacken. Die jugendliche Reiterin lenkt ihr Pferd zum Umkehren und will einen zweiten Anlauf auf das Hindernis nehmen. Aber Jesse erkennt schon am Trippelschritt des Wallachs, dass er wieder verweigern wird.

»Schade«, seufzt Laura. »Man sieht, dass Reiterin und Pferd noch nicht richtig aufeinander eingespielt sind. Um die Rittigkeit zu verbessern, sollte sie im Training mehr auf die Koordination und Durchlässigkeit achten, um die Gymnastizierung zu steigern.«

»Ja, genau. Mit einem Cavaletti-Parcours könnte sie das gut trainieren«, stimmt Jesse zu. Es macht solchen Spaß, mit ihrer Freundin zu fachsimpeln. Ganz versunken verfolgt sie den Ritt der weiteren Pferde im Hindernisparcours. Jesse genießt es, in diese Welt des Reitens einzutauchen und dabei alles andere zu vergessen. Bis ihr Magen sie grummelnd daran erinnert, dass ihr Mittagessen schon lange zurückliegt.

»Ich brauche eine Stärkung. Soll ich dir auch Kartoffelpuffer mitbringen?«, fragt sie Laura, die begierig nickt. Kurz darauf ist Jesse mit den deftigen, heißen Bratlingen zurück, die das weiße Papier der Serviette vor Öl ganz durchsichtig machen, und beißt herzhaft hinein. Kartoffelpuffer gehören zu ihrer Reiterjugend genauso dazu wie die Belohnung mit Hafer und einem Apfel für ihr Pferd. Nach einem Wettkampf beim Warten auf die Siegerehrung hat sie fast immer Seite an Seite mit Laura gesessen und sich Kartoffelpuffer schmecken lassen. Nur, dass früher auf das salzige Mahl nicht selten salzige Tränen gefolgt sind, wenn Jesse nicht so gut abgeschnitten hat, wie ihr Vater es von ihr erwartet hat. Heute sitzt sie auf der Zuschauerbank und muss sich keine Sorgen um ihre Leistung machen.

Als das Turnier gegen 20 Uhr vorbei ist, schlendert sie zum Abschied mit Laura an den Stallboxen vorbei. Hier sind die Pferdebesitzer und Stallhelfer eifrig dabei, ihre Tiere mit dem Wasserschlauch abzuduschen, zu striegeln und zu füttern. Einige Pferde sind bereits abgezäumt und stehen in ihren Boxen im frischen Stroh und futtern zufrieden. Jesse erkennt Lucky Star, der seinen unglücklich verlaufenen Parcours hoffentlich schon vergessen hat. Sie geht zu dem Wallach, der schnaubend mit seinem Kopf wippt und neugierig an ihrer Hand schnuppert. Sie streichelt die weichen Nüstern des Pferdes und seine borstigen Tasthaare piksen sie dabei.

»Na, du«, murmelt sie, »das nächste Mal nimmst du das Hindernis wie im Flug.«

Lucky Star schnaubt zustimmend und leckt an ihrer Hand. Jesse durchströmt es warm und auch ein bisschen schmerzhaft. Sie vermisst es so sehr, ein Pferd zu haben, es zu streicheln, zu pflegen und natürlich zu reiten.

»Warum suchst du dir nicht auch eine Reitgemeinschaft?«, fragt Laura, die neben ihr steht und Jesses Gestik offenbar richtig gedeutet hat. »Bei mir hat sich das bewährt. Unter uns drei Reiterinnen läuft die Aufteilung harmonisch. Ich reite zwei bis drei Mal die Woche auf Sally. Das geht gut neben dem Beruf.«

»Ich würde so gerne wieder regelmäßig reiten.« Jesse seufzt tief. »Aber ich weiß nicht, wie ich das mit meinem Arbeitspensum vereinbaren soll. Selbst sonntags muss ich am Nachmittag immer in die Redaktion. Und an den übrigen Tagen bin ich meist erst nach acht Uhr abends zu Hause. Da bleibt kein Zeitfenster zum Reiten.«

»Schade«, meint Laura. »Vielleicht solltest du dich mal bei einer Pferdezeitschrift bewerben. Dann könntest du deine journalistische Recherche auf dem Pferderücken machen und dir Wohlfühl-Liebesgeschichten ausdenken.«

Sie zwinkert ihr zu und Jesse lacht.

»Schön wär's.«

Tatsächlich gibt es eine Vielzahl von Zeitschriften rund ums Pferd, von Hochglanzfachmagazinen für Reiter und Züchter bis hin zu bunten Heften für Kinder und Teenager mit Postern, Rätseln und Bildergeschichten, die von treuen Pferdchen und Feriencamps handeln, bei denen sich die jungen Reitfreunde ineinander verlieben. Jesse hat diese Hefte als Kind regelrecht verschlungen, bis sie den vorhersehbaren Geschichten im Alter von elf oder zwölf entwachsen war und sich gehaltvollere Lesekost gesucht hat.

Sie umarmen sich zum Abschied und Jesse fährt mit einem Lächeln auf dem Gesicht nach Hause. Sie stellt sich vor, wie sie eine Geschichte über die 14-jährigen Teenies Jenny und Ben schreibt, die sich im Sommercamp verlieben und zusammen mit ihren langmähnigen Shetlandponys einen bösen Pferdedieb zur Strecke bringen. Sie muss kichern. Wie es wohl wäre, ihren anspruchsvollen Job gegen einen Schreibjob in einem seichten Milieu einzutauschen? Viel Spaß, kaum Druck und kein Prestige. Aber Jesse ist Realistin und weiß, dass sie die Herausforderung braucht – und die Anerkennung auch.

Kapitel 16:
Post vom Kapitän

Frederikshavn, 30. November 1931

Meine liebe Elin,
ich bin nun seit gut zwei Wochen wieder daheim und konnte ein wenig zur Ruhe kommen und insbesondere meine vielen Eindrücke und verwirrenden Gefühle von meinem Besuch in Sandefjord sortieren.

Ich habe mich sehr gefreut, hier deinen Brief vorzufinden. Wie wunderbar, dass du dich in Hamburg so wohlfühlst und vor allem dein Sachverstand und guter Geschmack in der Auswahl der Kleiderdesigns von Herrn Petersen ernst genommen werden. Wenn du so weitermachst, muss er dich wirklich bald befördern! Danke auch für deine klugen Worte zu meinem Auf und Ab, was meine Gefühle für den Kapitän betrifft. Sicher hast du recht, wenn du schreibst, dass ich sachlich denken muss. Du schreibst: »Eine Ehe besteht nicht aus Verliebtsein (das verfliegt), sondern aus Vertrauen und gegenseitigem Verständnis und nicht zuletzt aus gemeinsamen Gewohnheiten.« Ja, ich stimme dir zu. Wenn ich an die Ehe von Mutter und Vater denke, fällt mir als Erstes ein, wie sie gemeinsam essen – sie haben einfach denselben Geschmack. Das ruft mir den blutigen Hering in der Küche von Frau Mikkelsen in Erinnerung. Sollte das die Richtschnur sein, dann bin ich wirklich nicht geeignet für eine Ehe mit dem Kapitän. Vater und Mutter sitzen auch am Abend gerne beisammen – Mutter hört Radio und Vater raucht seine Pfeife und liest Zeitung. Das wirkte als Kind immer so selbstverständlich auf mich. Aber inzwischen habe ich im Freundeskreis auch einige Eheleute kennengelernt, die fast nie Zeit miteinander verbringen, weil sie einander auf die Nerven gehen und sich ständig streiten – meistens ums Geld. Wenn ich nun überlege, welche Interessen mich und den Kapitän miteinander verbinden, dann sind es die Reiselust und auch der Geschäftssinn. Ich weiß, das klingt jetzt unbescheiden von mir, dass ich meine Bürotätigkeit mit der weitreichenden und weltmännischen Geschäftserfahrung des Kapitäns vergleiche, aber ich denke schon, dass ich ihm mit meiner ordentlichen Art, z. B. bei der Buchführung, eine gute Hilfe sein könnte.

Alles, was ich eben aufgezählt habe, sind Überlegungen des Verstandes. Aber was sagt mein Gefühl zu alledem? Ich muss zugeben, dass der Kapitän mit seiner entschlossenen und männlichen Art bei mir ein gewisses Kribbeln ausgelöst hat. Er ist ein Mann von Welt – das macht ihn anziehend. Und dieser eine Kuss ... (der auf die Lippen im Lager, den Abschiedskuss auf die Wange zähle ich nicht mit). Soll ich daran messen, ob ich mir auch körperliche Nähe mit ihm vorstellen kann? Sein Kuss hat mir gefallen – was ein Fortschritt ist, wenn ich an die unangenehmen Küsse von Owe denke. Aber er war viel zu kurz. Immerhin bin ich neugierig auf mehr davon.

Ich darf meine Erwartungen an die »große Liebe« nicht messen an den schwülstigen Beschreibungen der Romanzen, die ich so gerne lese. Und wie es erst auf der Leinwand zugeht! Du erinnerst dich sicher noch gut, liebe Elin, wie ich in jeden Film von Valentino gelaufen bin und die Wände meines Zimmers mit seinen Postern geradezu tapeziert habe – und sein Abbild so manches Mal heimlich seufzend geküsst habe. Auch wenn die zauberhaft-exotischen Liebesabenteuer aus Hollywood mit Scheichs, Säbelkämpfern und Piraten (davon ist der Kapitän gar nicht so weit entfernt) meine Sehnsucht wecken, im wahren Leben sind solche heißblütigen Frauenhelden bestimmt keine guten Ehemänner.

Nun zu etwas Praktischem: Ich überlege, ob ich Frau Mikkelsen einen Brief schreiben soll, um meine Dankbarkeit für ihre Gastfreundschaft gebührend zum Ausdruck zu bringen. Mutter wurde nicht müde, mich tagelang für mein unhöfliches Benehmen zu schelten, bis Vater ein Machtwort sprach und sagte, er wolle den Namen Mikkelsen in nächster Zeit nicht mehr in seinem Haus hören. Erst wieder, wenn ein Hochzeitstermin feststeht – und wenn nicht, dann eben nicht.

Ich greife den Stift erneut auf. Endlich habe ich es hinter mich gebracht und den Dankesbrief an Frau Mikkelsen geschrieben. Nach meinem Dank für ihre freundliche Aufnahme in ihrem Haus und die Verköstigung fiel mir nichts Persönliches mehr ein. Nach langem Brüten über dem Brief habe ich ihre spezielle Zutat von Haferflocken gelobt und gesagt, dass ich diese demnächst bei der Zubereitung von Frikadellen und Kartoffelpuffern auch verwenden wolle. Meine Mutter sei ebenso sehr gespannt, diese Besonderheit aus der norwegischen Küche kennenzulernen. Die Sache mit Mutter war ziemlich übertrieben, wenn nicht sogar geschwindelt, denn als ich ihr von der Vorliebe der Kapitänsmutter erzählte, in fast alle Speisen Haferflocken einzuarbeiten, zog sie verächtlich ihre Mundwinkel herunter und sagte: »Die Norweger halten sogar Zwieback für Kuchen!«

Ich habe den Brief gleich zur Post gebracht und mein Gewissen war danach einigermaßen beruhigt.

Viel schwieriger war es, an meinen Fast-Verlobten zu schreiben. Damit ich mich kurz fassen kann, habe ich eine Ansichtskarte mit einem Blauwal und einem Schiff ausgewählt. Aber was sollte ich ihm schreiben? Nachdem ich eine Stunde in den Himmel gestarrt hatte – dabei ist wie von selbst eine halbe Tafel Nussschokolade in meinen Mund gewandert –, fiel mir ein, dass ich gar keine Hausadresse von Klarius hatte. Erleichtert ließ ich den Füller fallen und vertagte die Angelegenheit vorerst.

Das war auch gut so. Denn schon am übernächsten Tag lag ein Brief für mich im Briefkasten. Ich holte die Post herein, sonst hätte Mutter den Brief wahrscheinlich ohne Scham sofort aufgerissen und gelesen. An den norwegischen Briefmarken erkannte ich gleich die Herkunft. Auf der Rückseite stand in kräftig geschwungenen Buchstaben in blauer Tinte der Name des Kapitäns und seine Adresse. Jetzt kann ich mich nicht mehr davor drücken, ihm zu antworten.

Mit ruhiger Hand, aber beschleunigtem Herzschlag, öffnete ich das Kuvert und meine Finger erwischten zuerst die dicke Ecke eines glänzenden Papiers: Es war die Fotografie von mir aus dem Atelier von Aila. Ich schaute wie gebannt auf mein Abbild in Schwarz-Weiß und lächelte ungläubig. Ich sehe auf diesem Bild so hübsch aus wie noch nie. Ich freue mich nicht aus Eitelkeit über das schöne Bild. Vielmehr habe ich beim Anschauen das Gefühl, ich blickte einer weiseren Variante von mir in die Augen und sie hätte eine Antwort für mich. Diese weise Frau lächelt erwartungsvoll und zufrieden. Sie scheint zu wissen, dass das Leben es gut mit ihr meint.

Ob Klarius mein Bild wohl auch gefällt? Und hat er meine Geste als ein Verlobungsversprechen aufgefasst?

Ich schaute wieder ins Kuvert und erst da entdeckte ich das zweite Bild darin, vom Format etwas kleiner. Jetzt zitterten meine Hände doch ein wenig. Vorsichtig zog ich die Fotografie hervor. Es war ein Bild von Klarius, wie er in voller Größe in seiner Kapitänsuniform auf der Brücke seines Schiffs steht und entschlossen in die Ferne blickt. Das Bild fängt seinen Charakter gut ein. Es zeigt seine starke und versorgerische Seite. Dass Klarius mir auch sein Bild geschickt hat, scheint mir eine eindeutige Antwort zu sein: Wir wollen uns verloben! Bei diesem Gedanken wird mir heiß und kalt. Einen Begleitbrief zu den Fotos gibt es nicht. Aber auf der Rückseite meines Bildes steht: »Für Caroline – so eine Frau wie Sie fehlt in Sandefjord!«

Bei ihm steht: »Ein Mann kann die Welt umkreisen, und doch trägt er seine Heimat im Herzen.«

Ich muss zugeben, darüber bin ich ehrlich gerührt! Der Kapitän mag zwar kein großer Briefpoet sein, aber mit diesen wenigen Worten hat er doch alles gesagt, was ich zu hören wünschte – oder nur hineinlese?

Nun schreib mir, liebe Elin, wie du diese Worte auslegst? Sagt er nicht, dass er Sehnsucht nach mir hat und möchte, dass ich zukünftig in Sandefjord bei ihm lebe? Und sagt er nicht auch, dass er zwar ein weit reisender Kapitän ist, aber seinem Herzen und seiner Frau immer treu sein wird und sie mit sich trägt, auch wenn er auf See ist?

Ach, ich bin so bewegt davon, dass ich erst einmal eine Nacht darüber schlafen werde, falls ich überhaupt schlafen kann, bis ich Klarius antworte.

Schreibe mir bitte bald, liebe Schwester, ich bin so gespannt auf deine Meinung zu allem. Und erzähle mir mehr von dir aus Hamburg.

Tausend Grüße und Küsse
deine Schwester Caroline
PS: Ich habe den Brief mit den Bildern vor Mutter und Vater versteckt gehalten. Zum Liebeswerben (ja, ich sage »Liebe« und nicht nur »Ehe«) gehören Geheimnisse. Da stimmt mir Rudolph Valentino aus dem Himmel der Filmgötter bestimmt zu.

Kapitel 17: Ein Haus zur Verlobung

Frederikshavn, 7. Dezember 1931

»Und, wie gefällt er dir?«, fragte Caroline ihre Schwester. Sie standen in ihrem Dachzimmerchen vor der geöffneten Schranktür, an dessen Innenseite Caroline die Fotografien von Klarius und sich nebeneinandergehängt hatte.

»Dein Kapitän sieht gut aus – so männlich und entschlossen«, lobte Elin.

»Findest du, er ist zu alt für mich?«, wollte Caroline wissen.

»Ach, so ein paar Falten sind doch Zeichen von Lebenserfahrung«, meinte ihre Schwester.

»Finde ich auch!«, rief Caroline erfreut. »Schade, dass Klarius auf dem Bild nicht lacht, dann sieht er nämlich sehr charmant und jungenhaft aus. Dann blitzen seine blauen Augen. Außerdem spürt man seine Ausstrahlung erst so richtig, wenn er spricht. Er hat eine klingende, tiefe Stimme und man ahnt sofort, dass dieser Mann weiß, wo es langgeht.«

»Na, als Kapitän muss er schließlich auch Verantwortung übernehmen. Er ist nicht so ein Jüngling wie dein Owe, der noch am Rockzipfel seiner Mutter hängt.«

Bei der Erwähnung dieses Namens verdrehte Elin die Augen und Caroline kicherte.

»Aber die Mutter von Klarius ist wirklich eine harte Nuss«, gestand sie wieder ernst. »Sie hat bestimmt Sorge, ihr Klarius muss verhungern, wenn er von meinen schlechten Kochkünsten ernährt werden müsste.«

»Ach, das Kochen bekommst du schon hin. Der Kapitän hat bei dir sicher auch Appetit auf andere Kost als Fisch.« Elin spitzte ihre Lippen und machte übertriebene Kussgeräusche.

»Hör auf.« Caroline lachte und hielt der Schwester spielerisch den Mund zu.

»Hat dir denn sein Kuss gefallen?«

»Schon«, murmelte Caroline und seufzte. »Aber das war nur ein kurzer Moment, was sagt das aus?«

»Jedenfalls hat sich Klarius bei deinem Besuch ganz schön ins Zeug gelegt, um dich zu beeindrucken. Das teure Parfümgeschenk aus Paris. Dann hat er dich seinem Arbeitgeber vorgestellt und dich ins Museum ausgeführt. Dass dort ausgerechnet seine Jugendliebe auftauchen musste …«

Caroline hörte das Knarzen der Holzdielen vor der Zimmertür. Sie legte ihren Zeigefinger über die Lippen und Elin verstummte. Horchte dort jemand? Caroline öffnete die Tür, und da stand ihre Mutter und hatte einen Wäschekorb auf die Hüfte gestemmt.

»Na, was flüstert ihr beiden hier so?«, fragte ihre Mutter und füllte den ganzen Türrahmen aus. Caroline schob schnell die Schranktür zu, damit ihre Mutter die Fotografien nicht bemerkte. Mutters vergnügtes Grinsen verriet ihr aber, dass sie die geheimen Bilder längt entdeckt hatte.

»Elin, ich hoffe, du füllst den Kopf deiner Schwester nicht mit diesen unsinnigen Ideen von Frauen, die sich ohne Mann durchs Leben schlagen. So eine Berufskarriere ist nur was für hässliche Weiber. Unsere hübsche Caroline ist zur Ehefrau und Mutter geboren. Und jetzt hat sie das Glück, dass sich endlich ein tatkräftiger und wohlsituierter Mann für sie interessiert. Da zögert man als Jungfer von Mitte zwanzig nicht lange, sondern greift zu. Dieser ganze Humbug von Romantik, den ihr aus diesen Valentino-Filmen habt, hat nichts mit dem echten Leben zu tun. Da kommt es nicht darauf an, wie schön ein Mann ist oder ob er gut küssen kann, sondern ob er dir ein Dach über dem Kopf verschafft und genügend Essen auf den Tisch bringt.«

Caroline öffnete den Mund, aber vor lauter Ärger brachte sie kein Wort heraus. Was sollte diese Schnüffelei und Einmischung? Es ging ihre Mutter nichts an, ob sie heimlich von Valentino träumte. Schon gar nicht, dass sich zum Porträt ihres Jugendidols nun das Foto von Klarius gesellte. Beide Beweisstücke hatte ihre Mutter offenbar beim Spionieren im Kleiderschrank aufgefunden.

»Mama, lass uns in Ruhe«, sagte Elin. »Das verstehst du nicht, was wir zu besprechen haben. Caroline muss nicht das gleiche Leben führen wie du. Nur weil sie hübsch ist, muss sie nicht heiraten. Sie braucht keinen Mann, der sie versorgt, das kann sie nämlich ganz allein mit ihrem klugen Kopf und ihrem Fleiß. Im Büro von Onkel Rasmus leistet sie gute Arbeit und verdient gutes Geld. Und wenn sie den Kapitän heiraten sollte, dann nur, weil *sie* es will, und nicht, weil *du* es willst!«

Caroline hatte während dieser Rede von Elin ihren Atem angehalten, der nun in einem Stoß der Erleichterung entwich. Sie hätte Elin für diese Verteidigung am liebsten umarmt. Sie selbst traute sich kaum, so offen zu ihrer Mutter zu sprechen. Diese funkelte Elin wütend an.

»In Hamburg hast du dir schlechte Manieren angewöhnt, Fräulein Naseweis«, keifte sie und stampfte mit ihrem Korb ins Nebenzimmer, wo die Wäschespinne stand. Dort rumpelte es laut. Caroline und Elin sahen sich an wie zwei Hühner nach einem Gewitterguss, aber Elin schüttelte sich nur kurz und reckte sich zu ganzer Größe auf.

»Komm, wir gehen spazieren«, entschied sie und zog Caroline an der Hand ins Freie.

Am Hafen wehte ihnen die salzige Meeresluft ins Gesicht. Als sie am Pier 4 vorbeikamen, musste Caroline sofort an Klarius denken und an seine Knie, die sich mit heißem Entdeckerdrang an ihre gedrückt hatten.

»Ich weiß nicht, was ich davon halten soll, dass Klarius ein Weiberheld zu sein scheint. Erst Fräulein Olsen und dann seine alte Flamme im Museum – jedes Mal hat er direkt unter meinen Augen seinen Charme bei anderen Frauen ausgespielt. Glaubst du, er würde das in unserer Ehe auch so tun?«, fragte Caroline.

»Hm«, machte Elin. »Es gibt Männer, die kommen einfach gut bei Frauen an und sonnen sich gerne in ihrer Bewunderung. Solange das Ganze nur ein Spiel bleibt, ist das harmlos.«

»Wahrscheinlich hast du recht.« Caroline seufzte.

»Es hat auch Vorteile, wenn ein Mann nicht so verklemmt ist und Erfahrungen mit Frauen gesammelt hat ...«

»Ich hoffe nur, Klarius ist nicht so ein typischer Seemann, der in jedem Hafen eine andere Frau hat«, sorgte sich Caroline. »Das würde ich in meiner Ehe nicht dulden.«

»Ich weiß nicht, wie du das vorher herausbekommen könntest. Die Ehe ist ein gewisses Glücksspiel.«

»Meinst du, ich soll Klarius auf seine Zusendung der Fotografien antworten? Das müsste ich schon aus Höflichkeit tun. Ich habe bereits auf der Walfisch-Postkarte mit einigen Dankesworten begonnen. Aber was soll ich sonst schreiben?

Soll ich ihn ermutigen?« Caroline war stehen geblieben und trat unruhig von einem Fuß auf den anderen.

»Ich finde, du solltest den Kapitän ein wenig zappeln lassen«, riet ihr Elin mit einem unbekümmerten Lachen. »Der Herr soll sich nicht zu sicher sein, ob du ihm ins Netz gegangen bist. Soll er sich ruhig noch weiter anstrengen. Du schuldest ihm nichts, auch kein Dankeschön.«

»Meinst du wirklich?«, fragte Caroline unsicher.

»Vertraue deiner kleinen Schwester.« Elin versetzte ihr einen liebevollen Stups mit der Schulter. »Man sagt doch: ›Die seltenen Perlen sind die kostbarsten.‹ Wenn du dich für den Kapitän rarmachst, wird er deinen Wert besser erkennen. Dann hat er auch bald keine Augen mehr für Fräulein Olsen und andere Frauen.«

Caroline nickte und sie lächelten sich verschwörerisch zu. Sie hakte sich bei ihrer Schwester unter und fühlte, wie ihre Schritte leichter wurden.

Am nächsten Morgen ging Caroline beschwingt zur Arbeit. Im Büro von Onkel Rasmus herrschte zurzeit Hochbetrieb. Er erweiterte sein Warensortiment, es kamen fast täglich neue Aufträge und Geschäftsverbindungen dazu. Caroline fühlte sich inzwischen mit allen Abläufen gut vertraut und musste Fräulein Olsen kaum noch um ihre Hilfe bitten. Gestern war Onkel Rasmus mit einem neuen Auftrag hereingeschneit und hatte die Papiere auf Carolines Schreibtisch ausgebreitet.

»Hier muss ein neuer Kunde angelegt werden«, sagte er. Fräulein Olsen sprang sofort auf und wollte sich diese Aufgabe unter ihre lackierten Nägel reißen, aber Onkel winkte ab.

»Unsere Caroline kann das schon«, sagte er und klopfte ihr auf die Schulter. Caroline freute sich über diesen Vertrauensbeweis. Fräulein Olsen verzog ihre Mundwinkel zu einem angespannten Lächeln.

»Vergiss nicht, eine neue Kundennummer zu vergeben und sie ins Hauptregister einzutragen«, ermahnte Fräulein Olsen sie völlig überflüssigerweise, nachdem Onkel Rasmus hinausgegangen war. Wenn es um die Arbeit ging, setzte sie ihre Ellenbogen ein, um ihre Stellung als Bürovorsteherin zu verteidigen, und verwies Caroline und Helga regelmäßig auf ihre Plätze der Untergebenen. Erstaunlicherweise schien sie im Konkurrenzkampf um den Kapitän weniger kampfeslustig zu sein.

Caroline hatte nach ihrer Rückkehr aus Sandefjord ein Eifersuchtsdrama mit Fräulein Olsen erwartet. Nun gut, am ersten Arbeitstag wehte ein eisiges Lüftchen vom Schreibtisch der Bürovorsteherin her. Ein Geschwader von Dokumenten flatterte auf Carolines Schreibtisch mit der Anweisung um sofortige Ablage. Dann rief sie Caroline zu sich und tadelte sie für ihre angeblich schlecht leserliche Schrift in einem Buchungseintrag. Was Carolines Besuch beim Kapitän in Sandefjord anbelangte, tat Fräulein Olsen so, als würde sie nichts weniger interessieren.

Helga war natürlich sehr gespannt und fragte Caroline in der Frühstückspause danach aus. Sie waren zu zweit in der Teeküche. Fräulein Olsen saß noch vor der Schreibmaschine und tippte eifrig. Während Caroline Helga mit gesenkter Stimme von Sandefjord erzählte, verstummte das Tippen. Bestimmt hatte Fräulein Olsen ihre Ohren ganz weit aufgesperrt.

Die Laune von Fräulein Olsen besserte sich schlagartig am nächsten Montag. Wie Helga herausfand, hatte die Dame am Samstag eine Verabredung mit einem verwitweten Oberstudienrat gehabt – zwar kein Direktor, aber das konnte noch werden. Seitdem trällerte Fräulein Olsen zuweilen in der Teeküche ein Lied aus dem Radio mit und fand Carolines Handschrift plötzlich wieder leserlich.

Dann kam der erste Advent und Caroline freute sich darauf, das Büro für die Weihnachtszeit zu schmücken. Sie liebte die dänische »*julehygge*«, so gemütlich wie in ihrem Heimatland war die Weihnachtszeit nirgendwo. Caroline brachte frische Tannenzweige mit und formte sie mit roten und weißen Schleifen zu einem Kranz. Fräulein Olsen stellte die Kerzen dazu. Helga bastelte drei Nisse-Figürchen aus Stroh mit einem Koboldskopf aus Holz mit niedlichen roten Zipfelmützen. Natürlich mussten die Nisser mit Keksen besänftigt werden, damit sie die Milch nicht grün werden ließen. Dafür buk Caroline Haferplätzchen und musste dabei unweigerlich an Frau Mikkelsens Hafervorliebe denken. Fräulein Olsen brachte einen Korb Mandarinen mit und Onkel Rasmus verwöhnte seine fleißigen Bürodamen mit Schokolade und dem für die Weihnachtszeit typischen braunen Kuchen, den Tante Gunda gebacken hatte.

Am Tag nach Nikolaus bekam Caroline Post. Ihre Mutter war ihr an diesem Morgen am Briefkasten zuvorgekommen. Sie rauschte ins Frühstückszimmer, sodass die Vorhänge wehten, und legte Caroline den Brief vom Kapitän auf den Frühstücksteller. Weil Vater mit am Tisch saß, zügelte Mutter ihre Neugier und riss das Kuvert nicht selbst auf. Nun schauten beide Eltern Caroline erwartungsvoll an, während sie den Brief behutsam in die Hände nahm.

»Ein Liebesbrief vom Kapitän«, rief Mutter halb triumphierend, halb spöttisch. »Das wundert mich nicht, wo ihm doch sein zweites Eisen im Feuer erkaltet ist. Mein Bruder hat mir erzählt, dass Fräulein Olsen nun mit einem Oberstudienrat liiert ist. Da muss der Kapitän sich wohl auf das andere kühle Fischlein konzentrieren. Lies vor! Was schreibt er?«

Diese Schmähung wollte Caroline sich nicht gefallen lassen. Sie sprang vom Frühstückstisch auf und lief mit dem Brief an die Brust gepresst in ihr Zimmer. Sie riss den Umschlag auf und fand wieder eine Fotografie darin. Sie zeigte ein zweistöckiges Holzhaus mit falunrotem Anstrich, weißen Fenstern und einem spitzen Dach mit Schornstein. Auf der Rückseite stand: »Liebe Caroline, gefällt Ihnen dieses Haus? Wenn Sie meine Frau werden möchten, können wir nächsten Frühling dort einziehen.«

Carolines Wangen wurden heiß vor Aufregung über diese direkten Worte. Sie fand sie zwar nicht so romantisch wie die Zeilen auf den Porträtbildern, aber die Frage aller Fragen hatte Klarius ihr damit gestellt. Jetzt würde sie ihm wirklich antworten müssen. Sie öffnete die Tür des Kleiderschranks und schaute ihre beiden Fotografien an, die dort als Paar vereint hingen. Den Nebenbuhler Valentino hatte sie abgehängt. Sie gab sich einen Ruck und begab sich an den Schreibtisch, holte die Walfischpostkarte mit dem – inzwischen ein wenig von der Zeit überholten – Eingangssatz hervor und setzte ihr Schreiben fort. Besser gesagt, sie stellte ihre Fragen, auf die sie unbedingt Antworten haben musste, bevor sie dem Kapitän ihr Jawort geben konnte.

Caroline bedankte sich für seine neuerliche Postsendung und schrieb dann: »Das Haus gefällt mir. Ist darin auch Platz für ein Kinderzimmer? Wird in meinem Kleiderschrank neben der Schürze auch mein Bürokleid hängen? Ist auf Ihrem Schiff auch eine Kajüte frei für mich, wenn ich Sie auf einer Reise begleiten möchte?«

Endlich war es heraus! Sie verzichtete auf weitere Höflichkeitsformen und süße Worte. Klarius schrieb ihr selbst so knapp, da passte sie sich seinem Stil an. Bevor sie es sich anders überlegen konnte, stürmte sie zum nächsten Briefkasten und warf ihre Antwort ein.

Als Caroline wieder ins Haus kam, rief ihr Vater sie ins Wohnzimmer. Er saß im Ohrensessel, hatte seine Pfeife angezündet und winkte seine Tochter zu sich. In der Küche hörte sie Mutter wütend mit den Tellern klappern.

»Kommt der Kapitän für dich infrage?«, wollte er wissen.

»Schon«, gab Caroline zu. »Aber ich weiß noch nicht genug über ihn und was für eine Ehe er mit mir führen will. Ich habe ihm eben einen Brief geschickt. Wenn er meine Fragen positiv beantwortet, dann sage ich Ja zu ihm.«

Vater nickte und paffte zufrieden.

»Der Kapitän wäre ein Ochs, wenn er dieses Fräulein Olsen lieber nehmen würde als dich.«

Diese freundlichen Worte ihres Vaters trieben ihr die Tränen in die Augen.

»Und wenn nichts aus der Sache wird: Schwager Rasmus hat mir letzte Woche erst gesagt, wie tüchtig du im Büro bist. Du kannst dich zur Not auch selbst ernähren. Die Elin und du, ihr seid eben anders gestrickt als eure Mutter. Ihr wollt beide einen Beruf haben.«

Caroline nickte und gab ihrem Vater einen Kuss auf die Wange.

Kapitel 18:
Das Ende der Story

Sydney, 17. Februar 1995

Jesse Brubaker kommt als Zweite – wie könnte es anders sein? – zur Redaktionssitzung an diesem Freitag in den Glaskasten. Gordon Robinson sitzt schon auf dem Stuhl rechts von Marlows Chefsessel. Wie gewöhnlich sieht er wie aus dem Ei gepellt aus. Seine goldenen Manschettenknöpfe klackern über die Tischplatte, während er etwas auf sein Papier schreibt. Das zufriedene Lächeln um seinen rosaroten Mund zeigt, dass er mal wieder journalistische Höhen erklommen haben muss.

»Na, Brubaker, diese Woche Pech gehabt mit Ihrer verschollenen Antarktis-Frau?«, fragt Robinson mit zu dick aufgetragenem Mitgefühl.

»Watergate wurde auch nicht innerhalb von einer Woche aufgeklärt«, schießt Jesse zurück.

»… und die Welt nicht innerhalb von fünf Tagen erschaffen«, stimmt Patricia ein, die gerade zur Tür hereinkommt.

»Aber innerhalb von sechs Tagen«, kommt prompt die Retourkutsche von Robinson. Er zwinkert Jesse zu. Mistkerl! Dieses herablassende Zwinkern soll er sich gefälligst sparen. Das kann er sich für die Kellnerinnen in seiner Stamm-Cocktailbar Purple Rain aufsparen, wo das Ambiente und die Gäste den 80er-Jahren nachhängen. Patricia setzt sich neben Jesse. Sie kritzelt etwas auf den Rand ihres Schreibblocks und Jesse liest: PETITION FÜR EIN VERBOT VON AUGENZWINKERN ALS MASKERADE MÄNNLICHER DOMINANZ GEGENÜBER KOLLEGINNEN.

Jesse setzt ihr Kürzel darunter und sie lächeln sich verschwörerisch an. Robinson bekommt nichts davon mit. Er ist wieder ganz und gar mit sich selbst beschäftigt.

Wenige Minuten später sitzen alle beisammen und Marlow dampft herein. Er hat seinen typischen Freitagsschritt drauf: Sein linker Fuß stampft gnadenlos in den Boden, seinen rechten setzt er vorsichtig auf, als ginge er über Scherben. Heute müssen alle Artikel für die Sonntagsausgabe eingetütet werden. Die Sonntagsausgabe ist das Flaggschiff der Zeitung und die einzige, die Profit abwirft. An allen übrigen sechs Tagen der Woche arbeitet das Blatt gerade so kostendeckend.

»Welche Themen haben wir?«, knurrt Marlow in die Runde.

Alle präsentieren ihre Headlines und liefern eine Story-Outline in wenigen Sätzen. Patricia hat Interviews mit drei Bewohnerinnen des Waterloo-Sozialwohnungskomplexes. Ihnen ist nach über 20 Jahren Mietdauer gekündigt worden. Seit Jahren gibt es Entwicklungspläne für das ganze Gelände. Den Matavai- und Turanga-Wohntürmen aus den frühen 70er-Jahren droht die Abrissbirne.

»Meine Putzfrau wohnt auch in einem dieser Türme«, wirft P. P. ein und schüttet sich seinen doppelten Espresso aus Italien die Kehle hinunter.

Na klar, denkt Jesse, seiner Aborigine-Putzfrau zahlt er nur den Mindestlohn, kotzt sich aber in seinen Artikeln regelmäßig über die soziale Benachteiligung dieser Minderheit aus.

Patricia wirft P. P. einen spitzen Blick zu und fährt mit ihrer Präsentation fort: »›Ich will in meinen vier Wänden sterben‹, Zitat der Bewohnerin Masala Laumua.«

»Ah, eine Indigene«, sagt Marlow. »Doppelte Benachteiligung. Gut, das ist gesetzt. Nächster.«

Passend dazu hat Paul McQuire einen Korruptionsskandal rund um das Immobiliengelände für das olympische Dorf für die Sommerspiele 2000. Dennis Wobble hat eine Kolumne verfasst über die öffentliche Fehde zwischen dem amtierenden Premierminister und seinem Herausforderer, die sich gegenseitig der politischen Erpressung beschuldigen. Der eine beschimpft den anderen als »politisches Chamäleon« und als »Handlanger der Wirtschaftslobby«.

Nun ist Jesse an der Reihe. Sie streicht nervös über das Faxpapier, dessen Enden sich immer wieder einrollen wollen, als wüsste es, dass sein Inhalt sich schamvoll verbergen muss. Es ist die Liste historischer Orte und Monumente der ATCM, Eintrag Nr. 72, wo mit verschmierten Buchstaben der Fund des Mikkelsen-Steinhaufens aus dem Jahr 1957 vermerkt steht. Dieses Schriftstück ist das einzige handfeste Indiz für die Antarktisbetretung der Norweger. Jesse räuspert sich und zählt kurz die Fakten ihrer Recherche auf. Ihre Kontaktaufnahme mit dem Walfangmuseum in Sandefjord hat sie weiter zum Vestfold-Archiv geführt. Die hilfsbereite Archivarin Petra Karlsen will nach dem Logbuch der *M/S Thorshavn* und anderen Dokumenten suchen, es gäbe einige Tagebücher von Lars Christensen über die fünf Antarktisexpeditionen der *Thorshavn*. Aber das würde wohl einige Wochen dauern.

»Von Caroline Mikkelsen fehlt jedoch leider jede Spur. Weder das norwegische Konsulat noch das Einwohnermeldeamt noch das Sterberegister von Sandefjord haben einen Eintrag zu diesem Namen. Die Frau scheint vom Erdboden verschluckt zu sein. In meinem Artikel stelle ich das Geheimnis um die Antarktispionierin in den Vordergrund. Meine Headline lautet: ›Die verschwundene Schönheit aus dem Eis – heute vor sechzig Jahren betrat Caroline Mikkelsen als erste Frau der Welt die Antarktis!‹«

»Schönheit? Haben Sie wenigstens ein Foto von dieser Mikkelsen?«, will Marlow wissen und runzelt ungehalten die Stirn. Jesse liest es an seinem Gesicht ab, dass er von der Story und von ihren Rechercheergebnissen nicht überzeugt ist.

»Nein, habe ich nicht«, muss sie zugeben. Das mit der Schönheit hätte sie besser weggelassen.

»Diese Erstbetretung scheint mir höchst spekulativ zu sein«, kritisiert Marlow. »Sie haben weder die Frau noch den Ort vorzuweisen. Die Story ist ein Rohrkrepierer.«

Und damit sind zwei Tage ihrer Arbeit knallhart in den Mülleimer befördert worden. Jesse spürt ihren Puls in den Schläfen hämmern. Obwohl sie schon mit einem No-Go gerechnet hat, trifft sie die Ablehnung eines Artikels jedes Mal wie ein Schlag ins Gesicht. »Blut auf weißem Handschuh« – das ist die Regel, nach der ein Pferd beim Dressur- oder Springreiten disqualifiziert worden ist. Jesse ist in ihrer Karriere als Springreiterin bei zwei wichtigen Wettkämpfen wegen dieser Blutregel disqualifiziert worden, obwohl sie einen tadellosen Parcours geritten und Kimberly nur eine winzige Schürfwunde an der Flanke davongetragen hat. Aber die weißen Handschuhe des Stewards haben jeden Blutstropfen gezeigt.

»Du musst lernen, Niederlagen wegzustecken«, hat ihr Vater seinerzeit zu ihr gesagt, als ihr auf der Rückfahrt die Tränen heruntergelaufen sind. Jesse hat es bis heute nicht gelernt.

»Haben Sie noch eine andere Story parat, Brubaker?«, reißt Marlow sie harsch aus ihren Gedanken. Jesse hebt die Schultern und schüttelt den Kopf.

»Dann schreiben Sie einen Artikel über diese Haifischattacke bei der Unterwasserhochzeit«, ordnet Marlow an. O nein, das ist schnöder Boulevardjournalismus, stöhnt Jesse innerlich. Aber schon klingen ihr die Worte von ihrem Mentor Rupert Stein in den Ohren: *Es gibt keine kleinen Storys, nur kleine Journalisten.*

»Vielleicht war es eine japanische Hochzeit«, frotzelt P. P. und grinst sie mit seinen kleinen spitzen Haifischzähnen an. Ihre Kollegen werden es offenbar nicht müde, sie immer wieder mit dem Thema ihrer Masterarbeit aufzuziehen – die japanischen Hochzeitsgedichte haften ihr an wie Kleister. Zurück an ihrem Schreibtisch wirft Jesse die Faxrolle und ihre Schreiberei über die verschollene Antarktisschönheit wütend in den Papierkorb. Von Caroline Mikkelsen will sie nie wieder etwas hören!

Kapitel 19:
Verlobungsessen

Frederikshavn, 14. Dezember 1931

Der Neuschnee hatte die Straßen in einen glitzernden Mantel gekleidet und Caroline stapfte zu Fuß ins Büro. In der Frühstückspause kam Onkel Rasmus herein, um mit seinen Bürodamen einen Tee zu trinken und sich ein paar Plätzchen aus der Adventsschale zu holen.

»Immer noch diese Mikkelsenschen Hafertaler?«, fragte er und zwinkerte Caroline zu. Beim Hinausgehen legte er ihr einen Briefumschlag in den Schoß, den sie sofort erkannte: ein Brief von Klarius. Allerdings hatte der Brief keine Marken und keinen Poststempel. Sie sprang auf und lief dem Onkel hinterher.

»Ist der Kapitän hier?«, fragte sie atemlos.

»Ja, die *Thorshavn* ist gestern Abend im Hafen eingelaufen. Den Brief für dich hat er wohl höchstpersönlich in unseren Hausbriefkasten geworfen. Heute Nachmittag kommt er zu einem Geschäftsgespräch ins Büro.«

Onkel Rasmus lächelte ihr verschwörerisch zu und ließ sie dann mit ihrem Brief alleine. Caroline öffnete das Kuvert, zog eine Postkarte hervor und besah sich zuerst das Bild der Vorderseite: Eine Schwarz-Weiß-Fotografie zeigte zwei große Pinguine, die in einer weißen Schneelandschaft standen, vermutlich in der Antarktis. Ihre Schnäbel waren einander zugewandt, als würden sie gerade miteinander sprechen. Erst auf den zweiten Blick sah sie zwischen den Flossen ein Küken hervorlugen, ganz flauschig und klein. Sie drehte die Karte um und las die Zeilen auf der Rückseite, die vor ihren tränengefüllten Augen verschwammen.

> Liebe Caroline, auf Ihre Fragen lauten die Antworten: Ja, ja und ja!
> Wenn Sie einverstanden sind, dass ich heute Abend bei Ihren Eltern vorspreche, dann geben Sie Ihrem Herrn Onkel Bescheid.
> Ihr Klarius Mikkelsen

Carolines Herz schlug heftig und in diesem Moment war sie sich sicher: Sie wollte diesen Mann heiraten! Ihre Bedenken waren damit zwar nicht verflogen, aber sie fühlte sich einigermaßen zuversichtlich, dass sie sich in der Fremde einleben und Sandefjord nach und nach zu ihrer Heimat werden würde. So viel anders als in Frederikshavn war die Lebensart dort nicht. Und wie der Ehealltag mit Klarius aussehen würde, war ungewiss. Aber das ging wohl jeder Frau vor der Heirat so, außer man kannte den zukünftigen Ehemann schon sehr lange. Selbst dann war man vor unschönen Überraschungen nicht sicher.

Caroline ging also zu Onkel Rasmus und bat ihn, dem Kapitän die gute Nachricht zu übermitteln, was Onkel Rasmus mit Freuden tat. Auch ihren Eltern gab sie per Boten Bescheid, damit sie sich auf den abendlichen Besuch vorbereiten konnten.

Als Caroline wieder ins Buchhaltungsbüro kam, schaute Helga sie erwartungsvoll an und selbst Fräulein Olsen lugte neugierig über den Rand ihrer Akten herüber.

»Gibt es heute etwas zu feiern in eurem Hause?«, forschte Helga.

»Vielleicht, frag mich morgen noch einmal«, antwortete Caroline, wobei ihr strahlendes Lächeln bestimmt mehr verriet, als ihre vagen Worte preisgeben sollten.

Am Nachmittag ging der Kapitän wirklich durch ihr Büro. In Carolines Brust fühlte es sich an, als würde eine Herde von Pferden hindurchgaloppieren. Er sah geschäftsmännisch und voller Elan aus, nickte ihnen allen kurz und freundlich ohne Augenkontakt zu und verschwand mit Onkel Rasmus in dessen Büro. Beim Hinausgehen das Gleiche. Von außen betrachtet hätte niemand vermuten können, dass zwischen ihm und Caroline eine besondere Verbindung bestand. Aber besonders im Beisein von Fräulein Olsen fand sie sein diskretes Verhalten doch sehr manierlich.

Als Caroline nach Feierabend gegen 18 Uhr daheim eintraf, war das Haus in heller Aufregung – besser gesagt ihre Mutter, die genauso viel Wirbel machte wie eine ganze Mannschaft. Aus der Küche zog Caroline der Geruch von Kräuterbrot und Fischsuppe in die Nase, im Wohnzimmer saß Vater in seinem Ohrensessel wie eine Wachsfigur, während Mutter mit einem Staubwedel in der einen Hand und einem Möbelpolierturch in der anderen Hand um ihn herumschwirrte und die gesamte Wohnzimmereinrichtung abwechselnd mit beiden Händen auf Vordermann brachte, wobei es Caroline nicht gewundert hätte, wenn Mutter auch die Glatze von Vater poliert hätte.

»Hol den Weihnachtsstern aus der Küche und stelle ihn hier auf die Anrichte«, rief Mutter ihr zu, als sie Caroline erblickte. »Nein, geh zuerst auf dein Zimmer und zieh dir was Hübscheres an. Und deine Haare sind auch ganz zerzaust!«

Caroline tat, wie ihr geheißen. Zu diesem besonderen Anlass legte sie sich sogar die Perlenkette um, die sie beim ersten Abendessen mit dem Kapitän getragen hatte. Wobei er das bestimmt inzwischen vergessen hatte. Männer achteten im Allgemeinen nicht auf solche Details.

Als sie wieder hinunterkam, sah sie Frau Jakobsen durch den Flur in die Küche stürmen. Das zeitweilige Zerwürfnis zwischen Mutter und der Nachbarin wegen des Pflaumenbaums war seit Kurzem wieder gekittet. Caroline folgte der Besucherin und fand in der Küche zu ihrem Erstaunen auch Frau Solberg, Frau Norup und die alte Bendtsen von nebenan vor. Mutter hatte angesichts des kurzfristigen Besuchs des Brautwerbers offenbar die ganze Nachbarschaft in Alarmbereitschaft versetzt. Nun eilten die Helferinnen herbei und brachten Gaben für das Verlobungsessen: Auf dem Küchentisch standen dicht gedrängt einige Vorspeiseplatten, gefüllt mit Räucherlachs auf Kräckern, Schwarzbrot in quadratische Stücke geschnitten und mit einem Käsewürfel sowie einem Radieschen mit einem Zahnstocher zu Reitern aufgerichtet, ein Blechkuchen mit Äpfeln, Nüssen und Streuseln eingedeckt und diverse duftende Kännchen und Terrinen. Das Kräuterbrot im Ofen sah gefährlich dunkelbraun aus und die Fischsuppe blubberte.

»Raus aus der Küche«, scheuchte sie die gellende Stimme ihrer Mutter auf. Die wedelte mit der Hand in Carolines Richtung, als würde sie nach Mücken schlagen. »Deine Haare sollen nicht nach Fisch riechen.«

Also verzog Caroline sich schleunigst. Da fiel ihr das Parfüm ein und sie lief auf ihr Zimmer und tupfte sich das Pariser Ambra-Liebesparfüm von Klarius hinter die Ohren.

In diesem Moment läutete es an der Haustür. Caroline hörte ein aufgeregtes Gegacker aus der Küche, dann ging die Hintertür auf und sie sah die Schar der Nachbarinnen durch den dunklen Garten tippeln und durch das Hintertörchen in die Garagengasse verschwinden. Vom Absatz im ersten Stock aus linste Caroline durch das Treppengeländer in den Flur hinunter: Mutter rauschte wie eine Walküre auf Siegeszug zur Haustür – ihre Schürze hatte sie abgelegt, dafür ihre Sonntagsstola aus Fuchspelz um ihre runden Schultern drapiert. Caroline hörte die tiefe Stimme von Klarius, der ihrer Mutter einen guten Abend wünschte und ihr einen Strauß Tulpen überreichte, die zu dieser Jahreszeit sicherlich ein halbes Vermögen gekostet hatten. Mutter überschüttete ihn mit einem Schwall von Willkommensworten und führte ihn ins warme Wohnzimmer zu Vater, der den Gast dann gelassen übernahm. Bei sieben verheirateten Töchtern war er in dieser Art von Gespräch bestens geübt. Jetzt würde Vater mit dem Kapitän das Finanzielle besprechen. Dass Caroline keine Mitgift hatte, nur eine kleine Aussteuer, würde den Kapitän hoffentlich nicht vom Kurs abbringen. Er war schließlich selbst gut situiert, was er dem Brautvater sicherlich auch darlegen würde.

Mutter winkte Caroline hinunter und sie trugen die Vorspeisen ins Esszimmer. Hier hingen einige Bilder schief, die vorhin bestimmt mit Mutters Staubwedel in Berührung gekommen waren. Mutter hatte den Tisch bereits eingedeckt mit dem Tafelsilber von Erbtante Isolde, was teilweise schon ein wenig angelaufen war.

»Guck nicht so«, zischte sie, als sie sah, wie Caroline eine Gabel mit fast schwarzen Zinken ins Licht hielt. »Das Silberputzen ist doch deine Aufgabe.«

Die Servietten waren jedenfalls tadellos gebügelt, was schon seit Jahren zu Carolines Pflichten im Haushalt gehörte. Mutter stellte den Tulpenstrauß auf den Tisch und zusammen mit den zwei großen Kerzen in den Haltern aus Delfter Porzellan sah alles ganz festlich aus.

Das Gespräch im Wohnzimmer schien ewig zu dauern. Mutter verschwand ständig, um an der Tür zu horchen. Caroline nutzte diese Gelegenheiten, um sich erst ein und dann noch ein zweites Glas Kirschlikör einzuflößen, was sie zunehmend heiterer werden ließ. Nach einer Dreiviertelstunde öffnete sich die Tür und Vater winkte die Frauen herein. Im Zimmer war es diesig vom Pfeifen- und Zigarrenrauch – die Zigarre musste zum Kapitän gehören – und auf dem Beistelltisch stand eine halb leere Flasche Brandy. Beide Herren waren glänzender Laune. Ihr Vater nahm Carolines linke Hand und legte sie in die rechte Hand von Klarius, die sich warm und weich anfühlte und ihr ein Gefühl von Vertrautheit einflößte.

»Auf eine gute Verbindung«, sagte Vater dröhnend und klopfte dem Kapitän kräftig auf die Schulter. Dieser grinste wie ein Schulbub und gab Caroline einen Kuss auf die Wange. Mutter drängte sich nun dazu und gratulierte dem Kapitän zu seiner guten Wahl.

»Sie werden merken, unsere Caroline ist eine wahre Perle« – das hörte Caroline zum ersten Mal aus ihrem Mund –, »und einen Kapitän als Schwiegersohn wollten wir schon immer haben« – in Wirklichkeit hatten sie bereits drei von dieser Sorte –, »selbst einen Norweger«, tönte sie.

Carolines Vater klatschte in die Hände und sagte, jetzt wollten sie mit gutem Essen feiern. Beim Abendessen saß Caroline ihrem Verlobten gegenüber und achtete darauf, dass sein Teller und sein Glas nie leer wurden. Sie schmausten zusammen, dank der Zugaben der Nachbarinnen waren die Speisen wirklich ein Genuss. Das Kräuterbrot mit der schwarzen Kruste ließ Caroline unauffällig verschwinden, das bekamen morgen die Vögel.

Frederikshavn, 14. Dezember 1931 – kurz vor Mitternacht

Meine liebe Elin,

ich bin mit Klarius verlobt! Heute Abend hat der Kapitän bei Vater um meine Hand angehalten. Wir haben danach zusammen mit einem Abendessen unsere Verlobung gefeiert und handfeste Hochzeitspläne geschmiedet.

Mein Verlobter und Vater haben besprochen, dass unsere Trauung im nächsten April stattfinden soll. Klarius wird von Januar bis März auf einer längeren Expedition im Atlantik unterwegs sein, was mir neu war.

Als es um die Planung der Feierlichkeiten ging, war Mutter ganz in ihrem Element. Natürlich müsse die Braut aus dem Hause ihres Vaters ins neue Leben aufbrechen, das heißt, die Heirat solle nach dänischer Sitte in Frederikshavn stattfinden, wo alle meine Verwandten und insbesondere Brautjungfern wohnten. Ich hatte mir ehrlich gesagt um die Zeremonie selbst noch gar keine Gedanken gemacht – auch wenn es üblich ist, dass die Familie der Braut die Feierlichkeiten ausrichtet. Klarius war ohne Widerrede mit der Hochzeit in Frederikshavn einverstanden – er habe nur wenige Verwandte in Sandefjord, da sei es praktischer, wenn nicht so viele Gäste anreisen müssten, als im umgekehrten Fall. Mutter erweckte den Eindruck, als wäre ich mit halb Frederikshavn verwandt oder zumindest befreundet, was ja irgendwie auch stimmt. Und was die Hochzeitsbräuche anginge, werde er sich gerne von den dänischen Sitten überraschen lassen. Auf jeden Fall werden wir gleich morgen gemeinsam zum Standesamt und zu unserem Pfarrer gehen und unser Aufgebot bestellen. Mutter wollte unbedingt auch eine kleine Verlobungsanzeige in die Kirchenzeitung bringen, aber Vater lehnte das ab: »Das spricht sich auch so herum.«

Liebe Elin, mein Kopf schwirrt vor Glück und vor Kirschlikör. Ich werde nun zu Bett gehen. Du musst mir nicht antworten, denn wir sehen uns ja in wenigen Tagen zu Weihnachten wieder, dann können wir über alles von Angesicht zu Angesicht sprechen.

Sei umarmt und geküsst, liebe Schwester
deine Caroline Mikkelsen
(Meinen zukünftigen Familiennamen werde ich nun bei jeder Gelegenheit ausschreiben, um mich so schnell wie möglich an ihn zu gewöhnen.)

PS: Ich werde morgen in den Buchladen gehen und mir eine Sprachfibel für Norwegisch beschaffen. Bis April will ich fleißig meine neue Heimatsprache lernen.

Kapitel 20: Diät, Polterabend und Kirche

Frederikshavn, 6. Januar 1932

»Das Brautkleid ist wie für dich gemacht«, schwärmte Mutter, als Caroline aus der Umkleidekabine von Schneiderin Abels trat. In Wirklichkeit war das seidene Brautkleid für ihre Cousine Lily geschneidert worden und Caroline hatte sich nur mit Mühe hineinzwängen können. Ihre vollen Brüste sprengten das Oberteil mit seinem V-Ausschnitt und den kunstvollen Stickereien. Die Knopfleiste am Rücken war weit davon entfernt, sich schließen zu lassen. Auch die Ärmel waren zu kurz und Carolines Handgelenke lagen bloß. Sie streckte ihre Arme Hilfe suchend von sich. Die Schneiderin sprang herbei.

»Den Bund an den Ärmeln kann ich einfach mit einer Spitzenmanschette verlängern«, sagte Frau Abels und nickte ihr aufmunternd zu. »Und im Dekolleté kann ich auch einen Spitzenrand aufnähen.«

Sie hielt zur Demonstration ein Spitzenbändchen vor Carolines hervorquellenden Busen, was ihre Blöße nur notdürftig verhüllte.

»Jetzt zieh nicht so ein langes Gesicht, Caroline«, mahnte ihre Mutter. »Du siehst doch aus wie ein Zuckerengel.«

Seit Mutter sich mit Feuereifer in die Hochzeitsvorbereitungen gestürzt hatte, war sie wie ausgewechselt und behandelte Caroline mit ungewohnter Liebenswürdigkeit – solange sie brav mitspielte.

»Um die Hüften herum müssen wir nichts ändern«, sagte die Schneiderin. »Und auch die Länge des Kleides ist ausreichend, obwohl Fräulein Aaen um einiges größer ist als die ursprüngliche Trägerin.«

»Aber die Taille ist ein Problem«, murmelte Caroline und starrte missmutig in den Spiegel.

»Du musst bis zur Hochzeit zehn Pfund abnehmen«, verkündete Mutter in einem Ton, der keinen Widerspruch duldete. »Du hast ja noch drei Monate Zeit bis zur Hochzeit. Auf deine Windbeutel und andere Naschereien musst du erst mal verzichten.«

Caroline nickte gehorsam und bemühte sich tatsächlich, in den kommenden Wochen weniger zu naschen, obwohl doch die eine oder andere Marzipankartoffel den Weg in ihren Mund fand.

Anfang März passte sie immer noch nicht ins Brautkleid. Ihre Mutter schleppte Caroline in die Apotheke, wo die unbestechliche Waage anzeigte, dass sie in den letzten Wochen nur 700 Gramm abgenommen hatte. Natürlich bekamen sämtliche Kundinnen in der Apotheke das Drama um ihr Gewicht mit. Sogleich wurde Caroline von einer Heerschar von Damen umringt, und jede von ihnen hatte einen guten Ratschlag, wie sie innerhalb der nächsten fünf Wochen die hinderlichen Pfunde abnehmen könne.

»Trinken Sie jeden Morgen und jeden Abend ein Glas Sauerkrautsaft«, lautete der Ratschlag einer kugelrunden Dame.

»Machen Sie jeden Tag einen Körperwickel mit heißem Moorschlamm«, riet eine andere Dame.

Als sie wieder zu Hause waren, erstellte Mutter einen strengen Diätplan und hängte ihn an die Tür der Vorratskammer, die sie sicherheitshalber abschloss und den Schlüssel in ihrer Schürzentasche verschwinden ließ.

Danach gab es für Caroline nur noch Knäckebrot mit Hering zum Frühstück und Gemüsesuppe zum Abendessen, mittags einen Apfel. Sie hatte noch nie so viel Magenknurren gehabt! Nachts träumte sie von Torten und flüssiger Schokolade. Aber Caroline blieb standhaft, was ihr sicher nicht geglückt wäre, wenn Mutter nicht sämtliche Süßigkeiten aus dem Haus verbannt hätte, angefangen beim Depot in Carolines Nachtschränkchen.

Caroline weihte auch Helga und Fräulein Olsen in ihre Abnehmnöte ein. Fortan lagen auf ihrem sonst so prall gefüllten Büro-Leckereien-Teller nur noch Äpfel. Ihre beiden Kolleginnen waren natürlich auch zur Hochzeit eingeladen, sogar als Brautjungfern. Besonders Fräulein Olsen hatte genau wie Caroline gewisse Figursorgen, weil sie ihr Brautjungfernkleid absichtlich eine Nummer zu klein bestellt hatte. Mit ihrem Oberstudienrat war es wieder aus, weshalb sie auf der Hochzeit für die dortigen Junggesellen besonders gut aussehen wollte. Sie war sehr enttäuscht, als Caroline ihr mitteilte, dass der Kapitän keine männlichen Verwandten mitbringen würde und die zahlreichen Cousins von Caroline alle schon verheiratet seien.

Mit Klarius hatte Caroline in dieser Zeit keinen Kontakt, weil er auf See unterwegs war. Seine Mutter verhielt sich ebenfalls still.

»Du musst deine Schwiegermutter auch etwas machen lassen, sonst beschwert sie sich hinterher«, riet Mutter. Also schrieb

Caroline Frau Mikkelsen und berichtete vom aktuellen Stand der Hochzeitsvorbereitungen. Sie fragte ihre Schwiegermutter, ob sie eine bestimmte norwegische Speise oder Sitte einbringen mochte. Frau Mikkelsen schrieb zurück, dass Caroline und ihre Mutter die Feierlichkeiten bestimmt nach guter dänischer Tradition ausrichten würden und dass sie sich ganz auf diese verlasse. Dann trug sie aber doch etwas bei: In Norwegen sei es nämlich Sitte, dass es am Ende der Feier eine Erbsensuppe gäbe. Sie bot an, diese für die Feier zu kochen, was Caroline erfreut annahm.

Je näher der Hochzeitstermin rückte, umso häufiger schallte Mutters Ruf: »Diese Hochzeit treibt uns noch in den Ruin!« durch das Haus, was Caroline als dramatische Übertreibung verstand und nicht allzu ernst nahm. Nach einem dieser Ausrufe tätschelte ihr Vater Carolines Hand und verriet ihr, dass der Kapitän eine stattliche Summe zur Hochzeit beigesteuert hatte.

Trotzdem waren die Ausgaben schwindelerregend. Caroline hatte nicht geahnt, wie teuer so eine Hochzeit war. Das fing schon bei der Saalmiete an. Ein großes Thema war die Anzahl der Gedecke – man zahlte nämlich beim Essenslieferanten einen bestimmten Preis pro Gedeck –, darin waren enthalten: Tischdekoration, Tischdecken, Servietten, Gläser, Teller und Besteck. Mutter wusste das natürlich schon, und da verstand Caroline, warum diese bei der Gästeliste um jeden Namen feilschte.

»In die Kirche kannst du ganz Frederikshavn einladen, aber auf die Abendfeier kommen nur siebzig Gäste und kein einziges Gedeck mehr«, beharrte Mutter.

»Aber dann müssen meine Geschwister und Cousinen ihre Kinder zu Hause lassen«, sagte Caroline resigniert. Ihre Mutter nickte unerbittlich und so war es beschlossen. Zusätzlich zum Gedeckpreis war auch noch das Menü zu bezahlen. Alleine die

Hochzeitstorte beim Konditor kostete so viel, wie Caroline in zwei Wochen verdiente. Dazu kam der Alkohol. Hier hatte Onkel Rasmus sich als großzügiger Sponsor hervorgetan: Alle Getränke gingen auf ihn.

»Wir brauchen unbedingt eine Musikkapelle«, wünschte sich Caroline. Eine Hochzeit ohne Tanz konnte sie sich nicht vorstellen. Aber nachdem sie die Abendgagen von drei Kapellen gehört hatten, meinte Mutter: »Es ist ja nicht so, als würdest du Prinz Frederik heiraten.«

Das wurde einer ihrer Lieblingssätze, wann immer etwas zu teuer war.

Als große Hilfe bei der Hochzeitsplanung erwies sich Tante Gunda, die stets ruhige Nerven behielt. In den Preisverhandlungen mit der Druckerei und dem Essenslieferanten feilschte sie wie auf dem türkischen Basar. Auch sonst machte sie gute Vorschläge, besonders bei der Suche nach einer bezahlbaren Kapelle.

»Dann nehmen wir eben die Marschkapelle der freiwilligen Feuerwehr. Die sind günstig«, schlug Mutter zum wiederholten Male vor.

»Auf keinen Fall«, empörte sich Caroline. »Das ist gar keine richtige Kapelle – drei Trompeter, ein Posaunist und ein Paukenspieler, die fünf Trinklieder spielen können! Nein!« In diesem Punkt ließ sie sich nicht von Mutter weichklopfen.

Dann schlug Tante Gunda vor, bei der Musikhochschule nachzufragen. Dort fanden sie ein Streichquartett, das eigentlich auf Beerdigungen spezialisiert war. Aber die Musiker versicherten ihnen, dass nirgendwo so gut getanzt werden würde wie auf einem Leichenschmaus. Das Quartett gab ihnen eine Hörprobe von Tanzliedern und Caroline war überzeugt. Die vier jungen Männer sahen wie Brüder aus – vielleicht weil sie alle so dünn waren. Ob die Musik wirklich eine brotlose Kunst war? Auf jeden Fall vereinbarten sie, dass die Musiker zusätzlich zur Gage auch freie Getränkewahl bei der Feier haben würden.

»Aber kein Freiessen«, legte Mutter ihr Veto ein. »Sonst bleibt nichts für unsere Gäste übrig!«

Vater ließ sich von der ganzen Hochzeitshektik nicht anstecken. Jeden Abend saß er mit seiner Pfeife im Ohrensessel und hörte sich gleichmütig die Tiraden von Mutter an – wie unzuverlässig die Druckerei für die Einladungen, Tischkarten und Menükarten sei, wie unfähig der Koch, mit dem sie um jedes Rezept stritt.

Eine Woche vor dem großen Tag war dann die finale Anprobe für das Hochzeitskleid – und siehe da, die Knöpfe auf Carolines Rücken ließen sich schließen, was sie sofort mit einer Marzipankartoffel feierte. Carolines Brautjungfern Elin, Fräulein Olsen und Helga kamen auch zur Anprobe.

»Bin ich froh, dass ich dich nun zur Verstärkung dahabe«, hatte Caroline gerufen, als sie ihre Schwester Elin am Vorabend am Bahnhof in die Arme geschlossen hatte. »Es sind nur noch vier Tage bis zur Hochzeit und Mutter wird jeden Tag lauter.«

Als nun die drei Brautjungfern in ihren Kleidern aus dem Umkleideraum traten, wurde es Caroline ganz feierlich zumute. Für den Stoff der Kleider hatte sie einen zart violetten Chiffon ausgesucht, der von der Schneiderin in einem schlichten, aber eleganten Schnitt verarbeitet worden war. Caroline selbst hatte bis tief in die Nacht die Ausschnitte und die Ärmel mit gestickten Verzierungen mit floralen Mustern gesäumt.

»Ich komme mir vor wie eine Blumenelfe«, jubilierte Helga.

»Ja, deine Verzierungen sind märchenhaft«, sagte Elin, die mit ihrer stattlichen Körpergröße eher wie eine gigantische Alice im Wunderland aussah als wie eine zarte Elfe.

»Ich sehe wie alte Zuckerwatte aus«, sagte Fräulein Olsen säuerlich. »Und dieser Schnitt ... Da ist selbst mein Nachthemd eleganter.«

Die Schneiderin Abels stach der Nörglerin beim Abstecken des Ärmels aus Rache in die Handgelenke. Das Lila des Kleides biss sich leider ziemlich mit der Rotfärbung von Fräulein Olsens Haaren, musste Caroline stumm eingestehen.

Zwei Tage vor der Hochzeit kamen Klarius und seine Mutter nach Frederikshavn. Sie waren bei Onkel Rasmus und Tante Gunda zu Gast. Nur für die Hochzeitsnacht war ein Hotelzimmer reserviert. Caroline und ihr Verlobter hatten ein Vorgespräch mit Pfarrer Petersen. Glücklicherweise gab es zwischen der dänischen Folkekirke und der evangelisch-lutherischen Volkskirche in Norwegen so gut wie keine Unterschiede. Caroline war ziemlich nervös, Klarius nach über drei Monaten vor dem Pfarrer wiederzusehen. Als sie sich begrüßten, lächelte sie verlegen und er gab ihr einen Kuss auf die Wange. Während sie vor dem Pfarrer saßen, betrachtete Caroline ihren Zukünftigen verstohlen von der Seite. Einerseits sah er unverändert aus, nur seine Haare waren über den Ohren und an den Schläfen militärisch kurz geschnitten. Er kam ihr nicht nur wegen der neuen Haartracht seltsam fremd vor. Sie hatte das Gefühl, dass sich in der Zeit der Trennung das Vertrauensband zwischen ihnen wieder gelockert hatte. Aber bald schon würden sie Tag und Nacht miteinander verbringen – dann würde sie sich ihm bestimmt nahe und vertraut fühlen. Ob sie ihm heute auch ein wenig fremd vorkam? Ob er wohl ihre hart erkämpfte Gewichtsabnahme von neun Pfund bemerkt hatte? Gesagt hatte er jedenfalls nichts dazu.

Nach dem Gespräch mit dem Pfarrer gingen sie heim. Inzwischen hatte Mutter mit den Nachbarinnen den Ehrenbogen aus Kiefernzweigen vor der Haustür des Elternhauses errichtet. Caroline überkam ein fast lächerliches Gefühl von Stolz, dass dieser Ehrenbogen endlich ihr galt.

Sie aßen gemeinsam zu Mittag, allerdings ohne Klarius' Mutter, die sich entschuldigen ließ. Carolines Mutter redete ohne Pause und weihte den Bräutigam in die wichtigsten Punkte der Feierlichkeiten ein. Wobei sie es sich nicht verkneifen konnte, unentwegt auf die halsabschneiderischen Geschäftsleute zu schimpfen, die den Brauteltern die letzten Kronen aus der Tasche zogen. Caroline krümmte sich vor Peinlichkeit. Hoffentlich ärgerte sich Klarius nicht über dieses Geschwätz ihrer Mutter, wo er doch in Wirklichkeit einen Großteil der Hochzeitskosten aus seiner Tasche bezahlte. Vater brummte ein paar Mal und gab Mutter unter dem Tisch einige Stupser mit dem Fuß, die ihren Redeschwall aber nicht stoppen konnten.

Nach dem Essen verschwand Mutter endlich in der Küche und Klarius erzählte Caroline, dass er das Haus für sie inzwischen gekauft habe und es bereit zum Einzug sei.

»Die wichtigsten Möbel sind da. Meine Mutter hat auch schon eine Grundausstattung für die Küche besorgt. Sobald wir dort wohnen, kannst du unser Heim weiter nach deinem Geschmack einrichten und gemütlich machen«, sagte Klarius. Caroline nickte erfreut. Immerhin würde sie nicht mit leeren Händen ins gemeinsame Haus ziehen.

Ihre Aussteuer war neben der Planung der Hochzeitsfeierlichkeit das zweite große Thema der letzten drei Monate gewesen. Wie schon bei Carolines Schwestern hatten Mutter und sie bei Haushaltswaren Janssen einen Geschenketisch einrichten lassen, von dem die Hochzeitsgäste ihre Gaben auswählen konnten. Im Angebot waren Porzellan, Töpfe, ein Silberbesteck und andere Haushaltsgegenstände.

Für Carolines Brautkiste fuhren Mutter, Tante Gunda und sie extra nach Aalborg, um im Magasin de la Mer Bettwäsche, Handtücher, Serviettenleinen und Vorhangstoff zu kaufen. Caroline hätte gerne schon mit dem Nähen der Vorhänge begonnen, aber sie kannte die Fenstermaße ihres zukünftigen Heims noch nicht. Immerhin konnte sie schon zwei Paar Handtücher mit ihren Initialen K & C besticken. Auch die Servietten bestickte sie mit einem schön geschwungenen M, das von einem Schiffstau in Form einer Acht umschlungen wurde – dem Symbol der Unendlichkeit. Sie hatte einige Abende lang an diesem Design mit Buntstiften gearbeitet und viele Formen ausprobiert, bis sie die schönste gefunden hatte. Sie hoffte, es würde Klarius gefallen.

Am Tag vor der Hochzeit kam Frau Mikkelsen in Carolines Elternhaus, um die norwegische Erbsensuppe für die Nach-Mitternachtsstunde zu kochen. Caroline stellte Frau Mikkelsen und ihre Mutter einander vor, dabei konnte sie gleich ein paar der neu gelernten norwegischen Vokabeln verwenden. Frau Mikkelsen hielt sich nicht lange mit Plauderei auf, sondern marschierte beladen mit zwei Körben und drei Taschen voller Zutaten in die Küche und wollte den größten Kochtopf sehen, den sie im Hause hatten. Mutter zeigte ihr ihren Suppentopf, aber Frau Mikkelsen schüttelte den Kopf und zeichnete mit Händen und Armen einen Topf von der Größe eines Waschzubers in die Luft – immerhin sollte die Suppe für über 70 Gäste reichen. Mutter überlegte kurz, lief dann durch den Garten zu Frau Jakobsen und kam kurze Zeit später mit dieser zusammen wieder. Beide schleppten einen riesigen Metalltopf, der früher mal beim Roten Kreuz im Einsatz gewesen war und aus dem schon so manche Kompanie satt geworden war. Der Topf war derart riesig, dass er die gesamte Kochstelle überdeckte: vier Gasflammen, die sie später auch allesamt anzündeten. Frau Jakobsen blieb gleich da, um mitzuhelfen. Unter dem Kommando von Frau Mikkelsen schälten und schnitten die Frauen kiloweise Kartoffeln, Zwiebeln und Suppengrün, was sie in viel Öl andünsteten und mit schwarzem Pfeffer würzten. Dann gaben sie tütenweise getrocknete gelbe Schälerbsen in den Topf und gossen alles mit viel Wasser auf. Petersilie und einige Lorbeerblätter sowie Salz und noch mehr Pfeffer kamen hinzu. Anschließend blubberte das Werk in dem gigantischen Topf über eine Stunde vor sich hin und verbreitete einen Appetit anregenden Duft. Carolines Magen meldete sich knurrend – was war sie froh, dass ihre Brautkleid-Diät ab morgen vorbei sein würde. Mutter schenkte ihnen allen Kirschlikör ein. Allmählich löste sich die Zunge von Frau Mikkelsen und sie verriet Caroline, dass die Erbsensuppe für das Brautpaar ein Symbol für Fruchtbarkeit und Reichtum sei – als sie sich den Bauch rieb, dachte Caroline zuerst, sie meine den Genuss beim Essen. Die Geste des Fingerreibens erkannte sie sofort. Als die Suppe fertig war, kam noch ein riesiger Schinkenknochen für zusätzliches Aroma hinein, der bis zum Servieren morgen Nacht dort drinnen ziehen würde. Sie verschlossen den Topf luftdicht mit einem Deckel. Zu dritt hievten sie den Topf auf den Küchentisch. Er war so schwer wie ein ausgewachsener Seeteufel. Caroline fragte sich, wer dieses Monstrum morgen zum Festsaal transportieren würde und wie.

»Den Topf ziehen Lars und Jan mit dem Leiterwagen«, bestimmte Mutter. Frau Mikkelsen nickte zufrieden.

Dann kam der Polterabend. Sobald es dunkel wurde, erschienen alle Bekannten und polterten mit Keramik – Caroline zählte fünf alte Kloschüsseln – und Metallbüchsen vor dem Haus. Fackeln und Laternen leuchteten im Vorgarten und auf der Straße. Die Gäste brachten Bier in Bollerwagen mit. Seitens der Brautfamilie gab es die traditionelle Hühnersuppe, die netterweise Tante Gunda in ihrer Küche zubereitet hatte, weil die elterliche Küche mit der Erbsensuppe ausgelastet war. Vater drehte das Radio auf, sodass viele Gäste im Vorgarten tanzten. Besonders ausgelassen trieben es Carolines Cousins, die ganz heiß darauf waren, die Junggesellenhose von Klarius zu verbrennen – als Symbol für das Ende seiner Junggesellenzeit und den Beginn ehelicher Treue.

Caroline hatte ihn auf diesen Brauch vorbereitet, weswegen er eine alte Hose zu diesem Zweck mitgebracht hatte. Die Asche der Hose wurde zusammen mit einem Kornbrand im Garten vergraben. Mutter wurde fuchsteufelswild, als die Männer sich in ihrem Gemüsebeet zu schaffen machten. Schließlich fanden Asche und Kornbrand ihre letzte Ruhestätte unter dem Pflaumenbaum der Jakobsens. Natürlich musste auch Caroline ihre Brautschuhe hergeben, damit sie an einen Baum gehängt werden konnten, um die Braut am Wegrennen zu hindern und Glück einzufangen. Elin als erste Brautjungfer übernahm diese ehrenvolle Aufgabe. Sie knotete einen Schal um die weißen Schuhe der Braut und schleuderte sie unter dem Jubel der Feiernden wie eine Lassowerferin in die Äste der Kastanie. Der Abend verlief lustig und die Gäste feierten ausgelassen bis drei Uhr in der Früh.

Dann war der große Tag da. Obwohl Caroline hätte ausschlafen können, wurde sie mit dem ersten Licht des Tages wach und konnte vor Aufregung nicht mehr still liegen. Also nahm sie ein ausführliches Bad und ging dann in die Küche hinunter, die nach dem Polterabend wie ein Schlachtfeld aussah. Es stapelte sich ungewaschenes Geschirr und überall standen Gläser sowie leere Bierflaschen herum. Nur der riesige Topf mit der Erbsensuppe für heute Nacht thronte unberührt vom Chaos auf dem Küchentisch. Sie machte sich eine heiße Schokolade und aß dazu zwei Knäckebrote, allerdings ohne Hering, den konnte sie nicht mehr ertragen.

Gegen neun Uhr hörte Caroline ein Getöse von oben. Ein sicheres Zeichen, dass Mutter wach war und ihr Hochzeitsmotor auf vollen Touren lief. Bald trampelte sie die Treppe hinunter, noch im Morgenmantel und mit Nachthaube.

»Um elf Uhr kommt die Friseurin ins Haus«, verkündete sie und setzte Wasser für einen starken Kaffee auf. »Hast du deine Brauttasche gepackt?«, fragte sie Caroline – seit gestern bestimmt zum fünften Mal.

»Ja, alles gepackt und bereit«, bestätigte Caroline mit einem leichten Ziehen in der Magengegend. Diese Brauttasche würde sie zur Hochzeitsnacht mit ins Hotelzimmer nehmen. Darin befand sich ihr Nachthemd, das sie eigens für diesen Anlass gekauft hatte. Außerdem hatte Tante Gunda ihr diskret ein *aufregendes* Körperöl mit hineingelegt.

»Das Nachthemd ist noch wichtiger als das Brautkleid«, hatte Mutter einige Male gesagt. Allerdings hatte Caroline bei der Auswahl dieses delikaten Kleidungsstücks auf keinen Fall ihre Mutter mit dabeihaben wollen. Stattdessen hatte ihre Cousine Lily sie in einen sündhaft teuren Laden mit Spitzenwäsche für Damen geführt. Lily hatte darauf bestanden, sie einzuladen. Dort hatte Caroline einige Nachthemden anprobiert, die man in Paris wohl Dessous nannte. Ein wenig hatte sich Caroline am Anfang schon geniert, aber Cousine Lily war eine gute Beraterin gewesen und hatte ihr auch ein paar Geheimnisse für die geheimnisumwitterte Hochzeitsnacht verraten. Tante Gunda hatte zu diesem Thema ebenfalls etwas beizutragen und sagte Caroline bei anderer Gelegenheit auf ihre unvergleichliche Art: »Egal, ob groß oder klein, dick oder dünn, alt oder jung, auf diese Unterschiede zwischen Mann und Frau kommt es nicht an. Hauptsache, die Mitte stimmt!«

Caroline fühlte sich einigermaßen gut vorbereitet auf die Hochzeitsnacht. Zumindest, was die verführerische Bekleidung anging. Aber nun, wo dieses Ereignis stündlich näher rückte, spürte sie ein nervöses Kribbeln in ihrer Körpermitte – eine Mischung aus Unsicherheit und Erwartung.

Elin schlurfte im Morgenrock in die Küche und setzte sich an den Frühtückstisch.

»Ist die Braut gut ausgeschlafen?«, fragte sie Caroline mit einem warmen Lächeln und goss sich Kaffee ein.

»Wo sind die Ringe?«, kreischte Mutter, und im Garten flatterten einige Vögel erschrocken auf.

»Die hat Klarius seinem Trauzeugen gegeben«, antwortete Caroline ruhig. Mutter nickte hektisch.

»Bei den Ringen hat sich der Kapitän nicht lumpen lassen«, sagte Mutter zu Elin. »Caroline durfte beim Juwelier ein Ringpaar aussuchen. Ich habe ihr vorher eingebläut: Du bist kein Bettelweib, also nimm ein breites Band und bloß kein 333er-Gold. Zum Glück war Klarius mit dabei und hat das 585er-Gold ausgewählt. Der Mann weiß, was man seiner schönen jungen Braut zu bieten hat.«

Mutter drehte an ihrem eigenen Ehering, der sich tief ins Fleisch ihres dicken Ringfingers eingegraben hatte, sodass sein Goldwert für immer ihr Geheimnis bleiben würde.

»Es sind wirklich schöne Ringe«, sagte Caroline an Elin gewandt. »Der Juwelier hat auf die Innenseiten schon unsere Namen und das Hochzeitsdatum eingraviert. Klarius hat sie gestern abgeholt.«

»Und bezahlt«, ergänzte Mutter mit einem zufriedenen Seufzen.

Um die Mittagszeit saßen sie zu dritt im Wohnzimmer und wurden von Fräulein Giese frisiert und geschminkt, wobei Carolines Mutter ständig über ihre schlecht sitzenden Locken jammerte, sodass die Friseurin ihr mehr Zeit widmete als Caroline. Ihre Haare wurden mit dem Brenneisen in schwungvolle Wellen gebracht. Fräulein Giese gab sich viel Mühe mit dem Make-up und legte reichlich Rouge und Lippenstift auf. Die falschen Wimpern konnte Caroline ihr gerade noch ausreden. Sie zupfte ihr die Augenbrauen und sagte: »Nun sehen Sie aus wie Greta Garbo!«

Aber erst, als Caroline von dem bodenlangen Schleier umhüllt war, der mit einem weißen rosenbestickten Haarreif auf ihrem Haupt befestigt war, fühlte sie sich wahrhaftig in eine Braut verwandelt. Mit dem Anziehen ihres Kleides wollten sie noch bis kurz vor der Abfahrt in die Kirche warten, damit keine Falten oder gar Flecken hineingerieten.

Während die Frauen im Wohnzimmer hergerichtet wurden, schepperte es aus dem Garten – Vater, Finn und Jan fegten die Scherben vom Polterabend auf – und aus der Küche: Liv, Hanne und Smilla räumten mit schwesterlicher Hilfsbereitschaft dort auf. Bei deren Hochzeiten hatte Caroline dasselbe für ihre Schwestern getan.

Um 13 Uhr fuhren die Wagen vor, um die Familie zur Kirche zu bringen. Mutter sah in ihrem grünen Samtkleid mit den roten Schleifen und Ketten wie ein Weihnachtsbaum aus. Vater trug seinen bewährten Brautvateranzug, der nach jahrelangem Einsatz einen leicht abgewetzten Anblick bot, aber die glänzenden Lackschuhe und die frische Tulpe im Knopfloch machten einiges wieder gut.

Die Braut – das bin wirklich ich, ging es Caroline immer wieder durch den Kopf, sie konnte es kaum glauben – wurde eine halbe Stunde später abgeholt, damit die Festgemeinde genügend Zeit hatte, sich zu begrüßen und Platz zu nehmen. Die anderen Brautjungfern, Fräulein Olsen und Helga, waren inzwischen auch eingetroffen und warteten zusammen mit Caroline und Elin.

»Du siehst aus wie eine Prinzessin«, schwärmte Helga.

»Wie Greta Garbo«, bekräftigte nochmals Fräulein Giese, die unaufhörlich an Carolines Haaren und an ihrem Kleid herumzupfte. In ihrem weißen Seidenkleid fühlte sie sich wirklich wie eine Göttin, die allerdings ein wenig den Bauch einziehen musste, damit die Knöpfe nicht zu sehr unter Spannung gerieten. Fräulein Olsen hielt sich mit Komplimenten zurück, dafür umklammerte sie den Brautstrauß, der mit weißen und rosa Rosen wunderschön aussah.

Als die Kirchenglocken zu läuten begannen und durch ganz Frederikshavn schallten, stiegen sie feierlich in die schwarze Limousine, die vor dem Haus wartete. Carolines Brautjungfern halfen ihr mit der Schleppe. Drei Straßen weiter hielten sie vor dem steinernen Kirchenportal.

Die Glocken läuteten immer noch, als Caroline nach ihren Brautjungfern in den Vorraum der Kirche eintrat. Dort erwarteten sie Tante Gunda und Vater, der Caroline routiniert an den Arm nahm. Die Glocken verstummten und die Orgel setzte für den Einmarsch der Braut ein. Tante Gunda legte den Schleier über Carolines Gesicht. Die Brautjungfern schritten nebeneinander voran. Als sie beim Altar angekommen waren und sich im linken Flügel aufgestellt hatten, wechselte die Musik zum Hochzeitsmarsch. Die ganze Gemeinde erhob sich und drehte sich zu Caroline um und auch Klarius trat von rechts vor den Altar, den sie nur als verschwommenen, dunklen Schatten in der Ferne wahrnahm – Carolines Sicht war auf einmal durch Tränen verhangen. Vater führte sie mit ruhigen Schritten zum Altar. Ihr Herz klopfte zum Zerspringen. Als Caroline dann auf der linken Seite ihres Bräutigams stand, der Pfarrer den Segen sprach und die Gemeinde sang, wurde sie allmählich ruhiger. Die Zeremonie war kurz und ergreifend. Ihr Jawort brachte sie mit klarer Stimme hervor, und als sie beim Wechseln der Ringe die weichen, behutsamen Hände von Klarius spürte, war ihr sehr wohl zumute. Der Pfarrer erklärte sie zu Mann und Frau. Klarius hob ihren Schleier und gab ihr den ersten ehelichen Kuss, den er ihr sanft und warm auf die Lippen drückte. Die Gemeinde applaudierte und warf Reis auf das Paar, als sie glücklich vermählt, Caroline an Klarius' rechtem Arm, unter Gesang und Jubel aus der Kirche schritten. Eine kleine Schar von Nichten stand vor dem Kirchenportal und streute Blumen. Carolines Herz war voller Wärme, als sie in diese lieben kleinen Gesichter blickte. Würde sie auch bald Mutter sein?

Kapitel 21: Mammografie und American Cheesecake

Sydney, 6. März 1995

»Jesse Brubaker bitte in Behandlungszimmer zwei«, sagt die Krankenschwester, und Jesse stopft ihr Buch in die Handtasche und erhebt sich vom Plastikstuhl im Wartezimmer. Sie kennt den Weg. Alle zwei Jahre kommt sie zur Vorsorgeuntersuchung in diese Praxis. Mit ihren 41 Jahren liegt sie eigentlich unter dem empfohlenen Alter für die Mammografie. Aber da ihre Mutter an Brustkrebs gestorben ist, gehört Jesse zur Risikogruppe.

Im Behandlungszimmer macht sie ihren Oberkörper frei und stellt sich vor die Apparatur aus weißem Metall, die wie ein überdimensionales Küchengerät aussieht. Die Röntgenschwester überwacht, wie sie ihre linke Brust zwischen die zwei kalten Plexiglasscheiben legt. Die Scheiben werden zusammengeschoben und ihre Brust schmerzhaft platt gepresst. Wieder fühlt sie sich in eine Küche versetzt, ihr Brustgewebe wird wie ein Teig ausgewalzt. Jesse mag ihre Brüste, die sich in ihren Jugendtagen nur langsam entwickelt haben und erst, als sie 19 gewesen ist, ihre volle Reife erreicht haben. Je eine Handvoll Sinnlichkeit. Bei dieser Prozedur hat sie aber immer das Gefühl, jegliche Spur von Weiblichkeit werde aus ihren Brüsten herausgepresst und übrig bleibe ein Stück Fleisch, das nichts als einen potenziellen Gefahrenherd darstellt. Jesse presst ihre Lippen aufeinander und versucht, an etwas anderes zu denken. Diesen Montagnachmittag hat sie sich nicht umsonst freigenommen. Sie wird einen Bummel in Surry Hills machen. Nun kommt die rechte Brust dran. Die gleiche Prozedur, nur dass es noch mehr wehtut. Als Rechtshänderin sind auch die Drüsen in ihrer rechten Brust stärker ausgeprägt. Endlich ist es geschafft. Sie zieht ihren BH wieder an und hofft, dass ihre malträtierten Brüste in den stützenden Körbchen bald wieder ihre natürliche Form annehmen werden.

»Rufen Sie in drei Tagen an, dann sind die Röntgenbilder ausgewertet«, sagt die Schwester und hält Jesse eine Plastikschale mit Lutschern hin. Jesse nimmt sich einen Kirschlutscher. Zucker ist einfach der schnellste Tröster.

Eine halbe Stunde später schlendert sie durch die beschaulichen Einkaufsgassen von Surry Hills. Die zwei- bis dreistöckigen Backsteingebäude und die von Bäumen gesäumten Straßen lassen ein dörfliches Flair aufkommen. Die Schaufenster der kleinen Boutiquen und Kunstgalerien laden zum Betrachten ein. An einer Fassade, wo eine Baulücke klafft, entdeckt sie ein neues Wandbild – die Gegend ist beliebt bei den Straßenkünstlern und überall kann man ihre Graffiti bewundern. Bevor sie ausgiebig durch die Läden streifen wird, in denen sie bestimmt ein schönes Halstuch oder einen Hut findet, muss sie sich erst einmal stärken. Ihr Lieblingscafé ist gleich um die Ecke: Dort gibt es ungarische Köstlichkeiten, aber auch den amerikanischen

Kuchenklassiker, nach dem es Jesse gelüstet. Die Tische und Stühle im Freien unter einem Baum sind zur Hälfte belegt. Sie sucht sich ein Tischchen im Halbschatten und bestellt einen Cappuccino zu einem Stück American Cheesecake. Sie schiebt sich die erste Gabel in den Mund und genießt den weichen Frischkäse auf ihrer Zunge, diese Mischung aus Säure und Süße, die zähflüssige Karamellsoße.

Früher ist Mama nach einem Arztbesuch immer mit ihr in die Konditorei gegangen, erinnert sie sich. Als Jesse heranwuchs, hat es zum Glück nur den Zahnarzt zu überstehen gegeben, aber das hat schon genügt. Ihre Mama liebte American Cheesecake und besuchte nur Cafés, die diesen Kuchen im Angebot hatten. Davon gab es in der alten Flinders Street in ihrer Heimatstadt Townsville glücklicherweise mehrere. Liza Brubaker liebte alles, was mit New York zusammenhing. Als Studentin hatte sie zwei Jahre dort gelebt und in dieser Zeit auch ihre Schwäche für den amerikanischen Käsekuchen entwickelt.

Das waren schöne Zeiten gewesen, wenn Jesse mit ihrem älteren Bruder aus der Schule heimgekommen war und ihnen der Duft von Kuchen in die Nase stieg, der ofenwarm in der Küche stand. Mama hatte fast täglich gebacken. Jesse sieht sie deutlich vor sich in der Schürze mit den Kirschen, ihre langen roten Haare in einem Dutt hochgesteckt, aus dem sich wie gewöhnlich einige unbändige Strähnen gelöst haben. Jesse hat ihre rote Mähne von ihr geerbt, auch die blauen Augen und die Sommersprossen, die sie auf der Arbeit immer unter einer Schicht Make-up verdeckt. Beim Backen hat Liza Brubaker immer die Schallplatten von Liza Minelli aufgelegt. Sie teilte nicht nur den Vornamen mit der Sängerin, sondern auch die rauchige Sprechstimme. Beim Gesang hielt sie ebenfalls locker mit und schmetterte mit Inbrunst »New York, New York«, wenn sie ebendiesen Kuchen buk. Und an unzähligen regnerischen Sonntagen kroch Jesse zu ihrer Mama in den Ohrensessel unter die Häkeldecke und sie sahen sich zusammen »Der Zauberer von Oz« an. Wenn Judy Garland seelenvoll »Somewhere over the Rainbow« in den öden Himmel von Kansas sang, hatte Mama immer Tränen in den Augen. Judy Garland und Liza Minelli waren auch Mutter und Tochter, verbunden durch ihre wunderbaren Stimmen. Diese Stunden gehörten allein Jesse und ihrer Mutter. Vater und ihr Bruder Jonathan gingen zusammen Tennis spielen, wobei ihr Vater gleichzeitig die Trainerrolle einnahm. Darauf war Jesse niemals neidisch. Auch nicht auf die Trophäen, die ihr Bruder an fast jedem Wochenende der Spielsaison nach Hause brachte. Auf ihm lastete nicht der Fluch des ewigen Zweiten.

»Unser Junge hat die Sieger-Gene geerbt«, frohlockte ihr Vater regelmäßig und strich seinem Erstgeborenen stolz über das blonde Haar. Das hatte er über Jesse nie gesagt. Was für Gene sie wohl in sich trägt? Das Gen für die roten Haare, das war offensichtlich. Auch das Gen für den Brustkrebs?

Nein, befiehlt sich Jesse, Angst ist der Nährboden für Krankheit. Sie will sich keine Sorgen machen und sich nicht vor dem Ergebnis der Mammografie fürchten. Bisher sind die Befunde schließlich immer negativ gewesen. Jesse seufzt und schiebt sich das letzte Stück Cheesecake in den Mund. Er schmeckt nicht so gut wie der von Liza Brubaker. Es geht eben nichts über Kuchen aus Mamas Backstube.

Zurück in der Wohnung hängt Jesse den neu gekauften Hut mit dem blauen Band an die Garderobe. Sie trägt Hüte, weil sie darunter ihr flammend rotes Haar gut verbergen kann. Sie will nicht sofort von den Leuten als Rotschopf – *redhead* – abgestempelt werden, mit unliebsamen Attributen wie »böse Hexe« und »Gelbzahn« über »cholerisch« bis zu »sexy Vamp«. Aidan ist nicht da. Montagabends spielt er immer Squash mit einem Studienfreund.

Das Licht am Anrufbeantworter blinkt und Jesse drückt den Abspielknopf.

»Hi, Aidan, hier ist Amy«, sagt eine aufgedreht klingende Frauenstimme. »Es war toll, dass wir uns am Samstag getroffen haben. Ruf mich gerne zurück. Du hast ja meine Nummer.«

Es rauscht noch einige Sekunden auf dem Band und dann gibt der AB einen Doppelpiep von sich. Jesse hat noch nie von dieser Amy gehört. Was haben Aidan und sie am Samstag gemacht? Barbecue am Nachmittag bei David und Carol. Sie wird Aidan einfach fragen, wer diese Amy ist. Kein Problem. Sie ist wirklich nicht der eifersüchtige Typ.

Jesse holt das Putzzeug aus der Abstellkammer und rückt den verkalkten Fliesen in der Duschkabine mit Essigreiniger zu Leibe. Danach schrubbt sie das Klo, als gälte es, einen Preis zu gewinnen. Sie kippt den Wäschebehälter aus und stopft alles in die Waschmaschine in der Küche. Aidan bringt seine Anzüge und Hemden in die Reinigung, das macht Jesse auch mit ihren Hosenanzügen und Kostümen. Das ist eine Erleichterung. Auf Bügeln hat Jesse wirklich keine Lust. Zwischen verschwitzten Sportklamotten hängt eine Jeans von Aidan. Routinemäßig fährt sie mit der Hand in die Hosentaschen. Aidan hat dort immer etwas drinnen. Meistens Geldmünzen und Kaugummi. Eine Waschmaschine haben sie sich ruiniert, als eine ganze Packung Kaugummi im Waschgang gelandet ist und das Zeug in jeder Ritze der Trommel festgehangen hat. Jesses Finger fischen einen Zettel heraus, dazu die obligatorischen Münzen. Der Zettel ist dreifach zusammengefaltet und Jesse denkt an die geheimen Botschaften im Klassenzimmer, die sie sich unter den Bänken von Hand zu Hand weitergereicht haben bis zum hoffnungsfrohen Empfänger.

»Willst du mit mir gehen? Ja, nein, vielleicht« – zum Ankreuzen. Jesse überkommt eine unangenehme Ahnung. Sie faltet das Papier auf. Dort steht eine Nummer. Weiter nichts. Kein Name. Zweifellos ist es eine Telefonnummer. Keine Vorwahl, also vermutlich Sydney. Eine misstrauische Ehefrau würde nun schnurstracks zum Telefon laufen und diese Nummer wählen. Nicht so Jesse. Sie legt den Zettel auf die Waschmaschine, füllt mit ruhiger Hand Waschpulver in die Trommel und schaltet das Kurzwaschprogramm mit 40 Grad ein. Dann geht sie zum Telefon.

Es klingelt am anderen Ende der Leitung. Einmal, zweimal, dreimal. Eine Frauenstimme meldet sich. Verdammt!

»Hi, hier ist Jesse«, sagt sie. »Ist mein Vater zu sprechen?«

»Joseph ist im Garten«, sagt Gloria Brubaker. Sie wartet einen Augenblick, damit Jesse merkt, wie ungelegen diese Störung ist. »Ich gehe ihn holen.«

Der Hörer wird auf die Tischplatte geknallt und Schritte entfernen sich. Im Hintergrund kreischt der Papagei James IV. Er lebt also noch. Gloria ist vor zehn Jahren zu Jesses Vater ins Villenviertel Chelsea, Port Elizabeth gezogen – natürlich mit Goldband am dicken Ringfinger. Dort leben sie in einem noblen Bungalow mit Pool und Blick aufs Meer. Seit ihrem Einzug hat Gloria das Haus nach und nach in ein Gruselkabinett ausgestopfter Haustiere verwandelt. Unter Glorias Obhut krepieren die kleinen Lieblinge wie im Takt einer mörderischen Uhr. Und weil Gloria professionelle Präparatorin ist, bekommt jedes Tier seinen Platz in der Ewigkeit. In jeder Sofaecke liegt eine steife Katze – Mia und Mau –, von den Schränken schaut eine Kaninchenfamilie aus Glasaugen herab und auf der Gardinenstange sitzen stumme Papageien im bunten Federkleid, das wöchentlich fürsorglich feucht von der Hausfrau abgewischt wird. Was ihr Vater an dieser Kadaverfetischistin findet, wird für Jesse ewig ein Rätsel bleiben. Er ist sieben Jahre Witwer gewesen, bevor er sich in die rundlichen Arme von Gloria geworfen hat. Es wäre zu viel verlangt, dass ein 63-Jähriger den langen

Herbst und Winter seines Lebens alleine bliebe. Sie gönnt ihm eine neue Lebensgefährtin. Aber Liza Brubaker hätte wirklich eine würdigere Nachfolgerin verdient als diese Gloria.

»Ja, bitte«, meldet sich ihr Vater mit Bassstimme. Typisch, Gloria hat ihm nicht gesagt, dass sein zweitliebstes Kind am Telefon ist.

»Ich bin es«, erwidert Jesse. Nach dem obligatorischen Small Talk erzählt sie, dass sie heute bei der Mammografie gewesen ist.

»Das ist vernünftig. Gute Vorsorge spart viele Sorgen«, sagt Joseph Brubaker in seinem Chefarzttonfall, den er über Jahrzehnte perfektioniert hat.

»Danach war ich in Surry Hills. In einem Schallplattenladen habe ich ein Vinyl von Liza Minelli ›Live at the Olympia in Paris‹ von 1973 gefunden. Mama war bei diesem Konzert, davon hat sie mir oft schwärmerisch erzählt. Weißt du noch? ›Lisa with a Z‹?«

»Jaaa«, sagt ihr Vater gedehnt, aber mehr scheint ihm dazu nicht einzufallen. »Du solltest lieber in die Zukunft blicken. Bekommst du nun die Artikelserie zu den neuen Nationalparks?«

Jesse schluckt trocken. Man sollte meinen, ein Herzchirurg kenne sich mit Herzensangelegenheiten aus. Ein Irrtum!

»Das entscheidet mein Chefredakteur am Freitag«, antwortet sie und spürt eine Enge im Hals.

»Dein Kollege Paul McQuire hat mit der Hindmarsh-Brücke das beste Thema des Jahres gekapert. Politik, Korruption, Minderheiten, Religion. Das ist ein Journalist, der weiß, wie man Honig aus einem Skandal saugt«, belehrt ihr Vater sie. Es ist offensichtlich, dass er Jesse nicht für eine Journalistin mit diesen vortrefflichen Honigsaugfähigkeiten hält.

»Wo wir gerade bei Honig sind«, wirft sich Jesse seinem Vorwurfsschwall entgegen. »Hilft der neue Ernährungsplan gegen deinen Diabetes?«

»Ja! Lenk nicht ab, Missy«, weist er sie zurecht, obwohl Jesse schon lange kein Mädchen mehr ist, aber diese Redewendung aus ihrer Kindheit ist einfach hängen geblieben.

»Und was bekommst du für Themen? Unterwasserhochzeiten und Interviews mit Möchtegern-Feministinnen mit Damenbärten und Schulterpolstern, die sich über ihre untreuen Ehemänner und sexistische Sprüche ihrer Chefs beschweren«, echauffiert sich ihr Vater. Jesse runzelt die Stirn. Abgesehen vom Damenbart würde diese Beschreibung auch haargenau auf sie selbst zutreffen.

»Ich kann mir die Themen nicht immer aussuchen«, verteidigt sich Jesse.

»Im Mai werden doch die Finalisten für die Walkley-Journalismus-Awards bekannt gegeben. Denkst du, du hast dieses Jahr eine Chance, endlich mal einen dieser verdammten Preise abzuräumen?«, will ihr Vater wissen. Genauso akribisch, wie Joseph Brubaker früher die Pferdesportzeitung studiert und alle Pferde und Reiter gekannt hat, die Jesse Konkurrenz gemacht haben, so liest er heutzutage den Sydney Morning Messenger. Jeder Kollege von Jesse ist ein Konkurrent. Jede gute Story aus fremder Feder eine verpasste Chance für Jesse. Sie seufzt.

»Wir werden sehen. Hat Jonathan sein Segelboot endlich verkauft?«, fragt sie und greift zum letzten Abwehrmittel. Jetzt muss sie sich eine halbe Stunde lang die Lobeshymnen auf ihren Bruder anhören, aber wenigstens steht sie selbst dann nicht mehr im Fokus der Kritik. Als Immobilienmakler verdient Jonathan unverschämt viel Geld. Segelboote sind sein Hobby, nicht aber das Segeln an sich.

»Im Leben eines Bootsbesitzers gibt es nur zwei schöne Tage: Der Tag, an dem du das Boot kaufst, und der Tag, an dem du es wieder verkaufst«, sagt ihr Bruder gerne. Daran hält er sich auch. Jonathan hat ein sicheres Händchen für Profit und führt auch sonst ein Vorzeigeleben: eine schöne Frau, ein schönes Haus, ein schönes Boot, zwei schöne Kinder, drei schöne Autos. Trotzdem ist ihr Vater ein wenig enttäuscht, dass sein Sohn nicht in seine Fußstapfen als Chirurg getreten ist – obwohl er das niemals zugeben würde. Sein Erstgeborener ist schließlich derjenige mit dem Sieger-Gen. Das Enttäuscher-Gen hat sein Kind Nummer zwei abbekommen. Daran ist nicht zu rütteln.

Gerade als Jesse auflegt, hört sie den Schlüssel im Schloss der Wohnungstür. Aidan kommt herein. Sein Gesicht ist leicht gerötet und das T-Shirt klebt schweißnass an seiner gut trainierten Brust. Er wirft die Squashtasche vor die Garderobe und streift seine Sportschuhe ab.

»Was ziehst du denn für ein Gesicht? Hast du in eine Zitrone gebissen?«, will er wissen.

»Wer ist Amy?«, platzt es aus Jesse heraus. Der Abend ist sowieso verdorben.

»Hä?«, macht Aidan.

Sie drückt auf »Play« und der AB spielt die Nachricht ab.

»Ziehst du etwa deshalb so ein Gesicht?«, fragt er und stemmt die Hände in die Hüften, als müsste er ein unartiges Kind maßregeln.

»Nein, ich habe eben mit meinem Vater telefoniert. Also, wer ist Amy?«

»Ach, eine alte Schulfreundin. Habe ich am Samstag im Supermarkt getroffen.«

Damit ist die Sache für Aidan erledigt und er geht unter die Dusche. Jesse bleibt auf dem Hocker neben dem Telefon im Flur sitzen und fühlt sich plötzlich sehr müde.

Kapitel 22:
Hochzeitsfeier auf Dänisch

Frederikshavn, 6. April 1932

»Jetzt bitte einen innigen Blick in die Augen«, rief der Hochzeitsfotograf. Caroline wandte sich Klarius zu und versuchte, ihre Gesichtszüge zu entspannen, während sie mit einer Hand ihren Schleier umklammert hielt, den der Wind wie ein Segel aufblähte – kein Wunder, sie standen schließlich am Hafen. Die Seebrise zerrte auch an der Schleppe ihres Kleides. Elin sprang herbei und drapierte den Stoff wieder so, dass Caroline wie eine Venus aussehen sollte, die gerade aus ihrer Muschel stieg. Sie fühlte sich eher wie eine Möwe mit zerrupftem Gefieder. Als eine besonders heftige Böe ihren Schleier in die Luft riss und zum Flattern brachte, lachte Klarius und rief: »Das Brautschiff ist aufgetakelt für eine stürmische Jungfernfahrt.«

Caroline musste auch lachen. Der Fotograf schoss schnell noch einige Bilder, dann gab der Kapitän das Kommando »Segel einholen« und sie retteten sich zurück in die Limousine.

Als es dunkel wurde, strömten die Gäste in den Festsaal über der Brauerei. Die Kirchengäste waren zwischen Trauung und Abendfeier heimgegangen und konnten sich dort stärken und ihre Geschenke abholen. Für das Brautpaar gab es keine solche Pause. Caroline war froh, dass sie einige Marzipankartoffeln in ihrem Brautbeutel versteckt hatte, sonst wäre sie vor Hunger umgekippt. Klarius hatte ordentlich gefrühstückt und schien nicht unter Hunger zu leiden. Zusammen empfingen sie ihre Gäste am Eingang zum Festsaal, der bald bis auf den letzten Platz gefüllt war. Caroline und Klarius saßen an der Kopfseite des Saales an einem imposanten Tisch in Hufeisenform mit den Brauteltern, Trauzeugen und Brautjungfern. Im Raum verteilt gab es ein halbes Dutzend runder Tische für die übrigen Gäste. Ihnen gegenüber erhob sich eine kleine Bühne, auf der das studentische Streichquartett mit viel Elan aufspielte. Caroline ließ ihren Blick über den Raum schweifen und freute sich, alle die vertrauten Gesichter ihrer Geschwister mit deren Ehepartnern, Cousins und Cousinen, Schulfreundinnen und Kollegen zu sehen. An der langen Türseite des Saals stand der Gabentisch, auf dem sich die Geschenke festlich auftürmten. Auf der anderen Seite befand sich das prall gefüllte Büfett. Die Speisen waren vom Restaurant Albertsen geliefert und auf dem Tisch appetitlich angerichtet worden. Die bunten Vorspeisen auf den silbernen Tabletts waren wirklich eine Augenweide. Klarius eröffnete das Büfett und ein fröhliches Schmausen begann. Es gab als kalte Speisen Nudel- und Kartoffelsalat, Fischplatten, Brot und Käse. Warm serviert wurden: Rinderbraten, Kartoffeln, Rotkohl, Blumenkohl, Rosenkohl, Erbsen, Möhren – und dazu einige Soßen. Zwei Kellner standen dabei und sorgten dafür, dass die Gasstövchen unter den warmen Platten und Schüsseln nicht ausgingen. Als das Essen nachher in vollem Gange war, holten sie immer wieder Nachschub an aufgefüllten Platten aus einem Nebenzimmer, ihrem »Basislager«, wie Tante Gunda es nannte. Dort stand auch schon der waschzuberartige Topf mit der Erbsensuppe von Frau Mikkelsen bereit, den eine ganze Mannschaft starker Männer auf einem Karren hergebracht hatte.

Für die Getränke sorgten die Kellner der Brauerei, die mit großem Eifer zwischen den Tischen umherliefen und kein Glas leer werden ließen. Da Onkel Rasmus großzügigerweise die Zeche hierfür zahlen würde, musste sich Caroline über diesen flutartigen Ausschank keine Sorgen machen.

Im Laufe des Abends wurden natürlich viele Reden gehalten und Spiele gespielt. Carolines Brüder Finn, Mads und Jan hatten ein Lied gedichtet, das sie aus vollem Halse zur Melodie von »Spinde Spinde a Vögle Garn« vortrugen. Das Lied handelte von Caroline – wie sie im Alter von drei Jahren den Weihnachtsbaum in Brand gesetzt hatte, wie sie mit sechs Jahren in den Misthaufen gefallen war, wie sie mit acht Jahren ihren ersten Kuss von Sören bekommen hatte, wie sie mit zwölf Jahren das Schlittenrennen gewonnen hatte. Es folgten Textpassagen zu Carolines Jugendjahren und frühen 20er-Jahren, die gespickt waren mit Zweideutigkeiten zu ihren Verehrern, denen sie einen Korb gegeben hatte, was für große Heiterkeit bei den Zuhörern sorgte.

Zwischen den Reden und Liedern forderten die Gäste das Brautpaar ganz nach dänischer Hochzeitssitte immer wieder zum Küssen auf. Am frühen Abend trommelten sie zunächst nur mit Messer und Gabel auf die Teller, sodass Caroline und Klarius sich einen Kuss auf die Lippen geben mussten, was jedes Mal mit Jubel belohnt wurde. Je mehr Bier und Wein geflossen waren, um so stampffreudiger wurden die Gäste – also mussten sie regelmäßig zum Küssen unter den Tisch abtauchen. Besonders Carolines Brüder begeisterten sich dafür, gegen ihre Gläser zu klopfen, sodass sie zum Küssen auf die Stühle steigen mussten, was in Carolines Brautkleid keine leichte Angelegenheit war. Aber je öfter sie dieses Kunststück vollführten, umso beherzter griff Klarius zu, wenn er Caroline hochhob. Seine Hände auf ihren Hüften und auf ihrem Po zu spüren löste in Caroline einige warme Schauer aus, und mit jedem Kuss wich die Fremdheit. Allmählich fühlte sie sich wirklich wie seine Ehefrau.

Gegen 20 Uhr wurde das Nachtischbüfett eröffnet. Bei der Auswahl der Leckereien war Caroline ganz in ihrem Element gewesen. Es gab Mousse au Chocolat, Vanillesoße mit roter Grütze und Früchtespieße im Schokoladenmantel. Ein wahrer Traum! Zu schade, dass Caroline nur winzige Portionen kosten konnte, sonst wäre sie womöglich aus den Nähten ihres Kleides geplatzt.

Passend zu den süßen Zeiten hatten die Brautjungfern sich Treueprüfungen für die Braut ausgedacht. Die Musikanten wurden in eine wohlverdiente Pause geschickt – die dünnen Studenten zeigten ein enormes Fassungsvermögen, was das Freibier anging, was ihrem schwungvollen Spiel aber nicht schadete. Die Bühne war nun frei für Caroline, die dort auf einem Stuhl Platz nahm. Elin und Helga verbanden ihr die Augen mit der Krawatte vom Bräutigam. Dann erhielt sie drei Herren zur Auswahl – den Bräutigam und zwei Junggesellen –, die der Braut einen Kuss auf den Mund gaben und aus denen sie ihren Bräutigam erkennen musste. Caroline war froh, dass sie die Lippen von Klarius im Laufe des Abends schon ausgiebig erforscht hatte, sodass sie seinen Kuss sofort erkannte, was mit großer Begeisterung belohnt wurde.

Als zweite Prüfung mussten die Herren ihre Hosenbeine bis zu den Knien hochziehen und die Strümpfe herunterlassen und die Braut befühlte deren stramme und haarige Waden. Dabei hörte Caroline einige Gäste glucksend lachen, besonders ihre Schwestern amüsierten sich. Caroline war bei diesem Tastspiel leider völlig aufgeschmissen, denn die nackten Waden ihres Gatten waren ihr noch völlig unbekannt. Sie tippte schließlich auf die Waden, die am wenigsten Haare hatten – diese schienen am ehesten zu Klarius zu passen, der zwar auf dem Haupt noch gut bedeckt war, aber seine weichen Hände waren nicht so haarig wie so manche andere Männerpranke. Mit dieser Wahl hatte sie einen Volltreffer gelandet. Zur Belohnung durfte sie nun den Strumpf ihres Gatten ausziehen und den vorderen Stoffteil abschneiden. Zum Glück musste Caroline die Socke nicht an Ort und Stelle wieder flicken, wie es Mutter noch auf ihrer Hochzeit hatte tun müssen. Carolines Nähhände waren vor Ausgelassenheit und Rotwein nicht mehr die sichersten.

Die dritte Prüfung bestand darin, dass drei Kandidaten die Braut nacheinander auf den Arm nahmen, als würden sie sie über die Schwelle tragen. Hier sollte der Bräutigam seine Kraft demonstrieren und Caroline sollte natürlich seinen Körper erkennen. Der erste Herr schien Caroline zu groß und zu dünn, der zweite Herr hatte einen weichen Bauch und schnaufte ihr vor Anstrengung ins Ohr, der dritte Herr hob sie scheinbar mühelos hoch und tätschelte ihr dabei vertraulich den Po – danach fiel Caroline die Wahl nicht mehr schwer. Wieder großer Applaus und ihr Bräutigam löste die Krawatte von ihren Augen, die Caroline dann mit einer Schere entzweischneiden durfte.

Gegen 22 Uhr, als das Büfett schon mehr oder weniger abgegessen war, wurden die runden Tische zur Seite geräumt, sodass in der Mitte des Saales eine größere Tanzfläche entstand. Die Tanzzeit eröffneten natürlich Caroline und ihr Mann mit dem Brautwalzer. Zum Tanz konnte die lange Schleppe des Brautkleides praktischerweise abgenommen werden. Klarius war nicht der eleganteste Tänzer, aber mit seiner entschlossenen Führung fühlte Caroline sich sicher in seinen Armen. Wenn sie da an die laschen Tanzabende mit Owe dachte ... Aber diesen enttäuschenden Verehrer aus der Vergangenheit würde sie aus ihrem Gedächtnis streichen. Während sie sich im Walzertakt drehten, klatschten die Feiernden den Takt mit und machten den Kreis um sie immer enger, bis sie dicht eingekreist und eng umschlungen waren und den Tanz mit – natürlich – einem Kuss beendeten. Danach tanzte die ganze Festschar ausgelassen. Klarius war als Tanzpartner sehr begehrt bei Carolines sämtlichen Schwestern und Cousinen.

Um Mitternacht kam der festliche Moment zum Anschneiden der Hochzeitstorte. Der *kransekage* war aus zehn Kränzen zu einem beachtlichen Turm aufgeschichtet. Auf der Spitze thronte ein wunderhübsches Brautpaar aus Marzipan und Zuckerguss, das Caroline auf jeden Fall gut aufheben wollte. Die gebackenen Marzipanringe waren wie üblich mit Nüssen, Süßigkeiten, Alkohol und Früchten gefüllt und mit Meeresmotiven aus Zuckerguss dekoriert. Hierfür hatte Caroline dem Konditor extra Zeichnungen gegeben mit Motiven von Muscheln, Albatrossen, Walen, Pinguinen und Segelbooten. Zusätzlich waren die Kränze mit kleinen dänischen und norwegischen Fahnen dekoriert. Caroline löste den obersten Ring zuerst ab und legte ihn in eine Pappschachtel, damit sie diesen am ersten Hochzeitstag wieder hervorholen und essen könnten. Danach schnitten Klarius und sie abwechselnd Stücke aus dem zweiten Ring und servierten sie ihren Trauzeugen und Brautjungfern. Anschließend wurde fröhlich weitergetanzt und gelacht, der Kranzkuchen schrumpfte Ring für Ring, während die Stundenzahlen zum Morgen hin wieder zunahmen.

Als es auf drei Uhr in der Frühe zuging, wurde die norwegische Erbsensuppe – oder auch Fruchtbarkeitssuppe – serviert, die allerdings nur lauwarm war, obwohl sich eine ganze Schar hilfsbereiter Schwestern, Mütter und Tanten um den Topf versammelt und sich um das Erhitzen der Suppe bemüht hatten. Sie positionierten sieben Gasstövchen unter das metallene Monstrum wie für einen Raketenabschuss. Elin krempelte die Ärmel ihres Kleides hoch, stellte sich auf einen Hocker und rührte mit einer Suppenkelle von der Länge eines Besens in der dicken Brühe.

»Hex, hex«, sang Elin beschwörend dazu, und Caroline lachte, dass ihr Tränen über die rosigen Wangen kullerten. Aber geschmeckt hatte die lauwarme Erbsensuppe am Ende allen und über das Gesicht von Frau Mikkelsen zog doch noch ein zufriedenes Lächeln. Den ganzen Abend über hatte sie die Feierlichkeiten scheinbar eher erstaunt bis skeptisch beobachtet und mit fast niemandem gesprochen, auch Klarius war viel zu sehr im Bräutigamtrubel, um sich um ihre Unterhaltung zu kümmern. Die Erbsensuppe läutete das Ende der Feier ein und kurz nach drei Uhr begannen die Gäste, sich fröhlich und massenweise zu verabschieden.

Das Hotel für die Hochzeitsnacht war nur einige Hundert Meter entfernt vom Festsaal, sodass Caroline und Klarius zu Fuß dorthin gingen – begleitet von den schlüpfrigen Jubelrufen der stark angeheiterten Junggesellen und nicht mehr so ganz jungen Gesellen. Sie spornten Klarius an, er solle seine Braut doch die ganze Strecke tragen. Auf den letzten 20 Metern kam er diesem Wunsch schließlich nach und trug Caroline leicht schwankend über die Schwelle des Hotels. Dort wurden sie von einem schläfrigen Nachtportier erwartet, der Klarius einen Schlüssel in die Hand drückte und so etwas wie »Gutes Bündnis« murmelte.

Sandefjord, 8. April 1931

Meine liebe Elin,
heute schreibe ich dir zum ersten Mal als verheiratete Frau. Ich kann dir noch gar nicht sagen, ob ich mich wirklich anders fühle als zuvor. Der Hochzeitswirbel hat sich nun gelegt und

ich gewöhne mich gerade in mein neues Heim ein. Heute Vormittag scheint die Sonne durch das Fenster und ich sitze an unserem ovalen Esszimmertisch aus Mahagoni.

Gestern konnten wir uns am Pier leider nur schnell verabschieden – dabei gibt es so einiges, was ich gerne im Vertrauen mit dir besprochen hätte. Du weißt schon – die Hochzeitsnacht ... Eigentlich lässt sich dieses Erlebnis nicht gut in Worte fassen. Ich versuche es trotzdem.

Als wir in unser Zimmer kamen – auf ein nochmaliges Tragen über die Schwelle verzichtete ich –, war das Bett schon aufgeschlagen und jemand hatte unsere Nachtkleidung über die Kopfkissen ausgebreitet. Auf einer Kommode standen ein Tulpenstrauß und ein Nachttrunk aus Kräuterlikör. Klarius ließ mich zuerst ins Badezimmer gehen, wo ich mein Nachtgewand anzog, meine Zähne putzte und mir die Schminke vom Gesicht wusch. All das schien viel Zeit in Anspruch zu nehmen oder vielleicht zögerte ich die Sache nur hinaus. Als ich aus dem Bad trat, trug Klarius schon seinen Pyjama – weiße Baumwolle mit blauen Streifen – und schaute mir erwartungsvoll entgegen. Es brannte nur eine kleine Nachtlampe auf der Kommode, sodass wir in ein schummriges Licht getaucht waren. Trotzdem sah ich gut, wie seine glänzenden Augen über meine Gestalt wanderten. Das »Dessous«, das ich mit Lily ausgesucht hatte, war offensichtlich ein Volltreffer. Dann zeigte er auf den Nachttrunk, ich solle schon einschenken, er ging ins Bad. Ich füllte die Gläser bis zum Rand. Er kam heraus, wir prosteten uns zu und tranken. Der Kräuterlikör schmeckte intensiv nach Pfefferminz und Lakritze (was ich gar nicht mag) und brannte in Kehle und Magen. Ich spürte mein Blut heftig in meinem Hals pulsieren, was ich in dieser Situation angenehm fand. Dann – hm –, also, nun muss ich doch zensieren. Klarius übernahm jedenfalls die Führung und ich habe mich ihm anvertraut.

Die ehelichen Zärtlichkeiten sind vielleicht nicht ganz so romantisch und ekstatisch, wie ich aus Valentino-Filmen und gewissen Liebesromanen erwartet hatte. Aber dieses Zusammensein kann bestimmt noch schöner und vertrauter werden und ich bin guter Dinge, dass ich bei Klarius in dieser Hinsicht in guten Händen bin, nicht nur sprichwörtlich.

Nun, liebe Elin, werde ich diesen ersten Brief aus Sandefjord beenden, zum Postamt gehen und mich mit einem großen Vorrat an Briefmarken eindecken und dabei auch gleich meine norwegischen Sprachkünste ausprobieren. Ich schreibe dir bald wieder. Es gibt so vieles zu erzählen!

Mit diesem Brief hast du nun auch meine neue Postanschrift und ich warte gespannt auf Nachricht von dir. Wir haben einen großen roten Briefkasten am weißen Gartenzaun, der nur darauf wartet, gefüllt zu werden.

Ich umarme und herze dich schwesterlich
deine Caroline

Kapitel 23:
Ein scheussliches gelbes Sofa und ein schöner Perserteppich im neuen Heim

Sandefjord, 21. April 1932

Meine liebe Elin,

vielen Dank für deinen Brief – es ist der erste, der in unserem roten Briefkasten gelandet ist. Ansonsten bekommen wir täglich die einheimische Zeitung, die ich fleißig lese, was immer besser geht.

Nun lebe ich schon seit fast zwei Wochen in Sandefjord und bin noch nicht zur Ruhe gekommen. Alles ist neu und ich muss täglich so viele Entscheidungen treffen – schon alleine darüber, was die Einrichtung unseres Hauses betrifft. Nur Frau Mikkelsen kommt mich alle paar Tage besuchen. Sie hat mir das Du angeboten und vorgeschlagen, ich könne sie »*svigermor*«, also Schwiegermutter, Nora nennen, was mir nicht leicht über die Lippen geht.

Klarius ist oft drei Tage am Stück auf dem Walfänger; anschließend hat er zwei Tage frei, aber auch dann ist er meist geschäftlich unterwegs im Büro und im Lager. Wir sehen uns nur zu den Mahlzeiten und natürlich im Schlafzimmer …

Was das Kochen angeht, so habe ich mein gesamtes Programm an Gerichten aufgeboten, die Mutter mir beigebracht hat. Übrigens waren unter den Hochzeitsgeschenken fünf (!) Kochbücher für norwegische Küche, die ich alle durchgeblättert und mir einige Rezepte zum Ausprobieren markiert habe. Klarius hat seinen Teller bisher fast immer aufgegessen, nur meine Teigtaschen mit Hackfleischfüllung waren ihm zu süß. Aber im Großen und Ganzen scheint er zufrieden mit meinen Kochkünsten zu sein. Er kneift mir bei Tisch manchmal freundlich in die Wange, wenn es ihm besonders gut schmeckt. Ich selbst bin auch zufrieden mit meinen kulinarischen Neuentdeckungen.

Wo wir schon bei den Hochzeitsgeschenken sind: Diese kamen zwei Tage nach uns in Sandefjord an. Ich habe sie alle mit viel Freude ausgepackt und auf unserem Esstisch aufgestellt. Klarius hat unseren Geschenketisch nur kurz betrachtet und gefragt, ob ich nun alles für den Haushalt hätte.

»Ich muss mich erst einrichten. Kann schon sein, dass noch ein paar Sachen fehlen«, antwortete ich, und mein Mann brummte. Er hat eine große Bandbreite an Brummgeräuschen, die ich so langsam kennenlerne. In diesem Fall schien es mir ein etwas ungehaltenes Brummen zu sein.

Ich habe zwei ganze Tage damit verbracht, in der Küche alles einzuräumen. Ein Gasherd, Waschtisch mit Warmwasserboiler und Schränke waren schon vorhanden. Das Mobilar ist leider in einem sehr abgenutzten Zustand, einige der Türen hängen schief und die Innenbretter der Schränke waren alle verschmutzt. Ich habe sogar vier Dosen Thunfisch aus dem Jahr 1925 gefunden. Also musste ich erst gründlich putzen. Am liebsten hätte ich diese alten Schränke komplett rausgeworfen und neue gekauft. Aber ich wollte nicht gleich zu Beginn unserer Ehe solche teuren Forderungen an Klarius stellen. So habe ich das Beste daraus gemacht und mir eine Ordnung überlegt, welche Töpfe und Teller wo stehen sollen, damit ich sie gut erreichen kann.

Auch die übrigen Zimmer des Hauses sind möbliert. Die Möbel wurden teilweise von den vorherigen Bewohnern, einem betagten Ehepaar, zurückgelassen, so zum Beispiel ein scheußliches Sofa in Senfgelb voller Flecken und mit einem seltsamen Geruch nach altem Hund.

Was an Grundausstattung fehlte, hatte Klarius besorgt. Zum Beispiel den schönen Esstisch aus Mahagoni. Die Stühle dazu stammen allerdings aus einer Versteigerung, sind eckig und schwarz lackiert mit geblümten Sitzkissen und passen gar nicht zum Tisch. Unser Ehebett ist aus Holz, grün angestrichen und am Kopfteil mit einem altmodischen Blumenmuster bemalt – das ist leider gar nicht nach meinem Geschmack. Die Nachttische, Kommoden und Schränke sind alle in unterschiedlichem Stil und ich finde, alles sieht wild zusammengewürfelt aus. Klarius scheint das nicht zu stören. Er ist eben ein Mann für das Praktische.

Mit dem Badezimmer ist es nicht viel besser. Die Ausstattung ist bestimmt schon 20 Jahre alt. Einzig die WC-Schüssel scheint jünger zu sein, was sie jedoch nicht attraktiver macht. Das Porzellan von Waschbecken und Wanne hat einen gelblichen Seifenfilm, den sogar mein energischstes Scheuern noch nicht beseitigen konnte. Ich habe Scheuersalz und Essigkonzentrat ausprobiert. Dabei haben sich drei Paar Gummihandschuhe aufgelöst, von der Haut an meinen Händen will ich gar nicht sprechen. Der Boiler liefert warmes Wasser, braucht aber fast eine halbe Stunde, um heiß zu werden, und fasst dabei nur 20 Liter. Für meine geliebten Wannenbäder brauche ich also eine lange Anlaufphase.

Aus meinem Sparstrumpf habe ich mir das erste eigene Möbelstück gekauft: einen hübschen Tisch mit geschwungenen Metallbeinen und einer Marmorplatte für meine Nähmaschine. Ich habe das gute Stück auf dem Antiquitätenmarkt entdeckt und einen günstigen Preis ausgehandelt. Mein kleines Nähzimmer zum Garten hinaus ist im Moment mein Lieblingsraum, weil er völlig leer war – mit dunklen Dielen, die behaglich unter meinen Schritten knarzen, und hellblauen Tapeten – und ich mir diesen Raum selbst eingerichtet habe: Zum Nähtisch, auf dem meine treue Singer-Nähmaschine steht, gibt es einen Klappstuhl mit meinen dicken Lieblingssitzkissen von daheim. Dann habe ich mir noch einen gemütlichen Sessel gekauft, zwar gebraucht, aber in gutem Zustand. Zwei Buben haben mir das Möbelstück auf einem Bollerwagen vor die Tür geliefert und sogar für mich nach oben getragen. Zum Lohn gab es für jeden eine Krone von mir. Für dieses Zimmer habe ich als Erstes aus den Stoffen meiner Aussteuer eine hübsche Gardine genäht. Es fehlt noch ein Teppich. Mir schwebt einer aus weißer Wolle vor; ich halte Ausschau nach einem guten Angebot, aber ich muss dafür noch ein wenig sparen.

Übrigens, Teppich: Erinnerst du dich an die Besorgung, die Klarius am Vormittag nach unserer Hochzeit gemacht hat? Hierbei handelte es sich um die Verschiffung eines besonderen Hochzeitsgeschenks vom Patenonkel meines Mannes, der in Istanbul ein Handelsgeschäft für Stoffe und Teppiche führt. Die riesige Rolle wurde an meinem dritten Tag in Sandefjord angeliefert – von einem kleinen Lastwagen und drei mächtig muskulösen Männern, die offensichtlich an das Tragen von Lasten gewöhnt waren. Die Nachbarskinder vom Haus links von uns lugten neugierig über den Gartenzaun, als diese riesige Wurst in unser Haus getragen wurde. Ich bestaunte das Stück ausgiebig, das wie ein gestrandeter Wal in unserem Wohnzimmer lag. Als Klarius am Abend heimkam, packten wir das Geschenk zusammen aus und ich freute mich ehrlich: Es ist ein großer, weicher Perserteppich mit dunkelrotem Grundton und vielen feinen Mustern in Weiß, Blau, Grün und Orange. Dieses Schmuckstück haben wir im Wohnzimmer vor dem Kamin ausgelegt, um den herum ich gerne eine Sitzgruppe aufbauen möchte. Aber im Moment haben wir nur das scheußliche gelbe Sofa. Es wäre mir äußerst peinlich, meine Gäste dort Platz nehmen zu lassen. Bisher hatte ich keine echten Gäste. Schwiegermutter Mikkelsen kommt ohne Ankündigung vorbei und bleibt auch nur kurz, um meine Fortschritte in Augenschein zu nehmen und mir Ratschläge zu erteilen.

Nach einigen Tagen habe ich mich getraut, Klarius vorsichtig zu fragen, ob denn Geldmittel vorhanden seien, damit ich unser Haus ein wenig mehr nach meinem Geschmack einrichten könne.

»Wir haben doch alles, was wir brauchen. Willst du noch Bilder an die Wände hängen?«, fragte er und schien nicht zu verstehen, was ich meinte.

»Wenn wir einmal Gäste haben, brauchen wir mehr Sitzplätze. Das alte Sofa ist nicht so einladend«, versuchte ich es.

»Das Sofa ist völlig in Ordnung. Du kannst einen neuen Bezug darüber machen lassen. Vielleicht noch zwei Sessel dazu, dann haben wir alles«, meinte er. Ich machte »Hm« und Klarius hielt das für meine Zustimmung. Also habe ich vorerst einen bunten Baumwollstoff über das gelbe Monstrum gelegt und getrockneten Lavendel auf den Kissen zerrieben, in der Hoffnung, den Geruch nach altem Hund zu vertreiben, was nicht gelungen ist. Inzwischen sieht das Sofa passabel aus. Aber ich selbst sitze lieber in meinem eigenen Sessel im Nähzimmer.

Dies ist mein geheimer Wunschzettel, liebe Schwester, den ich meinem Mann im Laufe der Zeit noch schonend und geschickt beibringen muss, in der Reihenfolge der Wichtigkeit aufgelistet: ein neues Bad, neue Küchenmöbel, ein schönes Ehebett, eine zusammenpassende Sofagarnitur, eine

Geschirrvitrine, einen Teppich für mein Nähzimmer und einen Teppich für das Esszimmer. Ach, die Liste ist noch viel länger, aber ich beschränke mich erst einmal auf das Wichtigste.

Liebe Elin, es tut mir leid, dass mein Brief eine solche Anhäufung von Klagen und Unzufriedenheit ist – ich weiß, es handelt sich nur um Äußerlichkeiten, die man ändern kann (zum Glück!). Aber im Moment ist dieses Haus das Zentrum meines Lebens und ich beschäftige mich rund um die Uhr mit diesen Räumlichkeiten und versuche, sie in mein Heim zu verwandeln. Ich teile meine Sorgen mit dir, weil ich darauf vertraue, dass du mich – wie immer – verstehst. Zum ersten Mal bin ich die Herrin in meinem eigenen Haus und komme mir stattdessen wie ein Pensionsgast in einem lieblos zusammengestellten Durchreisezimmer vor. Ich möchte mich hier aber wohlfühlen, die Räume zu meinen eigenen machen. Mein Nestbau wird auch dadurch erschwert, dass ich meinen Mann für jede Ausgabe um Erlaubnis bitten muss. Ich wünschte, er würde mir mehr Freiheiten und Geld dafür geben. Was für eine schrecklich undankbare und verwöhnte Frau ich doch bin! Mir wäre es eine große Erleichterung, wenn ich ein wenig eigenes Geld dazuverdienen könnte. Ich werde Klarius demnächst einmal fragen, ob vielleicht bei der Reederei Thor Dahl eine Stelle für eine Sekretärin oder eine Buchhalterin frei ist, denn Herr Christensen und sein Büro haben einen sehr guten Eindruck auf mich gemacht – ich hoffe, das beruhte auf Gegenseitigkeit. Schließlich hatte Klarius auf die Frage nach meiner Berufstätigkeit in der Ehe bei unserem Briefwechsel vor der Verlobung mit einem eindeutigen »Ja« geantwortet.

Liebe Schwester, ich hoffe, du schreibst mir bald und gibst mir deinen Trost und Rat, was meine Heimgestaltung angeht.

Ich umarme und drücke dich ganz fest
deine Caroline

Kapitel 24:
Skoleboller, Nähmaschine und Damenzirkel

Sandefjord, 30. April 1932

Meine liebe Elin,
ich danke dir für deinen Brief, der mich sehr aufgebaut hat. Ich musste lachen über deine Beschreibung von deinem Ausbildungszimmer seinerzeit in Kopenhagen mit den Zwiebelschalen unter der Matratze und den Mauselöchern in den Fußleisten. Eine Maus habe ich zum Glück in unserem Haus noch nicht entdeckt, dafür fiel eine tote Möwe aus dem Kaminschacht herab. Ich wäre vor Schreck fast an die Decke gesprungen. Du hast natürlich recht: Ich sollte geduldiger sein und kein perfektes Haus erwarten, sondern mich nach und nach einrichten (innerhalb von von zwei Wochen lässt sich das eben nicht bewerkstelligen) und mich an den schönen Dingen erfreuen.

Du fragst, wie sich das Eheleben zwischen Klarius und mir gestaltet. Ich kann sagen, dass wir uns inzwischen gut aufeinander eingestimmt haben. Klarius steht jeden Tag um sechs Uhr in der Frühe auf. Ich mache ihm Rührei in der Pfanne und dann geht er zu Fuß hinunter zum Hafen. Ich schaue ihm nach, wie seine kräftige Gestalt mit den breiten Schultern den Weg zu seinem Schiff nimmt. Er ist ganz Herr seiner selbst und die Mannschaft schaut zu ihm auf.

Während Klarius arbeitet, nutze ich die ruhigen Morgenstunden im Haus, um es uns hier gemütlich zu machen. Ich habe neue Gardinen für die Vorderfenster genäht – es sind drei Fenster im Erdgeschoss und vier im Obergeschoss. Dazu habe ich das weiße Garn verwendet, das ich in meiner Aussteuer mitgebracht habe. Für jede Gardine habe ich ein eigenes Muster entworfen – es sind Muscheln und Seesterne. Klarius ist ganz Mann und bemerkt diese Details meiner Hausverschönerung nicht. Wenn ihm aber mein Essen schmeckt, gibt er mir einen Kuss und tätschelt meine Hüften, die in den Wochen nach meiner Hochzeit wieder ein bisschen fülliger geworden sind. Aber nein, wir können uns jetzt noch nicht über Familienzuwachs freuen. Das Geheimnis hinter meinen neuen ehelichen Rundungen lautet »*skoleboller*«: Das sind Hefetörtchen mit einer Füllung aus Vanillecreme und Kokos, die ich nach einem Rezept meiner Schwiegermutter jede Woche backe. Ich bin geradezu süchtig danach. Wenn ich euch alle nächsten Sommer in Frederikshavn besuchen komme, bringe ich euch einen Korb voller *skoleboller* mit.

Ob du mich dann wohl verändert finden wirst – mal abgesehen von meiner naschhaften Leibesfülle?

Ich fühle mich als Ehefrau irgendwie nicht anders als früher und doch ist alles anders. War ich in Vaters Haus die Nummer 13 der Kinder und hatte meine Pflichten, so konnte ich doch meine kleinen Inseln für mich finden – du und ich auf der Decke mit unseren Puppen, meine Näharbeit am Fußende vom Bett, immer mit den kleinen Füßen von Jaspar und Tjark im Weg, denen ich in die Zehen gekniffen habe, damit sie mir Platz machten.

Jetzt bin ich die erste Frau im Haus und kann über meinen Bereich entscheiden, aber Klarius hat das letzte Wort. Ich stehe auf, wenn er aufsteht, und lege mich nieder, wenn er es tut. Manchmal denke ich an unsere Zeit an der Hollywood Academy der MGM-Filmstudios zurück, dieses wundervolle Jahr 1926. Mein Gott, ist das schon so lange her! Die Palmen, die frei und hoch im wolkenlosen Himmel schwankten, mein Platz in der Nähklasse in der dritten Reihe am Fenster, du am Tisch neben mir und meine Finger ständig in Bewegung, die wie von alleine Formen und Muster in die Stoffe einwebten. Der schwarze Kaffee am Morgen, ein Stück Wassermelone am Mittag, abends mit unseren Klassenkameradinnen im Diner. Wir warfen Münzen in die Jukebox, ich habe fast immer »When My Baby Smiles at Me« von Ted Lewis & Band ausgewählt, die gebräunten Männer vom Strand warfen uns Blicke zu und wir tanzten und dachten nicht an morgen. Klarius hält nicht viel vom Tanzen, er sagt: »Ich habe Seebeine«, und die stehen fest auf den Planken des Schiffes und schwingen nicht auf dem Tanzparkett.

Gleich kommt Klarius zurück – im Haus duftet es nach dem Brot, das ich heute Morgen gebacken habe – und bringt frischen Fisch vom Hafen mit. Beim Ausweiden des Fischs überkommt mich jedes Mal Übelkeit. Und das geschieht der Tochter eines Fischers! Klarius lacht und klopft sich auf die Schenkel, wenn er sieht, wie ich vor Ekel das Gesicht verziehe.

»Ein Fischerweib, das den Fisch nicht leiden kann, ist wie eine Möwe, die das Meer nicht mag«, hat er einmal gesagt. Also beiße ich meine Zähne zusammen und seziere den Fisch, damit ihm das Lachen nicht vergeht. Zum Glück hat es Klarius auf den Walfang abgesehen, sodass ich die kleinen Fische nur freitags ertragen muss. Einen ganzen Wal hat er mir noch nicht ins Haus geschleppt.

In meiner neuen Heimat tue ich mein Bestes, um so schnell wie möglich Norwegisch zu lernen. Ich verstehe schon alles, viele Wörter sind im Klang auch eng verwandt mit unserer Muttersprache. Aber es kostet mich noch einige Überwindung, selbst zu sprechen, da ich fürchte, Fehler zu machen. Ich übe mich im Gespräch mit Klarius, er verbessert mich stets, wenn ich ein falsches Wort verwende oder meine Aussprache nicht stimmt. Ich muss zugeben, dass ich seit meiner Ankunft noch keine weiteren Gesprächspartner gefunden habe – mehr als die nötigsten Worte beim Einkaufen und das Grüßen beim Kirchgang sind bisher nicht über meine Lippen gekommen. Ich nehme mir täglich vor, mehr zu üben und mehr Gespräche zu führen, aber mir fehlt die Gelegenheit, denn ich habe leider noch keinen echten Freundeskreis.

»Du musst dir einen Damenzirkel suchen«, hat Klarius zu mir gesagt. Schwiegermutter Mikkelsen hat mich zwei Mal mit zum Damenkränzchen vom Verein für die Stadtverschönerung genommen. Die Damen, viel älter als ich, sind alle schon Großmütter. Sie waren freundlich zu mir; es gab Tee und einen Quarkzopf mit dicken Zuckerstreuseln (beim zweiten Mal Süßbrot mit Rosinen). Die Damen haben sich viel erzählt, was ihre Kinder und Enkel so machen, wer befördert oder gekündigt worden ist, welcher Herr mit einer Dame (die nicht seine Ehefrau ist) in vertraulicher Zweisamkeit gesichtet wurde und vieles mehr. Zu Beginn haben die Damen mich nach meinen Familienverhältnissen ausgefragt. Ich erzählte, dass mein Vater Fischer ist und ich das dreizehnte von sechzehn Kindern bin. Dann wollten sie wissen, welche Berufe meine Brüder ausüben und wie viele meiner Schwestern schon verheiratet sind. Die übrige Zeit saß ich schweigend dabei. Als die Teestunde endlich vorüber war, schmerzten meine Wangen vom angestrengten Lächeln.

Ich schreibe dir bald wieder, meine liebe Elin. Ich laufe jeden Morgen voller Erwartung zum Briefkasten, um zu schauen, ob ich einen Brief von dir vorfinde. Was gibt es Neues aus deinem Modehaus Petersen?

In Liebe
deine Caroline

Kapitel 25:
Abschied vom Arbeitsleben

Sandefjord, 4. Mai 1932

Ein Brief von Helga! Neugierig riss Caroline das Kuvert auf und las. Onkel Rasmus hatte eine Nachfolgerin für sie eingestellt: ein Fräulein Miriam Levi aus Bremen. Sie sei sehr schweigsam und man könne gar nicht mit ihr lachen, meinte Helga. Weiter schrieb sie:

> Halte dich fest, Fräulein Olsen hat einen neuen Verehrer – endlich hat sie ihren Direktor gefunden. Nun gut, er ist ein Zoodirektor. In seiner Tierhandlung verkauft er Reptilien und Schlangen. Seiner Herzensdame hat er eine Handtasche aus Krokodilleder geschenkt. Er selbst trägt Stiefel aus dem gleichen Material und zusammen sehen sie aus wie ein Paar aus dem Zirkus.

Caroline musste bei dieser Beschreibung lachen. Ach, sie vermisste sogar Fräulein Olsen. Helga berichtete von neuen Aufträgen und einem verbesserten Ablagesystem, daraufhin wünschte sie sich, sie könnte dort mitarbeiten. Als Helga den Brief damit schloss, wie sehr ihr Caroline fehlte, schossen ihr Tränen in die Augen. Ihr wurde so wehmütig zumute, dass sie den Schuhkarton aus der Kommode hervorholte, den sie von ihren Kolleginnen zum Abschied am letzten Arbeitstag eine Woche vor der Hochzeit geschenkt bekommen hatte. Der Karton war mit buntem Konfetti gefüllt. Caroline war mit der Hand im Karton auf Schatzsuche gegangen und hatte neben allerlei bunten Bonbons und Pralinchen ein Glas mit königsblauer Tinte herausgefischt. Ihre Kolleginnen wussten, wie gerne Caroline Briefe schrieb. Dann fand sie eine wunderschöne Brosche aus Silber mit einem Relief aus Elfenbein, das ein Buch und eine Feder darstellte – also Symbole für eine Buchhalterin. Caroline strich nun mit dem Finger über diese Brosche. Sie würde sie ja gerne tragen, aber mittlerweile war sie keine Buchhalterin mehr. Wenn sie die Brosche beim Putzen und Kochen tragen würde, käme sie sich wie eine Hochstaplerin vor.

Kurz nach ihrem Einzug in Sandefjord hatte sie Klarius gebeten, bei seiner Reederei Thor Dahl nachzufragen, ob es dort eine Stelle für sie gäbe. Aber man hatte ihr ausrichten lassen, dass sie leider im Moment mit Personal voll besetzt seien, Caroline aber für zukünftige Bedarfsfälle im Hinterkopf behalten würden.

Sie seufzte resigniert. Da kam ihr eine Idee. Mit neuer Energie sprang sie auf und lief ins Wohnzimmer. Sie holte die Samstagszeitung aus dem Stapel mit dem Kaminholz und blätterte auf die Seite mit der Rubrik »Jobs«. Tatsächlich, da waren vier Anzeigen für eine Bürokraft: von einem Notar, einem Immobilienbüro, einem Fischereiproduktegroßhandel – ein Konkurrenzunternehmen von Onkel Rasmus – und einer

Reederei. Die letzten beiden Stellen passten vom Aufgabenfeld ideal zu ihr. Mit ihrer Berufserfahrung und dem sehr guten Arbeitszeugnis, das Onkel Rasmus ihr ausgestellt hatte, hätte sie sicher Chancen, eingestellt zu werden. Nun musste sie nur noch Klarius überzeugen, damit er seine Zustimmung gab, dass sie wieder arbeiten ging.

Nach dem Abendessen saß Klarius in seinem Lieblingssessel, rauchte eine Zigarre und las die Tageszeitung. Der Moment schien günstig. Sie setzte sich zu ihm und räusperte sich.

»Ich habe heute die Stellenanzeigen in der Zeitung angeschaut. Zwei der Stellen passen sehr gut auf mich, dort könnte ich etwas Ähnliches arbeiten wie im Großhandel von Onkel Rasmus.«

Sie hielt die Luft an. Klarius brummte nur.

»Ich würde mich gerne bewerben«, sagte Caroline etwas forscher.

»Warum kümmerst du dich nicht zuerst um das Haus? Du wolltest doch noch so viel daran verbessern, oder nicht?«

Caroline biss sich auf die Zunge. *Wenn du mir kein Geld dafür gibst, kann ich die marode Innenausstattung nicht verbessern. Im Haus gibt es so nichts mehr für mich zu tun.* Stattdessen erwiderte sie: »Ich möchte gerne wieder in einem Büro arbeiten, vielleicht auch nur halbtags. Es kann nicht schaden, wenn ich ein wenig Geld dazuverdiene.«

Das waren genau die falschen Worte, wie Caroline erschrocken feststellen musste. Klarius' Kopf lief rot an, wie sie es noch nie bei ihm gesehen hatte.

»Ich bin der Verdiener in diesem Haushalt!«, erklärte er mit zornig gepresster Stimme. »Ich bringe genug Lohn nach Hause. Du hast keinen Grund, dich zu beklagen.«

Er sprang aus seinem Sessel, stampfte zur Haustür und warf diese krachend hinter sich zu. Kurz darauf hörte Caroline den

Motor aufheulen und die Kieselsteine in der Auffahrt spritzten, als er in seinem Auto davonraste.

Sie hatte ihren Mann empfindlich in seiner Ehre gekränkt! Was war sie eigentlich für eine undankbare Frau! Natürlich hatte sie es nicht so gemeint. Natürlich wusste sie, dass Klarius ein zuverlässiger Ehemann war, der sie – und ihren hoffentlich bald zu erwartenden Nachwuchs – gut ernähren konnte.

Warum verstand er nicht, dass es ihr beim Arbeiten darum ging, eine erfüllende Aufgabe zu haben? Dass sie ihren Kopf benutzen wollte. Solange sie noch keine Kinder hatten – leider deutete sich bisher keine Veränderung ihres Körpers an, obwohl sie eigentlich täglich darauf wartete –, hatte sie neben dem Haushalt noch genügend Zeit und Kraft übrig. Warum verstand Klarius nicht, wie viel Freude ihr die Büroarbeit machte? Auch die Gemeinschaft und die Schwätzchen mit den Kolleginnen vermisste sie in ihrem einsamen Hausfrauendasein sehr. Jetzt bekam sie auch kein Lob mehr von ihren Vorgesetzten. Und was den Lohn betraf, wäre es sicherlich ein schönes Gefühl, wieder eigenes Geld zu verdienen. Dann könnte sie auch ihre Wünsche für die Verschönerung ihres Heims umsetzen, ohne Klarius um jede Krone bitten zu müssen. Sie wollte das Geld doch gar nicht für selbstsüchtigen Luxus, sondern zum Wohl ihrer Ehe.

An diesem Abend kam Klarius erst nach Mitternacht heim. Er polterte die Treppe hinauf und ins Schlafzimmer. Ihr Mann ging ein bis zwei Mal in der Woche in seine Stammkneipe am Hafen und traf sich mit Freunden und Kollegen. Die Männer spielten Karten und Klarius trank nie mehr als zwei Glas Bier. Caroline gönnte ihm seine Männerabende. Trotzdem fühlte sie sich dann besonders einsam im leeren Haus. Wenn sie nur selbst Freundinnen hätte, dann würde sie sich die Zeit ohne ihn angenehmer vertreiben. Aber wenn Klarius spätabends zurückkam, war er immer bestens gelaunt und voller Sehnsucht nach ihr.

In diesen Nächten war er besonders stürmisch im Bett und das machte es wieder gut. Nicht so in dieser Nacht. Er kroch unter die Decke, drehte ihr ohne ein Gutenachtwort den Rücken zu und kurz darauf hörte sie ihn leise schnarchen.

Klarius schlief bis in den Vormittag hinein. Es war Sonntag, also musste er nicht zur Arbeit. Caroline ging ohne ihren Mann in die Kirche. Dort saß sie wie jeden Sonntag neben Nora Mikkelsen.

»Wo ist Klarius?«, wollte seine Mutter wissen und runzelte ungehalten ihre Stirn.

»Er schläft noch«, sagte Caroline und vertiefte sich ins Gesangbuch.

Als sie heimkam, roch es verbrannt im Flur. Caroline eilte in die Küche. Dort stand eine Pfanne mit halb verkohltem Rührei und Speck auf dem Herd – von Klarius selbst keine Spur. Zugegebenermaßen hatte sie ihren Mann an diesem Morgen vernachlässigt und ihm nicht sein allmorgendliches Frühstück in der Pfanne zubereitet.

Soll er sich sein Rührei doch selber braten, hatte sie in kindischem Trotz gedacht. Nun machte sie in der Küche sauber und saß den ganzen Nachmittag unruhig im Nähzimmer und arbeitete an den Vorhängen für das Esszimmer. Sie wäre gerne an der frischen Luft spazieren gegangen, aber dann hätte sie Klarius womöglich noch verpasst, wenn er heimkam. Eigentlich machte sie sonntagmittags immer belegte Sandwiches mit Fleisch- und Fischresten aus der Woche und abends eine Gemüsesuppe mit Brot. Aber heute würde sie ihm sein Wunschgericht kochen und dann würden sie sich wieder vertragen.

Gegen 16 Uhr hörte sie endlich die Autoreifen auf der Kiesauffahrt. Caroline sprang auf und blieb unsicher am Nähtisch stehen. Ihr war mulmig im Magen. Das war ihr erster richtiger Streit und sie wusste nicht, was sie zu erwarten hatte. Die Haustür ging auf und sie hörte die Schritte ihres Mannes bis zur Treppe gehen, sie klangen nicht hart und stampfend, was sie ein wenig beruhigte.

»Line, komm runter«, rief Klarius in einem Befehlston, der aber einen freundlichen Beiklang hatte. Caroline eilte zum Treppenabsatz. Unten stand Klarius mit einem schiefen Lächeln und einer Papiertüte auf der flachen Hand wie ein Kellner, der etwas auf einem Silbertablett servierte. Sie erkannte die Verpackung ihres Lieblingscafés und sprang freudig die Treppe hinunter. Sie fiel Klarius um den Hals und gab ihm einen Kuss, den er stürmisch erwiderte. Er hob sie auf seine starken Arme und trug sie ins Schlafzimmer. Ungestüm zogen sie sich gegenseitig die Kleider vom Leib und bald verschmolz sie ganz mit der Wärme seines Körpers, spürte das aufregende Kratzen seiner Bartstoppeln an der Innenseite ihrer Oberschenkel und seine weichen und geschickten Hände, die alle ihre Rundungen erkundeten. Sie gab sich seinen leidenschaftlichen Liebkosungen hin, dem Geben und Nehmen wie in einem Wellenritt in aufschäumender Brandung, die sie unaufhaltsam immer höher trug bis zum Überschlag.

Danach lagen sie Arm in Arm in zerwühlten Laken und ließen sich die Windbeutel schmecken. Caroline beschloss, ihre Suche nach einer Bürostelle erst einmal ruhen zu lassen.

Kapitel 26: Pizza und Witze bei Stiefmutter Jesse

Sydney, 12. März 1995

Jesse liegt wach. Die Morgendämmerung durchbricht die Dunkelheit. Vögel kündigen zwitschernd den Tag an. Jesse dreht langsam den Kopf zur Seite und schaut resigniert auf die Digitalanzeige ihres Weckers: 04:42 Uhr. Sie hat noch keine einzige Minute geschlafen. Ihr Rücken tut weh vom wachen Liegen. Ihre Stirn juckt vom Lavendelöl, das sie darauf getupft hat. Sie hätte besser um Mitternacht eine Schlaftablette genommen, anstatt es mit diesen wirkungslosen Naturmitteln zu versuchen. Aber die Schlaftablette ist reserviert für echte Notfälle. Sie will nicht süchtig danach werden.

»Drogensucht ist nur für Versager«, sagt ihr Vater.

»Diese Schlafstörungen sind das Resultat von hoher innerer Anspannung. Oft ein Warnsignal vor dem Burn-out. Haben Sie viel Stress auf der Arbeit?«, hat neulich ihr Hausarzt mit ernster Miene gefragt.

»Zu meiner Arbeit gehört Stress einfach dazu«, hat Jesse schnaubend erklärt. Pflichtschuldig ist sie später dem Rat des Mediziners gefolgt und hat mit Entspannungsübungen begonnen. Sie weiß, dass ihr Körper seinen Schlaf braucht, um vollständig leistungsfähig zu sein. Da er sich nicht ihrem Willen beugt, will sie ihren widerspenstigen Körper wenigstens mit diesen Übungen überlisten, was manchmal sogar gelingt.

Neben ihrem Kopf summt der CD-Spieler. Die Meditationsübung ist längst abgespielt und hat sie nicht in den ersehnten Schlaf hinübergeleitet. Sie schaltet das Gerät aus und setzt sich stöhnend auf. Aidan neben ihr schläft wie ein Murmeltier.

Am heutigen Sonntag könnte sie eigentlich ausschlafen. Sie muss erst um 14 Uhr in der Redaktion sein. Im Zeitungsleben ticken die Uhren anders. Der Samstag ist ihr freier Tag, am Sonntag wird wieder gearbeitet für die Montagsausgabe. Jesse geht ins Bad und stellt sich unter die Dusche. Das heiße Wasser strömt über ihren Körper und plötzlich fühlen sich ihre Augenlider bleischwer an. Im Bademantel und mit nassen Haaren legt sie sich auf das Sofa im Wohnzimmer und schläft sofort ein.

»Jesse, aufwachen!«

Aidan schüttelt sie an der Schulter.

»Meine Jungs kommen in einer halben Stunde«, sagt er.

Jesse richtet sich auf. Sie fühlt sich einigermaßen erholt. Die Uhr zeigt halb zwölf. Rasch zieht sie sich an und kämmt ihre verknoteten Haare.

»Ich bestelle Pizza«, beschließt Aidan ohne Vorwurf. Jesse hat in den letzten fünf Jahren ganze drei Mal für ihn und seine Söhne gekocht – Spaghetti, Lasagne und Spaghetti –, was mit mäßigem Appetit aufgenommen worden ist. Aber an allen anderen Sonntagen bestellt Aidan die Lieblingsspeisen der Jungs: Pizza oder Burger im Wechsel, frei Haus geliefert. Jesse sorgt dafür, dass zum Nachtisch das Tiefkühlfach mit einem Multipack Oreo-Eis bestückt ist.

Es klingelt, es trampelt auf der Treppe, dann marschieren David und Liam in Sneakers – die übel riechen, sobald sie von den Füßen sind – zur Tür herein, mit Baseballkappen auf den gut frisierten Haarschöpfen.

»Hi, Jesse«, murmelt David durch die Zahnspange, der mit seinen dreizehn Jahren schon pubertiert, aber von seiner Mutter auf ein Mindestmaß an Höflichkeit gedrillt ist. Im Schlepptau kommt Liam. Er ist der Hübschere von den beiden und hat mit seinen neun Jahren noch einen Restbonus von Niedlichkeit an sich, sodass ihm seine Eltern und Lehrer fast alles durchgehen lassen.

»Ich bekomme in Sport eine Eins auf dem Zeugnis«, verkündet Liam und strahlt sie an.

»Super«, lobt ihn Jesse.

Eine Viertelstunde später sitzen sie in der kleinen Küche gedrängt um den Tisch. In der Mitte liegt eine riesige Schachtel Pizza mit buntem Belag, aus der sie sich alle bedienen. Die Jungs mampfen.

»Ich habe einen neuen Witz«, sagt Jesse in die Richtung von Liam. Dieser ist selbst ein großer Witzeerzähler und nimmt Jesses Bemühungen freundlich auf, sein Repertoire zu erweitern.

»Schieß los«, murmelt Liam kauend.

»Zwei Radfahrer haben einen Zusammenstoß und liegen reglos am Boden. Da kommt ein Vampir vorbei und saugt sie beide aus. Dann nimmt er eines der Räder und fährt davon. Kurz darauf wird er von einem Polizisten angehalten, weil er Schlangenlinien fährt. Der Polizist fragt: ›Sagen Sie mal, was haben Sie getrunken?‹ Der Vampir antwortet: ›Zwei Radler.‹«

Liam lacht lauthals und Jesse kann halb zerkaute Pizza auf seiner Zunge sehen. Er mag Vampirwitze. David verzieht keine Miene.

»Ich habe auch einen«, verkündet Liam. ›Mami, Mami, was sind eigentlich Vampire? – Sei still und trink dein Blut, bevor es gerinnt!‹«

Jesse lacht, obwohl sie den Witz schon kennt. Aidan schmunzelt. David bewahrt sein Pokerface.

Als alle von der Pizza gesättigt sind, holt Jesse das Eis aus dem Tiefkühlfach.

»Oreo-Eis ist für Mädchen«, beschwert sich David und schiebt das runde Eis-Sandwich von sich.

»Stimmt nicht«, widerspricht Liam und isst alle beide auf. Zum Abschluss der Mahlzeit trinkt Liam seine Cola in einem Zug aus. Danach rülpst er. David lacht kurz auf. Aber Sekunden später sind seine Gesichtszüge wieder im coolen Teenager-Gleichgültigkeitsmodus.

Anschließend bricht die Männermannschaft zum Cricket Ground auf, um das Baseballspiel anzusehen. Jesse ist erleichtert, als sie weg sind. Sie ist wohl nicht die beste Stiefmutter. Aber auch nicht die schlechteste.

Kapitel 27:
Ein Abend bei den Christensens

Sandefjord, 2. Juli 1932

»Was soll ich bloß anziehen?« Caroline stand ratlos im Unterkleid vor den drei Abendkleidern, die sie auf dem Bett ausgebreitet hatte. Sie hatte die Kleider in den letzten Monaten eigenhändig genäht, zwei waren blumig und eher mädchenhaft und das Marineblaue schlicht und vornehm. Klarius trat hinter sie und gab ihr einen Kuss auf die nackte Schulter. Er trug seinen guten blauen Anzug und sah sehr weltmännisch aus.

»Die Kleider sind alle schön. Zieh einfach eines davon an. Wir wollen nicht zu spät zu den Christensens kommen.«

Es war ihre erste Einladung im Hause des Reeders. Bisher war Caroline Ingrid nur in der Kirche begegnet und hatte einige höfliche Grußworte mit ihr gewechselt.

»Ich möchte nicht, dass Frau Christensen mich für ein Provinz-Ei hält. Sie ist doch selbst immer so elegant gekleidet und jede Frau in Sandefjord schaut zu ihr auf«, sagte Caroline. Klarius griff entschlossen nach dem Kleid in der Mitte und hielt es am Bügel hoch. Es war das dunkelblaue Kleid mit dem hohen Gürtel und einem selbst gestickten weißen Kragen.

»Hier«, sagte er und hielt das Kleid vor ihre Brust. »Das hat die gleiche Farbe wie mein Anzug. Damit passen wir gut zusammen.«

Caroline nickte erleichtert und schlüpfte in das Kleid.

Als sie vor dem Haus der Christensens vorfuhren, hielt Caroline vor Ehrfurcht den Atem an. Ihre Gastgeber bewohnten ein herrschaftliches Haus oberhalb des Stadtzentrums mit einem Panoramablick auf den Hafen. Ein Hausmädchen öffnete ihnen die Tür und führte sie in einen behaglichen Salon.

Ingrid Christensen kam herein, um ihre Gäste willkommen zu heißen, und füllte mit ihrer Persönlichkeit den ganzen Raum aus. Ihre kleine, rundliche Gestalt war in ein mondänes Silberkleid gehüllt, ein buntes Schultertuch wehte hinter ihr her wie ein Segel, als sie ihren Gästen schwungvoll entgegenschritt. Aus ihrem Gesicht blitzten helle Augen und ein kräftiges Kinn bot die Grundlage für ihren beeindruckenden Mund. Ihre Lippen kräuselten sich wie die Wellen des Meeres, mal amüsiert, mal ironisch, manchmal unwirsch. Caroline hatte diese Lippen schon einmal vor der Kirche in gefährlicher Kräuselung gesehen, als ein engstirniger Herr zu ihren abenteuerlichen Reiseplänen bemerkt hatte: »Das ist doch nichts für Frauen.«

Am häufigsten aber – so wie jetzt bei der Begrüßung – öffneten sich ihre Lippen zu einem runden Lachen, das ihre nicht ganz geraden Zähne zeigte und die Worte über ihre Lippen sprudeln ließ. Ihre Stimme klang wie eine Schiffsglocke: Wenn sie sprach, hörten alle zu, und wer neben ihr sprach, wurde übertönt. Volle Fahrt voraus nahm sie Kurs auf Caroline und drückte sie an ihre imposante Brust. Caroline spürte die weiche

Wange ihrer Gastgeberin an ihrem Gesicht und ein fruchtiger Duft drang in ihre Nase, der sie an Brombeeren erinnerte.

»Endlich lerne ich die hübsche, stille Dänin besser kennen! Warum verstecken Sie Ihre Frau denn bisher vor uns?«, tönte sie und knuffte Klarius in die Seite. Als Frau Christensen Caroline so mit ihrer energischen Herzlichkeit begrüßte, fühlte sie sich sofort wohl bei ihr. Ob sie die »stille Dänin« vielleicht in ihren Damenzirkel aufnehmen würde?

Auch Lars Christensen, der im Windschatten seiner Frau hinzugekommen war, reichte Caroline die Hand und lächelte sie wohlwollend an. In der Reederei hatte er eindeutig das Sagen. Aber hier im Familienheim schien Ingrid das Steuer fest in der Hand zu halten.

Nach einem Cognac für die Herren und einem Eierlikör für die Damen wurden sie ins Speisezimmer geleitet. Das war vielleicht ein Zimmer: Der hohe Raum wurde von einem riesigen ovalen Holztisch beherrscht, der reich eingedeckt war mit edlem Porzellan, Silberbesteck, Kerzenleuchtern und dicken weißen Stoffservietten. Die Wände und Decken waren mit Holzkassetten verkleidet. Carolines Blicke wanderten staunend über die kunstvollen Schnitzereien mit Motiven aus der Seefahrt. Es gab bodentiefe Fenster, vor denen schwere rote Samtvorhänge hingen wie im Theater. Auch der Lüster aus Glas über dem Esstisch hätte einem Opernhaus alle Ehre gemacht. Er leuchtete selbstverständlich mit elektrischem Licht. Das ganze Haus war auf das Modernste ausgestattet: Die Christensens verfügten über zwei Telefonapparate, und selbst im Gästebad – das Caroline im Laufe des Abends aufsuchte – gab es warmes Wasser und einen vergoldeten Wasserhahn und die Handtücher dufteten nach Blumen. Caroline hätte hier sofort einziehen mögen.

Die Christensens hatten vier Kinder, von denen zwei schon aus dem Haus waren. Der älteste Sohn war Anfang 20 und arbeitete in der Reederei seines Vaters als Buchhalter. Die Tochter Augusta Sofie hatte gerade geheiratet. Die zwei Buben von vielleicht 14 und 17 Jahren kamen zu Tisch und benahmen sich vorbildlich an der Tafel. Man merkte, dass Frau Christensen eine Mutter war, die ihre Kinder mit ebenso viel Liebe wie Entschlossenheit erzog und sich ihr selbstbewusster Geist auch auf sie übertragen hatte. Der jüngste Sohn Jan beteiligte sich mit klugen Einwürfen am Gespräch, er kannte sich offenbar mit der Schifffahrt gut aus, was in diesem Elternhaus nicht verwunderlich war.

Caroline und Klarius wurden mit einem wahren Festmahl verwöhnt: Es gab Fischsuppe als Vorspeise, dann folgte ein Fasan mit Kartoffeln, Möhren und Rosenkohl, den Caroline besonders gerne mochte. Dazu zwei verschiedene Soßen: Käsecreme und Suppenfonds. Zum Nachtisch wurden sogenannte »*sommerboller*« serviert – diese Milchbrötchen mit einer Füllung aus Vanillecreme mit Mandelsplittern waren eine norwegische Spezialität, die Caroline beinahe ihre geliebten Windbeutel vergessen ließ –, dazu frische Erdbeeren. Was für ein Luxus! Caroline hatte diese Früchte schon einige Male auf dem Markt gesehen, aber die prallen Preise hatten sie vom Kauf abgehalten. Caroline war allerdings nicht sparsam in ihrem Lob für das köstliche Essen. Frau Christensen nahm dieses erfreut auf und sagte, sie werde das Lob an ihre Köchin weitergeben. Caroline stellte im Laufe des Abends fest, dass die Christensens vier Hausangestellte beschäftigten. Das war geradezu wie in einem Palast.

Nach dem Essen zogen sich Herr Christensen und Klarius in die Bibliothek zurück, um weitere Details der anstehenden Expedition zu planen. Frau Christensen bat Caroline ins Damenzimmer. Das war wieder ein eindrucksvoller Raum, vollständig ausgelegt mit Teppichen aus Persien und Indien, und weiche Sofas sowie Sessel mit floralen Mustern luden zum Sitzen ein. Neben hübschen Vasen und Blumenschmuck gab es auch viele Stücke, die auf die Reiseleidenschaft der Bewohnerin schließen ließen: Holzski und Schneestöcke hingen an der Wand und in einer Glasvitrine entdeckte Caroline einige ausgestopfte Meeresvögel. Vor dem Kamin lag das weiße Fell eines Eisbären. Caroline hätte sich am liebsten dort hineingekniet und mit der Hand durch das Fell gestrichen. Da fiel ihr Blick auf eine wandfüllende Weltkarte, in der viele bunte Pinnnadeln steckten, und sie trat neugierig näher. Ingrid – die Caroline, sobald sie allein waren, das Du und die vertrauliche Anrede mit dem Vornamen angeboten hatte – erklärte ihr, dass die farbigen Holzköpfe die Routen und Orte markierten, die sie schon bereist hatte. Caroline staunte: Schon im Jahr 1930 war Ingrid mit an Bord der *M/S Thorshavn* gewesen, als Lars Christensen die Expedition seines Schiffs höchstpersönlich angeführt hatte. Ingrid und ihre Begleiterin Mathilde Wegger waren die ersten Frauen, die die Landschaft der Antarktis mit eigenen Augen gesehen hatten.

Als sie auf dem Sofa saßen, zeigte Ingrid Caroline ein Album mit erstaunlichen Bildern dieser eisigen Landschaft. Auf einigen Bildern waren drollige Pinguine zu sehen, die wie kleine Frackträger aussahen. Ingrid selbst hatte diese Fotografien gemacht. Auch die Fotokamera führte sie Caroline vor.

»Hattest du denn keine Angst vor den Gefahren des Eismeeres, so weit entfernt von der Zivilisation und jeder Hilfe?«, wollte Caroline wissen.

»Nein!«, rief Ingrid. »Auf dem Schiff meines Mannes bin ich sicher. Mit einem guten Kapitän und einer ordentlichen Mannschaft muss man sich nicht fürchten. Das Schiff ist bestens erprobt und die Seeleute haben große Erfahrung im Beschiffen der Antarktis. Natürlich muss man als Frau an Bord auf einigen Komfort verzichten. Aber Mathilde und ich hatten warme Kajüten. Auch an das Schwanken des Schiffes gewöhnt man sich nach einigen Tagen – na gut, die Seekrankheit macht einem schon zu Beginn ein wenig zu schaffen, aber das ist auszuhalten. Die Mannschaft war sehr rücksichtsvoll zu uns Damen. Mein Mann hat ihnen das Fluchen in unserer Gegenwart verboten.« Ingrid lachte schallend und Caroline war sich sicher, dass diese Frau sich nicht von Seemannsflüchen schrecken ließ.

»Der Koch hat für uns ein extra gutes Essen bereitet. Am Abend haben wir mit den Offizieren Karten gespielt«, berichtete sie. Caroline fühlte sich angesteckt von dieser Reisefreude und blätterte neugierig weiter im Album. Besonders eine Fotografie nahm sie sofort gefangen. Das Bild zeigte Ingrid und Mathilde an Deck des Schiffes in eleganten Pelzmänteln und modischen Hüten. Ingrid blickte beinahe kokett in die Kamera.

»Ihr seht aus, als würdet ihr gleich auf einen Ball gehen«, fand Caroline. Ingrid lachte wieder und ihr großer Mund wirkte wie eine Einladung, ausgelassen mitzulachen.

»Wir haben jeden Nachmittag einen Spaziergang an Deck gemacht und dazu unsere schönsten Pelze angezogen, Schmuck angelegt und Lippenstift aufgetragen – auch wenn die Runden entlang der Reling sehr klein waren. Die Mannschaft hat uns bestaunt. Nur weil man am untersten Ende der Welt schippert, muss man sich nicht gehen lassen.«

Ingrids Augen funkelten schalkhaft und Caroline wünschte sich, auch mit ihr auf Reisen gehen zu können.

»Mein Mann hat zu uns gesagt: ›Für die Erforschung der Antarktis braucht es Tatkraft und Kultiviertheit. Wir Männer bringen das eine und ihr Damen das andere mit.‹«

»Ist es im ewigen Eis nicht schrecklich kalt?«, erkundigte sich Caroline.

»Wir sind im arktischen Sommer gefahren, dann ist es dort sogar wärmer als in einem harten norwegischen Winter. Außerdem kommt es auch auf die richtige Kleidung an. Das Wichtigste sind warme Handschuhe.«

Ingrid sprang auf und holte ein paar Fäustlinge aus einer Truhe beim Fenster. Caroline befühlte sie neugierig. Die Fäustlinge waren fast so schwer wie die Boxhandschuhe von Bruder Finn, ein glattes braunes Leder umhüllte das Innere, das mit weicher Lammwolle gefüttert war. Ihr stieg ein herber Geruch in die Nase.

»Wonach riecht das?«, murmelte sie mehr zu sich selbst.

»Das ist Fischtran. Wir nennen es auch Polaröl, das klingt appetitlicher. Man muss das Leder regelmäßig damit einreiben, damit es in der Kälte nicht spröde wird.«

Caroline steckte behutsam ihre rechte Hand in den Handschuh und sofort breitete sich wohltuende Wärme auf ihrer Haut aus. Sie fühlte sich auf einmal gerüstet für jedes Abenteuer. Ein herrliches Gefühl!

»Leider haben wir es nie geschafft, an Land zu gehen. Die Eisriffe in der Küstenregion waren zu unberechenbar, sie hätten den Bug unseres Schiffes aufschlitzen können«, erzählte Ingrid, schien aber nicht sehr betrübt darüber zu sein.

»Den Landgang heben wir uns für die nächste Expedition auf«, sagte sie und zwinkerte Caroline dabei fröhlich zu.

In dieser Nacht träumte Caroline, sie säße in einer Tischrunde unter freiem Himmel in einer unendlichen Schneelandschaft. Eine Schar von Pinguinen in ihrer schwarz-weißen Tracht von Oberkellnern bediente sie mit Eistee. Eine sanfte Musik drang an ihr Ohr, und als sie sich umschaute, sah sie die jungen Musiker von ihrer Hochzeit in festlichen Fracks dastehen. Sie spielten einen Walzer. Jemand tippte ihr auf die Schulter. Es war Klarius. Auch er trug einen Frack mit weißer Weste und sah wie ein großer Pinguin aus. Er führte sie auf die spiegelglatte Tanzfläche und wirbelte sie in Walzerschwüngen im Kreis und sie lachte. Als sie nach unten blickte, bemerkte sie, dass Klarius anstelle von Füßen Flossen hatte.

Kapitel 28:
Die Schneegänse – Tee und Reisepläne

Sandefjord, 15. August 1934

»Unsere Caroline hat das Herz einer Abenteurerin«, meinte Ingrid Christensen, und ihre Lippen formten fröhliche Wellen. Caroline saß im weichen Blumensessel im Kreis der anderen *Schneegänse*, dem wöchentlichen Damenzirkel, in den Ingrid sie großzügig aufgenommen hatte. An diesem Tag war die für den kommenden Winter geplante Antarktisexpedition von Klarius im Auftrag von Lars Christensen das Hauptthema.

»Jetzt müssen wir nur noch Kapitän Mikkelsen davon überzeugen, dass seine Ehefrau auf dem Schiff der beste Glücksbringer von allen ist«, sagte Mathilde Wegger und nahm schlürfend einen Schluck Tee. Von Mathilde konnte sich Caroline sicher noch einiges abschauen. Schließlich war sie als Reisegefährtin von Ingrid schon einmal in der Antarktis gewesen. Mathilde war wie Ingrid Anfang 40 und hatte auch schon teils erwachsene Kinder. Neben Kindererziehung und Haushalt fand sie noch genügend Zeit, ihren anderen Interessen zu folgen.

»Ich habe nicht nur meine Kinder gut erzogen, sondern auch meinen Ehemann«, hatte Mathilde einmal schmunzelnd zu Caroline gesagt. Herr Wegger war ein erfolgreicher Kaufmann im Export von Pelzen, der seiner Frau viele Freiheiten ließ – speziell ihrer Reiselust stellte er keine Hindernisse in den Weg. Mathilde war groß und knochig mit einem langen Hals und einem schmalen Gesicht mit einer sehr geraden Nase. Meistens neigte sie ihr Kinn zur Brust, dann ähnelte sie einem Schwan. Sie hatte runde braune Augen, die ständig in Bewegung waren. Mathilde interessierte sich vor allem für Biologie und wusste erstaunlich gut Bescheid über die Tierwelt in eisigen Regionen – vor allem Vögel waren ihr Steckenpferd. In ihrem Garten brütete jedes Jahr dasselbe Schneegänsepärchen, das im Herbst mit seiner Brut in den Süden zog. Diese waren auch die Namenspaten des Damenzirkels gewesen.

»Ich würde so gerne mitreisen«, seufzte Caroline. »Aber mein Mann scheint noch nicht auf den Gedanken gekommen zu sein, mich mitzunehmen.«

»Mein Mann hat vor jeder meiner Reisen zuerst Nein gesagt«, schaltete sich nun Frau Lund ein. »Er hat gemurrt und gebrummt, wer sich um den Haushalt kümmern solle, wenn ich weg sei. Aber sobald ich eine gute Köchin gefunden hatte, die ihm jeden Tag sein Leibgericht auf den Tisch gestellt hat, war er besänftigt und hat mich reisen lassen.«

»Aber das ist bei Caroline glücklicherweise kein Hindernis, denn ihr Mann bleibt nicht alleine daheim«, sagte Frau Knudsen und steckte sich genüsslich das dritte Gebäckstück in den Mund. Diese beiden anderen *Schneegänse*, Frau Lund und Frau Knudsen, waren auch erfahrene Schneereisende. Sie hatten mit Hundeschlitten die nördlichsten Zipfel von Norwegen bereist, gemeinsam mit einem geologischen Forscherteam. Caroline hing an ihren Lippen, wenn sie von ihren abenteuerlichen Erlebnissen erzählten, zum Beispiel wie ein Eisbär Jagd auf den gekochten Fisch im Zelt gemacht und wie die Damen sich mit Schnee die Haare gewaschen hatten.

»Vielleicht können wir dem Kapitän auch schmackhaft machen, dass ihm die Anwesenheit seiner Frau an Bord viele Annehmlichkeiten bereiten wird, auf die er sonst verzichten müsste«, überlegte Mathilde. »Als Ehefrau kannst du ihn sicher besser umsorgen, als der Schiffskoch es könnte.«

Dabei zwinkerte Mathilde ihr vielsagend zu und Caroline spürte, wie sie rote Wangen bekam.

»Genau, für den Kapitän wäre solch eine monatelange Trennung von seiner jungen schönen Frau sicher eine Zumutung«, ergänzte Frau Lund dieses Argument der ehelichen Zweisamkeit. Caroline nestelte an ihrem Kragen.

»Jetzt macht sie doch nicht ganz verlegen.« Ingrid tätschelte Caroline die Hand. »Aber recht haben meine Freundinnen, ein fürsorglicher Ehemann lässt seine Frau nicht den ganzen Winter über alleine in der neuen Heimat, wenn er ihr stattdessen ein gemeinsames Abenteuer bieten kann. Wenn Caroline als Hausmütterchen hätte versauern wollen, hätte sie auch einen Stubenhocker heiraten können. Aber als Frau eines Kapitäns darf man schon darauf hoffen, die Welt durch ihn ein bisschen kennenzulernen.«

»Ich weiß nicht, ob mein Mann mir diese Reise zutraut«, äußerte Caroline ein wenig verzagt.

»Unsinn! Schließlich bist du die Tochter eines Fischers, die seit Kindertagen im Haushalt angepackt hat. Und in den USA warst du auch schon. Du bist doch kein zartes Pflänzchen und auch kein Luxusweib«, führte Ingrid ins Feld.

Caroline nickte vehement. Ja, sie war anpassungsfähig und robust. Aber ihre Zweifel an Klarius' Zustimmung waren anderer Natur. Er mochte es nicht, wenn sie »eigensinnig« war, wie er es nannte. Erst letzte Woche hatte sie eine neue Pfanne aus bestem Edelstahl im Kolonialwarenladen gekauft. Die Pfanne war ziemlich teuer gewesen, aber Caroline war es leid gewesen, mit dem zerkratzten Ding aus den Altbeständen ihrer Schwiegermutter zu kochen. Darin brannten ihr die Bratkartoffeln ständig an und die Hälfte vom Rührei musste sie auch immer wegwerfen. Also hatte sie in den letzten Wochen beim Einkauf regelmäßig auf gute Angebote geschaut und das gesparte Geld zur Seite gelegt. Klarius gab ihr ein monatliches Budget und sie führte ein Haushaltsbuch, das er am Ende des Monats kontrollierte. Mehr als einmal hatte Caroline ihn schon vor Monatsende bitten müssen, die Haushaltskasse aufzustocken, da ihr das Geld ausging. Bei diesen Gelegenheiten traten tiefe Furchen auf seine Stirn und er sagte, sie sei zu verschwenderisch. Dabei hatte Caroline nur ein einziges Mal Erdbeeren gekauft und auch sonst gönnte sie sich keinen Luxus.

»Wozu brauchst du Parfüm und duftende Seife? Du riechst auch so gut«, hatte Klarius eingewandt. Dabei war die gute Rosenseife ein Hochzeitsgeschenk gewesen. Außerdem liebte es Caroline, sich hin und wieder in einen zauberhaften Duft zu hüllen, der sie in traumhafte Welten trug. Sie hatte dem kleinen Flakon mit dem Parfüm aus Grasse nicht widerstehen können – sie fühlte sich damit auf eine Blumenwiese in der französischen Provence versetzt. Aber diesen Luxus hatte sie aus ihrem eigenen Geldbeutel bezahlt, nicht aus der Haushaltskasse. Dieses Geld stammte aus dem Verkauf ihrer Häkelarbeiten an eine Schneiderei, für die sie gebrauchte Kleidung ausbesserte. Es bereitete Caroline stille Freude, alte Kleider mit ihren Kreationen von Kragen- und Saumschmuck wieder schön zu machen. Was die Neuanschaffung der Pfanne anging, hatte Klarius das schließlich eingesehen, nachdem sie ihm die alten zerkratzten Pfannen unter die Nase gehalten hatte.

Aber diese Geschichten aus ihrem Haushalt behielt Caroline für sich. Sie wollte nicht, dass die *Schneegänse* einen schlechten Eindruck von ihrem Mann bekämen. Für einen guten Kapitän war es bestimmt notwendig, so streng und sparsam mit dem Proviant und der Ausrüstung umzugehen. Auf dem Meer konnte man schließlich nichts nachkaufen. Nur dass er sein Seemannsregime mit an Land nahm, das war unnötig. Hoffentlich würde Klarius im Laufe der Zeit merken, dass Caroline eine fähige Haushälterin war und er ihr vertrauen konnte.

Ingrid und die drei anderen *Schneegänse* stürzten sich mit Feuereifer in ihre neue verschwörerische Mission, Caroline an Bord der *Thorshavn* zu bringen. Sie begannen sogar schon, eine Einkaufsliste für die große Reise ihres Schneekükens zu erstellen.

»Du brauchst unbedingt einen Pelzmantel, gute Stiefel und natürlich Lederfäustlinge«, empfahl ihr Mathilde. »Wir helfen dir, bei allem das Richtige auszusuchen.«

»Und natürlich auch eine solide Fotoausrüstung«, ergänzte Ingrid. Caroline wurde ganz schwindelig bei dem Gedanken, was das alles kosten würde. Klarius würde niemals solche Ausgaben auf sich nehmen, damit sie mit von der Partie sein könnte, Kajütenkomfort hin oder her.

»Das scheint alles ziemlich kostspielig zu sein«, warf sie leise ein. »Da muss ich wohl noch eine Weile sparen. Vielleicht kann ich dann bei der nächsten Expedition mitfahren.«

Die Damen verstummten alle gleichzeitig und starrten Caroline fassungslos an. Schließlich begannen die Lippen von Ingrid ihren Wellentanz. Aus ihrem Mund drang ein gurrendes Lachen.

»Meine liebe Caroline, du kannst von deinen Freundinnen noch einiges lernen«, sagte sie. »Natürlich sollst du nicht deinen eigenen Sparstrumpf für diese Fahrt plündern. Du wirst als Mitglied der Mannschaft ins Budget der Expedition miteingerechnet. So haben wir es auch bei unseren Reisen gehalten. Du kommst schließlich nicht als Touristin mit, sondern als Forscherin! Du wirst die Chronistin und Fotografin der Expedition. Außerdem leistest du als Botschafterin der norwegischen Kultur und Repräsentantin des weiblichen Geschlechts einen wichtigen Beitrag für das Ansehen der Expedition!«

Caroline schluckte und ihr Erstaunen war ihr wohl ins Gesicht geschrieben, denn Ingrid lachte herzlich und tätschelte ihr die Hand. Dann sagte sie feierlich: »Mathilde und ich haben meinen Mann schon auf drei Expeditionen davon überzeugt, wie wertvoll die weibliche Begleitung ist. Das werden wir bei deinem Kapitän auch schaffen!«

Mathilde nickte mit ihrem Schwanenhals.

»Zuerst müssen wir Herrn Christensen überzeugen, er ist schließlich der Auftraggeber und Finanzier der Fahrt«, sagte Frau Lund, und Frau Knudsen biss zur Bekräftigung herzhaft in ihren Blueberry Muffin und nickte.

»Lass das nur meine Sorge sein«, versprach Ingrid fröhlich. »Ich werde meinen Lars schon davon überzeugen, dass die junge Frau Mikkelsen mit ihrer aufgeschlossenen und seefesten Art die ideale Begleiterin für den Kapitän und die ganze Expedition ist.«

Caroline war sich zwar alles andere als sicher, ob sie sich als seefest bezeichnen würde – mit Vater einige Stunden auf dem Fischerboot war etwas anderes als wochenlang auf hoher See –, aber sie nickte entschlossen dazu.

»Dann ist es abgemacht«, verkündete Ingrid. »Du wirst sehen, wenn Herr Christensen dem Kapitän diesen Vorschlag macht, wird er sicher zustimmen.«

Carolines Herz hüpfte vor Aufregung, als sie nach Hause ging. Ob der Plan ihrer Verbündeten wohl aufgehen würde? Vielleicht würde sie wirklich eine Polarreisende werden!

In dieser Nacht träumte sie wieder von der Antarktis. Sie ging über eine Eisfläche, die knirschte und knackte, dass es fast wie Musik klang. Wo sie auch hinsah, alles war schneeweiß. Plötzlich tauchte wie aus dem Nichts ihr rotes Haus auf, das aber die Form eines Schiffes hatte. Klarius stand auf der Veranda wie auf der Kommandobrücke und winkte sie herbei. Unversehens saß sie im Pelzmantel in der leeren Badewanne. Aus dem Wasserhahn kam jedoch kein Wasser geflossen, sondern ein Eiszapfen wuchs daraus.

»Wir brauchen einen neuen Warmwasserboiler«, wandte sie sich an Klarius, der am Waschbecken stand und sich gerade mit Schnee statt Schaum rasierte.

»Geh zum Kaufmann Wegger«, sagte Klarius zu ihr, »der tauscht deine Pfannen gegen einen guten Boiler ein.«

Kapitel 29: Die Antarktis rückt in greifbare Nähe

Sandefjord, 29. August 1934

Meine liebe Elin,

ich muss es einfach zu Beginn meines Briefes herausposaunen, sonst platze ich selbst vor zurückgehaltener Freude: Ich reise mit in die Antarktis – es ist eine ausgemachte Sache!!! Ingrid Christensen hat keine leeren Versprechungen gemacht, sondern mit ihrer weiblichen Rafinesse zuerst ihren Ehemann und Auftraggeber der Expedition davon überzeugt, dass Kapitän Mikkelsen auf jeden Fall seine junge Frau mit an Bord nehmen soll. Dann hat Herr Christensen diesen Vorschlag meinem Klarius unterbreitet und dieser war einverstanden. Obwohl er, glaube ich, eine gewisse Ahnung hat, dass Ingrid hinter diesem Plan steckte.

»Mit Frau Christensen hast du wohl eine schöne Verbündete gefunden«, sagte Klarius mit einem Augenzwinkern zu mir, als er vor drei Tagen heimkam.

»Im Expeditionsplan steht nun eine neue Mitreisende: *Frau Caroline Mikkelsen, Ehefr. Kap., Fotogr.*«, verkündete er und hielt mir ein Papier unter die Nase, auf dem ich meinen Namen las. Es war die offizielle Liste für die Versicherung, auf der alle Personen an Bord der *M/S Thorshavn* verzeichnet sind.

»Ich bin sogar als Fotografin eingetragen?«, fragte ich ungläubig. Ich konnte diese unerwartete Wendung der Dinge so schnell gar nicht fassen – obwohl ich nach meinen Besuchen bei Ingrid für die Idee einer Antarktisreise Feuer gefangen hatte, hielt ich die Umsetzung dieses Traumes in die Wirklichkeit für fern und unrealistisch.

»Ja, so haben sie es bei Frau Christensen und Frau Wegger auch gemacht, als sie bei der letzten Expedition mit dabei waren. Für die Versicherung müssen die weiblichen Passagiere ebenfalls als Teil der Crew gelten, sonst wird es viel zu teuer – schließlich ist die Fahrt mit Gefahren verbunden und wir veranstalten keine Reise für Touristen. Aber du musst nicht wirklich fotografieren, da haben wir schon jemanden aus der Mannschaft, einen erfahrenen Polarforscher«, erklärte mir Klarius.

»Aber ich würde gerne fotografieren!«, beteuerte ich mit so viel Eifer, dass Klarius erstaunt seine Augenbrauen hochzog. »Ingrid hat mir ihre Kamera gezeigt und die vielen wunderbaren Fotografien, die sie gemacht hat. Ich würde das auch gerne lernen.«

Klarius schaute skeptisch.

»Natürlich werde ich nie so wichtig sein wie euer Polarforscher. Aber vielleicht können meine Fotos der Expedition doch irgendwie helfen.«

Klarius nickte vage, allerdings merkte ich, dass er nicht überzeugt war.

»Ingrid hat gesagt, Herr Christensen schätzt die weibliche Perspektive auf die Expedition, die Landschaft und Tierwelt. Er meint, ein unwissenschaftlicher und offener Blick schaut auch über den Tellerrand«, beharrte ich. Nun hellte sich die Miene meines Mannes auf und er tätschelte versöhnlich und zustimmend meine Hand. Ich wusste inzwischen, dass Klarius eine hohe Meinung von Herrn Christensen hatte. Nicht nur, weil dessen Reederei die Expedition finanziert. Lars Christensen ist außerdem angesehen und einflussreich wie kein Zweiter in Sandefjord. Aber auch von Mann zu Mann hat Klarius großen Respekt vor diesem zielstrebigen und erfolgreichen Geschäftsmann und Forscher. Somit war es immer meine Trumpfkarte, wenn ich in einer Diskussion einen Ausspruch von Herrn Christensen oder seiner Frau zu meinen Gunsten ins Feld führte.

Nun, liebe Schwester, denke ich wieder an unseren Briefwechsel aus dem Sommer zurück, in dem du mich getröstet hast, dass ich vorerst meine Berufstätigkeit aufgeben musste.

»Vielleicht ist dieser Verzicht doch noch zu etwas gut. Wenn du eine Tür verschlossen vorfindest, weht der Wind bald ein Fenster auf«, hattest du mir geschrieben. Wie sehr der Lauf der Dinge dir nun recht gegeben hat – wie schon so oft! Du bist eine wahre Prophetin und weise Ratgeberin! Stell dir nur vor, ich hätte eine Bürostelle angenommen, dann wäre eine Mitreise in die Antarktis undenkbar gewesen. Mehr noch: Ich hätte mich vor meinem Mann unmöglich gemacht, wenn ich die Stelle so leichtfertig für eine »Vergnügungsreise« wieder aufgegeben hätte. Und welcher Arbeitgeber hätte mich danach noch haben wollen? Sandefjord ist in dieser Hinsicht ein Dorf: Jeder kennt die Angelegenheiten seines Nachbarn, so scheint es mir.

Da meine Teilnahme an der Expedition beschlossen ist, habe ich mich in die Vorbereitungen gestürzt. Die *Thorshavn* unter der Führung meines Mannes wird am 24. November in See stechen. Ich habe also fast drei Monate Zeit, meine Ausrüstung zusammenzustellen und mich im Fotografieren von Ingrid einweisen zu lassen. Übrigens ist die Fotoausstattung Teil der

Bordausrüstung, sodass ich nichts auf eigene Kosten anschaffen muss. Morgen Vormittag bin ich wieder in Ingrids Haus eingeladen. Sie wird mir helfen, meine Packliste zu erstellen, und mich dann begleiten, um die fehlenden Kleidungsstücke und andere Utensilien einzukaufen. Ich schätze mich so glücklich, dass Ingrid ihren großen Erfahrungsschatz mit mir teilt. Ohne sie wäre ich ziemlich ratlos, was ich im ewigen Eis brauchen werde – und erst recht für eine dreimonatige Schiffsreise.

Am Abend sitzen Klarius und ich oft zusammen im Esszimmer. Er hat die Seekarten über den ganzen Tisch ausgebreitet, studiert sie, macht sich Notizen, erstellt Listen für den Proviant und murmelt vor sich hin. Ich sitze dabei und schenke ihm Kräutertee mit einem Schuss Rum nach. Manchmal ist er in guter Stimmung und zeigt mir die geplante Seeroute und die Küsten, die bisher unerforscht und namenlos sind – auf den Landkarten sind es weiße Flecken.

»Hier werden wir die Fahne Norwegens hissen!«, sagte er gestern. »Diese Küstenabschnitte und Berge werden unsere Namen tragen.«

»Darf man das denn einfach? Wem gehört die Antarktis?«, habe ich gefragt.

Daraufhin hat er mich ungehalten angeschaut. »Wer zuerst dort ist, hat das Vorrecht«, erwiderte er knapp und machte mir klar, dass ich nicht solche dummen Fragen stellen solle. »Amundsen hat den Weg für uns bereitet«, erinnerte mich Klarius mit Stolz. »In Norwegen hält man seine Helden hoch. Jedes Kind kennt die Geschichte vom Wettlauf von 1911 zwischen Roald Amundsen und dem Engländer Robert Falcon Scott um das erstmalige Erreichen des Südpols – wir wissen alle, wer gesiegt hat. Die Norweger haben also ihr historisches Vorrecht in der Antarktis und wollen es mit keiner anderen Nation teilen.«

Wenn Klarius so spricht, funkeln seine blauen Augen und eine leichte Röte überzieht seine sonnengegerbten Wangen. Er ist ein echter Abenteurer und mein Herz klopft schneller, wenn er so furchtlos und entschlossen ist.

»Wir Norweger sind ein Volk der Entdecker. Wir sind zäh und zehren von unserer Erfahrung. Wir kennen die Elemente, wir können sie beherrschen. Wir zähmen die wilde See und trotzen der tödlichen Kälte vom ewigen Eis!«

Ich selbst sehe der Reise nicht ganz so furchtlos entgegen. Zuweilen erfasst mich ein kleines Unbehagen, wenn ich an die lange Schiffsreise denke. Nicht nur wegen der Seekrankheit. Darauf muss ich mich einstellen und Ingrid versicherte mir, diese gehe nach wenigen Tagen vorüber. Wie es wohl sein wird, so völlig angewiesen zu sein auf meinen Mann in der Beengtheit des Schiffes und unter fremden Männern? Wobei sich die Mannschaft nach den Erzählungen von Ingrid gegenüber der Kapitänsfrau und ihrer Begleiterin stets vorzüglich benommen hat. Am meisten jedoch fürchte ich mich vor dem Nichtstun. Schon hier in unserem Haus mit all meinen täglichen Aufgaben (einkaufen, kochen, putzen, nähen) fällt mir manchmal die Decke auf den Kopf, da sich meine Tätigkeiten endlos zu wiederholen scheinen. Auf dem Schiff werde ich gar keine Aufgabe haben – vom Fotografieren einmal abgesehen. Aber wie viel Zeit wird das wohl in Anspruch nehmen? Höchstens einige Minuten des Tages, und über lange Strecken gibt es sowieso nichts als das weite Meer zu sehen. Ingrid hatte einige Bücher dabei, sie hat auch Handarbeiten gemacht und Karten gespielt. Die meiste Zeit hat sie sich allerdings mit Frau Wegger, ihrem Mann und den Crew-Mitgliedern unterhalten. Sie war die Mutter der Mannschaft, wie Herr Christensen gerne betonte. Aber ob ich auf der *Thorshavn* diese Rolle ausfüllen kann? Ich fürchte: Nein. Ich habe nicht diese unerschrockene und herzenswarme Persönlichkeit wie Ingrid. Außerdem ist sie viel lebenserfahrener als ich, hat schon vier Kinder geboren und großgezogen. Du weißt, ich bin eher zurückhaltend. Ich denke also nicht nur mit Vorfreude an diese Reise, sondern auch mit ein wenig Sorge.

Wie geht es dir in Hamburg, liebe Elin? Ich gratuliere dir von Herzen, dass du nun im Modehaus Petersen eine feste Stelle als stellvertretende Leiterin und Einkäuferin hast. Mit deinem Talent, deinem Fleiß und deiner Zuverlässigkeit hast du diese Beförderung verdient! So sehr mich das freut, so bin ich doch ein wenig betrübt, denn so können wir uns viel seltener sehen. Wenn mich die Sehnsucht nach Frederikshavn und der Familie überkommt, kann ich einfach die Fähre nehmen und bin in wenigen Stunden dort. Auch wenn ich seit meinem Umzug vor 17 Monaten nur drei Mal von dieser Möglichkeit Gebrauch gemacht habe. Aber nach Hamburg komme ich nicht so schnell. Wir müssen uns unbedingt einmal in Frederikshavn verabreden. Und bei passender Gelegenheit – ich hoffe, spätestens im nächsten Sommer – komme ich dich in Hamburg besuchen und kann dir dann alle meine Fotos aus der Antarktis zeigen.

Vielen Dank für die beigelegten Schnittmuster und Modezeitschriften aus deinem letzten Brief. Diese starken Farben gefallen mir, das sei der Einfluss aus Paris, schreibst du. Die figurbetonten Schnitte für Damen mit einer schmalen Silhouette passen leider nicht gut zu meiner Figur. Meine Hüften werden immer runder. Schuld daran ist mein Heißhunger auf *skoleboller*. Die wird es allerdings auf der Expedition nicht geben. Bei meinen Röcken werde ich die Saumlänge nun auf das modische Maß wadenlang anpassen. Sehr elegant und doch sportlich-abenteuerlustig finde ich die knielangen Jacken der Tweedkostüme, die wie ein kurzer Mantel wirken – ich sehe sie förmlich im Wind wehen. Die Damenmode in den Schaufenstern hier in Sandefjord ist leider ziemlich eintönig, nicht nur, was die Farbe anbelangt. Keine raffinierten Schnitte, keine asymmetrischen Einsätze, Raffungen und Abnäher im drapierten Halsausschnitt, wie sie bei den Kleidern aus deiner Modezeitschrift abgebildet sind. Ich werde da wohl selbst an meiner treuen Singer Stoff und Faden zu einem modischen Herbstkleid zusammenbringen. Ich freue mich schon auf diese Herausforderung.

Ich würde so gerne ein Foto von dir in deinem eleganten Geschäftskostüm sehen, das du mir neulich beschrieben hast. Ich freue mich auf baldige Post von dir, liebe Elin!

Ich umarme und herze dich
deine Caroline (die zukünftige Weltreisende)

Kapitel 30:
Verhör im Rock

Sydney, 18. April 1995

Jesse sitzt an ihrem Schreibtisch und lässt ihre schlanken Finger über die Tastatur fliegen wie eine Pianistin. Sie ist in Dienstagstimmung. Alles läuft schnell und rund. Nur die Strumpfhose kneift im Schritt.

»Brubaker, ziehen Sie morgen einen Rock an«, hat Marlow gestern zu ihr gesagt. »Für den Besuch vom Presserat wollen wir uns doch von unserer besten Seite zeigen. Und Ihre langen Beine sind eindeutig zum Vorzeigen.«

»Und was ziehen die Herren Kollegen an?«, hat Jesse wissen wollen und herausfordernd in die Runde geschaut.

»Mein Rock ist leider gerade in der Reinigung«, entgegnete McQuire, und P. P. grinste dazu.

»Meine Beine sind zwar auch lang, aber leider zu haarig, als dass sie dem Presserat imponieren könnten«, witzelte Robinson.

Wobble senkte seinen Blick und malte Kästchen auf seinen Notizblock. Wahrscheinlich war er froh, dass niemand seine keulenförmigen Waden ins Spiel brachte. Patricia räusperte sich, um ihr Missfallen zum Ausdruck zu bringen.

»Oh, Verzeihung, Ihre Beine sind natürlich nicht weniger schön, Larkin. Also, Sie erwarten wir morgen Mittag auch im Rock«, hat Marlow für Gleichberechtigung gesorgt – unter den beiden Frauen.

Gestern Abend hat sie Aidan einen flammenden Vortrag über das sexistische Verhalten des Chefs und der Kollegen gehalten. Aidan ist dabei eingeschlafen. Heute Morgen hat sie widerstrebend ihr dunkelblaues Kostüm angezogen und dazu eine blickdichte Strumpfhose in einem Altdamenbeige. Mit viel Haarspray hat sie ihr rotes schulterlanges Haar im Margaret-Thatcher-Gedächtnislook auftoupiert und sich eine Perlenkette um den Hals gelegt. Diese Perlenkette haben ihre Eltern ihr zum Collegeabschluss geschenkt. Ihre Mutter ist da schon sterbenskrank gewesen, ohne Brüste und ohne Haare.

Jesse tippt wie eine Weltmeisterin. Ihr Follow-up-Artikel zum Interview mit dem erzkonservativen Parlamentarier Henry White wird ein Knüller. Das spürt sie in den Fingerspitzen. Ihr erster Artikel ist eingeschlagen wie eine Bombe. Es geht um den »Victoria Equal Opportunity Act«, das Gleichstellungsgesetz von 1984, das nun erweitert werden soll. Insbesondere die sexuelle Belästigung am Arbeitsplatz wird in den Katalog der unzulässigen Diskriminierungen aufgenommen und unter Strafe gestellt. Jesse wundert sich nicht, dass vor allem männliche Parlamentarier gegen diese Gesetzesänderung Sturm laufen. Aber ihr Interviewpartner hat den Vogel abgeschossen: »Wenn Frauen zu Hause am Herd blieben, wo sie hingehören, müssten sie nicht über sexuelle Belästigung am Arbeitsplatz jammern«, hat die Überschrift von Jesses Artikel gelautet – ein O-Ton von Henry White. Die Ernte: Hunderte von Leserzuschriften voller Empörung seitens der Frauen und voller Zustimmung einiger Männer.

»Brubaker, wir warten auf Sie«, reißt sie die Stimme von Marlow aus ihrem Schreibfluss. Sie springt auf, streicht ihren Rock glatt, der immerhin bis zu ihren Knien reicht, und stolziert mit Block und Bleistift bewaffnet in den Glaskasten zum Meeting.

Am Konferenztisch sitzen die zwei Herren vom Presserat in grauen Anzügen. Sie sehen wie CIA-Agenten aus einem drittklassigen Hollywoodfilm aus. Marlow stellt sie einander vor. Patricia ist dem Rockgebot gefolgt und hat ein pinkes Kostüm aus den 80er-Jahren angezogen. Sie sieht aus wie ein Marshmallow. Als Zeichen des Protests trägt sie ihre Motorradstiefel. Jesse muss sich ein Grinsen verkneifen. Schade, dass ihr nicht auch etwas Ähnliches eingefallen ist. Der ältere graue Presseratsmann ergreift das Wort: »Uns liegt eine Beschwerde vom Parlamentarier Henry White vor. Wegen eines Artikels von Frau Jesse Brubaker vom 3. April dieses Jahres.«

Alle Blicke im Raum sind plötzlich auf Jesse gerichtet. Sie spürt, wie Hitze in ihr aufsteigt. Hoffentlich bekommt sie nicht diese roten Flecken auf Hals und Dekolleté, miese Verräter der Aufregung auf ihrer milchweißen Haut. Den Rock hätte sie sich echt sparen können. Zur Verteidigung ihres journalistischen Ethos würde ihr nun alleine ihr Verstand helfen – und ihr Diktiergerät.

»Ich nehme gerne zu dieser Beschwerde Stellung«, sagt Jesse und staunt über die Kühle ihrer Stimme. Die Kollegen lehnen sich in ihren Sesseln zurück und erwarten das Spektakel. Eigentlich wäre es angebracht, eine solche Besprechung im engsten Kreis allein mit den Vertretern des Presserats, dem betroffenen Journalisten und dem vorgesetzten Redakteur abzuhalten. Aber Marlow hat auf der Anwesenheit des gesamten Ressorts bestanden – schließlich sollten alle von den Niederlagen und Siegen eines Kollegen lernen. Im letzten Jahr ist Gordon Robinson vom Presserat gegrillt worden. Er hat einen Börsenskandal schlecht recherchiert und dafür einen Hieb auf seine manikürten Tippfinger kassiert. In jenem Meeting ist er derartig ins Schwitzen geraten, dass selbst seine tadellose Gelfrisur in sich zusammengesunken ist. Er hat Jesse leidgetan. Aber sie alle haben aus Robinsons Fehlern gelernt.

Der graue Herr Nr. 2 verliest die Beschwerde des Parlamentariers und Jesse macht sich Notizen. Der Beschwerdeführer prangert unter anderem »schlampige Recherche« an, »Gossensprache« (die stammt höchstens von ihm selbst, denkt Jesse), »faktische Fehler« (es fehle ein Bindestrich im Aktenzeichen des Gerichtsurteils, das Jesse zitiert hat), »Feminismus-Faschismus« (gratuliere, eine neue Wortschöpfung mit Alliteration und immanentem Paradoxon) und »die einzige Erklärung für diese unterirdische Sau-Schreiberei sei, dass Frau Brubaker gerade menstruiere und im Übrigen auch sexuell unbefriedigt sei« – diese höfliche Umschreibung stammt allerdings vom grauen Herrn des Presserats; im Beschwerdebrief, den Jesse in Kopie vor sich liegen hat, steht »underfucked«. Im Fazit heißt es, der ganze Artikel sei eine einzige Schmierenkampagne einer linksliberalen Kampfemanze und Männerhasserin.

»Diesen Brief sollten wir auch veröffentlichen«, schlägt Jesse mit Blick zu Marlow vor. »Er ist ein glänzendes Beispiel einer Selbstentlarvung. Im Übrigen werde ich mich mit meinem Anwalt beraten, ob ich wegen der offensichtlichen Beleidigungen Strafanzeige gegen Henry White stellen werde.«

»Das bleibt Ihnen unbenommen«, entgegnet der graue Herr Nr. 1. »Wir sind verpflichtet, jede Beschwerde zu verfolgen, stimmen Ihnen jedoch zu, dass vorliegend zum größten Teil spekulativ argumentiert wird und unsachliche Herabwürdigungen Ihrer Person geäußert wurden.«

Der Redner tupft sich mit einem Stofftaschentuch über die Stirn. Soll das eine Art Beschämung ausdrücken, dass sie Jesse mit diesem Beleidigungsbrief konfrontieren?

»Der einzige möglicherweise stichhaltige Vorwurf ist«, meldet sich der graue Herr Nr. 2 zu Wort, »Sie hätten dem Beschwerdeführer falsche Zitate in den Mund gelegt. Wir möchten Sie also bitten, uns Ihre Gesprächsaufzeichnungen zur Verfügung zu stellen.«

»Kein Problem«, antwortet Jesse. »Ich habe das komplette Interview auf meinem Diktiergerät und auch meine handschriftlichen Notizen. Die Zitate habe ich wortgetreu wiedergegeben.«

Eine Viertelstunde später lauschen alle gebannt der Tonbandaufnahme. Man hört Jesse fragen: »Herr Parlamentarier White, ich habe Ihnen soeben die Fallzahlen der Staatsanwaltschaften sowie die aktuelle Studie der Australian National University mit der Befragung von zehntausend Frauen zu ihren Erfahrungen mit sexueller Belästigung am Arbeitsplatz vorgetragen. Sind Sie trotzdem der Ansicht, dass Frauen keinen gesetzlichen Schutz vor solchen Übergriffen im Arbeitsumfeld verdienen?«

Auf dem Tonband ist ein rasselndes Lachen zu hören, dann tönt White: »Das denken sich diese karrieregeilen Weiber nur aus, um ihren männlichen Kollegen das Leben schwer zu machen. Ich sage hier dasselbe, was ich auch seit Jahren für Schulen fordere: Geschlechtertrennung ist die Lösung. Kein Mann würde je von einer dieser hysterischen Frauen beschuldigt werden, wenn die Arbeitsplätze strikt getrennt sind. Oder am besten noch: Die Frau bleibt zu Hause am Herd und kocht ihrem Mann ein gutes Abendessen nach einem langen Arbeitstag.«

Jesse: »Sie meinen also, nur ein Kontaktverbot könne Frauen – und Männer – voreinander schützen? Sie trauen Ihren eigenen Geschlechtsgenossen demnach keine Selbstbeherrschung zu?«

White: »Männer können sich beherrschen. Frauen aber nicht. Das zeigt schon dieses Interview. Sie wollen mich ständig provozieren mit Ihren frechen Fragen und Ihrer tief ausgeschnittenen Bluse. Aber ich bleibe ganz ruhig.«

Auf diese Art geht das Interview fast eine Stunde lang. Jesse hält die Zügel des Gesprächs in der Hand und nimmt jedes Hindernis mit Bravour. Wie früher beim Reiten.

Als sie das Tonband ausschaltet, herrscht Stille im Raum. Dann klopft Paul McQuire mit dem Fingerknöchel auf den Tisch und die Kollegen folgen seinem Beispiel. Jesse nimmt diese Anerkennung mit einem verhaltenen Lächeln entgegen.

Die grauen Herren vom Presserat nicken sich zu und Nr. 1 spricht abschließende Worte, die Jesse eine einwandfreie journalistische Praxis bestätigen. Man könne mit einem baldigen Abschluss des Verfahrens rechnen.

Kein Blut auf weißem Handschuh, denkt Jesse erleichtert. Sie hat den Parforceritt ohne Fehler oder Verletzungen überstanden. Beim Hinausgehen hört sie P. P. raunen: »Jesse Jawbraker!« Das muss sie wohl als Kompliment auffassen.

Kapitel 31: Wackelige Seebeine

Sandefjord und auf See, 24. November 1934

Meine liebe Elin,

ich schreibe dir mit zittrigen Fingern – nicht nur vor Aufregung darüber, dass diese Reise nun wirklich begonnen hat, sondern vor allem wegen des hohen Wellenganges, der die *Thorshavn* hin und her schwanken lässt. Mir ist übel im Magen, aber meine Stimmung ist gut. Heute Morgen um zehn Uhr sind wir in Sandefjord ausgelaufen. Unser Gepäck besteht aus sieben großen Seekisten aus Holz mit Teeranstrich gegen die salzige Luft, darin sind die persönlichen Gegenstände von Klarius und mir: Kleidung und erforderliche Utensilien für den Alltag an Bord. Bei der Zusammenstellung hat mich Ingrid Christensen beraten. In den letzten drei Tagen hat Klarius einiges an Proviant an Bord bringen lassen. Das Wichtigste ist das Trinkwasser, das in riesigen Tanks gespeichert ist und durch einen Filter läuft, bevor es in Glasflaschen abgezapft wird. Neben Stapeln aus Paketen mit Mehl, Zucker und Konserven gibt es auch einen richtigen Stall mit Gattern und Käfigen aus Holz, in dem ein gutes Dutzend Schweine zufrieden grunzt und zahlreiche Hühner gackern. Die *Thorshavn* ist die reinste Arche Noah, nur dass die Tiere leider nicht zur eigenen Arterhaltung an Bord sind, sondern unsere Mägen füllen werden.

Dann sind da noch im Lager die Gerätschaften für den Walfang. Die *Thorshavn* wird auf der Reise als Versorgungsschiff fungieren und andere Walfänger der Thor-Dahl-Flotte mit Proviant und anderem Nachschub versorgen und im Gegenzug deren Ölfässer aufnehmen. Der Bauch unseres Schiffes wird sich im Laufe der Reise mit Tausenden von Fässern füllen, die das »flüssige Meeresgold« – so nennen die Walfänger das Öl ihrer Beute – enthalten. Im Lager liegen Aberhunderte von Harpunen in schweren Bündeln, sie sind die Munition für die Kanonen auf den Walfängern, und die dazugehörigen Leinen. Es gibt einen eigenen Raum für das Pulver. An der Tür hängen drei gelbe Warnschilder: »Rauchen strengstens verboten!« Wenn wir den anderen Schiffen der Flotte begegnen, werde ich zum ersten Mal diesem abenteuerlichen Schauspiel des Walfangs beiwohnen, das ich bisher nur aus Erzählungen meines Mannes kenne.

Unser Schiff ist ein mächtiger Tanker, noch ziemlich jung (1930 erbaut), was man ihm aber nicht ansieht, denn die raue und salzige Seeluft hat Spuren auf seiner Oberfläche hinterlassen wie Falten in einem Gesicht. Aber ein Schiff muss schließlich nicht schön sein, sondern praktisch und sicher.

Vor dem Auslaufen stand ich neben Klarius auf dem Oberdeck – er machte in seiner dunkelblauen Uniform und der weißen Mütze eine herrliche Figur. Auch ich hatte mich mit Pelzmantel und einem modischen Hut mit schwarzer Feder in Schale geworfen. Gemeinsam haben wir die 30

Männer der Besatzung begutachtet, die über die Gangway an Bord kamen wie eine Gänseschar. Es sind kräftige Norweger mit Schiebermützen und gegerbten Gesichtern. Sie sind alle der Reihe nach an uns vorbeigegangen, ihr Kapitän und der Erste Offizier Hagebak haben sie mit Handschlag begrüßt und ich wurde ihnen vorgestellt. Ich werde auf dieser langen Reise sicher noch ausführlich Gelegenheit haben, alle diese Seeleute kennenzulernen. Bis jetzt ist mir nur der kleine Koch Jori mit der großen, schiefen Nase in Erinnerung geblieben.

Mit festlichem Tuten sind wir aus dem Hafen ausgelaufen. Ich stand an der Reling und habe zurückgeschaut. Der Himmel hing voller Wolken und das Meer sah grau aus. Die Christensens waren gekommen und haben uns vom Pier aus gewunken – Ingrid mit einem Taschentuch aus Segeltuch, wie es der gute norwegische Seefahrerbrauch verlangt. Auch wenn wir von Papa schon vieles über die Fischerei wissen, ich sage dir, liebe Elin, die Walfänger haben noch tausend Mal mehr lustige Bräuche. Pst, nicht lachen, denn die Sache ist völliger Ernst für sie. Vor der Abfahrt hat Klarius mir eingeschärft, dass ich auf der ganzen Reise niemals das Wort »*kaniner*« aussprechen soll – weil diese starken und (un-)erschrockenen Seeleute die Kaninchen fast so sehr fürchten wie den Klabautermann. Das kommt daher, dass in früheren Zeiten, als die Schiffe noch aus Holz gebaut waren, diese Nagetiere das Hanf angeknabbert haben, mit dem die Planken abgedichtet wurden. Deshalb befinden sich im Proviantdepot auch nur ein paar tote Kaninchen auf Eis. Unser anderer lebendiger Proviant ist für die zarten Gemüter der harten Seeleute keine Gefahr.

Mit gehisster norwegischer Flagge gleitet die *Thorshavn* durch die Wellen. Den geschützten Skagerrak haben wir nach zwei Stunden Fahrt verlassen und befinden uns nun in der offenen Nordsee, deren wilde Winde und Wellen für meine krakelige Schrift verantwortlich sind. Ich habe mich in meine

Kabine zurückgezogen. Dieses kleine Zimmerchen mit dem einen Bullauge wird in den nächsten drei Monaten mein Zuhause sein. Der Kapitän hat selbstverständlich die größte und beste Kabine – natürlich auf der Steuerbordseite, wie es sich gehört. Diese rechte Seite (in Fahrtrichtung) gilt als die »gute« grüne Seite des Schiffs. Backbord ist die rote linke Seite. Rot wegen der Ohrfeigen auf die linke Backe, die sich ein fauler Bootsmaat einfangen kann. Ich als Kapitänsgattin habe die Kajüte neben seiner bezogen. Es gibt sogar eine Verbindungstür aus Holz, die sehr verzogen ist und nur mit einiger Anstrengung und knirschenden Scharnieren auf- und zugeschoben werden kann. Es ist offenbar schon länger her, dass sie benutzt wurde. Unsere Kabinen befinden sich auf dem Hauptdeck direkt unter der Brücke, damit der Kapitän einen kurzen Weg auf die Kommandobrücke hat. Auf dem Gang gegenüber haben wir unser eigenes kleines Badezimmer. Ja, mit so viel Luxus hatte ich gar nicht gerechnet. Aus einem Tank im Schiffsbauch wird Wasser hochgepumpt, das in einem elektrischen Boiler erhitzt wird. So kommt fließendes warmes Wasser in Waschbecken und Wanne geflossen und man könnte meinen, man befände sich auf dem Festland. Allerdings hat mich Klarius ermahnt, sparsam mit dem Wasser umzugehen. Die Mannschaft nutzt kleine Duschkabinen, die ich auch besichtigt habe und die mich an Wandschränke erinnern. Der Strom wird von den drei gewaltigen Dieselmotoren im Maschinenraum erzeugt. Klarius hat mich dort am Tag vor unserer Abfahrt hingeführt, als er den Probelauf der Maschinen überprüfte. Der Maschinist Ruud ist ein Mann mit grauem Vollbart, bedächtigen Bewegungen und kleinen, flinken Äuglein, die alles im Blick haben. Die Motoren werden mit Luftdruck angelassen. Dazu gibt es Metallröhren, die so lang wie ein Mensch sind, in denen die Luft gespeichert ist. Kompressoren spielen auch eine Rolle. Ach, für diese Technik habe ich keinen Kopf – und wahrscheinlich interessieren dich diese Details nicht besonders. Hauptsache, alles funktioniert. Der Geruch von Diesel hat auf jeden Fall eine seltsam beruhigende Wirkung auf mich.

Interessanter ist die Innenausstattung meiner Kabine. Alles ist mit Holz ausgekleidet, was ich sehr gemütlich finde. Klarius sagt, in der antarktischen Kälte werde ich dankbar dafür sein. Es gibt ein schmales Bett – »Koje« nennt es die Seefrau –, das mich ein wenig an einen Sarg erinnert, weil der Rahmen auf dem Boden festgeschraubt steht und die Matratze tief darinnen versenkt liegt. Man legt sich also in eine Holzkiste. Der Sinn davon ist, dass man im Schlaf und bei Seegang nicht aus seinem Bett fällt. Der Schreibtisch, an dem ich in diesem Augenblick sitze, steht unter dem Bullauge. Dazu gehört ein Stuhl mit einem dicken Kissen – alles aus lackiertem Holz (Eiche vielleicht). Und das Wichtigste: Sämtliche Tisch- und Stuhlbeine sind am Boden festgeschraubt. Ein eckiger Kleiderschrank nimmt die ganze Wand zum Flur hin ein. Auch die Schranktüren sind mit kleinen Riegeln versehen, damit sie sicher verschlossen sind. Alles hier ist auf heftigen Seegang vorbereitet. Meine Seekisten habe ich noch nicht ausgeräumt.

Ingrid hat mir gegen die Seekrankheit wärmstens empfohlen, dass ich täglich Ingwertee trinken und ihn auch kauen soll. Sie hat mir einen ganzen Beutel voll mit diesen hilfreichen Knollen zum Abschied geschenkt. Der Koch Jori hat mir schon eine Teekanne mit heißem Wasser an die Tür gebracht. Das fand ich wirklich sehr aufmerksam. Mit frischer Pfefferminze und einer Ingwerscheibe habe ich mir einen »Seetauglichkeitstee« gebraut, den ich mit ein bisschen Zitronensaft und einem Löffelchen Kandiszucker in ein köstliches Getränk verwandelt habe. Deine Schwester fühlt sich mit diesem Zaubertrank nun gut gerüstet für die lange und wellenreiche Reise. Gerade klopft es an meiner Tür.

Inzwischen ist es Abend geworden und ich sitze im Nachthemd und Wollmorgenmantel am Schreibtisch. Zum Glück gibt es eine gute elektrische Lampe. Bevor ich mich schlafen lege und das Schiff uns während der Nacht durch den Ärmelkanal und hinaus auf den Nordatlantik tragen wird, möchte ich dir von unserem ersten Abendessen an Bord erzählen.

Zu jeder Mahlzeit, um 7, 12 und 18 Uhr, ertönt eine durchdringende Sirene, von der sogar Tote aufgeweckt würden. Die Messe befindet sich auf dem Hauptdeck. Es gibt im hinteren Mittelteil des Schiffs einen Aufbau mit drei Oberdecks, die wie bei einer Pyramide mit jeder Etage kleiner werden und sich zuspitzen. Vorne auf dem Schiff ist ein weiterer Aufbau, dort sind das Bootsdeck und die Kommandobrücke, also die Räume für den Kapitän, den Steuermann und die Offiziere mit all den Apparaturen zur Steuerung des Schiffs.

Die Messe ist ein schlichter Raum mit Tischen und Bänken. Beim Essen rutschte mir wegen des Wellengangs mehrmals der Teller entgegen und hätte sich auf meinen Schoß entleert, gäbe es nicht die praktischen Auffangleisten an den Tischkanten. Der Kapitänstisch steht am Kopf des Raums auf einem kleinen Podest und die Tische der Mannschaft sind im rechten Winkel dazu platziert – ein bisschen kommt es mir vor wie in einem Klassenzimmer. Als Klarius und ich eintraten, haben sich alle Mann erhoben – das war geradezu feierlich. Aber ich hoffe, wir haben nicht täglich so viel Zeremonie.

An unserem Tisch saßen der Erste Offizier Hagebak – glatt rasiert, dunkles Haar und melancholischer Blick – und der Geograf Nguyen. Er ist ein junger Mann frisch von der Universität in Oslo und erstmalig auf einer Expedition dabei und wirkt mit seinen hohlen Wangen und den von seiner Nickelbrille vergrößerten Kulleraugen immer ein wenig ausgehungert und erschrocken. Seinen Teller hat er in meisterlicher

Geschwindigkeit geleert. Dann saß noch der Chemiker Doktor Schweiger bei uns. Er ist ein Deutscher aus Kiel, um die 50 Jahre alt, mit Glatze und wachen blauen Augen, der schon seit vielen Jahren für die Reederei Christensen tätig ist. Er untersucht die Qualität des Walöls. Doktor Schweiger spricht gerne, auch wenn sein deutscher Name das Gegenteil vermuten lässt – zum Glück nicht über Chemie. Er kennt sich auf den Weltmeeren aus und hat unzählige Anekdoten parat.

Das Essen wurde aus der Kombüse (ein Deck tiefer) mit einem kleinen Aufzug nach oben befördert: riesige Kübel mit Eintopf, dazu frisches Brot, zum Nachtisch Birnenkompott mit Vanillesoße. Als alle ihre vollen Teller und Gläser vor sich stehen hatten, erhob sich mein Mann. Sofort wurde es andächtig still. Er schwenkte sein Glas Portwein und sagte: »Man kann keine neuen Ozeane entdecken, solange man nicht den Mut hat, die Sicht auf die Küste zu verlieren. Lassen Sie uns zusammen für Norwegen neue Gebiete in der Antarktis entdecken. Auf Mut und Stolz und eine gewogene See! Zum Wohl!«

Alle stürzten ihr Getränk hinunter und ließen ihre Gläser auf die Tischplatten heruntersausen. Es knallte wie bei einem Salutschuss.

So, meine liebe Elin, in dieser festlichen Stimmung beende ich meinen Brief und werde zu Bett gehen. Ich hoffe, die See wird mich sanft in den Schlaf wiegen. Auch wenn ich weiß, dass dieser Brief dich erst in vielen Wochen (wenn nicht sogar Monaten) erreichen wird, gibt es mir dennoch ein gutes Gefühl, dass ich meine Eindrücke auf diese Weise mit dir teilen kann.

Ich umarme und drücke dich
deine Schwester Caroline

Kapitel 32:
Die erste Woche auf See

Nordatlantik, 30. November 1934

Meine liebe Elin,
heute sind wir den siebten Tag auf See und ich greife wieder zu Füllfederhalter und Papier – was alles andere als selbstverständlich ist, denn ich war die letzten Tage ziemlich geschwächt von der Seekrankheit.

Am ersten Abend stand ich an Deck, als wir durch den Ärmelkanal fuhren und auf der Steuerbordseite die wunderbare Kreideküste von England zu sehen war. Im Sonnenuntergang wurden die weißen Felsen in ein rosa Licht getaucht – es war so ziemlich der romantischste Anblick, den ich je erlebt habe. Mir sind die Tränen in die Augen geschossen, so schön war es! Leider war Klarius auf der Brücke und ich konnte diesen Moment nicht mit ihm teilen.

Am zweiten Tag auf See ging es mir noch gut. Morgens gab es eine Aufregung, als ein blinder Passagier entdeckt wurde. Ein junger Bursche mit wilden schwarzen Haaren. Wir nehmen ihn erst mal mit und er wurde zur Putzarbeit eingeteilt. Abends passierten wir die bretonische Insel Ouessant und bogen dann in den Golf von Biskaya ein. Das Wetter war sonnig und wir hatten Windstärke vier.

Am dritten Tag hat mich die Seekrankheit erwischt. Trotz täglichem Ingwertrank wurde ich von Schwindel und Übelkeit überfallen. Ich habe fast die ganze Zeit über in meiner Kabine im »Sarg«-Bett gelegen und mich mit schöner Regelmäßigkeit in den Metalleimer übergeben, der danebenstand wie ein braver Diener. Mein Mann hat jeden Tag nach mir geschaut. Aber noch mehr Zuwendung habe ich von Herrn Lie bekommen, sicherlich im Auftrag des Kapitäns. Lie ist der Schiffsarzt, oder zumindest mit diesen Aufgaben betraut, auf jeden Fall ist er auch ausgebildeter Barbier und für die kurzen (lausfreien) Haare der Besatzung verantwortlich. Lie hat ein rundes Gesicht und weiche Hände. Er kam morgens, mittags und abends (nach höflichem Anklopfen) in meine Kabine, brachte mir Ingwer- und Kamillentee mit Zwieback, leerte meinen Eimer aus und fühlte mit seinen sanften Fingern meinen Puls, was mich wunderbar beruhigte. Er sprach freundliche Worte zu mir.

Von ihm lerne ich beständig neue Seemannsweisheiten, z. B.: »Es ist nicht immer der Wind, wenn die Boote wackeln.« Lie ist nämlich nicht nur ein begnadeter Barbier, gestern hat er meine Haare in wunderbare Wellen gelegt, sondern auch ein leidenschaftlicher Philosoph. Mir fällt auf, dass ich nun schon zwei Mal von »wunderbar« in Bezug auf Lie geschrieben habe, aber sei versichert, liebe Schwester, dass ich nicht in die Schwärmerei der Kranken für ihren Pfleger verfallen bin, wie es in meinen rührseligen Liebesromanen immer vorkommt.

Am fünften Tag haben wir das Kap Finisterre (das »Ende der Welt«) an der Nordwestspitze Spaniens passiert. Auch mir ging es zu dieser Zeit eher finster.

Seit dem sechsten Seetag geht es mir glücklicherweise besser, mein Körper scheint sich an das ständige Schwanken gewöhnt zu haben. Gestern hat Lie mir zuliebe dem Koch aufgetragen, einen Sandkuchen zu backen, der wunderbar (aller guten Wunderdinge sind drei) geschmeckt hat, damit ich wieder auf die Beine komme.

Seit heute nehme ich wieder an den gemeinsamen Mahlzeiten in der Messe teil. Der Koch Jori und seine Kombüsenjungen tischen uns wirklich sehr schmackhaftes Essen auf, was bisher auch recht abwechslungsreich war. Kartoffeln und Gemüse – zum Teil frisch, zum Teil aus Dosen – stehen auf dem Speiseplan. Auch Schinken und Würstchen. Am Sonntag haben wir Huhn gespeist, was den lebenden Bestand an Bord auf die Hälfte reduziert hat. Lange werden wir wohl nicht in diesen Genuss kommen. Zu meiner Unterhaltung hat der Koch mir eine Führung durch das Proviantdepot gegeben und ich habe mitgeholfen, Hunderte von gelagerten Eiern zu wenden. Man muss sie einmal pro Woche vom Kopf auf die Füße stellen, damit sich das Innere bewegt und nicht verfault.

Abends sitze ich mit Klarius (sofern seine Pflichten auf der Kommandobrücke dies zulassen), dem Ersten Offizier Hagebak, dem Geografen Nguyen, Doktor Schweiger und einigen anderen Männern der Besatzung im »Salon«, einer großen Kabine auf dem ersten Oberdeck mit Panoramafenstern, Sofas, Sesseln, Tischen und einem Bücherregal. Sogar Perserteppiche gibt es. Man könnte meinen, man wäre daheim in einem Salon. Dort spielen wir Karten. Der Geograf hat uns Bridge beigebracht. Das ist ein wirklich unterhaltsames Spiel und ich bin dabei, alle Taktiken zu lernen. Lie ist auch mit von der Partie. Alle Herren sind so höflich zu mir. Als einzige Frau auf dem Schiff bin ich so etwas wie ihre Galionsfigur. Sie geben sich viel Mühe, mich gut zu unterhalten und sich mit derben Redensarten zurückzuhalten. Zwischen Lie und Nguyen ist ein wahrer Wettstreit ausgebrochen, wer die schönsten Seefahrer-Weisheiten zu erzählen weiß. Lie hat heute Abend mit folgender aufgetrumpft: »Wenn das Schiff auf falschem Kurs ist, genügt es nicht, den Kapitän auszuwechseln – man muss den Kurs ändern.«

Ganz der Philosoph, nicht wahr, liebe Elin? Klarius, der dabeisaß, hat seine Augenbrauen zusammengezogen und Lie daraufhin seinen Kopf gesenkt, als er das finstere Gesicht meines Mannes bemerkt hat. Ich weiß nicht, ob Klarius wegen der Andeutung einer Meuterei so ärgerlich war oder wegen der vertraulichen Blicke meines charmanten Barbiers.

Zum Glück hat Klarius nicht den Spruch gehört, den mir der Kombüsenjunge beim Eierumdrehen serviert hat: »Lieber ein Häschen in der Koje als eine Möwe an Deck.« Dafür hat er vom Koch Jori sofort eine schallende Ohrfeige kassiert. Zur Verteidigung des Jungen muss ich sagen, dass diese anzügliche Bemerkung sicherlich auch von den Hasen auf Eis im Lagerraum inspiriert worden war. Außerdem bin ich als Fischertochter durchaus mit derben Matrosensprüchen vertraut und werde nicht so schnell rot.

Nguyen hat in unserer abendlichen Kartenrunde mit einem etwas praktischeren und leicht morbiden Spruch dagegengehalten. »Rauche nie in der Koje, die Asche am nächsten Morgen könnte deine eigene sein.«

Hierüber hat Klarius schallend gelacht, Lie kräftig auf den Rücken geklopft und gerufen: »Pass gut auf deine heißen Lockenwickler auf, Freundchen! Wer mit dem Feuer spielt, der verbrennt sich seine Fingerchen.«

Lie hat ein wenig betreten gelächelt, als alle Seeleute auf seine Damenhände ohne Schwielen geschaut haben. Ich persönlich mag weiche und gepflegte Männerhände, wie du weißt, liebe Elin. Aber diese Vorliebe behalte ich vor Klarius für mich.

Du merkst, an Bord wird es mir so schnell nicht langweilig – es gibt viel Neues zu entdecken und zu lernen. Heute

Vormittag habe ich den Harpunier Maxim kennengelernt. Sein Vater gehörte der Kaiserlich Russischen Marine an – wie Fabian Gottlieb von Bellinghausen, der 1820 erstmalig die Antarktis mit der *Wostok* umsegelte (das weiß ich von Dr. Schweiger). Maxim hat mir einige Harpunen vorgeführt und erklärt. In der Spitze befindet sich eine kleine Sprengladung, die im Innern des Wales explodiert. Zusätzlich werden über die Leine, an der die Harpune hängt, noch Stromstöße in das Innere des Tieres gejagt, damit es betäubt wird und nicht mehr wegschwimmen kann. Heutzutage werden diese Lanzen massenweise in der Fabrik hergestellt. Aber noch sein Vater und Maxim als kleiner Junge sind mit ihren Harpunen zum Dorfschmied gegangen und haben die Spitzen mit Eisen ummanteln lassen. Dazu hat der Schmied die Nägel aus den Hufeisen von Rennpferden eingeschmolzen, denn das ist das härteste Eisen, was es gibt. Außerdem bringe es dem Walfänger Glück. Für die Widerhaken an der Spitze hat sein Vater stets die besten Rasierklingen verwendet.

»Ist die Harpune stumpf, zeigt dir der Wal keinen Rumpf«, gab Maxim eine Walfängerweisheit zum Besten und nickte bedächtig. Mir taten die Tiere bei diesen Erklärungen zur Jagd schrecklich leid.

Am Abend war auch der Maschinist Ruud bei unserer Bridgepartie dabei. Ich konnte meine Blicke nicht von seinen Händen reißen, als er die Spielkarten mischte. Jetzt rede ich schon wieder von Händen, bitte verzeih! Diesmal rührte meine Faszination von der Verwandlung von etwas Grobem in etwas Feines her. Die Hände des Maschinisten waren wie Schaufeln, mit einer dicken Haut wie ein Handschuh, festen Fingernägeln, die vom Öl der Motoren schwarz eingerahmt waren. Diese Hände können stemmen, bohren, brechen, drücken, drehen, teilen und zusammenfügen. Wie die Schaufelräder einer Mühle bewegten sie sich langsam und mit Kraft. Seine Finger waren schwer wie die Beine eines Kaltblüters. Aber sobald er die

Spielkarten zwischen seinen Fingern hielt, verwandelten sich seine Hände in grazile Ballerinabeine. Mit Schnelligkeit und Eleganz tanzten die Karten zwischen seinen Fingern. Er mischte den Stapel, ließ Luft zwischen jede Karte sausen und sie dann aufeinanderpeitschen. Unter seinen Finger sprangen die Karten hervor, drehten Pirouetten und reihten sich an anderer Stelle wieder in das Tanzensemble ein. Ein wahrer Magier! Gewonnen hat aber der Geograf.

»Ich habe einen Kopf für Zahlen«, erklärte Nguyen seinen Sieg. Als Geograf müsse er beim Landvermessen und Erstellen der Karten die Koordinaten wie Wörter verstehen.

»Unseren Geografen werden wir noch tüchtig fordern, wenn wir erst an der Küstenlinie der Antarktis sind«, kündigte Klarius an. »Das Gebiet ist noch nicht vollständig kartografiert und wir werden mit unseren Vermessungen das Land entdecken und für Norwegen reklamieren«, sagte mein Mann mit seiner tiefen Stimme, in der die ganze Autorität eines Kapitäns und Eroberers mitschwingt.

»*Jubel!*«, rief der Erste Offizier. Er hob sein Glas und die ganze Runde stieß darauf an.

Hiermit schließe ich für heute meinen Bericht, liebe Elin.

Ich hoffe, es geht dir gut in Hamburg. Aber bis ich wieder von dir höre, werden noch so viele Wochen vorüberziehen.

Gute Nacht wünscht dir

deine Schwester Caroline

Kapitel 33: Las Palmas – der erste Hafen

Im Atlantik vor der Westküste Afrikas, 30. November 1934

Klarius stand auf der Brücke, den Blick fest auf die Hafeneinfahrt von Las Palmas gerichtet. Es war der siebte Tag ihrer Reise und die *Thorshavn* hatte gute Fahrt gemacht. Die Insel Gran Canaria war ein bewährter Zwischenstopp auf der Afrika-Äquator-Route. Las Palmas lag direkt am Meer, dahinter ragten Berge auf. Sobald sie sich im geschützten Hafenbecken befanden, befahl Klarius, den Anker auszulassen. Er schickte den Ersten Offizier Hagebak per Beiboot an Land, um die Hafenformalitäten zu erledigen und den blinden Passagier abzugeben. Immerhin hatte der Mann die ihm zugeteilte Arbeit ordentlich erledigt und war so für seine Kost an Bord aufgekommen. Sollte er nun sein Weiterkommen in Las Palmas versuchen.

Kaum hatte die *Thorshavn* ihre gelb-rot gestreifte Ankerflagge gehisst, wurde sie von kleinen Booten umschwärmt wie von Heuschrecken. Die Einheimischen kamen mit ihren voll bepackten Ruderbooten an die Längsseite des Schiffs und die Marktschreierei ging los. Sie hatten Tabak, Obst und allerlei Zeug wie Kleidungsstücke, Schmuck und Handgefertigtes im Angebot. Sie sahen aus wie Piraten und verlangten unverschämt hohe Preise.

Klarius stieg hinab auf das Hauptdeck und ging zur Längsseite, um nach dem Rechten zu sehen. Dort hatte sich schon eine Schar seiner Matrosen versammelt und feilschte lautstark mit den Händlern wie auf einem türkischen Basar. Auch Caroline stand mit Doktor Schweiger an der Reling. Sie beobachtete ihren starken Kapitän, und als sich ihre Blicke trafen, lächelte sie ihn an. Heilfroh, die Seekrankheit überwunden zu haben, sehnte sie sich nach seinen Armen. Wie er sie ansah, ging es ihm nicht anders. Vorfreude überkam sie und sie wünschte sich, es wäre schon Nacht und sie hätte ihn ganz für sich alleine in der Privatheit ihrer Kajüte. Aber für den Augenblick hatte das Spektakel der spanischen Händler bei Sonnenschein auch seinen Reiz.

Klarius ließ seine Matrosen bei ihren Einkäufen gewähren, passte aber streng darauf auf, dass keiner der Fremden an Bord kam – sie würden nur Krankheiten einschleppen, hatte er zuvor warnend gesagt. Die Transaktionen wurden über Lastenkörbe abgewickelt, die sie an Seilen hochzogen und runterließen. Wie üblich bei solchen Geschäften mit Einheimischen verzichtete man auf komplizierten Geldaustausch – der Wechselkurs zwischen norwegischen Kronen und spanischen Peseten war auch ziemlich ungewiss –, stattdessen wurde mit Zigaretten bezahlt.

Als die Warenkörbe an Deck landeten, ließ sich Caroline die Sachen zeigen und staunte wie ein Kind. Natürlich waren die Männer wie immer ganz beglückt, wenn sich die einzige Frau an Bord ihnen zuwandte. Stolz präsentierten sie ihre Einkäufe. Besonders die exotischen Früchte weckten Carolines Neugier.

»Was sind das für Früchte?«, fragte sie Doktor Schweiger, der die Früchte eingehend durch seine Brille studierte. Manche Dinge lernte man eben nicht im Chemielabor.

»Da fragst du am besten deinen Mann, Line«, mischte sich Klarius ein und stellte sich zwischen Doktor Schweiger und sie. Er hob die einzelnen Früchte aus dem Korb und nannte ihre Namen: »Grapefruit, Papayas, Mangos und Avocados.«

»Darf ich sie auch einmal probieren?«, fragte Caroline hoffnungsvoll. Nun gesellte sich Lie hinzu, der seit Carolines Krankheit nicht von ihrer Seite wich, und hob dramatisch die Hände.

»Besser nicht, Frau Mikkelsen«, rief er, »Ihr Magen ist noch so empfindlich und diese Kost ist völlig ungewohnt für Sie.«

Klarius winkte den Koch herbei und wies ihn an, auch einige der exotischen Früchte zu erwerben und außerdem fünf Stauden Bananen – noch grün, damit sie sich länger hielten – und zwei Kisten Orangen für die ganze Mannschaft.

»Heute Abend darfst du von allem einen kleinen Bissen probieren«, versprach Klarius. Caroline lächelte ihm dankbar zu und drückte seine Hand.

Der Handel lief noch eine Weile weiter. Der sonst so stille Geograf Nguyen feilschte unerbittlich um eine geschnitzte Pfeife mit Elfenbeinkopf, denn er war passionierter Pfeifenraucher. Am Abend zeigte er seine Neuerwerbung stolz im Salon herum und Klarius gratulierte ihm zu seinem guten Kauf. Die Händler boten außerdem Amulette aus Federn, Zähnen und Muscheln an – gegen die bösen Seegeister. Klarius wusste, dass jeder Matrose seinen eigenen Talisman dabeihatte. Auf diese fremde »Medizin« wollten sie sich lieber nicht einlassen.

Die *Thorshavn* nahm Wasser von einem Versorgungskahn auf und nach einer Stunde kehrte Offizier Hagebak zurück. Er brachte Post mit, die in der Messe verteilt wurde. Sofort versammelte sich die Mannschaft und es wurde erwartungsvoll gemurmelt und gejubelt, wenn jemand Post aus der Heimat erhielt. Es wurden rund 20 Briefe verteilt.

Caroline staunte. »Wie kann das sein, dass unsere Besatzung schon nach sieben Tagen Post von daheim bekommt? War das Postschiff schneller als wir?«

»Es gibt kein eigenes Postschiff«, erklärte Klarius. »Jedes Schiff befördert die Post in speziellen Kisten von Hafen zu Hafen, als Empfänger stehen immer ein Hafen und der Name eines Schiffes drauf.«

Er wies auf einen Stapel kleiner Kisten, die Hagebak mitgebracht hatte.

»Diese Postkisten sind für andere Schiffe bestimmt. Wir nehmen sie mit nach Dakar. Auf diese Weise gelangt die Post immer mit dem nächsten Schiff in den nächsten Hafen. Das funktioniert ziemlich gut, auch wenn ein Brief so oft viele Wochen unterwegs ist, wenn er von einem Ende der Welt zum anderen transportiert wird. Die Post von heute für unsere Mannschaft ist schon einige Monate alt.«

»Sie freuen sich trotzdem darüber wie Kinder.« Caroline lächelte sanft. Da fiel ihr etwas ein.

»Kann ich auch einen Brief nach Hamburg aufgeben? Für Elin?«

»Natürlich, man kann statt eines Schiffes auch einen Hafen als Ziel aufschreiben«, antwortete Klarius. »Gib deinen Brief Offizier Hagebak, er nimmt ihn dann in Dakar mit zum Hafenpostmeister.«

Caroline nickte eifrig.

»Und wenn Elin mir zurückschreiben will? Wo soll sie am besten hinschreiben?«, wollte sie wissen.

»Der Austausch mit ihr bedeutet dir viel, richtig?« Er drückte sanft ihre Hand und sah sie an.

Caroline lächelte. »Weißt du, wir Frauen tauschen uns mit viel mehr Worten aus als ihr Männer. Aber keine Sorge, du bist der wichtigste Mensch in meinem Leben.« Sie zwinkerte ihm zu. Klarius nickte und war offenbar zufrieden mit ihrer Erklärung.

»Du kannst Elin mitteilen, dass sie an die *Thorshavn* in Dakar schreiben soll. Wir kommen dort im März auf unserer Rückreise wieder vorbei. Die Zeit müsste reichen, damit ihr Brief ankommt.«

Caroline strahlte ihn an und Klarius nahm ihr Gesicht in beide Hände und streichelte mit den Daumen über ihre Wangen. Er schien sich mit ihr zu freuen, wie leicht er sie glücklich machen konnte.

Sie verließen den Hafen von Las Palmas und schifften entlang der Westküste Afrikas nach Süden. Am 2. Dezember schlug das Wetter um. Es waren 27 Grad in der Luft. Aber auf Deck fühlte sich das noch heißer an, denn das Metall speicherte die Wärme und strahlte sie ab. Der Mannschaft machte das nichts aus. Klarius erlaubte die Lockerung der Kleidung und so liefen einige Matrosen in Unterhemden herum, was er trotz der Anwesenheit seiner Frau noch schicklich genug fand, wie er ihr versicherte. Caroline benahm sich nicht wie eine Prinzessin, sondern passte sich auf ihre gut gelaunte Art den Gegebenheiten an Bord an. Angesichts der Hitzewelle zog sie ein Kleid an und ließ sich mit einem Buch unter einem Sonnenschirm auf dem Hauptdeck nieder. Was den einen oder anderen Matrosen dazu brachte, einen Umweg über das Deck zu machen. Solange sich Caroline von dieser Aufmerksamkeit nicht belästigt fühlte, würde Klarius das den Männern durchgehen lassen. Sie benahmen sich bisher auch ausgesprochen höflich ihr gegenüber.

Die Hitze blieb nicht ganz ohne Opfer. Unter Deck verendete eines der Schweine. Klarius wies den Proviantmatrosen an, die übrigen Schweine alle zwei Stunden mit Wasser abzukühlen, und der Koch sollte am Abend Schweinshaxe auftischen. Die Mannschaft freute sich.

Inzwischen hatten sie auch die Walgebiete erreicht. An diesem Tag sichteten sie ein ganzes Rudel Schweinswale. Das Rudel, das aus mindestens 1.000 Tieren bestand, schwamm an der Längsseite der *Thorshavn* vorbei. Caroline stand an der Reling und juchzte vor Aufregung. Für Klarius war der Anblick von Walen nichts Besonderes. Aber als er die Begeisterung von Caroline bemerkte, war es ihm scheinbar, als würde er dieses Schauspiel auch zum ersten Mal sehen. Die hellen Körper der Wale glitten mühelos durch das Wasser, das von ihren Sprüngen glitzernd aufschäumte.

»Schweinswale sind die kleinsten aller Wale, sie werden nur etwa zweieinhalb Meter lang«, erklärte Klarius ihr.

»Sind die Walfänger unserer Reederei auch schon hier?«, fragte Caroline.

»Nein. Die Jagdgebiete in den Gewässern der Antarktis sind noch viel ergiebiger. Dort werden wir auf die Fangschiffe unserer Flotte treffen.«

Kapitel 34:
Afrika (Dakar) – Händler mit Marula-Likör

Dakar, 4. Dezember 1934

Meine liebe Elin,

heute hat sich schon früh am Morgen die Küste Afrikas abgezeichnet. Zum ersten Mal im Leben sehe ich diesen Kontinent! Um zehn Uhr sind wir in Dakar eingelaufen. Ich war so neugierig und stand backbords auf dem Bootsdeck, habe meinen Hals gereckt und durch ein Fernglas geschaut. Am Hafen herrschte ein mächtiger Verkehr an Schiffen, großen und kleineren, ein buntes Gewimmel von Menschen am Pier, viele Händler und einige Palmen. Ein riesiger Tankdampfer, die *Eleonora Merken*, kam neben uns und hat uns 15.000 Tonnen Diesel geliefert. Später erschienen Wasserboote, die unsere Tanks mit dieser lebenswichtigen Flüssigkeit aufgefüllt haben.

Die Mannschaft durfte nicht von Bord gehen. Klarius sagt, sonst fangen sich die Männer sofort Krankheiten ein und verprassen ihre Heuer. Nur der Erste Offizier und Pastor Martinsen sind per Beiboot an Land gegangen und haben Geschäftliches mit dem Hafenmeister abgewickelt. Diesmal war ich besser vorbereitet und habe schon am Vorabend meine Briefe in die Postbox gelegt, damit sie beim Hafenmeister abgegeben und dem nächsten Schiff in die norwegische Heimat anvertraut werden. Aber vielleicht siehst du mich ja eher wieder als meine Briefe.

Den ganzen Tag über ruderten einheimische Händler mit ihren Bötchen heran und tummelten sich an der Backbordseite der *Thorshavn*. Die Afrikaner waren in lange, bunte Gewänder gehüllt und trugen Turbane oder Körbe auf ihren Köpfen. Sie haben säckeweise Datteln und Honignüsse angeboten. Wie schon in Las Palmas wurde der Verkauf von Boot zu Deck über Lastenkörbe abgewickelt, um direkten Kontakt zwischen den Menschen zu vermeiden. Am besten verkauft hat sich ihr Likör aus Marula-Früchten, den sie aus offenen Krügen in die heruntergelassenen Flaschen der Matrosen ausgeschenkt haben. Doktor Schweiger fand das sehr unappetitlich und wollte es verhindern, aber niemand hörte auf ihn. Wenn die Affen und Elefanten die Früchte des Marula-Baumes essen, werden sie betrunken und schwanken – das sei lustiger als jeder Zirkus, hat Doktor Schweiger erzählt. Das hätte ich zu gerne gesehen! Aber ich musste mich mit schwankenden Matrosen zufriedengeben. Als der Kapitän von dem Likörverkauf Wind bekam, beendete er den Handel prompt.

Die Afrikaner ruderten mit zufriedenen Gesichtern und unzähligen Schachteln Zigaretten zurück in ihren Hafen.

Die Sonne brannte nieder und ohne Fahrtwind wurde es unter Deck stickig und heiß. Erneut ist ein Schwein an der Hitze und Wassermangel verendet. Aasgeier kreisten über unserem Schiff und die Matrosen haben auf sie geschossen

– zwei stürzten getroffen in die Tiefe und trieben eine Weile auf den Wellen, bis sie untergingen.

Den Tag über wurde auf dem Hauptdeck ordentlich gehämmert und gezimmert, es steht nämlich ein besonderes Ereignis an: In wenigen Tagen werden wir die Äquatorlinie passieren. Hierzu soll eine Zeremonie gefeiert werden: die Äquatortaufe. Die Matrosen bauten dafür ein Becken, bestehend aus einem großen Holzkasten (4 x 6 Meter), der mit Segeltuch ausgelegt wurde. Am Abend legten wir ab und setzten unsere Fahrt Richtung Süden fort.

Im nächsten Brief schreibe ich dir von der Äquatortaufe, liebe Schwester. Ich bin selbst sehr gespannt darauf.

Ich umarme dich
deine Caroline

Kapitel 35:
Das Herz und das Meer

Sydney, 18. April 1995

Nach ihrem bravourösen Auftritt vor dem Presserat sitzt Jesse wieder an ihrem Schreibtisch und will sich sofort in ihren Follow-up-Artikel stürzen. Jetzt mit umso mehr Elan. Aber ihr ungehorsames Herz hat eigene Pläne. Und wenn Jesse an ihr Herz denkt, dann nicht als Metapher für Gefühl, sondern als Pumporgan. Das hämmert gerade wie nach einem 100-Meter-Sprint. Dabei ist sie doch vorhin im Verhör ganz ruhig gewesen. Doch nun spürt sie, wie die Welle kommt. Es gibt kein Entrinnen. Es ist, als würde die ganze Welt auf sie einstürzen, und sie kann diesem Ansturm nicht standhalten. Sie wird überflutet von diesem diffusen Gefühl, das sie hinabspült in eine bodenlose Tiefe, sie stürzt kopfüber ohne Halt und ohne Hoffnung, jemals wieder aufzutauchen. Sie bekommt Angst. Die Angst schnürt ihr die Kehle zu und lässt ihr Herz hämmern. Früher hat sie nicht genau gewusst, wovor sie eigentlich Angst hat. Aber seit sie die Welle kennt, hat sie Angst vor genau diesem Zustand der bodenlosen Angst. Jesse greift mit zitternden Fingern nach ihrer Rettungsboje, der Cremetube in der obersten Schublade, und eilt auf die Damentoilette. Dort setzt sie sich in der Zwei-Quadratmeter-Kabine auf den Klodeckel und beginnt zu zählen. Egal was. Heute sind es die kleinen quadratischen Fliesen auf dem Boden. Eins, zwei, drei ... Die Zahlen sind das Netz der Normalität, das sie im freien Fall aufhalten kann. Mit den Augen wandert sie die Reihen der Fliesen entlang, bis das Quadrat voll ist. Dann geht es rückwärts. 144, 143, 142 ... Ihre trockenen Lippen bewegen sich mit. Die Welle flacht ab, ihr Kopf steigt wieder der Oberfläche entgegen, wo es Licht und Luft gibt. Sie hat es geschafft. Aber sie braucht noch eine Stärkung. Sie knöpft ihre Bluse auf. Mit langsamen, kreisenden Bewegungen reibt sie die Salbe auf ihre linke Brust. Immer gegen den Uhrzeigersinn. Zwölf Mal. Dabei atmet sie langsam ein und aus. Beim Ausatmen gibt sie einen leisen Summton von sich. Aber nur, wenn sonst niemand im Waschraum ist. Sie konzentriert sich auf den Duft ihrer anthroposophischen Aurum-Lavendula-Salbe, die nach Lavendel und Rosenöl riecht. Die Blüten in dieser magischen Creme werden nur bei Mondlicht geerntet und die winzigen Goldpartikel haben die Kraft der Muttererde gespeichert, hat die Heilpraktikerin ihr verraten. Jesse spürt die Wärme der Goldpartikel, die beruhigend in ihre Haut einsickern. Dieses Ritual erinnert sie an das wohlige Streicheln, wenn sie als Kind eine Bronchitis gehabt und Mama ihr die Brust mit Erkältungsbalsam eingerieben hat. Heute müssen ihre eigenen Hände diesen Trost spenden. Endlich schlägt ihr Herz wieder ruhig.

Jesse hat diese Anfälle von Herzrasen, seit sie dreizehn Jahre alt ist. Ihr Vater, der Herzspezialist, hat sie seinerzeit mehrfach gründlich untersucht.

»Jesse, dein Herz ist völlig gesund!«, ist seine unumstößliche Diagnose gewesen. Wenn sie wieder und wieder mit der Hand auf dem Herzen in die Knie gegangen ist und gedacht hat, sie müsste vielleicht sterben, weil ihr Herz am Ende explodiert, hat Vater gesagt: »Lass das Theater« oder »Reiß dich zusammen«.

Jesse hat im Laufe der Jahre gelernt, ihr Herzrasen hinzunehmen. Sie weiß nun, dass es vorübergeht und dass sie nicht daran sterben muss.

»Das sind Panikattacken«, hat die nüchterne Diagnose ihres Hausarztes gelautet. Jesse ist bei diesem Wort zusammengezuckt. Panik ist etwas, wogegen man machtlos ist. Und Jesse ist kein Mensch, der je die Kontrolle verliert. Nein, der Arzt irrt sich. Manchmal vergehen viele Monate, in denen sie davon verschont bleibt. Dann gibt es wieder Phasen, in denen sie täglich von ihrem Herzen traktiert wird.

Im Bad tritt Jesse ans Waschbecken und lässt kaltes Wasser über ihre Handgelenke laufen. Sie blickt in den Spiegel. Die Pupillen ihrer Augen sind groß und schwarz und verdrängen fast alles Blau ihrer Iris. Ihre Haut auf Hals und Brust ist voller roter Flecken. Gut durchblutet eben. Sie hat eine sehr helle Haut, auf der ihr Innerstes durchschimmert. Auch ihre Wangen sind rot – wie bei dem Gesundheitsmädchen auf den Saftflaschen im Wellbeing Store, wo sie immer ihre Wundersalbe kauft. Ihr vor Spray starres Haar umrahmt ihr Gesicht wie ein Helm im besten Thatcher-Style. Sie sieht erstaunlich vital und unverwüstlich aus.

Jesse geht zurück ins Großraumbüro und holt ihre Handtasche. »Ich mache Mittagspause«, sagt sie zu Patricia, die am Telefon hängt und ihr beiläufig zunickt. Als sie ins Freie tritt, weht ihr die Meeresbrise ins Gesicht; es riecht nach Salz, Algen und Diesel. Das Bürogebäude der Zeitung steht auf einer schmalen Landzunge zwischen dem Pyrmont Bay und dem Jones Bay. Sie läuft eine Schlaufe, erst nach Süden, dann nach Norden, und kommt nach 642 Schritten in den Pirrama Park. Das ist ihr Lieblingsort für die kurzen Pausen. Der Park ist künstlich angelegt auf dem langen Ende dieser Landmasse, die wie ein Stumpf ins Meer ragt. Das Gelände ist von einem Rasen überzogen, der im Sommer kühl bleibt. Es gibt einige kleine Bäume, die kaum Schatten spenden. Alles hier ist flach, wie mit einer Klinge abrasiert. Jesse schlendert auf dem Steg aus Holzbohlen an der Wasserkante entlang und blickt auf das Hafengewässer, das unruhig schwappt. Ein Dutzend Schiffe liegen vor Anker. Sie liebt und hasst Häfen gleichermaßen. Die Schiffe künden vom Aufbruch in die weite Welt. Sie versprechen Abenteuer und Freiheit in fernen Ländern. Jesse ist schon als Kind in Townsville gerne zum Hafen gepilgert und hat sich die Boote und Schiffe angeschaut, ihre Namen gelesen, ihre Ladung betrachtet und sich ausgemalt, wo sie als Nächstes hinfahren werden.

»Wenn ich groß bin, mache ich eine Weltreise auf einem Schiff«, hat sie mehr als einmal zu ihrer Mama gesagt. Die hat ermutigend dazu genickt und Jesse einen Atlas geschenkt. An unzähligen Winterabenden lag sie in ihrem Zimmer auf dem Bauch über dem Atlas und zeichnete mit ihrem schmalen Finger Reiserouten nach und erstellte lange Listen, was sie alles einpacken wollte – es gab so vieles, an was sie denken musste: die richtige Kleidung, Kompass, Proviant, ihre Lieblingsbücher und praktische Hilfsmittel für allerlei Notfälle von der Sicherheitsnadel über Jodtinktur zur Zauberflöte, um wilde Tiere zu besänftigen. Im Lichtkegel der Lampe und auf ihrem runden Wollteppich schwebte sie in diese fernen Welten. Sie flüsterte die Namen von Ländern, Städten und Bergen in die Dunkelheit hinein. Es klang wie eine Geheimsprache in ihren Ohren.

Aber Jesse ist nie an Bord eines Schiffes gegangen. Kein einziges Mal! Ja, sie hat einiges von der Welt gesehen. Mit dem Flugzeug ist sie nach Europa geflogen. Hat als Studentin und in ihren frühen Berufsjahren begierig Kulturmetropolen besucht, die sie zuvor nur aus Büchern und Filmen gekannt hat. In Paris ist sie auf den Eiffelturm gestiegen, in London hat sie im Tower die von Raben bewachten Kronjuwelen besichtigt, in Rom hat sie im Kolosseum das ferne Brüllen der Löwen und das Rasseln der Ketten und Schwerter aus früheren Jahrtausenden gehört, in Berlin hat sie bemalte Mauerreste inspiziert, in Wien ist sie im Schloss Schönbrunn in barocken Prunk eingetaucht, in Barcelona hat sie in Gaudís Sagrada Família ein Gebet gesprochen, obwohl sie gar nicht an Gott glaubt – oder nur vielleicht.

Jesse lässt ihren Blick über den Hafen streifen und fragt sich, warum die Boote sie immer noch mit dieser nebulösen Sehnsucht erfüllen. Es wäre ein Leichtes, eines dieser Schiffe zu besteigen und auf die Reise zu gehen. Das Problem ist nur, dass sie das Ziel nicht kennt. Aber einfach Kurs ins Ungewisse zu nehmen, das traut sie sich nicht.

Kapitel 36: Äquatortaufe

Auf der Äquatorlinie, 8. Dezember 1934

Endlich kam der Moment, auf den Caroline gewartet hatte: Sie passierten die Äquatorlinie und waren nun auf der südlichen Halbkugel und im Südatlantik! Der Geograf Nguyen markierte jeden Tag mit einer roten Pinnnadel auf einer großen Weltkarte, die in der Messe für alle sichtbar hing, wo sich die *M/S Thorshavn* gerade befand. Caroline hatte diese Karte eingehend studiert. Die Äquatorlinie verlief ungefähr auf der Höhe von Zentralafrika und durch den Kongo. Leider hatte sie Afrika nur aus der Ferne gesehen. Hoffentlich würden sie auf der Rückreise wenigstens in Kapstadt an Land gehen können.

Nun war Caroline gespannt auf die Äquatortaufe – ein Ritual, in dessen Genuss Seeleute und Passagiere kamen, die zum ersten Mal den Äquator erreichten. Früher war das eine lebensgefährliche Angelegenheit gewesen, für die man um die Gunst der Götter bat.

Gleich nach dem Frühstück um acht Uhr ging es los. Caroline eilte an Deck, wo sich die gesamte Mannschaft versammelte. Sie stand neben Klarius beim Taufbecken, sodass sie als Kapitänspaar den Vorsitz über die Veranstaltung hatten. Caroline fühlte sich wie eine Königin. Trommeln und Trompeten spielten auf und kündigten den römischen Wassergott Neptun und seine Gefährtin Salacia, die Göttin des Salzwassers, an. Auf dem Bootsdeck erschienen zwei Gestalten in weißen Gewändern. Die Trommeln schlugen schneller wie in Ekstase, als die Götter die Treppe hinunterstiegen. Neptun war ganz in Schwarz gekleidet und trug einen langen weißen Rauschebart, unter dem sich der Erste Offizier Hagebak verbarg. Auf dem Kopf trug er eine Krone aus gelbem Papier und in der Hand einen Dreizack auf einem hölzernen Stab. Neben ihm schritt Salacia in einem weißen Gewand und mit langer blonder Perücke – es war der Arzt und Barbier Lie, dem diese Rolle außerordentlich gut zu gefallen schien. Mit seinen damenhaft weichen Händen und seinem runden Gesicht mit den vollen Lippen war er die ideale Besetzung für die Göttin. In ihrem Gefolge marschierten der Pastor, ein Adjutant in einer Uniform aus dem letzten Jahrhundert und zwei Matrosen mit nackten Oberkörpern, ganz schwarz angemalt, jeweils bekleidet mit einem Rock aus Gras. Neptun und sein Gefolge machten einen Umzug über das ganze Deck; die Trommler und Trompeter folgten ihnen. Die Mannschaft jubelte, jeder wollte vom Dreizack gesegnet werden.

Dann machte der Umzug vor dem Kapitän am Becken halt. Neptun hielt eine großartige Rede über seine Allmacht über die Meere und die Sünden der Seeleute, die nun in der Taufe von ihrem miserablen Lebensstil gereinigt werden sollten. Die Rede war sehr übertrieben und brachte alle zum Lachen. Neptun legte dem Kapitän und dem Steuermann jeweils einen Orden aus Holz um. Sie sollten zukünftig besser über die sauberen Sitten ihrer Mannschaft wachen. Dann kamen die Täuflinge an die Reihe. Für neun der Männer war die Äquatorüberquerung eine Premiere. Zuerst wurde das »Abendmahl« vom Pastor verabreicht, das die Kombüsencrew vorbereitet hatte: Jeder bekam einen Schluck Medizin aus Lebertran und Rizinusöl. Die Männer verzogen vor Ekel ihre Gesichter und Gelächter war überall. Plötzlich winkte der Pastor Caroline zu sich und reichte ihr ein Tablett, damit sie ihm assistieren sollte. Sie reichte jedem Täufling eine Pille von ihrem Silbertablett – ein Holzteller in Silberfolie eingewickelt –, die er kauen und schlucken musste. Caroline unterdrückte mühsam ein Kichern. In der Pille waren sämtliche Gewürze aus der Küche, vor allem Pfeffer und Salz. Einige der Täuflinge mussten würgen bei dieser göttlich-teuflischen Pille, was natürlich für viel Heiterkeit bei den Zuschauern sorgte. Der Pastor schaute in ihre Münder, um zu kontrollieren, ob das Mahl auch wirklich heruntergeschluckt war. Dann goss er jedem Täufling eine Kelle Wasser über den Kopf. Jetzt kam die Gefährtin von Neptun an die Reihe und schnitt jedem Täufling mit dem Messer eine Haartolle ab, hierbei war der Barbier Lie ganz in seinem Element. Dann wurden die Täuflinge in die Hände der Schwarzen gegeben, die deren Körper – sie waren nackt bis auf eine Badehose – mit verschiedenen Pinseln anmalten. Caroline hatte keine Ahnung, wo diese Farbe herkam, sie roch jedenfalls wie Wandfarbe. Die Beine und Arme wurden schwarz eingefärbt, der Rücken und Bauch rot, die Hände grün und ins Gesicht kam ganz viel Rasierschaum. Mit dieser Quälerei sollte Neptun gnädig gestimmt werden. Als Nächstes war der Wassergott an der Reihe, die Täuflinge zu reinigen. Sie stiegen in das Becken und Neptun tauchte sie komplett unter. Die Mannschaft jubelte und die Täuflinge planschten und wuschen sich die Farbe wieder ab, was nur halb gelang. Einige der Täuflinge waren Tage später noch an ihrer angemalten Haut zu erkennen.

Auch für Caroline war es die erste Äquatorüberquerung, sodass sie ebenfalls getauft wurde. Aber sie wurde viel rücksichtsvoller behandelt als die Matrosen. Zuerst schnitt ihr die Göttin des Salzwassers, Lie, eine kleine Haarlocke ab, die Klarius sofort an sich nahm und mit Besitzerstolz um seinen Ringfinger und Ehering wickelte. Caroline war ganz gerührt über diese Geste. Manchmal legte Klarius eine jungenhafte Eifersucht an den Tag, besonders, wenn der charmante Lie im Spiel war. Nach dem Haarschnitt schluckte sie freiwillig eine der Küchenpillen. Die schmeckte wirklich widerwärtig, aber Caroline fühlte sich übermütig und wollte sich genauso überwinden wie die Matrosen, die sie mit viel Jubel anfeuerten. Anschließend bekam sie einen symbolischen grünen Farbklecks auf die Hand gepinselt und einen Tupfer Rasierschaum auf die Nase, was ihr Neptun danach im Becken abwusch. Die Wasserkelle über den Kopf wurde Caroline erlassen, stattdessen besprenkelte Neptun ihre Stirn mit dem Taufwasser. So getauft strahlte sie über beide Wangen und der Kapitän gab ihr einen Kuss auf die Stirn. Schließlich wurden Neptun und sein Gefolge wieder unter Trommeln und Trompeten verabschiedet. Einige Männer spielten Harmonika. Es wurde gesungen, dazu tanzten die nassen und geschorenen Täuflinge im Kreis. Um zehn Uhr war der erste Teil der Zeremonie vorbei und jeder musste wieder an die Arbeit.

Zu Mittag gab es Erbsen mit Wurzeln, Schinken und Spargel. In der Mittagspause ging es weiter mit Spiel und Sport: Die Männer liefen um die Wette – Eierlaufen und Sacklaufen – und ein Boxkampf wurde ausgetragen.

Am Abend war nach dem Essen um 20 Uhr wieder Versammlung in der Messe. Es wurde eine Bühne aufgebaut und mit Scheinwerfern erhellt. Zuerst vergab Klarius Preise an besonders fleißige Matrosen. Danach war die Bühne frei für jeden, der etwas darbieten wollte. Caroline staunte, was für verborgene Talente in der Mannschaft schlummerten: Die Seeleute verwandelten sich in Komiker, Pantomimen, Trickkünstler und Akrobaten. Caroline klatschte begeistert in die Hände, als sich fünf Matrosen zu einer menschlichen Pyramide aufeinanderstellten. Es war ein ausgelassener Abend und alle lachten viel. Caroline hätte nie gedacht, dass das Leben an Bord so unterhaltsam und lustig sein könnte.

Kapitel 37:
Atlantiküberquerung – von Afrika nach Südamerika

Südatlantik, 18. Dezember 1934

Meine liebe Elin,

wir haben den afrikanischen Kontinent nun im Rücken und steuern auf Südamerika zu, genauer gesagt auf die Küste Brasiliens. Tagsüber sehe ich in diesen Tagen nichts als Wasser. In allen Richtungen geht das Blau des Meeres in das Blau des Himmels über in einem Horizont ohne Grenzen. Wir haben viel Sonnenschein und an Deck ist es ziemlich warm. Man merkt, dass wir uns auf dem Äquator befinden, das Thermometer steigt auf 28 Grad Celsius.

Ich habe einen kleinen Sonnenbrand auf der Nase. Das kommt davon, den halben Tag mit einem Buch im Liegestuhl zu liegen. Ich lese »Die gute Erde« von Pearl S. Buck, bin völlig fasziniert davon und möchte zu gerne auch mal China kennenlernen. Aber nun sind erst einmal Brasilien und die Antarktis an der Reihe. Klarius hat über meine rote Nase gelacht und Lie hat mir eine Heilcreme gebracht. Unser Chemiker, Doktor Schweiger, hat mich aufgeklärt, dass dort Dexpanthenol drinnen sei – na ja, Hauptsache, es hilft.

An den Sonntagen hat ein Großteil der Mannschaft frei und sie amüsieren sich an Deck mit allerlei Spiel und Sport. Beim Eierlaufen und Sackhüpfen verwandeln sich die Seeleute in kleine Jungs. Außerdem wird Fußball gespielt, mit dem Bogen geschossen und geboxt. Die Boxkämpfe sind eine große Attraktion für die gesamte Besatzung. Die Kämpfer, nur in Hose und Unterhemd, sind umringt von jubelnden Zuschauern und es werden Wetten abgeschlossen, allerdings sind als Einsatz nur Zigaretten erlaubt. Selbst Klarius und die Offiziere schauen von der Brücke aus zu.

Aber manchmal liegen auch diese Kraftbolzen in der Sonne und aus den Lautsprechern klingt Musik. In der kleinen Bibliothek gibt es eine Schallplattensammlung. Für die fünf Deutschen an Bord werden hin und wieder Platten von Erich Kunz aufgelegt: »Mei Mutterl war a Weanerin« geht mir wirklich ins Ohr. Auch die Comedian Harmonists sind hier beliebt, z. B. das Lied »Irgendwo auf der Welt«. Das Foto der Sängerin Lilian Harvey hängt in manchem Matrosenschrank, verriet mir das Plappermaul Doktor Schweiger. Ich durfte auch mal eine Platte auswählen und habe mich für Ella Fitzgerald mit Broadway-Songs von Irving Berlin entschieden. Bei »Cheek to Cheek« machen sich meine Füße selbstständig und ich würde die Planken des Decks am liebsten in ein Tanzparkett verwandeln. Ich finde es schön, dass an Bord solch eine internationale Stimmung herrscht, da fühle ich mich als Dänin gut aufgenommen. Die Kapitänssprache ist natürlich Norwegisch, aber die Deutschen sprechen ihre Muttersprache untereinander und ihre Lieder werden auch von den Norwegern gerne gehört. Englisch kann hier fast jeder, besonders in den Häfen ist diese Sprache ein Muss.

Auf dieser langen Atlantiküberquerung hatte Klarius Zeit, mich einige Male mit auf die Brücke zu nehmen, und ich durfte mir all die Geräte ansehen, die zum Navigieren des Schiffs eingesetzt werden. Der Steuermann Sandvik hat mir den Kreiselkompass erklärt: Diese große Kugel zeigt die Nord-Süd-Ausrichtung an. Sie funktioniert aber nicht magnetisch, sondern im Innern befindet sich ein Kreisel. Das ist eine Scheibe, die frei hängt und einem Drehimpuls folgt und sich nach der Rotationsachse der Erde richtet. Ganz genau habe ich das nicht verstanden, aber ich habe eifrig genickt und Klarius hat über mein Interesse zufrieden gelächelt. Der Erste Offizier führt Logbuch, für jeden Tag gibt es eine Doppelseite, dort sind alle Stunden des Tages tabellarisch aufgelistet und stündlich werden dort die Navigationsdaten, Wetterdaten und besondere Vorkommnisse eingetragen. Der Kapitän zeichnet das Logbuch täglich ab.

An den Wänden der Kommandobrücke hängen große Seekarten und es gibt auch einen extra Tisch, auf dem der Kartenausschnitt der See liegt, die gerade befahren wird. Auf diesen Karten sind alle Längen- und Breitengrade eingezeichnet und noch viele andere Ziffern, die ebenso gut Hieroglyphen sein könnten, für mich jedenfalls unverständlich. Der Navigator verwendet zur Bestimmung des Kurses verschiedene Zirkel und Lineale, die er auf die Karten platziert.

Faszinierend fand ich auch das Echolot. Das ist ein Metallkasten (er erinnerte mich an einen Stromzähler), der auf Augenhöhe an der Wand hängt, vorne ein großes Ziffernblatt hat und darunter zwei Drehknöpfe. Hiermit werden Schallimpulse auf den Meeresgrund gesendet und das Gerät misst, wie lange es dauert, bis der Wasserschall zurückgeworfen wird. Daran kann man ausloten, wie tief unter uns der Meeresgrund liegt. Es ist eine »elektroakustische Messung«, das Wort habe ich mir gut gemerkt. Im Moment ist das Meer 4.500 Meter tief! Das ist wirklich gigantisch.

»Das ist ja fast so tief, wie der Mont Blanc hoch ist«, staunte ich.

»Die Tiefen des Meeres sind noch lange nicht erforscht«, sagte Klarius. »Da ist es für uns Menschen einfacher, die höchsten Berge der Welt zu ersteigen, als in die tiefsten Tiefen des Meeres abzutauchen.«

Ich wollte wissen, wie tief diese tiefsten Stellen seien. Klarius und der Steuermann schauten sich wissend an und lächelten mit Stolz auf die Gefahren der See.

»Der Marianengraben im Pazifischen Ozean östlich von den Philippinen ist nach bekannten Messungen die tiefste Meeresschlucht der Welt. Der Graben ist neuntausendneunhundertsechzig Meter tief und zweitausendfünfhundert Meter lang. Manche Seeleute glauben, das sei der Schlund der Erde und dort unten befinde sich das Tor in die Hölle.« Klarius lachte kurz auf. Rasch wurde er wieder ernst. »Was dort hinuntersinkt, taucht nie wieder auf.«

Nun, liebe Elin, damit mein Bericht nicht zu sehr in die technischen Tiefen der See abtaucht, kann ich dir noch erzählen, dass wir sogar ein Kino an Bord haben. Schon zwei Mal wurden in der Messe eine Leinwand und ein Projektor eingerichtet und wir – unsere übliche Tischrunde, später auch andere Gruppen der Besatzung – haben uns Filme angeschaut. Allerdings keine Spielfilme, sondern Dokumentationen von anderen Schiffsexpeditionen im nördlichen Polarmeer und um Südamerika herum. Klarius hat diese wackeligen Schwarz-Weiß-Bilder sehr unterhaltsam kommentiert.

Wenn der Kapitän spricht, hören alle Männer voller Respekt zu. Er ist der perfekte Anführer. Gleichzeitig ist er ein sehr guter Unterhalter, er bringt seine Männer und mich öfters zum Lachen. Klarius ist meistens gut gelaunt und behandelt auch seine Besatzung freundlich. Lie hat mir vor einigen Tagen, als er mir die Haare mit dem Lockenstab frisierte, von einem anderen Kapitän auf seinem letzten Schiff berichtet, der oft cholerische Anfälle bekam und willkürlich strenge Strafen für die Mannschaft festsetzte.

»Man kann mit Angst herrschen, aber nur mit Respekt anführen«, hat Lie gesagt. Er ist wahrhaftig ein Philosoph.

Sei umarmt, liebe Schwester
deine Caroline

Kapitel 38:
Bucht von Bahia (Brasilien) und ein Weihnachtsbaum an Bord

Rio de Janeiro, 25. Dezember 1934

Meine liebe Elin,
    am 20. Dezember hatten wir nach 15 Tagen auf hoher See endlich wieder Land in Sicht: Die Küste von Brasilien erstreckte sich vor uns. Die *Thorshavn* lief in den Hafen der Bucht von Bahia ein. Hier blieben wir zwei Tage vor Anker. Die Mannschaft war tüchtig dabei, den ganzen Tag neue Ladung aufzunehmen. Wir bekamen per Schiff auch frischen Treibstoff und unsere Wassertanks wurden aufgefüllt.
    Ich wäre so gerne an Land gegangen, aber Klarius meinte, die Gegend sei zu unsicher. Lie erzählte etwas von Piraten und Banditen – ich glaube, er wollte mich auf den Arm nehmen. Ich solle mich bis Rio gedulden, dort würden wir eine echte

Pause mit Landgängen einlegen. Ich nutzte die Gelegenheit, wieder meine Briefe an dich beim Hafenmeister abgeben zu lassen. Wir bekamen auch Nachschub an lebenden Tieren für unser Proviantlager. Am Abend machten sich einige Matrosen den Spaß, einen Hahnenkampf zu veranstalten. Die Tiere waren dafür aber nicht abgerichtet und wollten nicht kämpfen. Schließlich gab es stattdessen einen Boxkampf.

Also legten wir am 22. Dezember wieder ab und schifften entlang der Ostküste Brasiliens nach Süden, ohne dass ich mir einen Eindruck vom Land machen konnte. Rio de Janeiro steuern wir als Nächstes an. Ich bin sehr gespannt darauf.

Aber vorher gab es noch ein anderes Ereignis: Wer hätte je gedacht, dass ich einmal Weihnachten an Bord eines Schiffs verbringen würde? Es war ein ganz einmaliges Fest. Am Morgen des 23. Dezember hat Klarius mich in die Messe geführt und ich sollte meine Augen schließen. Als ich sie wieder öffnete, sah ich neben unserem Kapitänstisch eine prächtige Tanne stehen. Daneben eine Kiste mit Baumschmuck – von meiner Schwiegermutter. Ich hatte die ehrenvolle Aufgabe, den Baum zu schmücken. Das hat mir große Freude gemacht und das Ergebnis ist schön anzuschauen, auch wenn ich die Nudel-Engel aus unserer Kindheit vermisst habe. Beim Mittagessen haben die Seeleute mit Augen wie Kinder diesen Baum bewundert. Abends hat der Koch den traditionellen Sahnebrei *risengrynsgrøt* mit Zucker und Zimt serviert – natürlich mit einer Mandel darin versteckt. Die Mandel hat der Kombüsenjunge Lars gefunden, der wegen seines Häschenspruchs die Backpfeife bekommen hatte. Den Preis – ein Marzipanschweinchen – habe ich ihm überreicht. Dabei hatte der Bub knallrote Wangen, und das lag wohl nicht am Glühwein *gløgg*, den er becherweise getrunken hatte.

Am Heiligen Abend hat sich die ganze Mannschaft in der Messe versammelt. Zuvor war der Barbier kräftig im Einsatz – alle sahen gut frisiert und festlich gekleidet aus. Der Schiffspastor Martinsen, der in zweiter Mission auch Lagerverwalter ist, hat eine kleine Andacht gehalten und wir haben zusammen einige Weihnachtslieder gesungen. Mein Lieblingslied »*Glade jol, heilage jol*« war auch dabei. Außerdem hat Klarius uns Telegramme aus der Heimat vorgelesen, eines davon von Lars Christensen, der uns frohe Weihnachten und Seemannsheil wünschte.

Danach haben wir geschmaust. Der Koch hat sich wirklich selbst übertroffen: Es gab Schweinesteak (da waren es einige Säue weniger im Proviantdepot) und Laugenfisch, dazu Salzkartoffeln und Erbsen. Zum Nachtisch Früchtebrot und Lebkuchen. Das Malzbier floss in Strömen und die Lieder wurden wieder angestimmt. Einer der Matrosen – ein junger Deutscher namens Gustav – hat auf einer Harmonika gespielt und die Weihnachtslieder wurden bald von melancholischen Liebesliedern von den Mädchen in fernen Häfen abgelöst. »La Paloma« haben sie in vielen Sprachen gesungen.

Um Mitternacht hat Klarius die Silberglocke geläutet. Dann habe ich die kleinen Jutebeutel, die unter dem Weihnachtsbaum als Gaben lagen, an jeden aus der Mannschaft verteilt, die sich artig wie Schuljungen in einer Schlange aufstellten. In den Beuteln waren Leckereien und einige Silbermünzen – das symbolische Weihnachtsgehalt, der eigentliche Bonus wird den Männern bzw. ihren Ehefrauen nach Hause überwiesen. Die Ledigen bekamen einen Gutschein für die »*slapkiste*«, womit ein Freudenhaus gemeint ist. Das habe ich mitbekommen, obwohl Klarius diese alte Matrosensitte von meinem »zarten, damenhaften Gemüt« fernhalten wollte.

Auf dem Weg in die Kabine zur Bettruhe haben Klarius und ich noch einen Törn längs des Decks gemacht. Wir haben uns die Sterne angeschaut, die in dieser Nacht am fast wolkenlosen Himmel funkelten. Mir war ganz weihnachtlich zumute. Ich hätte mich nicht gewundert, wenn ich im Osten eine

Sternschnuppe über dem Stall von Bethlehem erblickt hätte. Ich habe mich in die Arme von Klarius gekuschelt, er hat mich warm festgehalten und mir einen weichen Kuss gegeben. Diese Momente der Zweisamkeit sind leider zu selten an Bord, weil er sonst immer als Kapitän in der Pflicht ist.

Kapitel 39:
In Rio de Janeiro vor Anker und Silvester

Rio de Janeiro, 25. Dezember 1934

Jesus Christus erhob sich leuchtend weiß wie ein gütiger Gigant in den Himmel. Es schien Caroline, als wollte er sie mit seinen ausgebreiteten Armen willkommen heißen. »Cristo Redentor – der Erlöser«, flüsterte sie, als die *Thorshavn* am ersten Weihnachtsfeiertag in den Hafen von Rio de Janeiro einlief. Wie ein Konkurrent um ihre Aufmerksamkeit reckte sich auch der Zuckerhut in die Höhe, dieser wuchtige spitze Felsen aus Granit, der aus einer Halbinsel an der Hafeneinfahrt herausragte. Caroline sog diesen Anblick mit ihren Augen ein und vergaß völlig, dass sie eigentlich fotografieren wollte.

Die *Thorshavn* ging vor Anker. Da auch hier ein Feiertag war, blieben die üblichen hektischen Beladungsvorgänge aus. Der Erste Offizier meldete sie beim Hafenmeister an und das war genug der Formalitäten für diesen Tag.

Weil Klarius wusste, wie sehr Caroline sich danach sehnte, endlich wieder festen Boden unter den Füßen zu haben, ließ er das Beiboot hinab. Sie durfte mit ihm und den Offizieren an Land gehen. Als sie vom Boot auf den Landungssteg kletterte, strömte ihr der Geruch von warmem Holz, Öl und Kaffee in die Nase. Ihr Mann schritt zielstrebig zum Taxistand und verhandelte mit einigen Fahrern auf Englisch mit ein paar portugiesischen Ausdrücken gemischt. Klarius war schon öfter hier gewesen und kannte die Gepflogenheiten. Bald hatte er den richtigen Mann für eine Stadtrundfahrt gefunden. Es war ein junger Brasilianer namens Feliz mit kaffeebrauner Haut, kurzen Haaren und weißen Zähnen, die er gerne zeigte. Caroline und Klarius stiegen in seinen Wagen, der wie eine ramponierte Blechdose aussah mit seinen Beulen und der abgeblätterten Farbe. Auf der Rückbank lagen einige karierte Wolldecken, die nach Pferd rochen. Caroline nahm beherzt darauf Platz und Feliz gab Gas, dass die Reifen quietschten. Das Thermometer war am Morgen auf 25 Grad geklettert, gegen Mittag kam es Caroline noch um einige Grad wärmer vor. Aber eine salzige Brise vom Meer strich erfrischend über ihre Haut. Sie trug ein blumiges Sommerkleid und ihren Sonnenhut aus Kopenhagen. Natürlich hatte sie ihre Fotokamera um den Hals gehängt.

»Pass gut darauf auf«, ermahnte sie ihr Mann. »Es gibt einige Taschendiebe in der Stadt.«

Caroline nickte.

»Wo willst du als Erstes hin?«, fragte Klarius.

»Zur Christus-Statue«, antwortete Caroline atemlos. Also ging die Fahrt dorthin. Aus der Nähe war die Figur noch viel beeindruckender als vom Meer aus. Als sie zu den Füßen des Heilands stand und mit in den Nacken gelegtem Kopf zu ihm aufschaute, wurde ihr ganz schwindelig und sie brachte nur ein »Oh« hervor. Feliz war wahnsinnig stolz auf dieses Monument. Mit vielen Worten und Gesten erklärte er ihnen einiges dazu.

Caroline verstand sein Englisch ganz gut und Klarius flüsterte ihr zusätzlich manche Übersetzungen ins Ohr. Der Bau der Statue hatte über zehn Jahre gedauert, weniger der Bauaufwand als die Finanzierung waren das Problem gewesen. Erst 1931 hatte man die 30 Meter hohe Statue fertiggestellt. Innen bestand sie aus einem Stahlgerüst, außen war sie mit Speckstein verkleidet.

»Sie ist das Symbol der Unabhängigkeit Brasiliens von Portugal«, raunte ihr Klarius zu. Caroline konnte sich kaum an dem sanftmütigen Gesicht des Gottessohnes sattsehen. Sie hatte das Gefühl, in seinem Schatten Schutz vor allem Bösen der Welt zu finden und eine besondere Gnade als Geschenk von ihm zu erhalten.

»Hier herein!« Feliz winkte sie zum Sockel. Dort war eine kleine Kapelle versteckt. Klarius ließ sie alleine eintreten. Kühle und der Duft von Wachs und Weihrauch umfingen Caroline. Behutsam nahm sie eine der Kerzen, zündete sie an einer ewigen Flamme auf dem kleinen Altar an und sprach ein stilles Gebet. Es gab vieles, wofür sie ihm dankte, aber nur eines, worum sie ihn bat. Die Erfüllung dieses sehnlichsten Wunsches, den sie seit ihrer Hochzeit in sich trug, wäre vielleicht bei der Mutter Gottes besser aufgehoben gewesen.

Als Nächstes erteilte Klarius dem Fahrer die Anweisung, sie in das beste Restaurant der Stadt zu bringen. Feliz nickte eifrig und fuhr sie zu einem Restaurant in den Bergen mit einem wunderschönen Blick auf die Bucht. Das bodenständige Lokal wurde von einer Großfamilie geführt, die sie überschwänglich begrüßte. Die jungen Kellner waren Feliz wie aus dem Gesicht geschnitten.

»Vetternwirtschaft«, murmelte Klarius und zwinkerte Caroline zu. Das Essen schmeckte herrlich und sie griff kräftig zu. Nichts gegen den Koch an Bord, aber nach den vielen Wochen wiederholten sich die Gerichte doch sehr. Hier gab es eine brasilianische Fischsuppe mit Meeresfrüchten und Zwiebeln, Tomaten und Safran, dazu exotische Früchte und einen Krug Weißwein. Nach dem Essen fragte sie voller Entdeckungslust, ob sie nun die Stadt erkunden könnten, aber Klarius drängte zur Rückkehr auf das Schiff.

»Wir bleiben schließlich für zwei Wochen hier, da müssen wir nicht alles am ersten Tag besichtigen«, meinte ihr Mann.

Zurück am Hafen gab Klarius ihrem Fahrer ein großzügiges Trinkgeld und bestellte ihn für den nächsten Morgen um zehn Uhr, damit er sie wieder chauffieren sollte. Der Brasilianer strahlte über beide Wangen. Zurück an Bord fühlte Caroline sich so wohlig beschwingt, dass sie für den Rest des Tages im Liegestuhl an Deck lag und vor sich hin träumte und nur drei Seiten in ihrem Buch schaffte.

Am nächsten Morgen war Feliz pünktlich zur Stelle. Diesmal trug er ein neues Hemd mit buntem Muster – er hatte sich offensichtlich für die norwegischen Besucher in Schale geworfen. Stolz verbeugte er sich vor Caroline. Auf ihren Wunsch besichtigten sie den Botanischen Garten. Noch nie hatte Caroline solche prächtigen Kakteen gesehen, die groß wie Bäume waren, Dorne von der Länge ihrer Finger hatten und Früchte so groß wie Äpfel trugen. Auch dieses Mal kehrten sie zur Mittagszeit erneut in ein Restaurant ein. Sie vertrauten wieder einer Empfehlung von Feliz und wurden nicht enttäuscht.

»In Brasilien schmeckt alles so fruchtig«, frohlockte Caroline, als der Geschmack einer reifen Tomate in ihrem Mund explodierte. »Das muss an der Sonne liegen!«

Klarius nickte lächelnd.

»Ich sage unserem Koch, er soll auf dem Markt einen ganzen Korb Tomaten kaufen.«

Der 27. Dezember war ein normaler Werktag und die Mannschaft blieb an Bord. Klarius und die Besatzung waren vollauf mit der Aufnahme neuer Ladung befasst. Das ging die nächsten drei Tage so und Caroline beschäftigte sich an Deck mit Nähen, Lesen und Fotografieren – immer unter dem gütigen Gesicht des weißen Christus, der ihr wie ein guter Freund Gesellschaft zu leisten schien.

Am 30. Dezember nahm Klarius sie zu einem dritten Ausflug nach Rio mit. Der Marktplatz zog Caroline magisch an, und schon wurde sie vom Menschenstrom erfasst und durch die Gassen zwischen den Ständen geschoben. Klarius hatte auf die Begleitung von zwei Offizieren bestanden, die sie vor allzu aufdringlichen Leuten abschirmen sollten. Sobald sie jedoch als Gruppe von Europäern auftraten, waren sie schnell umringt von Händlern und Bettlern, die ein lautes Geschrei anstimmten. Auch Kinder hielten Caroline ihre kleinen verdreckten Hände entgegen, und sie gab ihnen alle Münzen, die sie hatte. Klarius schaute sie deswegen streng an.

»So wirst du die Bettelkinder nie wieder los«, sagte er. Aber sie wollte diese Kinder gar nicht verscheuchen wie lästige Fliegen. Sie hatten hübsche Gesichter mit dunklen Kulleraugen und blickten sie so neugierig an. Einige waren wirklich sehr ärmlich gekleidet mit zerrissenen Hosen und Röcken und nackten Füßen. Sie hatten bestimmt Hunger. Die Brasilianer waren schöne Menschen, auch wenn einige offenbar arm waren. Besonders die jungen Frauen an den Marktständen mit langen schwarzen Haaren und weißen Zähnen waren eine Augenweide, fand sie. Umgekehrt schien Caroline mit ihrer hellen Haut und ihrem blonden Haar viel Bewunderung auf sich zu ziehen. Klarius schob sie entschlossen an den Essensständen vorbei, sodass sie nur im Vorübergehen die exotischen Düfte in sich aufnehmen konnte; es roch nach herben Kräutern und lieblichen Aromen wie Vanille und Salbei. An einem Stand bot eine zahnlose Frau frisch aufgeschnittene Ananas an. Caroline klopfte Klarius auf die Schulter und deutete darauf. Er gab der Alten einige Münzen und Caroline biss in die herrlich süßsaure Frucht. Dann kamen sie zu den Stoffen. Sie konnte sich gar nicht sattsehen an dem Meer der Farben und der Muster, die in schwungvollen Formen Naturmotive nachmalten. Aus diesen herrlichen Stoffen wollte sie Kleider nähen – auch eines für Elin als Geschenk. Und einen Vorhang wie im Urwald für ihr Wohnzimmer, um die grauen Wintertage in Norwegen mit Farbe zu verschönern. Sie wählte sieben Stoffe aus und kaufte jeweils eine ganze Rolle davon, wobei Klarius sie beim Aushandeln des Preises unterstützte. Sie bezahlte aus ihrer eigenen Reisekasse. An einem Stand mit Schuhen probierte sie einige Sandalen aus Kork und Leder mit bunten Schnürbändern an – und Klarius fand sie so schön an ihrem Fuß, dass er ihr spontan ein Paar schenkte. So kehrte Caroline bepackt mit ihren fremdländischen Schätzen zurück auf die *Thorshavn* und freute sich darüber, ein Stück der bunten Lebensfreude von Brasilien mit heimnehmen zu können.

Als Nächstes stand Silvester vor der Tür. Caroline war gespannt auf ihren ersten Jahreswechsel unter Seeleuten. Zu diesem Anlass war der Besatzung kein Landgang erlaubt.

»Meine Mannschaft muss gesund bleiben«, entschied Klarius. »Wir haben noch eine weite Reise vor uns.«

Also blieben alle an Bord. Es gab wie an Weihnachten ein gutes Abendessen in der Messe: Rindergulasch mit Klößen. Als Silvestergeschenk überreichte der Kapitän jedem Mannschaftsmitglied eine Stange Zigaretten, was von den Männern unter Jubelrufen angenommen wurde. Das Bier floss in Strömen, ebenso Grog. Doktor Schweiger – als Chemiker ganz in seinem Element – erklärte Caroline leicht lallend: »Für den Grog gilt die goldene Seemannsregel: Rum muss, Zucker kann, Wasser braucht nicht! Prost!«

Selbst Klarius genehmigte sich den einen oder anderen Grog. Entsprechend »groggy« waren die Männer auch am nächsten Tag. Aber solange gefeiert wurde, wurde auch gesungen.

Um Mitternacht gingen alle Lichter aus und es gab ein kleines Tischfeuerwerk rund um eine Eistorte. Danach mussten alle in ihre Kojen, denn das Meer machte keine Ferien und morgens hieß es für die Mannschaft, wieder früh aufzustehen. Am Neujahrstag war es ziemlich still auf dem Schiff. Alle außer Caroline hatten wohl einen dicken Schädel.

In der ersten Januarwoche war für die ganze Besatzung Urlaub bewilligt. Aber von 22 Uhr abends bis acht Uhr morgens mussten alle wieder an Bord zurückkehren, was die Seeleute nur zähneknirschend akzeptierten. Caroline blieb nicht verborgen, dass sich die Männer ins Nachtleben von Rio stürzen wollten. Besonders die Ledigen – und selbst einige der Verheirateten – waren begierig darauf, ihre Vergnügungsgutscheine von Weihnachten einzulösen. Was sie ausgiebig taten, wie Caroline von Lie hinter vorgehaltener Hand zugeflüstert bekam. Nicht nur die Freudenhäuser waren eine große Attraktion für die Männer, sondern auch die Tanzlokale, wo leicht bekleidete Brasilianerinnen Samba tanzten. Caroline hätte sich eine solche Darbietung auch gerne angeschaut – auf den Aushängen vor den Lokalen sah sie Bilder der Tänzerinnen in exotischer Aufmachung mit bunten Federn. Aber Klarius sagte, das sei nichts für eine Dame. Ob Samba wohl so verrucht war wie der Cancan im Moulin Rouge in Paris?

Auch Klarius war in Urlaubsstimmung und kam in mehreren Nächten in Carolines Kabine. Endlich hatte sie ihren Mann für sich alleine, den sie sonst in seiner Rolle als Kapitän mit so vielen anderen teilen musste. Sie genoss dieses eheliche Zusammensein, nur der sargartige Bettkasten störte die Bewegungsfreiheit ziemlich.

»Für unsere nächste Schiffsreise solltest du bei Herrn Christensen ein Himmelbett bestellen«, neckte sie Klarius, der lachend versprach, das auf der Bestellliste einzutragen.

An einem der Urlaubstage unternahmen sie in größerer Besetzung einen Ritt auf Eseln ins Hinterland: Alle Offiziere, der Steuermann, Doktor Schweiger, Nguyen und sogar Lie waren mit von der Partie. Sie wurden von drei Einheimischen geführt und ritten auf steinigen Trampelpfaden in felsiger Landschaft zwischen Sträuchern, Palmen und Kakaobäumen bis zu einem verlassenen Kloster, das mit seinen verfallenen Mauern sehr trist wirkte. Sie machten bei einem kleinen Wasserfall in der Nähe Rast.

»Die Moskitos fressen mich noch auf«, jammerte Nguyen und rieb sich seinen zerstochenen Nacken. Caroline war froh um ihren Hut mit dem Netz, das sie gut vor den Insekten schützte. Klarius hatte sich mit Nelkenöl eingerieben, was die Stechtiere fernhielt. Lie kletterte auf eine Kohlpalme und pflückte einige Handvoll Acaibeeren, die er Caroline zum Probieren brachte. Die Beeren sprangen knackend auf ihrer Zunge auf und ein herber Geschmack breitete sich in ihrem Mund aus, ein bisschen wie Schwarze Johannisbeeren.

Auf dem Rückweg hielten sie an einer Plantage mit Matesträuchern an. Klarius erklärte ihr, dass aus den Blättern dieser Stechpalme ein besonderes Aufgussgetränk zubereitet werden konnte. Am Verkaufsstand ließ sich Caroline von einer alten Brasilianerin diesen Matetee zum Kosten reichen.

»*Chimarrão, tem gosto bom* – schmeckt gut«, sagte die Alte und strahlte sie aus ihrem faltigen Gesicht an. Caroline nahm vorsichtig einen Schluck von der bitteren Flüssigkeit aus einem runden Holzbecher mit einem Trinkhalm aus Metall.

»Nicht zu viel davon trinken, Line. Sonst kannst du heute Nacht nicht schlafen«, warnte sie Klarius lachend. Der Tee wirkte nämlich genauso anregend wie Kaffee. Diesen besonderen Tee wollte sie unbedingt einmal Elin zum Kosten geben. Sie kaufte ein Säckchen der fein gemahlenen Blätter, die *erva mate* genannt wurden.

Auf dem Rückweg ging es schneller voran, weil die Esel wohl ihr Futter im Stall witterten. Das Tier von Nguyen war allerdings störrisch und blieb alle paar Meter stehen, um an den feinen Blättern der Büsche zu knabbern. Da halfen auch die Tritte in den Eselbauch und die Schläge mit dem Stock nicht. Caroline kam mit ihrer braven Eselin gut zurecht, allein das ständige Rutschen im Sattel beim Ritt über Stock und Stein brachte ihr einige Scheuerwunden an den Pobacken ein, trotz ihrer Reithosen. Vor dem Schlafengehen trug sie zur Linderung die Salbe gegen Sonnenbrand auf, was ein wenig half.

»Heute kannst du deinen Badeanzug anziehen«, verkündete Klarius am nächsten Morgen, und Lachfalten fächerten sich um seine blitzenden blauen Augen auf. »Wir gehen an den Strand von Copacabana. So einen Strand hast du noch nicht gesehen.«

Caroline hatte es zunächst für einen Scherz gehalten, als ihr Mann ihr beim Kofferpacken in Sandefjord geraten hatte, sie solle Wollunterwäsche und einen Badeanzug einpacken. Aber in Rio erlebten sie nun tatsächlich das schönste Sommerwetter zur Weihnachtszeit. Klarius hatte nicht übertrieben, als er den Strand von Copacabana angepriesen hatte: Kilometerlang erstreckte sich der weiße Sandstrand vor ihren Augen, auf den die sanften Wellen des Meeres wie Streicheleinheiten ausliefen. Noch nie hatte Caroline so feinen Sand zwischen ihren Fingern und Zehen gespürt. Sie ließen sich auf einem Deckenlager nieder und liehen sich vom Strandmeister einen mickrigen Sonnenschirm aus getrockneten Palmenwedeln aus. Die Sonne brannte auf den Strand nieder. Caroline cremte sich gründlich mit Delial-Salbe ein, damit sie nicht wieder Sonnenbrand bekäme. Dieses neuartige Lichtschutzmittel aus Deutschland hatte ihr Doktor Schweiger fürsorglich gegeben. Natürlich stürzte sich Caroline auch ins herrliche, glasklare Meer. Rio war einfach wunderbar! Es war ihr, als leuchteten die Farben hier doppelt so kräftig und alle Aromen dufteten besonders intensiv. Die Natur stand in solcher Pracht und Fülle. Auch die Brasilianer schienen Caroline ein liebenswürdiges und lebensfrohes Volk zu sein; selbst die Armen spielten auf ihren Trommeln und sangen ihre Lieder.

Zum Abschied machte Caroline ihrem treuen Fahrer Feliz ein Geschenk: eine Schachtel bester Zigarren und ein silbernes Feuerzeug. Er freute sich riesig darüber und lachte mit allen Zähnen. Ihr gewitzter Stadtführer war wirklich ein Glücksfall gewesen. Seine gesamte Verwandtschaft hatten sie ebenfalls kennenlernen dürfen, einschließlich deren diverser Lokale und Geschäfte. Caroline hatte sich überall willkommen gefühlt. Vor allem die lieben Kinder würde sie vermissen, die sie immer so bewundernd angeschaut und angelächelt hatten. »*Como um anjo* – wie ein Engel«, hatten sie geflüstert.

Und niemand hatte versucht, sie übers Ohr zu hauen, was einige der Seeleute warnend im Vorfeld behauptet hatten. Nun gut, drei ihrer Matrosen waren während ihrer Landgänge bestohlen worden, aber sie waren betrunken gewesen, also selber schuld.

Als die *Thorshavn* aus dem Hafen auslief, stand Caroline an der Reling und schaute auf »ihren« Christus, der ihr wie ein vertrauter Freund vorkam, bis seine leuchtende Gestalt sich im Horizont auflöste. *Adeus* Rio.

Kapitel 40: Drake-Passage und Ankunft auf dem weissen Kontinent

Yankee Harbour, 20. Januar 1935

Meine liebe Elin,

am 10. Januar haben wir Rio de Janeiro verlassen. Wir haben uns streng nach Süden gehalten und gute Fahrt gemacht, die See war ruhig, haben die Falklandinseln passiert und schließlich die Südspitze des südamerikanischen Kontinents erreicht. Das ist auch die Spitze von Chile. Im Hafen Ushuaia haben wir Dieselöl und Wasser aufgenommen.

Dann stand uns die berüchtigte Drake-Passage bevor. Das ist die Meeresstraße zwischen der Südspitze Südamerikas, dem Kap Hoorn, und der Antarktis. Hier verbindet sich der Atlantik mit dem Pazifik. Mehr als 800 Kilometer liegen zwischen den beiden Kontinenten.

»Die Drake-Passage hat schon so manchen alten Seemann aus den Stiefeln gehauen«, sagte Klarius und schmunzelte. »Hier schlagen die Wellen locker zehn Meter in die Höhe. Das liegt daran, dass die kalten Wassermassen aus der Antarktis mit den wärmeren aus dem Norden zusammenstoßen.«

Ich habe vorsichtshalber eine ganze Ingwerknolle gekaut und bin auf Zwieback umgestiegen. Mir wurde trotzdem furchtbar schlecht während der Überfahrt. Aber das lag wohl nicht am Seegang, sondern an der Ingwerüberdosis. Wir brauchten fast vier Tage, um die Drake-Passage zu durchschiffen. Die *Thorshavn* hat wirklich arg geschwankt, obwohl der Wellengang laut Aussage des Steuermanns nur moderat war.

Am dritten Tag auf turbulenter See haben wir einen wichtigen Meilenstein unserer Reise erreicht: Wir passierten den 60. Breitengrad Süd und waren damit offiziell in der Antarktis. Klarius hat es mir auf der Seekarte gezeigt und ich habe einen Kamillentee darauf getrunken (bitte keinen Ingwer mehr!).

Am 20. Januar haben wir endlich die wilde See hinter uns gelassen und sind in den Yankee Harbour eingelaufen. Dieser liegt an der Südwestküste von Greenwich Island im Archipel der Südlichen Shetlandinseln. Hier durfte ich mit Klarius für zwei Stunden an Land gehen und war froh, wieder festen Boden unter den Füßen zu haben.

Nun bin ich also auf dem weißen Kontinent angekommen. Schnee und Eis habe ich hier allerdings noch nicht gesehen, auch wenn die Temperaturen drastisch gesunken sind. Ich habe meine Wollsachen und meinen langen Mantel ausgepackt. Der Hafen liegt in einer Bucht mit Stein- und Kiesstrand. Es sah gar nicht so viel anders aus als in Norwegen. Aber eines hat mir doch gezeigt, dass ich in der Antarktis bin: die Pinguine! Die ersten, die ich je gesehen habe! Leider nur aus der Ferne, ich habe sie mir aber durch Klarius' Fernglas genau angeschaut: Oberhalb des Strandes auf den felsigen Hängen brüteten

Zigtausende Eselspinguine (wie ich aus meinem großen, bebilderten Tierlexikon weiß). Es sind sehr hübsche Tiere mit ihrem typischen weißen Bauch, schwarzem Gefieder an Rücken sowie Flügelflossen und roten Schnäbeln. Tatsächlich klingen ihre Rufe wie das Geschrei von Eseln – sie tragen ihren Namen mit Recht.

Am Abend haben wir unsere Reise fortgesetzt. Wir folgen nun der antarktischen Küstenlinie in Richtung Osten, um in die Walfanggebiete des Südlichen Eismeers zu gelangen, wo wir auf die Walfänger von Thor Dahl treffen werden. Klarius sagt, wir werden einige Tage brauchen, um das Weddellmeer zu durchqueren.

Die erste Nacht auf See in antarktischen Gewässern: Es hat angefangen zu schneien. Vor dem Bullauge meiner Kabine (Steuerbordseite) zieht die eisige Küstenlinie an mir vorbei. Das Mondlicht wird vom Schnee hell zurückgeworfen. Eisschollen treiben auf dem Wasser. Pinguine schreien durch die Nacht. Das ist die Romantik des Eismeeres.

Ich denke an dich, liebe Schwester, und sende dir warme Grüße aus dem ewigen Eis
    deine Caroline

Kapitel 41:
Walfang – Fett und Blut fliessen in Strömen

Antarktis, 30. Januar 1935

»Peng!« Caroline hielt sich die Ohren zu, aber der Schuss drang trotzdem durch die gefütterten Handschuhe in ihre Ohren. Vor ihren Augen trudelte der mächtige Albatros als schwarze Silhouette vor dem grauen Himmel wie ein Segelflugzeug in Turbulenzen, dann knickten seine Flügel kraftlos ein und er stürzte kopfüber in die Tiefe. »Flop« machte es, als der Vogel auf dem Deck aufschlug. Sie schifften nun schon seit Tagen in der südlichen Walfangregion vor der Küste der Antarktis. Die Temperaturen lagen nur knapp über null Grad Celsius. Caroline war froh um die Wollunterwäsche, die sie zusammen mit Ingrid gekauft hatte. Bis die *Thorshavn* auf die Walfänger treffen würde, gab es an Bord kaum etwas zu tun. Die Männer machten sich einen Spaß mit Wettschießen, aber trotz der Schüsse kreisten fortwährend einige Albatrosse über dem Schiff, als wollten sie ihr Schicksal herausfordern. Der Harpunier Maxim hatte den Treffer gelandet und seine Kameraden klopften dem Schützen auf die Schulter. Ein Matrose raunte jedoch: »Wie konntest du den Albatros töten? Weißt du nicht, dass der weiße Vogel manchmal die Seele eines toten Seemanns trägt?« Maxim winkte lachend ab. Aber Caroline sah, wie einige Männer betreten dreinblickten und der mahnende Matrose sich bekreuzigte und davonstahl. Die anderen inspizierten den Vogel neugierig von allen Seiten.

Caroline trat zögerlich einige Schritte näher und schaute Doktor Schweiger und Nguyen über die Schulter, die großes wissenschaftliches Interesse an dem Tier zeigten. Sie breiteten die gewaltigen Flügel des Albatros aus. Ein Maßband wurde angelegt und Caroline verfolgte gespannt die Vermessung: Seine Flügelspanne betrug 2,85 Meter, der Körper maß einen Meter und die Waage zeigte pralle 14 kg. Ein wunderschönes Tier! Aber leider tot.

Das blieb vorerst das einzige Ereignis. Die *Thorshavn* hielt Kurs nach Osten und Carolines Augen glitten von der Steuerbordseite aus über die Küstenlinie. Das weiße Leuchten des antarktischen ewigen Eises ließ sie blinzeln. Vom Meer aus stiegen die Eisberge steil in die Höhe und erinnerten sie an frisch angeschnittene Sahnetorten. Die Mannschaft wartete ungeduldig auf die Begegnung mit der Thor-Dahl-Flotte. In der Messe am Schwarzen Brett hing eine Wettliste und jeder trug ein, wie viele Wale die *Ole Wegger*, auf die sie bald treffen sollten, bereits erlegt habe. Die Schätzungen gingen von 50 bis 500 Walen. Wer am dichtesten dran war, sollte einen Preis bekommen.

Kurz nach dem Mittagessen tutete es und Aufregung machte sich breit: Die *Ole Wegger* war in Sicht. Dieses Schiff war eine Walölfabrik, wie Klarius es nannte, denn es gab unter Deck einen Verarbeitungsraum, in dem in gigantischen Kesseln die verwertbaren Teile des Wals eingekocht und als hochwertiges

Öl in Fässer abgefüllt wurden. Zur *Ole Wegger* gehörten zehn Fangboote und ein Schlepper, die für das Heranschaffen des tierischen Rohstoffes zuständig waren.

Die Steuermänner gaben sich Signale mit den Fahnen und die Schiffe schwenkten längsseitig ein. Die Anker wurden geworfen, Seile vertäut und festgezurrt, bis zwischen den Schiffen nur noch ein schmaler Wasserspalt von wenigen Metern blieb. Auf dem Hauptdeck wurde eine Verbindungsbrücke ausgefahren. Klarius und sein Erster Offizier gingen an Bord der *Ole Wegger*. Dort wurden sie von Kapitän Sørensen begrüßt. Sie tauschten Informationen und Ladepapiere aus und schnell begann das Umladen: Mit einem Kran, der im hinteren Teil des Walfängers fest installiert war, wurden Hunderte von Fässern mit frischem Walöl auf die *Thorshavn* geschafft. Von ihr bekam die *Ole Wegger* im Gegenzug kistenweise Nachschub an Pulver und Harpunen, außerdem Proviant. Gegen 14 Uhr war der Transfer abgeschlossen und Klarius kehrte mit zufriedenem Gesicht zurück an Bord.

»Willst du den Walfang mal hautnah miterleben?«, fragte er Caroline. Sie nickte, obwohl ihr bei der Vorstellung der Walschlachtung ein wenig flau im Magen wurde.

»Dann ist heute dein Tag!«, sagte Klarius vergnügt und nahm sie am Arm. Zusammen gingen sie über die Brücke an Bord der *Ole Wegger*. Kapitän Sørensen begrüßte sie mit rauem Händedruck. Er hatte ein schmales Gesicht, buschige Augenbrauen und weiße Bartstoppeln am Kinn.

»Willkommen, Frau Mikkelsen«, rief er mit dröhnender Stimme. »Was für eine Ehre für unser Schiff! Sie bringen uns bestimmt Fangglück.«

Auf dem Weg über das Hauptdeck zur Brücke ging Caroline an vielen Matrosen in derben Latzanzügen, Stiefeln und Schiebermützen vorbei, die sie neugierig beäugten. Ein seltsamer Geruch lag in der Luft: süß wie Hühnerfett und auch ein wenig metallisch. Bald sah sie, wo dieser Geruch herkam. Das Deck war überzogen von einer glibberigen weißlichen Fettschicht, dazwischen verliefen rote Blutspuren und bildeten ein geradezu kunstvolles Muster – die Überreste der letzten Wale.

»Wenn die Walverarbeitung ansteht, wird das Deck im Heckbereich bei der Laderampe mit Holzbohlen ausgelegt«, erklärte ihr Klarius. »Die Bohlen schützen den Boden. Denn die Matrosen tragen Stiefel mit Spikes – Dornen aus Eisen – in den Absätzen, damit sie guten Halt haben und nicht im Fett ausrutschen. Das Fett ist nämlich so glatt wie Schmierseife.«

Auf der Brücke angekommen zeigte Kapitän Sørensen Caroline stolz das Buch mit den täglichen Eintragungen zum Fang und zum Verarbeitungsertrag. Sie las:

23 Blauwale
71 Finnwale
104 Pottwale
1 Glattwal
2 Seewale
Insgesamt: 201 Wale (in 26 Tagen)

»Im Dezember haben wir es nur auf hundertachtundachtzig Wale gebracht«, sagte Kapitän Sørensen. »Die Blauwale sind erst ab dem achten Dezember zum Abschuss freigegeben. Aber wir haben im Januar kräftig aufgeholt.«

Der Erste Offizier gesellte sich zu ihnen und verkündete: »Gestern haben wir zweiunddreißig Wale geschossen – unser Rekord in dieser Saison. Heute Nacht haben wir innerhalb von zwölf Stunden sechzehnhundert Fässer Öl erzeugt, das sind ungefähr zweihundertfünfzig Tonnen.«

Kapitän Sørensen nickte zufrieden und Klarius gratulierte ihnen kollegial zu diesen Erfolgen. Ein Adjutant trat herbei und machte Kapitän Sørensen Meldung: »Der Schlepper nähert sich aus Südwest. Er hat zwölf Wale im Schlepptau.«

Sofort wurden einige Befehle gegeben und auf dem Hauptdeck kam Bewegung auf. Caroline blieb mit Klarius auf ihrem Beobachtungsposten auf der Brücke. Der Schlepper war ein kleines, flaches Schiff, das sich schnell näherte. Zuerst dachte Caroline, es wäre ein riesiges Schlauchboot, denn rings um den Bug herum schwammen runde Körper wie mit Luft aufgeblasen – dann erkannte sie, dass es die erlegten Wale waren. Mit ihren Schwanzflossen waren sie an den Schlepper angeleint. Ihre riesigen Körper trieben wegen ihres hohen Fettgehalts an der Wasseroberfläche. Sie wirkten wie havarierte Boote, wie sie so umgekippt im Wasser lagen, ihre geriffelten Flanken und Bäuche nach oben gedreht. Caroline musste unwillkürlich an Marienkäfer denken, die hilflos auf dem Rücken lagen. Der Schlepper drehte bei und nun erkannte sie, dass nicht nur jeweils drei Wale an den Seiten lagen, sondern dass am Heck ein ganzes Rudel hing – es sah aus wie bei einer Kutsche, nur dass die Tiere nicht zum Ziehen angespannt waren, sondern selbst gezogen wurden. Klarius schnalzte mit der Zunge.

»Das gibt bestimmt eintausend Fass!«, schätzte der erfahrene Walfänger.

»Sechs Spermwale sind dabei. Die sind besonders ertragreich.«

Klarius erklärte ihr, dass das meiste Fett der Spermwale in ihrem Kopf saß.

»Ihr Kopf sieht aus wie ein Pott – deshalb heißen sie auch Pottwale. Er macht ein Drittel ihrer Körperlänge aus. Ein männliches Tier wird bis zu zwanzig Meter lang und wiegt bis zu fünfzigtausend Kilogramm«, erläuterte Klarius, und Caroline hörte ihm staunend zu.

»Im Kopf befindet sich das sogenannte Spermaceti-Organ, das den Walrat erzeugt – das ist eine fett- und wachshaltige

Flüssigkeit, die optisch an Sperma erinnert. Diese Substanz ist besonders zur Herstellung von Kerzen und Schmierstoffen geeignet. Für den Wal ist sein Walrat im Kopf das Steuerungsmittel für seine Tauchgänge. Vor dem Tauchen kühlt der Wal seinen Kopf mit Meerwasser ab und die Flüssigkeit wird zu festem Wachs. Dann taucht er ab und das Wachs lässt ihn schnell sinken. Will der Wal auftauchen, schickt er Blut in seine Kopfgefäße, der Walrat wird erhitzt und das Wachs wird wieder flüssig und treibt ihn nach oben.«

»Das ist ein tolles System«, rief Caroline. »Da hat sich der Schöpfer ganz schön was einfallen lassen!«

Klarius nickte lächelnd.

»Zu schade, dass diese wunderbaren Kreaturen so zerkocht werden und als Fettbrühe enden müssen«, murmelte sie in den Wind. Sie behielt ihr Mitleid besser für sich, denn für diese Männer war der Wal eine begehrte Rohstoffquelle, mehr nicht, und sie waren so stolz auf ihre Fangerfolge.

Das Fabrikschiff machte sich nun zur Aufnahme des Fangs bereit. Im Heck wurde eine große Klappe geöffnet und wie eine Hängebrücke bis auf Wasserniveau heruntergelassen. Über diese Rampe wurden die Wale an Deck gezogen, wo die Matrosen bereitstanden, um sie zu zerlegen. Das erste Exemplar wurde mit Seilen am Schwanz in Position gezogen und ein riesiger Greifer, der Caroline an die Schaufel eines Baggers erinnerte, griff zu.

»Das ist die Schwanzklaue«, erklärte Klarius. Die Schwanzklaue hing an einem Gerüstaufbau über dem Verarbeitungsdeck und wurde wie ein Kran gesteuert. Einige Matrosen ließen mit Schläuchen Wasser die Rampe herunterrinnen und die Schwanzklaue zog den Pottwal über die feuchte Rampe auf das Deck. Jetzt erst sah Caroline, wie gigantisch dieses Tier war. Die Matrosen wirkten wie Zwerge daneben. Klarius drängte sie dazu, die Brücke zu verlassen und den Wal auf Deck aus der Nähe zu betrachten. Nun stand Caroline bloß wenige Meter vom mächtigen Walkopf entfernt auf einem glitschigen Holzsteg, der entlang der Reling verlief. Der Körper des Wals war dermaßen mächtig, dass sie ihn gar nicht auf einmal mit ihren Blicken erfassen konnte. Sie ließ ihre Augen langsam über den Wal schweifen und nahm die Details wahr. Die Haut des Wales war hellgrau und schimmerte hell in der Sonne. Die Rundung des Schädels mit seiner typischen Pottform wirkte irgendwie rührend unbeholfen auf sie. Das Tier mit seinen winzigen Äuglein – eines davon konnte sie als dunkle Vertiefung erkennen – schien völlig wehrlos. Einer der Matrosen winkte Caroline heran, sie solle in das Maul des Giganten schauen. Klarius schob sie am Rücken und sie ging zögerlich hin. Erst als sie um den Schädel herumging, tat sich unvermutet ein riesiger Schlitz auf, in den locker zwei Männer gleichzeitig gepasst hätten. Das Maul wirkte wie eine Klappe und war im Unterkiefer bestückt mit circa 40 spitzen, kegelförmigen Zähnen – sie waren fast so lang wie ihr Unterarm. Caroline erschauderte. Der Seemann grinste mit Zahnlücken und fragte, ob sie einen Walzahn als Andenken haben wollte. Sie schüttelte ihren Kopf und er zuckte die Schultern. Ein anderer Matrose kam dazu und war sichtlich erpicht auf solch ein Andenken. Mit Zange und spitzem Messer brach er sich einen Zahn aus dem Kiefer. Caroline schaute lieber nicht so genau hin, es knackte aber gewaltig. Stolz hielt der Mann ihr seine Beute unter die Nase. Der Zahn war gelblich und leicht gebogen, mit einer Spitze und einer Wurzel, er sah wie eine riesige Banane aus.

»Der Zahn eines Spermwals bringt seinem Besitzer Glück und fördert seine Manneskraft«, raunte ihr Klarius zu.

Als das Zerlegen begann, ging Caroline schleunigst wieder auf Abstand. Sie versuchte, den Vorgang ganz wissenschaftlich zu beobachten und sich nicht von Mitleid und Ekel überwältigen zu lassen. Die Arbeiter kletterten den Walbauch hinauf wie auf einen Berg. Sofort fingen sie mit dem Häuten an. Die Messer, die sie dabei benutzten, glichen Hockeyschlägern: Sie hatten lange Holzstiele und vorne eine dicke, gebogene Schneide. Die Haut wurde in Streifen abgezogen und der Körper aufgestochen. Sturzflutartig strömten dickes weißes Fett und Blut aus dem Wal heraus und die Männer wateten in ihren Stiefeln knietief darinnen. Im Boden gab es große Abflussschlitze, durch die die Substanz über Rohre direkt in die Verarbeitungskessel abfloss. Auch die Haut und diverse Fleischstücke wurden in diese Abflussschlitze geschoben. Die Männer arbeiteten routiniert und zügig, jede Bewegung war aufeinander abgestimmt wie in einer Choreografie. Es war der Tanz der Schlächter.

Als Nächstes wurde der Bauch aufgeschlitzt. Eine beige Masse quoll heraus. Es war der Magen mit Gedärmen, die Caroline an riesige Weißwürste erinnerte. Auch Organe kamen zum Vorschein. Das Herz des Wals alleine war so groß wie eine Kommode. Einen bestimmten Teil des Darms schnitten die Matrosen fachkundig heraus und warfen ihn in gesonderte Eimer.

»Aus dieser unverdauten Masse wird die wertvolle Ambra für die Parfümherstellung gewonnen«, erklärte ihr Klarius. Als der Walmagen aufgeschnitten wurde, flutschten eimerweise Tintenfische heraus. Diese wurden mitsamt den Eingeweiden über die Rampe mit großen Schiebern ins Meer befördert, denn sie waren für die Produktion nicht zu gebrauchen. Um das Heck der *Ole Wegger* bildete sich ein Teppich von Gedärmen. Die Seevögel kamen angeflogen und stürzten sich kreischend auf dieses Festmahl. Caroline spürte Galle in ihrem Hals aufsteigen und guckte schnell weg.

Aber auf Deck ging es auch nicht appetitlicher zu. Nun zog die Schwanzklaue den Wal noch einmal in die Höhe, sodass er mit dem Kopf nach unten hing. Große Fleischstücke wurden vom Skelett abgetrennt. Anschließend wurde der Kadaver wieder flach hingelegt. Mithilfe einer zwei Meter langen Knochensäge, die von zwei Männern von beiden Seiten über den Leib des Wales geführt wurde, zerteilten sie das Tier weiter. Die Walknochen wurden gebündelt und gestapelt. Durch eine Luke wurden sie mit einem Kran unter Deck befördert.

»Unten kommen die Knochen in die Mühle«, sagte Klarius. »Aus dem Knochenmehl werden Leim und Gelatine hergestellt.«

Caroline schluckte. Sie hatte schon oft Gelatine für Desserts und Kuchen verwendet, ohne zu wissen, woraus sie bestand. Sie würde nun nie wieder unbeschwert einen Wackelpudding genießen können.

Der Pottwal war innerhalb einer Stunde komplett zerlegt und seine Einzelteile zur Weiterverarbeitung in die Fabrik unter Deck befördert. Währenddessen wurde schon ein zweiter Wal und – sobald die Kralle frei war – ein dritter an Deck gezogen. Es ging hier wirklich wie am Fließband zu und Dutzende von Männern waren mit dem Zerlegen zugange.

Der Schlepper wartete geduldig mit dem angeleinten Fang. Caroline fiel auf, dass die mit Seilen in die Höhe gezogenen Schwanzflossen beschriftet waren.

»Genau«, bestätigte Klarius. »Auf dem Fänger oder Schlepper wird jeder Wal an der Flosse mit einer römischen Nummer versehen – die ritzt man einfach mit dem Messer in die Haut, damit der Protokollant alle Wale erfassen kann. Oft hängen sie tagelang am Seil, bis sie von der Walkocherei aufgenommen werden. Sie sollen in der richtigen Reihenfolge nach Abschuss abgearbeitet werden, damit keine Verwesung einsetzt.«

So ging es den ganzen Nachmittag über. Caroline war besonders beeindruckt von einem Glattwal, es war Nummer fünf in der Reihe, der sie mit seiner schwarz-weiß gefleckten Haut an eine Kuh erinnerte. Aber es war ein männliches Tier, wie man an seinem riesigen Geschlechtsorgan erkennen konnte. Sie wusste zuerst nicht, was dieser Rüssel war, bis Klarius es ihr zuflüsterte. Einige Matrosen stellten sich daneben auf und ließen sich vom Schiffsfotografen ablichten. Aus dem Unterleib des Wales hing sein Penis auf Kopfhöhe der Männer wie der Rüssel eines Elefanten, oben herum so dick wie ein menschlicher Oberkörper, nach unten hin schmaler werdend wie ein Gartenschlauch – insgesamt war dieser Penis über zwei Meter lang. Aber das musste man schließlich in Relation zum gesamten Körper sehen, der auch riesig war. Die Seeleute waren jedenfalls von so viel Männlichkeit fasziniert und posierten neben dem Penis, vielleicht in der Hoffnung, dass etwas von dieser Potenz auf sie übergehen werde.

Caroline hielt sich tapfer im Angesicht dieser Ströme aus Blut und Fett und nickte gelehrig zu den fachmännischen Erklärungen ihres Mannes, sie wollte ihn nicht enttäuschen. Als endlich das Signal für das Abendessen von der *Thorshavn* herüberschallte, fühlte sie sich wie erlöst, auch wenn der Gedanke an Essen ihren Magen heftig rebellieren ließ.

Zum Abendbrot gab es Walleber, gestiftet vom Koch der *Ole Wegger*.

»Die schmeckt wie Rinderleber«, sagte Klarius genüsslich schmatzend. Caroline konnte nur einen Bissen davon hinunterwürgen.

Nachts in ihrer Koje hörte Caroline wieder diese mystischen Gesänge aus den Tiefen des Meeres. Es waren die Wale, die so sangen. Ihre Laute klangen tief und gutteral wie das Muhen von Kühen. Aber dann kamen hohe Töne dazu, die wie das Zwitschern von Vögeln und das Schnattern von Enten klangen. Mal sangen die Wale im Chor und Caroline konnte eine Melodie erahnen. Dann tönten ihre Rufe wieder im Wechsel, es klang wie Rede und Antwort. Vielleicht sangen sie ihre Kinder in den Schlaf. Oder es waren Totenklagen. Ob sie wohl wussten, dass die Menschen auf den Schiffen ihre Todbringer waren?

Kapitel 42:
Wal-Embryo

Antarktis, 14. Februar 1935

Meine liebe Elin,

inzwischen sind wir im Bereich des Prinzessin-Elisabeth-Landes angekommen und schiffen die Küstenlinie der Antarktis entlang Richtung Osten. Vor drei Tagen hat es aufgebrist und wir hatten kräftigen Seegang. Mein Magen hat sich aber glücklicherweise daran gewöhnt. Seit gestern hat der Wind nachgelassen, viele Wolken hängen am Himmel und es schneit regelmäßig. Ich habe mich an den Anblick der unendlichen weißen Landschaft gewöhnt – und trotzdem staune ich immer wieder über diese gewaltigen Schnee- und Eismassen der Antarktis, die hier seit Jahrmillionen liegen und für die unser menschlicher Besuch nur eine Sekunde ihrer Lebenszeit ausmacht, der vorüberzieht, ohne sie zu berühren.

Heute Morgen sind wir zunächst auf zwei Walfänger getroffen: *Pol I* und *Hauken*. Sie machten gerade Jagd auf ein Rudel

Wale. Ich konnte den Blas der Wale sehen, der wie Fontänen in die Luft stieg. Auch vollführten die Wale Sprünge über das Wasser, wobei ihre Körper glänzten und glitzerten wie bei einer Sternschnuppe. Aber ihre Flucht vor den Fangbooten war für viele von ihnen vergeblich. Die Kanonen mit den Harpunen rattern wie Maschinengewehre – jeder Schuss ist ein Treffer. Sobald es geht, ziehen die Harpuniere den getroffenen Wal an der Leine heran und binden ihn ans Boot. Aber manchmal wird der Wal auch mit einer Fahne markiert und dann treibt er vor sich hin, bis die Fänger Zeit haben, ihn aufzugreifen.

Gestern Abend sind wir an solch einem geschossenen Finnwal mit Fahne vorbeigefahren – er trieb rücklings im Wasser und wurde von den Wellen gewiegt wie ein Kind in den Schlaf.

Klarius sagte: »Da ist den Fängern wohl einer entwischt. Schade um den Ertrag.«

Mir versetzt es immer einen Stich, wenn Klarius und die anderen Männer von diesen majestätischen Tieren sprechen wie von einem leblosen Ölfass. Die Walfänger scheinen keinerlei Mitleid mit diesen Geschöpfen zu empfinden, die ihren Geschossen derart wehrlos ausgeliefert sind. Für sie ist der Walfang schlicht ein Beruf, der ihren Lebensunterhalt sichert. Aber mir greift dieses massenhafte Abschlachten schon sehr ans Herz.

In der Ferne hatte der Steuermann die *Kosmos II* gesichtet, auch eine Walkocherei, aber von der Walfanggesellschaft A/S Kosmos, also unserer Konkurrenz. Auf meine Frage, ob die *Kosmos II* den Wal nicht einsammeln könne, schüttelte Klarius entschieden seinen Kopf.

»Wenn die Fahne von A/S Thor Dahl im Wal steckt, dann ist das Tier das Eigentum dieses Unternehmens. Sobald sich ein anderer Walfänger daran bedient, ist das wie Wilderei.«

Zur Mittagszeit sind wir auf das Mutterschiff, die Walkocherei *Frango*, gestoßen. Schon von Weitem konnte ich erkennen, dass die *Frango* und ihre Fangboote reichen Fang gemacht hatten. Vier Blauwale hingen auf beiden Seiten als Fender, sie stabilisieren das Schiff. In zweiter und dritter Reihe sowie am Heck waren mindestens weitere 20 Wale angeleint und warteten auf ihre Verarbeitung. Einige der Wale waren schon aufgedunsen und erinnerten mich an einen Zeppelin. Sie stanken furchtbar.

Die *Thorshavn* und die *Frango* legten sich Seite an Seite. Das Prozedere war ähnlich wie bei der *Ole Wegger*. Wir haben Tausende von Walölfässern aufgenommen und die *Frango* mit Nachschub versorgt: Diesel, Harpunen, Pulver und Proviant.

Klarius und ich wurden von Kapitän Nielson auf der *Frango* willkommen geheißen. Das Schlachten war auf dem Deck in vollem Gange. Die Matrosen stiefelten mit ihren Spikes durch eine zentimeterdicke Schicht von Fett und die Rampe hatte sich in einen Fluss aus hellrotem Blut verwandelt, der ins Meer ablief. In der Nähe schwammen einige Eisschollen – sie hatten sich vom Blut rosa gefärbt. Westlich von uns (der Wind kam aus Osten und so ging die Strömung Richtung Westen) konnte ich die weißlichen Gedärme treiben sehen – Tausende von Kaptauben flatterten darum herum, hockten darauf und fraßen sich satt.

Klarius erledigte mit Kapitän Nielsen die Formalitäten und sie tauschten sich aus. Plötzlich ging eine Bewegung durch die Männer an Deck, eine Gruppe versammelte sich um einen Wal, dessen Bauch gerade aufgeschlitzt worden war. Irgendetwas Ungewöhnliches musste passiert sein. Auch Klarius blickte auf und fixierte die Ansammlung mit zusammengekniffenen Augen.

»Was ist los?«, rief Kapitän Nielson.

»Die Walkuh war trächtig«, rief einer der Matrosen zurück.

»Ah«, machte Klarius. »Das kommt manchmal vor. Leider können wir die trächtigen Kühe im Wasser nicht von den anderen Tieren unterscheiden und sehen es erst, wenn es schon zu spät ist.«

Im nächsten Moment wandte er sich wieder seinem Gesprächspartner zu. Ich fühlte mich seltsam angezogen von dieser Sache und ging von der Brücke hinunter auf das Hauptdeck und so nah wie möglich an die Walkuh heran, die gerade von den Männern untersucht wurde. Sie war natürlich schon tot. Aber vielleicht lebte das Kalb (nennt man das Junge so bei Walen?) noch? Bei diesem Gedanken strömte es warm durch meine Brust, aber im nächsten Augenblick schalt ich mich für diese Sentimentalität. Hatte ich denn in den letzten Wochen nichts dazugelernt?

Die Schlächter schienen aber doch eine Art von Pietät zu haben, denn sie zogen das Ungeborene behutsam aus dem Bauch des Muttertieres und legten es ein wenig abseits ab. Ich konnte nicht anders: Ich musste es anstarren. Das Wal-Embryo lag zart und klein (etwa von der Größe einer Robbe) auf dem schmierigen Holzboden, seine Haut dunkel und glänzend, aus seinem Bauch lief eine dicke Nabelschnur, die es noch mit der Mutter verband. Es lebte nicht mehr. Ich musste mit den Tränen kämpfen. Die Männer betrachteten es kurz und schweigend – und ich glaube auch mitleidig –, dann gingen sie wieder an ihre Arbeit. Jemand zerschnitt die Nabelschnur. Wenig später griffen zwei Matrosen mit Handschuhen das Wal-Embryo an Kopf und Schwanz und warfen es über die Reling. Es versank sofort in der Tiefe. Es hatte schließlich kein Fett am Leib. Ich war froh, dass die Vögel es nicht bekamen. Weiter gibt es über unsere Begegnung mit der *Frango* nichts Besonderes zu berichten.

Es ist mittlerweile Abend und ich sitze in meiner Kabine am Schreibtisch und blicke durch das Bullauge in die schwarze

Nacht hinaus. Der Mond leuchtet hell und rund – vor wenigen Tagen hatten wir Vollmond. Während ich dir geschrieben habe, hat sich eine Schwermütigkeit eingeschlichen und über mich gelegt wie eine schwere Decke.

Ich bekomme das Bild von dem Wal-Embryo nicht aus dem Kopf. Es macht mich traurig, dass dieses Wesen nur so kurz leben durfte und nie das Licht der Welt erblickte. Und genauso bekümmert bin ich um das Muttertier. Das habe ich nicht näher betrachtet. Vielleicht hat sie gar nicht gemerkt, wie sie ihr Leben und ihr ungeborenes Kind verloren hat.

Aber irgendwie bin ich nicht nur über diese Verluste traurig. Ja, hier beim Walfang ist mir der Kreislauf der Natur deutlich vor Augen geführt worden: fressen und gefressen werden. Der Mensch steht an der Spitze der Schöpfung und bedient sich aus dem natürlichen Reservoir der Erde und seiner Lebewesen. Aber das Walkälbchen hat mir auch die Schönheit des Lebens und der Mutterschaft vor Augen geführt.

Du weißt gut, liebe Schwester, wie sehr ich mir ein Kind wünsche. Ich hatte es für selbstverständlich gehalten, dass ich kurz nach meiner Heirat schwanger werden würde, so wie alle meine verheirateten Schwestern. Aber nun bin ich beinahe drei Jahre verheiratet und es regt sich kein neues Leben in mir. Die einzige Rundung meines Bauches stammt vom Marzipan und den anderen Leckereien, die ich ständig in mich hineinfuttere. Warum bringe ich nicht das zustande, wofür ich als Frau geschaffen bin: Leben zu schenken!?

In unserem Haus in Sandefjord sitze ich so oft an meiner Nähmaschine in dem Zimmer, in dem eigentlich eine Wiege stehen sollte. Ich war schon bei zwei Ärzten, aber sie haben gesagt, bei mir sei alles in Ordnung und ich solle »es« mit meinem Mann regelmäßig tun, dann würde sich der Nachwuchs schon einstellen.

Klarius nimmt mein Versagen mit erstaunlichem Gleichmut hin. Gleichgültig ist es ihm sicher nicht. Er ist ja ein redegewandter und charmanter Mann – aber über bestimmte Themen kann ich mit ihm einfach nicht sprechen. Er hat diese endgültige Art zu schweigen. Das Schweigen hängt in unserem Schlafzimmer.

Manchmal frage ich mich, ob es vielleicht an Klarius liegt. Ich dachte in der ersten Zeit unseres Kennenlernens, als ich mit meiner Schwiegermutter Nora auf dem Friedhof war, dass das begrabene Kind in der Grabstätte der Mikkelsens ein Kind aus der ersten Ehe von Klarius sein könnte. Inzwischen habe ich herausbekommen (Nora hat schließlich auf meine direkte Frage geantwortet, wenn auch widerwillig), dass dieses tote Kind zu der Schwester von Klarius gehört. Lisa, die erste Frau von Klarius, ist an der Schwindsucht gestorben. Auch diese Ehe war kinderlos. Aus Noras Worten klang heraus, dass Lisa zeitlebens eine schwache und kränkliche Frau gewesen sei, was vielleicht die Kinderlosigkeit erklärt. Als ich aber meine Schwiegermutter gefragt habe, ob Klarius als Kind Mumps gehabt hat, was bekanntlich in manchen Fällen beim Mann zur Unfruchtbarkeit führen kann, hat sie mich ganz böse angeschaut und ist hinausgestapft.

Ach, liebe Schwester, mir fällt es schwer, mir ein Leben ohne Kinder vorzustellen. Seit ich denken kann, war es für mich selbstverständlich, dass ich einmal Mutter werden würde. Aber es ist verfrüht, die Hoffnung schon aufzugeben.

Ich möchte darauf vertrauen, dass der Herrgott meine Gebete erhören und uns zur rechten Zeit ein Kind schenken wird. Vielleicht bewirken diese Reise und das unbefleckte Land ja eine Reinigung unserer Seelen und danach werden wir belohnt. Wenn ich allerdings an die Blutflecke denke, die wir Menschen im weißen Schnee hinterlassen, fürchte ich beinahe eine Strafe Gottes.

Nun habe ich dir mein Herz ausgeschüttet, liebe Elin, und kann hoffentlich ein wenig Ruhe und Schlaf finden. Ich schaue auf den silbernen Mond und frage mich, ob du auch in diesem Moment in den Nachthimmel blickst und wir beide den Mond ansehen – obwohl du auf der anderen Seite des Erdballs bist.

Ich umarme und küsse dich
deine Schwester Caroline

Kapitel 43:
Picknick mit Pinguinen

Antarktis, 20. Februar 1935

Als Caroline an diesem Morgen aus ihrer Koje kletterte, machte sich ein kribbelndes Gefühl der Erwartung in ihrem Magen breit. Ob sie heute endlich den Landgang wagen würden? Entdeckungsfreude hatte sie seit Tagen ergriffen und selbst Klarius, der sonst stoische Ruhe ausstrahlte, wirkte aufgeregt. Mit dem Geografen hatte er am Vortag stundenlang an der Steuerbordseite gestanden. Sie hatten durch ihre Ferngläser auf die karge Küste des unentdeckten Landes geblickt und eifrig Koordinaten notiert, die Nguyen in die Skizze der Seekarte übertrug.

Als Caroline in die Messe kam und sich an den Frühstückstisch setzte, spürte sie sofort die Spannung in der Luft, die wie elektrisch aufgeladen zu flimmern schien.

»Heute ist das Wetter günstig für unseren Ausflug«, begrüßte Klarius sie mit einem Lächeln auf den Lippen. »Ich hoffe, du bist nicht zu beschäftigt für eine Bootstour, Line«, fügte er mit einem schelmischen Funkeln in den Augen hinzu.

»Ich darf wirklich mitkommen?«, rief Caroline und stellte ihre Teetasse klirrend auf die Untertasse, auf die sogleich eine kleine Teewelle schwappte.

»Ja«, antwortete Klarius. »Wir brechen um zehn Uhr mit dem Beiboot auf und rudern zur Küste. Wir sind vorhin vor Anker gegangen. Die Küste ist nur fünf nautische Meilen von uns entfernt. Aber näher will ich die *Thorshavn* nicht heranführen, weil Felsen oder Eisriffe dicht unter der Wasseroberfläche sein könnten.«

Caroline spähte in die Tischrunde und sah lauter freudige Gesichter, nur Lie war ganz in sein Frühstück vertieft und schien unbeteiligt.

»Wer kommt denn alles mit?«, wollte Caroline wissen.

»Ich nehme sieben bewährte Männer mit«, erklärte Klarius mit seiner klangvollen Kapitänsstimme, die keinen Widerspruch duldete. »Den Ersten Offizier Hagebak, Doktor Schweiger wird als Chemiker von Nutzen sein und natürlich Nguyen für die geografischen Aufzeichnungen.«

Dann nannte er noch vier weitere Namen von zuverlässigen und handwerklich begabten Männern zum Rudern und Errichten des Fahnenmasts. Lie war nicht für den Landgang ausgewählt worden. Caroline konnte seine Enttäuschung deutlich auf dessen Gesicht ablesen und fühlte sich ein wenig schuldig – sie hatte den Verdacht, dass ihr Mann den galanten Barbier gerade deshalb ausschloss, weil sie eine kleine Schwäche für ihn hegte und dessen charmante Aufmerksamkeiten gerne entgegennahm. Klarius hätte deswegen wirklich nicht eifersüchtig sein müssen. Aber andererseits war Eifersucht auch das Öl im Feuer der Liebe, wie Mutter gerne aus ihren Radioromanzen zitierte, sodass Caroline ein heimliches Lächeln angesichts Klarius' Hahnenkampf nicht unterdrücken konnte.

Carolines Herz pochte heftig, als sie in der Kabine die dicken Strümpfe über ihre Knie zog, in ihren schwarzen Wollmantel schlüpfte und den weichen Pelzkragen daran befestigte. Sie setzte ihre schwarze Wollmütze auf, die ihr tief in die Stirn hing und ihren Kopf wohlig wärmte. Sie warf einen prüfenden Blick in den kleinen Spiegel über dem Frisiertisch. Etwas fehlte. Sie holte die silberne Brosche mit der Lilie aus ihrem Schmuckkästchen – ein Hochzeitsgeschenk von Tante Gunda – und steckte sie sich seitlich an die Mütze. Ja, das sah festlich aus. Es klopfte an der Kabinentür.

»Bist du bereit, Line?«, klang die Stimme von Klarius dumpf durch die Tür.

»Sofort«, rief sie zurück. Schnell schlüpfte sie in ihre festen Schuhe und steckte ihre gefütterten Lederhandschuhe in die Manteltaschen. Ihren Fotoapparat trug sie an einem Riemen um den Hals.

An Deck warteten schon die ausgewählten Männer und das Rettungsboot stand bereit. Klarius erteilte Anweisungen und die Männer beluden das Boot gleichmäßig mit einer Werkzeugkiste, einigen Holzpfählen und einem großen Korb, den der Koch für ihr Picknick vorbereitet hatte. Obenauf im Korb lag die norwegische Flagge, ordentlich gefaltet. Caroline nutzte die Zeit des Beladens, um einige Bilder von der Küste zu machen, die sich so verheißungsvoll vor ihnen erstreckte. Schließlich war sie die Expeditionsfotografin und hatte inzwischen einiges Geschick im Fotografieren entwickelt. Trotzdem konnten die kleinen Bilder in Schwarz-Weiß dem Eindruck vor Ort wohl niemals gerecht werden. Diese Weite und Struktur der Landschaft konnte man so richtig nur mit den eigenen Augen erfassen. Besonders heute glitzerte das Meer im Sonnenschein. Einige Eisschollen trieben zwischen ihnen und der felsigen Küste auf dem Wasser als weiße Inseln, die sich auch vom arktischen Sommer nicht schmelzen ließen.

Schließlich kletterten sie alle ins Boot, das an Seilwinden an der Seite der *Thorshavn* herabgelassen wurde. Das Boot schaukelte mächtig dabei. Caroline hielt sich eisern an den Griffen ihres Sitzbrettes fest, um nicht gar herauszufallen. Als Frau des Kapitäns saß sie neben ihm auf dem besten Platz im Bug des Ruderbootes. Klarius tätschelte ihre Hand und hielt seinen Blick auf die Küste gerichtet, sein gebräuntes Gesicht war aufgehellt von einem Lächeln. Vier der Männer ruderten kräftig, die leichte Brise von Osten ließ die Wellen in schneller Abfolge gegen ihr Boot schlagen, aber sie fanden eine gute Strömung und Caroline sah die Bucht schnell näher kommen. Erst leise, dann immer deutlicher mischte sich in das Platschen der Wellen ein anderes Geräusch: ein hohes, vielstimmiges Geschnatter, das vom Land kam. Mit einem Knirschen setzte der Bootsboden auf den felsigen Untergrund der Bucht auf, zwei der Männer sprangen heraus und wateten knietief in ihren Stiefeln durch das flache Wasser. Sie zogen das Boot an Land. Klarius reichte Caroline seine Hand, als sie mit einem entschlossenen Schritt den Boden der Antarktis betrat.

Caroline blickte sich neugierig um, ihre Augen suchten die schroffen Felsen ab, die an vielen Stellen mit einer gelblichen Schicht überzogen waren. Ob das wohl eine Art Moos war? Da lenkte eine Bewegung ihren Blick auf eine Anhöhe – ja, dort tummelten sich Gestalten mit weißen runden Bäuchen und schwarzen Rücken: eine Gruppe von Adeliepinguinen. Caroline wäre am liebsten auf die putzigen Pinguine zugelaufen, aber sie wollte die Tiere nicht erschrecken.

»Wir werden die Ersten sein, die diese jungfräuliche Küste betreten und für Norwegen einnehmen«, hatte Klarius vorhin auf dem Schiff gesagt. Aber als Caroline auf dem schroffen und unwirtlichen Steinboden stand und das lebendige Schnattern hörte, wurde ihr klar: Die Antarktis war kein unberührtes Land – es gab bereits Bewohner.

»Wir folgen am besten dem Süßwasserlauf dort den Hügel hinauf. Oben ist ein guter Ort zum Einpflanzen unserer Flagge«, entschied Klarius und marschierte voran. Die Gruppe folgte dem Kapitän. Bald hatten sie die kleine Anhöhe erklommen, die etwa 60 Meter über dem Meeresspiegel lag. Hier breitete sich eine Ebene vor ihnen aus, eine endlose Wüste aus grauem Stein und hellen Schneeflächen. Das menschliche Auge konnte nicht so weit blicken, um den Horizont auszumachen. Aber nicht die Aussicht auf diese unendliche Weite fesselte Caroline, sondern der Anblick eines schwarz-weißen Gewusels, das sie beinahe schwindelig werden ließ: Pinguine, wo sie auch hinschaute, erblickte sie Pinguine. Die meisten Tiere standen in Gruppen zusammen wie in einer geselligen Unterhaltung. Andere watschelten aufgeregt umher und schlugen mit ihren kurzen Flügeln. Sie merkten, dass sie ungewohnten Besuch bekamen. In ihrem Gefieder sahen sie aus wie kleine Frackträger – ganz adrett, ein feierliches Empfangskomitee. Als Caroline genauer hinschaute, konnte sie auch einige flauschige graue Küken entdecken, die sich zwischen den dicken Füßen ihrer Eltern versteckten. Andere waren schon mutiger und spielten miteinander wie in einem Kindergarten. Caroline musste unwillkürlich lächeln. Sie ging einige Schritte auf die Tiere zu, hob ihren Fotoapparat vor die Augen und drückte mehrfach auf den Auslöser. Ihre Motive hielten nicht still – sie wackelten und schnatterten wie aus Protest. Einige der ausgewachsenen Adeliepinguine watschelten in ihrem schwankenden Gang auf Caroline zu, dabei nickten sie mit ihren kleinen Köpfen und stießen heisere Warnlaute aus. Sie trieben ihre Küken weg von den Fremden, in den sicheren Innenkreis ihrer Gemeinschaft. Caroline verstand die Körpersprache der Elterntiere. Sie sagten: »Kommt nicht hierher und stört nicht unsere Brutpflege.« Sie behüteten ihren Nachwuchs gut. Und sie hüteten auch das Geheimnis der Antarktis – nur sie wussten, wie man in dieser tödlichen Kälte Leben hervorbringen konnte. Caroline trat respektvoll einige Schritte zurück, um den Pinguinen ihren Raum zu lassen.

»Die sehen ja aus wie kleine Diener!«, rief einer der Männer. Aber waren sie wirklich die Diener der Menschen? Caroline spürte, dass die Pinguine die wahren Herrscher über dieses Land und sie deren Gäste waren.

Doktor Schweiger bückte sich und schabte etwas von der gelben Schicht ab, die hier überall die schroffen Felsen bedeckte.

»Das ist Guano«, stellte der Chemiker fest. »Er entsteht aus den Ausscheidungen der Pinguine. Das ist ein guter Dünger, wenn man ihn daheim unter die Erde mischt, voller Phosphat und Nitrat.«

Caroline wusste nun auch, woher dieser besondere Geruch stammte, der ihr in die Nase wehte – es war ein erdiger Duft, ein wenig süßlich wie die Exkremente von Tauben, aber auch bitter wie der Löwenzahn, den sie als Kind manchmal gekaut hatte.

»Hier neben dem großen Felsen bauen wir den Flaggenmast«, beschloss Klarius, und die Männer machten sich an die Arbeit. Mit Spitzhacken gruben sie mühsam ein Loch in den harten Boden und versenkten schließlich den Holzmast darin. Nun schleppten sie gemeinsam Gesteinsbrocken so groß wie Weinfässer herbei und bauten einen stützenden Haufen um den Pfahl herum. Auch Caroline suchte den Boden nach geeigneten Steinen ab und trug stolz einige Brocken zu ihrem kleinen Monument bei. Zuletzt brachten sie noch einen hölzernen Stützpfeiler an, der mit dem Flaggenmast ein Dreieck bildete. Anschließend standen sie alle im Kreis um den Steinhaufen und Klarius schob eine Metalldose in eine Steinspalte, um so ein zeitbeständiges Depot anzulegen. In der Metalldose befand sich ein Dokument mit dem heutigen Datum und Angaben zur *Thorshavn*, seinem Kapitän und zu ihrer Nationalität.

Klarius befestigte die norwegische Flagge am Seilzug und reichte Caroline das Ende des Seils. Die Männer standen andächtig im Kreis um die zu hissende Fahne herum, alle nahmen ihre Mützen ab und Klarius holte ein Blatt Papier aus seiner Manteltasche. Er ließ seine Stimme in einer festlichen Rede erklingen, die vom Geschnatter der Pinguine untermalt wurde.

»Dieser 20. Februar 1935 ist ein besonderer Tag. Unsere Mühen und Wagnisse werden heute belohnt. Dieser Steinhaufen mit der Flagge unseres Vaterlandes markiert unseren historischen Landgang für die Nachwelt. Noch in vielen Jahren werden die Menschen sich daran erinnern, dass wir Norweger als unerschrockene Seefahrer und Pioniere die Ersten waren, die diese unberührte Küste der Antarktis entdeckt und betreten haben.«

Dann gab er Caroline ein Zeichen; mit klopfendem Herzen zog sie an der Leine und die norwegische Flagge hob sich flatternd in die Höhe. Caroline war so von Stolz erfüllt, dass ihr ganz warm in der Brust wurde. Die Männer klatschten in die Hände und klopften sich gegenseitig auf die Schultern. Nguyen hielt diese Momente mit Carolines Fotoapparat fest.

Später suchten sie eine windgeschützte Stelle hinter einem großen Felsen – mit Blick auf ihre Flagge, die farbenfroh im Wind wehte – und holten das Picknick heraus. Die Pioniere ließen sich zur Feier des Tages Kaffee und belegte Brote schmecken. Caroline kaute bedächtig ihr Leberwurstbrot mit Gewürzgurke. Noch nie hatte ihre Zunge diesen Geschmack so intensiv wahrgenommen. In dieser weiten Landschaft aus Felsen, Eis und Meer, die niemals zuvor von Menschen betreten worden war, kam ihr alles neu vor.

Nach dem Picknick schwärmten die Männer aus, um die Gegend genauer zu erkunden. Sie würden fünf Stunden an Land bleiben, hatte Klarius gesagt. Doktor Schweiger und Nguyen sammelten Gesteinsproben und machten Messungen. Hagebak behielt die Männer im Blick, wie er es als Erster Offizier gewohnt war, sein Gewehr griffbereit über die Schulter gehängt, um bei Gefahr im Verzug sofort einzuschreiten. Caroline fragte sich, welche gefährlichen Raubtiere er in dieser eisigen Ödnis erwartete. Er hatte ihr erzählt, dass er in Alaska schon einmal mit einem Grizzlybären gerungen hatte, wovon auch die Narbe auf seiner

Wange zeugte. Aber in der Antarktis konnten nur Pinguine an Land überleben. Um Eisbären zu treffen, müssten sie auf die Gegenseite des Erdballs an den Nordpol reisen.

Caroline fühlte sich magisch zu den Adeliepinguinen hingezogen. Sie pirschte sich langsam an die Kolonie in der Talmulde heran und setzte sich auf einen Stein. Nach einer Weile schienen sie sich an ihre stille Beobachterin zu gewöhnen und einige kamen neugierig näher. Zuletzt war Caroline von einem Dutzend der kecken Tiere umringt, die mit ihrem watschelnden Gang einfach drollig aussahen – sie kam sich vor wie eine Kindergärtnerin. Die Adeliepinguine reichten ihr bis ans Knie, die größten fast bis zur Hüfte. Ihr unbeholfener Gang erinnerte sie an Kleinkinder, wie sie mit steifen Knien tapsten. Aber sobald die Pinguine im Wasser waren, verwandelten sie sich in elegante Schwimmer, die über die Wellen sprangen wie in einem Wasserballett – das hatte Caroline in den letzten Tagen vom Schiff aus beobachtet. Trotz ihres lustigen Gangs hatten die Adeliepinguine eine eigene Eleganz: Wenn sie aufrecht standen, zogen sie ihre langen Schwanzfedern wie einen Zierschweif hinter sich her. Ihre Schnäbel waren kurz und um ihre Augen hatten sie einen weißen Ring – dadurch stachen ihre Augen auf dem schwarzen Köpfchen besonders hervor. Sie wirkten wie aufgerissen und gaben ihnen einen leicht erschrockenen Ausdruck. Sie schnatterten ständig. Ihre Rufe klangen wie ein Bellen (»aark«), aber nicht so aggressiv wie bei Hunden. Manchmal grunzten die Mütter auch zu ihren Küken (»gwarr«), das klang wie Liebkosungen. Dann drang ein weiterer Klang an Carolines Ohren: ein helles, gackerndes Lachen wie aus dem Mund von Kindern. Es waren die flauschigen grauen Küken, die sich gegenseitig jagten und stupsten und mit ihren kurzen Flügelchen flatterten – sie freuten sich offensichtlich an ihrem ausgelassenen Spiel. Caroline blieb bei diesem Pinguinlachen zuerst der Mund offen stehen, dann lachte sie mit. Schließlich rief Klarius zur Rückkehr auf. Doktor Schweiger machte noch ein Foto von Caroline an der Seite von Klarius, umringt von der Schar ihrer neuen gefiederten Freunde.

Am frühen Nachmittag ruderten sie zurück und gingen wieder an Bord. Sie wurden neugierig empfangen. Die Mannschaft war stolz, dass der Landgang und das Hissen der norwegischen Flagge geglückt waren. Die *Thorshavn* setzte ihre Fahrt entlang der unbekannten Küste fort.

Auch der nächste Tag stand im Zeichen der Entdeckung. Klarius hielt den Navigator und den Geografen dazu an, genaue Messungen des Küstenabschnitts zu machen. Sie erstellten eine Karte und es war das Privileg des Kapitäns, das neu kartografierte Land zu benennen. Diese Unterlagen würde er nach ihrer Rückkehr offiziell einreichen. Um den Sponsor und Schiffseigner Lars Christensen zu ehren, taufte Klarius diese Küste auf den Namen von Ingrid Christensen. Caroline freute sich für ihre Freundin, die sicherlich mächtig stolz darauf sein würde, dass eine Küste in der Antarktis ihren Namen tragen würde. Die Bergkette nannte Klarius nach der norwegischen Heimatregion Vestfold. Als ihr Mann Caroline am Abend im Salon stolz die Karte mit den neuen Namen zeigte, hielt er die ganze Zeit seinen Daumen über eine Stelle auf dem Papier.

»Dann gibt es noch diesen Berg, den wir heute Mittag gesehen haben, nicht wahr, Line?«, erinnerte sie Klarius und schmunzelte geheimnisvoll. »Der brauchte auch noch eine Namenspatronin.«

Er hob seinen Daumen von der Karte und Caroline las »Mount Caroline Mikkelsen«. Dazu war die Höhe des Berges von 250 Metern eingetragen. Caroline schlug sich vor ungläubiger Freude erst die Hand vor den Mund und lachte dann mit allen Zähnen. Klarius kniff ihr liebevoll in die Wange. Sie konnte es kaum glauben, dass ihr Name bald in allen offiziellen

Karten stehen würde. Ihr Mann tippte mit seinem Zeigefinger auf die den »Mount Caroline« umgebenden Eintragungen und erklärte: »Dein Berg befindet sich in der Bucht zwischen dem Larsemann-Gebirge und dem Sjövold-Gebirge. Wir haben die Bucht ›Sandefjordbukta‹ genannt.«

Caroline nickte ergriffen. Der Anblick von diesem kleinen Berg, der sich so vorwitzig aus der flachen Bucht hochgereckt hatte wie ein Rebell, würde ihr für immer im Gedächtnis bleiben. Mehr noch war sie zutiefst gerührt, dass ihr Mann ihr in der Antarktis mit der Namensgebung ein solches Denkmal gesetzt hatte.

In dieser Nacht konnte sie vor Aufregung kaum einschlafen. Nach zwei Tagen voller Entdeckungen und neuer Eindrücke war sie ganz erfüllt von Freude, dass sie auf dieser Reise dabei sein durfte. Seit sie an Land gegangen war, hatte sie das Gefühl, hier wirklich angekommen zu sein. Das Schiff trug sie nicht über irgendein Meer, das sich nicht weiter von jedem anderen Meer der Welt unterschied, sondern sie war wirklich in der Antarktis – am südlichsten Flecken der Erde, an der Drehachse der Welt – im Zentrum eines Geheimnisses. Caroline war wunderlich erfüllt von diesem Geheimnis. Die Pinguine hatten sie teilhaben lassen an ihrer Weisheit um das Überleben. Hier, wo das Leben so hart und so zerbrechlich war und doch unzerstörbar. Diese Welt aus Wasser und Eis, in der die Jahrtausende eingefroren und erhalten waren, ließ sie auf etwas Ewiges hoffen. Hier ging die Natur ihren langsamen Gang, jedes Entstehen und Vergehen hatte seine Zeit und seinen Sinn. Hier fühlte sie sich dem Ursprung der Schöpfung nahe. Hier spürte sie auch ihre eigene Kraft als Frau, die neues Leben gebären konnte. Sie war von der Natur beschenkt worden und würde die Erinnerung an diese Gabe für immer in sich bewahren. Das Lachen der Pinguine trug sie schließlich in den Schlaf.

Kapitel 44:
Unerwartete Post aus Sandefjord

Sydney, 18. April 1995

Am Nachmittag herrscht eine aufgeladene Stimmung im Redaktionsbüro. Finger tippen wie im Wettlauf auf den Tastaturen. Wenn Köpfe wirklich qualmen könnten, dann täten sie es jetzt. Der Besuch der Herren vom Presserat und Jesses glanzvolles Parieren des Angriffs auf ihre journalistische Freiheit hat alle elektrisiert. Jeder will nun seine Wörterfahne schwenken und die Bastionen der Bigotterie erstürmen.

»Hat jemand ein anderes Wort für ›Pöbel‹?«, ruft McQuire in den Raum.

»Rotte« – »Mob« – »Pack« – »Meute« – »Brut« – »Gang« – »Horde« – »Gesocks«, ertönen die Rufe der Kollegen von allen Seiten. Es ist wie ein Volleyballspiel und jeder pritscht den Ball zum nächsten Spieler, sie sind eine Mannschaft.

Elvira geht mit der Kaffeekanne herum und schenkt allen nach. Der Praktikant Runner steuert auf quietschenden Turnschuhen auf Jesses Tisch zu und legt einen großen braunen Umschlag neben ihren Ellenbogen. Jesse wirft einen flüchtigen Blick darauf und hält inne. Der Brief kommt aus dem Ausland, die exotischen Marken zeigen Bilder von Schiffen. Sie wendet den Umschlag und liest den Absender: Vestfoldarkivet, Sandefjord, Norwegen.

Aufgeregt reißt Jesse die Verschlusslasche auf und zieht die Unterlagen aus dem Umschlag. Sie blickt in das Gesicht einer jungen Frau mit warmen dunklen Augen, kinnlangem blondem Haar, in Wellen gelegt, und einem schüchternen Lächeln auf einem hübschen Mund. Es ist die Schwarz-Weiß-Kopie eines Fotos, die obenauf liegt. Jesse starrt in dieses Gesicht, das sie direkt aus der Vergangenheit anzublicken scheint. Das ist Caroline Mikkelsen! Sie dreht das Blatt um und liest auf der Rückseite ebendiesen Namen, dazu die Angabe »Verlobungsbild, 1931/32(?)«.

Aber der Umschlag hält noch weitere Überraschungen bereit: Als Nächstes entdeckt sie ein gefaltetes DIN-A3-Blatt. Sie klappt es auf und vor ihr breitet sich die Ansicht eines Tagebuchs mit Tabelle und stündlichen Eintragungen von Zahlen und Buchstaben in Schnörkelschrift aus. Jesse kann die Schrift nicht lesen, sie ist vermutlich auf Norwegisch. Deutlich erkennen kann sie aber die kraftvolle Unterschrift »Mikkelsen« in der rechten unteren Ecke.

Das beiliegende Anschreiben auf schlichtem Briefpapier des Vestfold-Archivs gibt Auskunft. Die Archivarin, Frau Karlsen, ist fündig geworden: Das Logbuch der *Thorshavn* zur Expedition 1934/35 sei vollständig erhalten. Bei der beigefügten Kopie handele es sich um den Tageseintrag vom 20. Februar 1935. In Zeile 15 stehe:

Kl. 10:30 rodde kaptein, fruen og 7 mann mot land for og forsøke landstigning. Kl. 15:30 kom livbåten tilbake. Kaptein meddelte at landstigning hadde funnet sted. Det norske flagget var blitt heist.

Frau Karlsen hat den norwegischen Eintrag im Logbuch zuvorkommenderweise für Jesse übersetzt.

10:30 Uhr: Der Kapitän, seine Frau und 7 Männer ruderten in Richtung Ufer und versuchten die Landung.

15:30 Uhr: Das Rettungsboot kehrte zurück und der Kapitän verkündete, dass die Landung stattgefunden habe. Die norwegische Flagge war gehisst worden.

Zu dem Foto schreibt die Archivarin, dass sie dieses lose inmitten der Reisetagebücher von Lars Christensen aus den Jahren 1936/37 gefunden habe, die er während einer weiteren Antarktisexpedition auf der *Thorshavn* mit Kapitän Mikkelsen angefertigt habe.

Jesse jubiliert innerlich. Nun hat sie endlich einen handfesten Beweis für den Landgang von Caroline Mikkelsen. Jetzt müsste man nur noch den dazugehörigen Steinhaufen in der Antarktis finden. Aber druckreif wird die Story nur, wenn sie auch Caroline Mikkelsen aufspürt – tot oder lebendig. Lebendig wäre natürlich besser. Sie betrachtet das Verlobungsbild der jungen Frau aus dem Jahr 1931/32. Nun hat die Antarktispionierin endlich ein Gesicht. Und ein hübsches noch dazu. Mit der »Schönheit aus dem Eis« lag sie schon ganz richtig. Das jungfräuliche Gesicht der Kapitänsgattin würde der Blickfang für den Artikel werden. Aber Jesse ist noch nicht am Ziel. Ein zweites Mal will sie sich nicht mit einer halb garen Story in der Redaktionskonferenz blamieren. Sie muss weitersuchen. Und sie weiß auch schon, wo.

Kapitel 45:
Rückreise über Afrika – Kapstadt und Post in Dakar

Dakar, 28. März 1935

Meine liebe Elin,

wir haben die Walfanggebiete der Antarktis am 4. März verlassen und gute Fahrt nach Norden auf Afrika zu gemacht.

Am 13. März sind wir schon um sieben Uhr in der Frühe in den Hafen von Kapstadt eingelaufen. Wir haben geankert und nach den üblichen Formalitäten, Betankung und Aufnahme von frischem Wasser und Proviant hatte die ganze Mannschaft Erlaubnis, an Land zu gehen. Klarius und ich haben zusammen mit einigen anderen die Stadt erkundet. Kapstadt liegt in einer Bucht, die vom Tafelberg überragt wird. Er steigt steil auf und ist oben ganz platt wie eine gigantische Tischplatte.

Im Hafenviertel stehen zweistöckige Geschäfts- und Wohnhäuser aus Backstein und weiß getüncht, fast alle tragen englische Firmennamen (z. B. Rutherford Ltd.). In einem

W. H. Smith habe ich mir einige neue Romane gekauft – ich brauchte unbedingt neuen Lesestoff. Die meisten Bücher waren auf Englisch – aber das verstehe ich ja seit meiner Zeit in Hollywood ganz gut, außerdem ist es eine gelegen kommende Übung, wenn ich auf Englisch lese. Ich habe zwei Detektivromane von Agatha Christie erstanden: ihr neuestes Werk »Murder on the Orient Express« mit Hercule Poirot und »The Murder at the Vicarage« mit Miss Marple. Nun bin ich gerüstet für lange Abende auf hoher See.

Außerdem haben wir eine Autotour die Serpentinen hoch auf den Tafelberg unternommen und dort von einer Plattform aus (mit Reiterstatue und Löwen aus Stein) die Aussicht auf die Bucht und das Meer genossen. Echte Löwen habe ich im Zoologischen Garten bewundert. Mit ihren wilden Mähnen und riesigen Mäulern erwecken sie auch hinter Gittern Ehrfurcht. Sogar einige Elefanten und Giraffen habe ich bestaunt – schließlich sind wir in Afrika. Es war ein eindrucksvoller Ausflug. Am Abend waren wir wieder an Bord und setzten die Reise fort.

Als wir gerade die Äquatorlinie zur nördlichen Halbkugel überquert hatten (dieses Mal gab es keine Tauffeier), konnte ich ein weiteres Naturereignis bestaunen: Ein ganzer Schwarm Fliegender Fische kam an uns vorbei. Die Fische schießen aus dem Wasser empor und segeln im hohen Bogen durch die Luft, dabei breiten sie ihre kurzen Flossen aus, die so durchscheinend aussehen wie Libellenflügel, und schweben bis zu einer halben Minute in der Luft. Im nächsten Moment tauchen sie grazil wieder in die Fluten ein. Es ist das reinste Wasserballett!

Heute sind wir wieder in Dakar eingelaufen. Dort gab es eine große Überraschung: Es wartete eine große Kiste mit Briefen und sogar Paketen auf uns. Was war das für eine Freude – wie an Weihnachten. Wie glücklich bin ich über deinen lieben Brief und dein Päckchen!!! Es freut mich, dass meine Briefe, die ich Anfang Dezember hier zur Post gegeben hatte, tatsächlich bei dir angekommen sind. Meine Sendungen aus Südamerika kommen bestimmt erst bei dir an, wenn ich schon wieder in Norwegen bin. Es freut mich zu lesen, dass es dir in Hamburg gut geht. Ich glaube, es ist nur eine Frage der Zeit, bis dein Herr Petersen um deine Hand anhält.

Dein Päckchen habe ich ungestüm wie ein Kind aufgerissen – und mich sofort über die köstlichen Marzipankartoffeln und die selbst gebackenen Plätzchen hergemacht. Welch ein Genuss! Danke vielmals, liebe Elin! Dabei hatte ich wirklich Glück und du hast die Sachen auch gut verpackt, denn einige Männer haben Leckereien von ihren Frauen geschickt bekommen und alles war verschimmelt. Da war die Enttäuschung natürlich groß. Sie haben sich mit Grog getröstet.

Ich habe dir übrigens in Kapstadt ein Andenken besorgt, aber das gebe ich dir persönlich, wenn wir uns in vier Wochen endlich wieder in die Arme schließen können.

Ich drücke und herze dich in Gedanken
deine Caroline

Kapitel 46:
Freud und Leid auf dem Atlantik

Vor der bretonischen Küste,
7. April 1935

Carolines Mann kannte die Schwierigkeiten einer langen Schiffsexpedition nur zu gut. Stürme, Wellenbrecher und Eisberge fürchtete er nicht, wie er ihr schon oft gesagt hatte. Er hatte die *Thorshavn* auf dieser Reise wieder sicher durch alle Gefahren geführt. Aber es war die Unruhe seiner Männer, die ihm Sorgen bereitete. Alle wollten endlich nach Hause. Die Männer gingen sich gegenseitig auf die Nerven und ständig kam es zu unnötigem Streit. Caroline war zuversichtlich, dass ihr Mann die Situation in den Griff kriegte.

»Das ist der übliche Lagerkoller, wenn die Männer zu wenig zu tun haben«, sagte Klarius zum Ersten Offizier nach einer

Rangelei zwischen zwei Matrosen. »Geben Sie den Raufbolden eine Arbeit. Sie sollen das Deck schrubben.«

»Wenn zu viel Zeit zum Reden ist, wird zu viel Schlechtes übereinander geredet«, lautete die Diagnose von Lie, der sein Ohr stets dicht am Geschwätz der Männer hatte.

»Das ist Vitaminmangel«, meinte Doktor Schweiger, ganz der Chemiker, und prompt war der Koch Jori beleidigt, weil er es als Kritik an seinem Menü auffasste.

Klarius wusste, dass die Reizbarkeit der Mannschaft von ihrem Gemütszustand herrührte. Für die geistlich-moralische Führung hatten sie schließlich den Pastor an Bord. Also gab er diesem den Auftrag, passende Worte für seine »Schäfchen« zu finden. Am nächsten Tag hielt Pastor Martinsen vor dem Mittagessen eine kleine Andacht ab. »Daran wird jedermann erkennen, dass ihr meine Jünger seid, wenn ihr Liebe untereinander habt«, predigte er aus dem Johannesevangelium, Kapitel 13, Vers 35. Ob diese Saat der Nächstenliebe wirklich auf fruchtbaren Boden fiel, bezweifelte der Kapitän, was Caroline ihm ansah.

»Ich hoffe, diese versöhnlichen Worte vom Pastor bringen die Männer auf gute Gedanken«, sagte Caroline auf ihre optimistische Art vor dem Schlafengehen zu ihm. Sie tat ihr Bestes, um freundliche Stimmung zu verbreiten. Allein ihre Anwesenheit sorgte dafür, dass die Männer sich am Riemen rissen und ihre besseren Manieren zeigten. Aber sobald sie unter sich waren, saß ihr Mundwerk locker und ihre Fäuste auch.

»Wut baut sich am besten durch Kampf ab«, befand Klarius und rief die Mannschaft dazu auf, sich sportlich zu betätigen. Also gab es endlich wieder einen Boxkampf. Es wurde laut gejohlt und der Ringrichter bekam ein blaues Auge ab. Auf Sackhüpfen und Eierlaufen hatte niemand mehr Lust, außerdem waren alle Eier inzwischen aufgegessen.

Dann brach eine ziemliche Aufregung über das Schiff herein, als einer der Matrosen unentschuldigt nicht zum Frühstück auftauchte. Es war Gustav, der sie wochenlang mit seinem schönen Harmonikaspiel erfreut hatte. Zwei Stunden lang suchten alle das ganze Schiff nach ihm ab. Er war in letzter Zeit sehr still und melancholisch geworden. Klarius hielt es für möglich, dass der Verschollene über Bord gesprungen sei. Solch einen tragischen Vorfall hatte er in seiner langen Laufbahn zur See schon zwei Mal erlebt – allerdings noch nie unter seiner Führung als Kapitän. Es war eine große Erleichterung, als man ihn lethargisch liegend in einem leeren Lagerraum fand. Lie spritzte ihm ein Aufputschmittel gegen seine Schwermut und Klarius ordnete an, dass der Kranke ab jetzt rund um die Uhr bewacht werden solle.

Ein anderes Ereignis hatte die ganze Besatzung allerdings freudig belebt – ein Funktelegramm für den Steuermann Sandvik ging ein: Er war zum zweiten Mal Vater geworden. Seine glückliche Frau teilte mit, dass Baby sei ein strammer und gesunder Junge, den sie Lars nennen wolle. Der stolze Vater strahlte über beide Wangen und ließ den Schiffsfunker sofort ein Telegramm an seine Frau zurücksenden. Klarius freute sich für seinen tüchtigen Steuermann. Ein solches Ereignis musste an Bord gebührend gewürdigt werden, das war auch gut für die Moral der Mannschaft. Beim Abendessen sprach Klarius einen Toast auf die Gesundheit des neuen kleinen Erdenbürgers und die frischgebackenen Eltern aus und alle stießen mit lautem Hurra darauf an. Außerdem steckte der Kapitän dem Vater feierlich eine silberne Anstecknadel an und schenkte ihm eine Flasche Wein.

Nun waren es nur noch drei Tage, bis die *Thorshavn* planmäßig am 9. April in Fredrikstad einlaufen würde. Dort würden sie ihre wertvolle Fracht beim Großhandel abliefern. Klarius war beim Anblick von Tausenden von Ölfässern im Schiffsbauch von Stolz erfüllt. Auch seine Reederei würde sehr zufrieden sein. Als Kapitän stand er schließlich für den Erfolg der Expedition gerade und die *Thorshavn* hatte ihre Walfangflotte zuverlässig versorgt.

Mit Genugtuung las Klarius die Bilanz im Lagerbuch für die Wintersaison (Dezember 1934 bis März 1935) und berichtete Caroline stolz davon. Die *Thorshavn* hatte Ladung von fünf Fabrikschiffen nebst Walfängern aufgenommen.

Erlegte Wale: 1.160 Wale (gesamt), davon 375 Blauwale, 668 Finnwale und 117 Pottwale. Das brachte 7.980 Fass Spermöl und 80.505 Fass Blauwalöl.

Den größten Fangerfolg und Ertrag hatte die *Ole Wegger* unter Kapitän Sørensen eingeholt. Klarius gönnte es diesem alten und erfahrenen Kollegen. Die Fangerfolge waren auch bei der Mannschaft auf der *Thorshavn* ein großes Thema. Schließlich erhielt die Besatzung einen Bonus zu ihrer bescheidenen Heuer, der sich anteilig am Ertrag bemaß.

Jetzt, wo der Heimathafen mit jeder Meile näher kam, brach eine neue Geschäftigkeit unter den Männern aus. Überall an Deck hingen Wäscheleinen, an denen die guten Anzüge der Männer zum Auslüften flatterten. Schließlich wollten sie nicht wie Seebären riechen, wenn sie von ihren Ehefrauen und Müttern wieder in die Arme geschlossen würden. Die Mannschaft hatte in den letzten Tagen ihre Kleidung gewaschen und sich ihre Bärte abrasiert. Lie hatte allen 30 Männern die Haare geschnitten. Danach schauten sie so geschniegelt und gestriegelt aus wie zur Konfirmation.

Es war eine der letzten Nächte auf der *Thorshavn* und Klarius war zu Caroline in die Kajüte gekommen. Nun lagen sie aneinandergeschmiegt im engen Bett, ihre Wange ruhte an seiner Brust, die sich in gleichmäßigen Atemzügen hob und senkte.

»Bist du traurig, dass unsere Reise bald zu Ende geht? Oder kannst du es kaum erwarten, aus dieser Blechbüchse eingequetscht mit uns rauen Seeleuten endlich herauszukommen?«, fragte er.

»Ich habe mich auf dem Schiff wirklich wohlgefühlt. Aber ich muss gestehen, dass ich mich auf die Heimat und festen Boden unter den Füßen freue«, sagte sie.

»Dir haben bestimmt deine täglichen heißen Schaumbäder gefehlt, meine schöne Königin vom Nil.« Sie hörte ein Schmunzeln in seiner Stimme. »Zur Pflege für deine Haut wie Milch und Honig.«

Seine Hand strich zärtlich ihren nackten Rücken hinab, liebkoste die Rundungen ihrer Pobacken und blieb auf ihrer Hüfte liegen.

»Ja, die Luxusausstattung hier an Bord lässt einiges zu wünschen übrig, Herr Kapitän. Diesbezüglich müssen Sie bis zu meiner nächsten Reise noch nachrüsten«, sagte sie in gespielt hochnäsigem Ton und brach dann in ein neckendes Gelächter aus.

»Ihr Wunsch ist mir Befehl, meine Dame«, erwiderte Klarius lachend und vergrub sein Gesicht in der Kuhle ihres Halses. Seine Lippen wanderten knabbernd und saugend tiefer bis in die weichen Wogen ihrer Brüste. Nach einigen Zärtlichkeiten legte sie die Hand an seine Wange und schaute ihm forschend in die Augen.

»Ich hoffe, du bereust nicht, dass du mich mitgenommen hast?«, fragte sie ernst.

»Nein, natürlich nicht, Line!«, versicherte Klarius ihr. »Ich bin sehr stolz auf dich! Du warst auf der ganzen Reise so robust und doch feinfühlig. Nie hast du dich über die Unannehmlichkeiten beklagt, obwohl du von Hitze und Kälte geplagt worden bist wie die harten Seeleute. Du warst für alle Mann an Bord ein Sonnenschein und für jeden ein Ansporn, sich von seiner besten Seite zu zeigen. Immer, wenn ich in dein schönes Gesicht mit den sanftmütigen und neugierigen Augen geblickt habe, war ich froh, dass ich dich auf diese Entdeckungsfahrt mitgenommen habe.«

Caroline war zutiefst bewegt von den Worten ihres Mannes, der sonst sparsam mit Lob und Liebesbekundungen war und seine Gefühle für sie eher durch Taten ausdrückte.

»Ja, das sind Erlebnisse, die wir nun für immer miteinander teilen und an die wir uns bis ins hohe Alter erinnern werden«, meinte Caroline und gab ihrem Mann einen dankbaren Kuss auf den Mund.

»Als ich um deine Hand angehalten habe, habe ich dir ein besonderes Leben versprochen«, sagte Klarius.

»Mit dieser Reise hast du dein Versprechen eingelöst, mein Geliebter«, flüsterte Caroline ihm ins Ohr.

Kapitel 47:
Und der Walkley Award 1995 geht an ...

Sydney, 18. Juni 1995

Dieser Sonntag im Redaktionsbüro ist ein besonderer. Heute werden um 16 Uhr die Gewinner des Walkley Awards bekannt gegeben. Dieser Journalistenpreis ist gewissermaßen der australische Pulitzerpreis.

»Wünsch mir Glück«, hat Jesse vorhin beim Verlassen der Wohnung gerufen, und Aidan hat von der TV-Couch aufgeschaut und seine Faust mit gedrücktem Daumen in die Höhe gestreckt. Ob er wohl eine Flasche Champagner im Kühlschrank hinter dem Gemüse versteckt hat – für den unwahrscheinlichen Fall, dass sie dieses Jahr endlich einmal gewinnen würde? Oder vielleicht würden sie sich am Abend sogar mal Zeit für ein erotisches Liebesspiel nehmen?

Jesse spürt den Blick von Robinson auf ihrem Gesicht und fühlt sich bei ihren dionysischen Tagträumen ertappt. Aber in

Wirklichkeit interessiert sich Gordon Robinson keine Spur für Jesses Liebesleben, sondern taxiert sie als Konkurrentin. Er ist dieses Jahr für seinen Artikel »Defending Your Life« nominiert – darin ging es um den Prozess gegen einen Börsenmakler, der im großen Stil Anlagegelder veruntreut hat: Bei jeder Transaktion sind 0,01 Prozent auf sein Privatkonto auf den Cayman Islands geflossen. Dieser reuelose Betrüger im Armani-Anzug hat der Presse jede Menge Futter geliefert. Auch nach seinem Schuldspruch hat er säckeweise Fanpost von Frauen erhalten, die ihn heiraten wollten – so hat Robinson diesen Weißkragen-Gauner jedenfalls porträtiert.

Jesse ist mit ihrem Artikel »Wuthering High Heels« über den Work-Dresscode für Frauen in unterschiedlichen Branchen ins Rennen um den Preis gestöckelt.

»Wo bleibt denn der Kaffee?«, bellt Marlow aus seinem Büro. Sonntags hat Elvira frei, die sonst für das Kaffeekochen zuständig ist, wenn sie diese Aufgabe nicht auf den Praktikanten abwälzt. Die männlichen Kollegen fühlen sich wie immer nicht angesprochen. Jesse und Patricia tauschen einen Blick über ihre Bildschirme aus, dann erhebt sich Jesse. Diese Woche ist sie an der Reihe. Patricia hat sich ebenfalls in diese Aufgabe gefügt. Sie rächt sich jedoch, indem sie den Kaffee regelmäßig derartig stark macht, dass man ihn nur mit viel Milch verdünnt herunterbekommt.

Als Jesse in der Küchenkabine neben der tröpfelnden Maschine steht und im Sonntagsblatt vom Express schmökert – deren Boulevard-Artikel natürlich keine Konkurrenz für ihre Zeitung sind –, steckt Peter Pearce seinen Kopf herein.

»Ich drücke Ihnen die Daumen, Brubaker!«

Er meint es vielleicht ehrlich. Immerhin hat P. P. im letzten Jahr gewonnen und kann sich deshalb Großzügigkeit leisten.

»Bitte den Kaffee nicht zu stark«, redet der Goldjunge weiter. »Und vergessen Sie das Gebäck nicht.«

Jesse deckt den Konferenzraum ein und stellt Kaffee und Gebäck dazu. Um 15 Uhr sitzen sie alle beisammen. Heute sind die Themen für die nächste Woche schnell verteilt, keiner will herumargumentieren. Jeder hat die Pressemappe von Walkley vor sich liegen. Natürlich haben sie sich alle auf die Artikel der Mitnominierten gestürzt und seit der Verkündung im Mai die Werke ihrer Konkurrenten sprachlich und inhaltlich seziert. Wobble leitet wie jedes Jahr das Wettbüro. Jeder von ihnen hat 20 Dollar Wetteinsatz gegeben, sodass nun 140 Dollar im Pool sind. Wobble hat eine Tabelle mit allen Kategorien und Nominierten auf das Whiteboard gezeichnet und steht unterdessen wie ein Zeremonienmeister mit gezücktem Stift davor.

Um Punkt 16 Uhr stellt Marlow das Radio in die Mitte des Konferenztisches und schaltet den Sender ein, auf dem die Verkündung der Preisträger übertragen wird. Wenn jetzt ein Außerirdischer in den Raum blickte, würde er denken, diese kuriosen Menschen würden den sprechenden Plastikkasten anbeten.

Um 16:22 Uhr ist es endlich soweit. Der Jurysprecher verkündet: »In der Kategorie Best Feature Writing in Print geht der Walkley Award 1995 an … Gordon Robinson vom Sydney Morning Messenger.«

Jesse presst ihre Lippen zusammen und bemüht sich, ihre Enttäuschung niederzukämpfen. Sie applaudiert zusammen mit allen anderen Kollegen und Robinson versucht, ein bescheidenes Gesicht zu ziehen, was ihm nicht gelingt. Marlow schüttelt ihm die Hand und überreicht ihm eine Flasche irischen Whiskey. P. P. und Robinson umarmen sich kumpelhaft – sie sind jetzt Mitglieder im selben Club. Wobble trägt den Sieger in die Tabelle ein. Die anonyme Wettstatistik zeigt, dass vier Kollegen auf Robinson getippt haben und drei auf Jesse, sie selbst ist eine davon gewesen, das ist Ehrensache. Die Mehrheit der Kollegen denkt also, dass Jesse nicht das Zeug zum ersten Platz hat. Wen wundert es, wo sie es selbst kaum glaubt.

Am frühen Abend kehrt Jesse in eine leere Wohnung zurück. Aidan ist noch mit seinen Söhnen unterwegs. Sie macht sich einen Brownie mit flüssigem Schokokern in der Mikrowelle und isst Vanilleeis dazu. Danach fühlt sie sich besser. Sie lässt heißes Wasser in die Wanne einlaufen und gibt großzügig Badeessenzen dazu. Während sie im Schaumbad liegt, umhüllt sie die rauchige Stimme von Bryan Adams. Sie hat sich seine neuste CD gekauft. Sie hört sechs Mal im Loop »Have You Ever Really Loved a Woman«. Das Lied handelt von der Kunst, eine Frau richtig zu lieben. Der Song stammt aus dem Film »Don Juan DeMarco« mit Johnny Depp und Marlon Brando und ist im Frühling ganz oben in den Charts gewesen. Im Musikvideo verführt der schöne Don Juan mit Maske und Fesselspielen so manche Schönheit. Jesse kann es nun kaum erwarten, dass Aidan zurückkommt. Sie holt ihre Dessous aus den Tiefen ihres Schrankes. Sie schlüpft in die silberne Korsage mit dem kegelförmig zulaufenden Büstenhalter und ihr Körper wird sexy geformt wie der von Madonna im Design von Jean-Paul Gaultier. Dazu trägt sie Strapse und knielange weiße Lederstiefel. Der breite Gürtel um die schmale Taille gibt ihr in diesem Look etwas von einer griechischen Amazone. Zu Beginn ihrer Beziehung haben Aidan und sie ihre Lust noch fantasievoll ausgelebt. Aidan hat es früher immer angemacht, wenn Jesse sich im Liebesspiel stark gezeigt hat und er sie wie ein Krieger hat erobern müssen. Jesse betrachtet sich im Spiegel und schüttelt ihr rotes Haar, das wie Flammen über ihre Schultern züngelt. Heute wird sie sich ins Zeug legen, damit es eine unvergessliche Nacht wird. Die letzte erinnerungswürdige Nacht liegt schon lange zurück. In den letzten zwei Jahren hat sich ihr Sex auf seltene kurze Kontakte reduziert, ohne Vorspiel, ohne Nachspiel. Aidan scheint das genügend zu befriedigen. Jesse – na ja. Vielleicht hat es auch an ihr selbst gelegen, dass ihr Sexleben so eingeschlafen ist. Wenn sie abends müde von der Arbeit heimkommt und das Gefühl hat, Aidan nichts Besonderes bieten zu können, lässt sie es mit den Annäherungen lieber ganz bleiben. Heute Abend würde es anders sein. Erotik entsteht nicht von alleine, wie einem in manchen Filmen vorgegaukelt wird, man muss sich schon dafür ins Zeug legen. Jesse zieht den Kimono mit den roten Drachenmotiven über ihr verführerisches Outfit. Die Seide des Stoffs gleitet kühl über ihre bloßen Schultern. Dann wickelt sie ihr Haar in einen aufgetürmten Knoten. Als sie noch ein frisches Paar gewesen sind, hat Aidan es erregend gefunden, ihr rotes Haar aus der Fesselung zu befreien und sein Gesicht darin zu baden wie in einem Wasserfall.

Kurz darauf hört sie Schlüssel in der Wohnungstür und Aidan kommt herein. Jesse posiert im Türrahmen des Schlafzimmers. Sie lässt ihr Bein und ihren Spitzbusen neckisch unter dem Kimono hervorlugen.

»Hey, Jesse – wer hat gewonnen? Du?«

Er sieht sie und sein Gesichtsausdruck wechselt von lässig zu überrascht, zu abweisend – jedenfalls kommt es Jesse so vor.

»Nein«, gesteht sie mit belegter Stimme, plötzlich ist ihr das Verführungsoutfit peinlich. »Ich habe nicht gewonnen.«

»Ich bin ganz verschwitzt vom Baseball mit den Jungs«, sagt er entschuldigend. »Ich geh mal unter die Dusche.«

Mit diesen Worten verdrückt er sich ins Bad. Heute Nacht werden keine erotischen Funken mehr sprühen. Jesse zieht die Sachen schnell aus, schlüpft in ihren verwaschenen Pyjama und setzt sich vor den Fernseher. Sie bleibt bei »Casablanca« auf dem Movie Gold Channel hängen. Mit einem Ohr hört sie Ingrid Bergman mit Humphrey Bogart im Beziehungsclinch wispern, mit dem anderen lauscht sie auf das Wasserrauschen aus der Dusche. Im Bad wird es leise. Dann kommt Aidan im

Bademantel raus, geht sofort ins Schlafzimmer, erscheint im Pyjama in der Tür, ruft ihr »Gute Nacht« zu und verschwindet wieder. Auf dem Bildschirm flackern Küsse und Schüsse und Abschiede an Jesse vorbei.

Jesse schläft diese Nacht auf dem Sofa.

Am nächsten Morgen steht sie vor dem Spiegelschrank im Bad und hält den neuen Verhütungsring in der Hand, den sie heute eigentlich einsetzen müsste. Den vorherigen Ring hätte sie sich sparen können, denn in den letzten drei Monaten haben Aidan und sie keinen Sex gehabt. Sie fragt sich, warum sie dieses sinnlose Ritual alle drei Monate durchführt. Sie blickt in ihr Spiegelbild, die blauen Augen schauen traurig zurück. Schließlich schnaubt sie und steckt den Ring wieder zurück in die Packung. Genug davon!

Kapitel 48: Lorbeeren für Kapitän Mikkelsen

Sandefjord, 29. August 1935

»Mutter macht mich noch wahnsinnig! Sie kann einfach nicht verstehen, dass ich nicht heiraten will«, rief Elin und schlug mit der flachen Hand auf den Küchentisch, sodass die Teetassen klirrten. Ihre Stirn war krausgezogen und ihre dunklen Augenbrauen hatten sich zu Gewitterwolken verdichtet. Ihr düsteres Gesicht passte so gar nicht zu ihrem herrlich bunten Kleid, das Caroline ihr aus einem Stoff aus Rio geschneidert hatte. Elin sah aus wie ein stolzer Papagei mit dem sonnengelben Oberteil und dem satten rot-grünen Rock, der sich wie ein Gefieder um ihre langen Beine plusterte.

»Da ist es gut, dass du zu mir gekommen bist«, tröstete sie Caroline. »Aber wir wissen doch beide, wie Mutter ist. Für sie ist es das höchste Ziel für eine Frau, sich einen guten Ehemann zu angeln. Mich hat sie auch all die Jahre, die ich unter ihrem

Dach gelebt habe, unter die Haube bringen wollen. Du erinnerst dich sicher noch, wie sie mich gedrängelt hat, als Klarius auf der Bildfläche erschienen ist.«

»Mit ihm hast du es zum Glück gut getroffen«, meinte Elin. »Und Herr Petersen ist nach allen Maßstäben ein anständiger Mensch und wäre wahrscheinlich auch ein zuverlässiger Ehemann. Aber ich bin nicht bereit, seinen Heiratsantrag anzunehmen.«

»Das musst du doch auch nicht«, beschwichtigte Caroline. »Aber was stört dich denn an ihm?«, hakte sie vorsichtig nach. Sie wollte ihre Schwester nicht überreden, sie wollte ihre Entscheidung aber verstehen.

»Er ist in seinem Modehaus der Chef und war jahrelang auch mein Arbeitgeber. Er hat so eine herrische Art. Er würde mich als seine Ehefrau sicherlich genauso behandeln: wie ein Vorgesetzter. Aber ich bin meine eigene Herrin«, erklärte Elin heftig. »Außerdem reizt er mich als Mann überhaupt nicht – du weißt schon, was ich meine. Ich kann ihn mir nicht als Liebhaber vorstellen. Er hat ein Gesicht wie ein Pferd und riecht auch so. Eine Ehe ohne körperliche Anziehung will ich nicht eingehen«, fügte sie etwas leiser hinzu.

Caroline nickte.

»Es bleibt mir nichts anderes übrig, als auch meine Stellung zu kündigen. Nachdem ich seinen Heiratsantrag abgelehnt habe, kann ich unmöglich weiter seine Angestellte sein. Seitdem liegt eine unangenehme Spannung in der Luft. Herr Petersen schweigt und schmollt. Aber das wird im Laufe der Zeit bestimmt in Ärger umschlagen. Gestern hat er plötzlich an meiner Arbeit herumgenörgelt, obwohl ich alles so wie immer gemacht habe.«

»Das ist wirklich schade. Du bist so gut aufgestiegen in seinem Geschäft. All die Arbeit war nun umsonst.« Caroline legte ihrer Schwester frische Kekse auf den Teller. Als wäre das ein Trost. Aber Elin setzte sich gerade hin und lächelte wohlgemut.

»Ach, ich suche mir in Kopenhagen eine neue Stelle. Ich habe nun gute Referenzen und das Modehaus Petersen ist wirklich nicht der Nabel der Welt.«

»Du kannst bei uns wohnen, solange du willst. Ganz bestimmt, bis du eine neue Wohnung und Stelle in Kopenhagen gefunden hast«, bot Caroline eifrig an. »Du musst deine Füße nicht wieder unter Mutters Tisch stecken und dir ihre Vorwürfe anhören.«

»Danke!« Elin gab ihrer Schwester einen dicken Kuss auf die Wange. »Ich mache es mir bei dir gerne ein paar Tage – oder Wochen – gemütlich. Wann erwartest du denn deinen Mann zurück?«

»Seit wir von unserer großen Reise zurück sind, ist Klarius regelmäßig für fünf bis zehn Tage mit der *Thorshavn* auf See in den norwegischen Gewässern, um die dortigen Walkochereien zu beliefern und ihre Ölfässer abzunehmen«, erklärte Caroline. »Es ist mir manchmal ein wenig einsam im Haus zumute, wenn Klarius weg ist. Aber ich halte mich beschäftigt mit dem Haushalt, mit meiner Näharbeit und mit Lesen – dann gehen die Tage schon herum, bis er wieder da ist.«

Elin nickte und blickte gedankenvoll in den Garten.

»Wie hat Frau Christensen eigentlich reagiert, als ihr zurückgekommen seid?«, wollte Elin wissen. »War sie neidisch, dass euch der Landgang in der Antarktis geglückt ist? Sie selbst hat das ja nicht geschafft.«

»Nein, so ist sie nicht«, sagte Caroline. »Ingrid ist eine wahre Freundin und hat sich für uns gefreut. Immerhin hat Klarius die Küste nach ihr benannt. Darüber waren sie und Herr Christensen sehr erfreut und stolz. Sie lädt mich nach wie vor jede Woche in ihren Salon zum Treffen der *Schneegänse* mit Kaffee und Gebäck ein. Natürlich war unsere Expedition die ersten Wochen ein großes Thema. Die Damen haben meine Fotos angeschaut und wir haben uns über das Leben an Bord ausgetauscht.«

Plötzlich sprang Caroline auf, stürmte ins Wohnzimmer und kehrte mit einer Mappe unter dem Arm zurück.

»Hier, schau mal«, rief Caroline atemlos und legte Elin eine Zeitschrift mit dem Titel »Polar Record« in die Hände. »Darin ist ein großer Artikel zu unserer Expedition. Das ist eine Fachzeitschrift der Cambridge University, die über alle Forschungen und Expeditionen in die Arktis und Antarktis berichtet. Sie erscheint vierteljährlich und die Christensens haben sie abonniert. In diesem Artikel wird unsere Landung in der Antarktis als Neuentdeckung groß herausgestellt.«

Aufgeregt blätterte Caroline im Heft, bis sie zur gesuchten Seite kam.

»Schau, dort ist sogar unser Foto vom Hissen der norwegischen Flagge abgedruckt – und ich bin darauf zu sehen! Ich hätte mir nie träumen lassen, mal in der Zeitung zu landen.«

»Das bist ja wirklich du«, staunte Elin und hielt sich das Zeitungsfoto dicht vor die Augen, um es genau zu betrachten. »Du siehst so elegant und auch abenteuerlustig aus!«

Caroline schmunzelte stolz. Ihr Finger fuhr die Zeilen entlang und sie deutete auf den Namen ihres Mannes. »Hier schreiben sie über meinen Klarius. Als Kapitän der *Thorshavn* wird er ausdrücklich gelobt.«

»Steht dein Name auch irgendwo?«, wollte Elin wissen.

»Dort steht, dass die Ehefrau des Kapitäns auch mit an Bord war. Aber es wäre übertrieben, noch mehr über mich zu schreiben. Schließlich lag die Verantwortung bei meinem Mann und den tüchtigen Männern der Besatzung, die die ganze Arbeit an Bord erledigt haben. Ich war nur die Passagierin. Sie haben mich wirklich verwöhnt auf dem Schiff. Ich musste für diese einzigartige Reise gar keine Anstrengungen machen.«

Caroline holte noch zwei weitere Zeitungsartikel aus der Mappe, die sie ordentlich auf einen dicken Papierbogen geklebt hatte, und zeigte sie Elin.

»Die Artikel habe ich von Ingrid. Sogar die New York Times und die Londoner Times haben über den Expeditionserfolg der *Thorshavn* berichtet. Die Entdeckung vom ›Ingrid-Christensen-Land‹ und die neue Kartografierung dieser Küste hat einige Wellen geschlagen. Ich freue mich, dass unsere Reise ein Erfolg auf ganzer Linie ist. Besonders für Klarius bedeutet das viel. Ingrid hat zu mir gesagt: ›Du kannst von Glück sagen, so einen guten Mann an deiner Seite zu haben. Lars wird für unsere nächste Expedition wieder sein Vertrauen in Kapitän Mikkelsen und die *Thorshavn* setzen.‹«

»Das klingt wirklich toll«, stimmte Elin ihr zu.

»Ja, für diese Expeditionen wird der Kapitän auch gut bezahlt.« Carolines Blick schweifte unwillkürlich über die alten, verzogenen Küchenschränke.

»Na, dann lässt dein Mann vielleicht doch ein neues Sofa für dich springen.« Elin knuffte Caroline in die Seite.

Kapitel 49:
Ein einsamer Winter in einem Haus mit zu vielen Zimmern

Sandefjord, 21. Januar 1937

Meine liebe Elin,

ach, ich sitze nun schon seit Stunden an meinem kleinen Schreibtisch im Nähzimmer – hier ist es am behaglichsten und am wärmsten – und überlege, was ich dir schreiben soll.

Ich könnte dir schreiben, dass die langen Wintertage sich wie Perlen einer unendlichen Kette aneinanderreihen, jeder wie der Tag davor und der danach. Ich könnte dir schreiben, dass ich beim Einschlafen öfters weine, weil die Zukunft so grau und eintönig vor mir liegt. Ich könnte dir schreiben, dass ich manchmal denke, dass es ein Fehler war, Klarius zu heiraten. Aber das sind hässliche Worte, wenn man sie festhält. Klarius kann schließlich nichts dafür, die Seefahrt ist sein Beruf und ich wusste es, als ich ihn geheiratet habe. Aber diese Einsamkeit habe ich mir früher nicht ausmalen können, weil ich es seit Kindesbeinen nicht anders kenne, als stets von meinen Geschwistern umringt zu sein und mich in einem Haus voller Lebendigkeit geborgen zu fühlen. Selbst den Lärm und Zank aus unserem Elternhaus vermisse ich.

Mein Mann ist seit Anfang Dezember 1936 wieder auf großer Expedition mit der *Thorshavn*. Lars und Ingrid Christensen sind mit an Bord und es gibt große Pläne für weitere Antarktiserkundungen. Eine Propellermaschine ist auch dabei, damit sie zusätzlich Erkundungen aus der Luft machen können. Ich habe alle Vorbereitungen mitverfolgt und mich gefreut, als würde ich selbst daran teilnehmen. Aber nein, stattdessen sitze ich hier allein in diesem Haus und weiß nichts mit mir anzufangen.

Ja, ich verfolge die Reise von Klarius auf der großen Weltkarte, die im Wohnzimmer hängt. Am 28. Dezember ist die *Thorshavn* aus Kapstadt ausgelaufen und steuert auf direktem Weg die Walfanggebiete der Antarktis an, in denen ich vor zwei Jahren selbst war. Gestern kam ein Brief von Klarius aus Kapstadt an mit nur wenigen handschriftlichen Zeilen an mich. Dabei lag ein Zeitungsartikel aus der »Cape Argus«, einer südafrikanischen Zeitung, in der die Antarktisexpedition der Christensens angekündigt wurde. Klarius hat folgende Sätze der Meldung unterstrichen: »*Hitherto, only Mrs. Mikkelsen, the wife of the man after whom the mountain is named and who is captain of* Thorshavn, *had set foot on the continent.*«

Natürlich bin ich stolz, dass ich in diesem Artikel so ehrenvoll erwähnt werde. Auch wenn der Berg in Wirklichkeit nach mir benannt ist, nicht nach Klarius. Aber irgendwie macht mich der Zeitungsbericht traurig, obwohl mein Mann sicherlich das Gegenteil erreichen wollte, denn er führt mir schmerzlich vor Augen, dass ich bei der jetzigen Reise nicht dabei bin und die

Antarktis wahrscheinlich so bald nicht wiedersehen werde. Ich habe Fernweh – vielleicht. Aber mehr Weh habe ich nach einer Veränderung in meinem Leben. Ich habe das Gefühl, alles steht still. Ich habe dieses Warten satt. Das Warten auf ein Baby.

Aber ich möchte nicht in Klagen verfallen. Ich möchte mich am Erfolg meines Mannes freuen. Klarius wird ab Kapstadt voraussichtlich 50 Tage lang unterwegs sein. In den antarktischen Gewässern steht neben den geografischen Erkundungen natürlich wieder die Versorgung der Walfänger auf dem Programm. Nach einigen Wochen in der Antarktis geht die Reise über den Atlantik nach Nordamerika – genauer gesagt nach New York. Wie gerne würde ich diese Stadt einmal kennenlernen! Die Erträge sollen in New Jersey entladen werden, danach fahren sie weiter nach Aruba für Treibstoff. Ende Februar kann ich wieder mit Klarius in Sandefjord rechnen. Aber bald steht die nächste Reise an – und die nächste und die nächste. Soll das denn die nächsten 20 Jahre so weitergehen?

Ich könnte die Zeit ohne meinen Mann gut ertragen, wenn ich wenigstens eine richtige Aufgabe hätte. Wenn kleine Füßchen durch unser Haus trappeln würden, die Stille von einem Kinderstimmchen durchbrochen werden würde ... Aber ich muss mich wohl damit abfinden, dass es mir nicht geschenkt wird, ein Kind zu gebären.

Meine Nachbarin ist wieder schwanger und jedes Mal, wenn ich sie mit ihrem kugelrunden Bauch und dem zufriedenen Lächeln sehe, an der Hand ihr niedliches Mädchen mit einem Lutscher im Mund, dann gibt mir das einen Stich ins Herz.

Damit ich nicht völlig nutzlos bin, kommen seit ein paar Wochen zwei junge Frauen jeden Samstag zu mir und ich unterrichte sie im Nähen. Wenigstens habe ich so ein wenig Gesellschaft.

An den übrigen Tagen gehe ich hinaus zum Hafen, wenn mir hier im Haus die Decke auf den Kopf fällt. Ich habe dort einen Stammplatz auf einem gelben Metallpoller, wo es nach Eisen und nassen Schiffstauen riecht. Ich sitze im salzigen Wind und schaue auf das Wasser. An klaren Tagen kann ich die Küste von Dänemark erkennen. Ich stelle mir vor, wie die Wellen mit ihren schäumenden Kronen wie kleine Boten von hier aufbrechen und in Frederikshavn an die Kaimauern schwappen. Aber wer hört dort diesen Gruß? Das Meer verbindet mich mit der Heimat – und gleichzeitig trennt es mich. Sehnsüchtig blicke ich den Schiffen hinterher, die eisern ihre Fahrt in die Ferne aufnehmen, und denke an Klarius auf der *Thorshavn*, der auf der anderen Seite des Erdballs von den Wellen getragen wird und seine Abenteuer ohne mich erlebt.

Ich hoffe, meine Zeilen wirken nicht zu niedergeschlagen auf dich. Mach dir bitte keine Sorgen um mich, liebe Elin. Ich musste das einfach mal loswerden.

Ich freue mich, dass du dich in Kopenhagen in deiner neuen Wohnung wohlfühlst und eine nette Mitbewohnerin gefunden hast. Wunderbar, dass du im Magasin de la Mer bald zur Ersten Einkäuferin für die Damenmode befördert wirst. Das hast du wirklich verdient!

Danke für die schönen Schnittmuster, die du mir geschickt hast. Ich habe sie direkt umgesetzt.

Ich sende dir ein Muster, das ich selbst entworfen habe. Bei der Form habe ich mich von den Fliegenden Fischen inspirieren lassen, die ich seinerzeit auf hoher See beobachtet hatte. Du erkennst vielleicht die elegant gebogenen Körper und die Libellenflügel. Ich habe zuerst Zeichnungen auf Papier angefertigt – wie du siehst in verschiedenen Farben – und das Muster dann auf Stoff übertragen. Was denkst du, würde dieses Muster gut zu einem Sommerkleid oder einem Schultertuch passen?

Sei herzlich umarmt
deine Schwester Caroline

Kapitel 50:
Ein neues Leben in Kopenhagen?

Sandefjord, 2. Februar 1937

Caroline schreckte auf, als sie die Türglocke hörte. Wer mochte das sein? Sie erwartete keinen Besuch. Sie eilte zur Haustür und öffnete. Vor ihr stand Elin. Die Traurigkeit, die seit Wochen wie eine schwere Decke über Carolines Schultern hing, fiel von ihr ab und sie strahlte ihre Schwester an. »Elin, das ist aber eine schöne Überraschung.« Caroline reckte sich hoch und schlang ihre Arme um Elins Hals wie um eine Rettungsboje. Elin erwiderte die Umarmung und drückte ihr einen Kuss auf die Schläfe. Caroline griff nach der Reisetasche der Schwester und zog sie aus dem Wind ins warme Haus.

»Dein letzter Brief klang wie ein Hilferuf, deshalb bin ich nun selbst hergekommen, um nach dir zu schauen. Du siehst ganz blass aus«, sagte Elin besorgt, und Caroline senkte den

Kopf in einem stummen Eingeständnis. Ihre Schwester kannte sie wirklich gut.

Kurz darauf saßen sie zusammen im Wohnzimmer. Caroline hatte den Kamin mit einem frischen Brikett angefeuert und einen Pfefferminztee zu Gebäck serviert. Sie hatten nebeneinander auf dem gelben Ungetüm von einem Sofa Platz genommen, das Caroline so schrecklich fand, aber mit einem neuen Bezug und eingenähten Lavendel-Duftsäckchen einigermaßen hergerichtet hatte.

»Ich bin wirklich froh, dass du da bist!«, sagte Caroline nun schon zum dritten Mal und tätschelte Elin die breite Schulter. »Das Haus knirscht nachts immer so unheimlich, wenn es draußen stürmt. Eigentlich müsste ich es inzwischen gewöhnt sein. Aber ich fühle mich wohler, wenn ich nicht ganz alleine in diesem großen Haus bin.«

»Genau deshalb bin ich hier«, sagte Elin. »Ich will nicht lange um den heißen Brei herumreden. Warum ziehst du nicht zu mir nach Kopenhagen?«, fragte sie. Caroline erstarrte, und die Teetasse, die sie gerade zum Mund führen wollte, blieb in der Luft schweben.

»Wie meinst du das?«, fragte sie flüsternd und stellte die Teetasse klirrend auf den Untertasse.

»Ach, Cari, aus deinen Briefen klingt deutlich heraus, wie unglücklich du hier in Sandefjord und in deiner Ehe bist. Immer alleine.«

Elin blickte ihr ins Gesicht und schien jede Regung zu beobachten. Caroline senkte wie ertappt den Blick, was Elin wohl als Bestätigung ihrer Worte auslegen würde.

»Aber ich habe gute Nachrichten für dich«, fuhr Elin mit aufmunterndem Schwung in der Stimme fort. »Ich habe deine Skizzen und Stoffmuster unserem Chefdesigner im Magasin de la Mer gezeigt. Er ist hellauf begeistert von deinen Designs und findet, du hättest viel Talent. Er will deine Entwürfe sogar für die nächste Stoffkollektion der Eigenmarke des Kaufhauses verwenden.«

»Oh«, hauchte Caroline und lächelte zaghaft. Sie war es nicht gewohnt, mit Lob überhäuft zu werden. Als sie klein gewesen waren, hatte Mutter ihren Tadel regelmäßig auf Carolines Haupt ausgeschüttet und Elin hatte sich hinter dem Rücken ihrer älteren Schwester versteckt. Inzwischen überragte Elin sie zumindest körperlich, und vielleicht wollte sie nun die Rollen tauschen und Caroline auch einmal in einer schwierigen Lebenslage den Rücken stärken und ihr einen Stups in die richtige Richtung geben.

»Es wird noch besser«, versprach Elin, und ihre Worte sprudelten nur so hervor. »Der Chefdesigner bietet dir in seiner Abteilung eine Stelle zur Ausbildung an. Dort kannst du praktische Erfahrung sammeln. Gleichzeitig könntest du in der Abendschule eine Weiterbildung zur Textildesignerin machen. Wenn du dann deinen theoretischen Abschluss in der Tasche hast, bekommst du eine Beförderung und steigst zur Juniordesignerin auf.«

Elin sprang auf und holte die Broschüren aus ihrer Schultertasche, die bei ihrem Mantel an der Garderobe hing. Sie breitete die Unterlagen auf dem Couchtisch aus. Caroline blätterte ein wenig fassungslos und mit fahrigen Fingern durch die Hefte.

»Ich glaube, ich träume«, murmelte sie schließlich und strich sich eine Haarsträhne hinter das Ohr.

»Hast du Lust darauf?«, forschte Elin nach.

»Ich würde so gerne wieder einen Beruf ausüben, erst recht solch einen schöpferischen. Textildesign klingt wirklich spannend und ich habe mich darin auch schon geübt. Aber dass meine Hausfrauenzeichnungen dermaßen gut sein sollen, dass ein echter Designer sie aufgreifen will ...« Sie schüttelte ungläubig den Kopf.

»Du bist richtig gut darin«, bestärkte Elin sie und strich ihr liebevoll über die Wange. »Das kannst du mir glauben.«

»Dein Vorschlag klingt verlockend. Aber er erschreckt mich auch. Was wird mein Mann dazu sagen? Klarius wird diesem Plan niemals zustimmen«, sagte Caroline mit gesenkter Stimme und klappte die Mappe der Designschule resigniert zu.

»Dein Mann ist ständig auf See und weit weg. Das ist doch kein Eheleben. Und dafür opferst du deine Talente?«, empörte sich Elin.

»Wenn man verheiratet ist, muss man sich halt anpassen und kann nicht mehr alleine über sein Leben bestimmen«, erklärte Caroline ruhig.

»Jetzt denk einen Moment lang mal nicht an deinen Mann, sondern nur an dich und deine Wünsche. Wenn du ganz frei wärst, hättest du dann Lust, nach Kopenhagen zu ziehen und diese Ausbildung zu machen?« Elin hielt den Atem an und schaute sie beschwörend an.

»Ich würde sofort meine Koffer packen!«, antwortete Caroline mit einer Entschlossenheit, die sie selbst überraschte. Sie straffte ihren Rücken und dachte an das Mädchen, das sie früher einmal gewesen war. Als Kind hatte sie gewusst, wie sie sich gegen ihre älteren Brüder behaupten konnte, wenn sie bei der Rangelei um ein Spielzeug oder eine Leckerei abgedrängt wurde.

»Es stimmt, außer Klarius bindet mich nichts an Sandefjord. So richtig heimisch fühle ich mich hier nicht, obwohl ich schon seit fast fünf Jahren an diesem Ort lebe. Außer Ingrid Christensen habe ich hier keine Freundinnen gefunden. Und meine Schwiegermutter Nora würde ich bestimmt nicht vermissen. Wie du weißt, haben wir einen bestenfalls höflichen Kontakt. Weil ich ihrem Sohn keinen Nachwuchs geschenkt habe, ist sie im Laufe der Zeit noch kühler zu mir geworden.«

Carolines Mundwinkel senkten sich leicht nach unten und sie hatte einen bitteren Geschmack auf der Zunge. Elin strich ihr tröstend über den Rücken.

»Dann folge deinem Wunsch! Auf deinen Mann musst du dabei keine Rücksicht nehmen«, beschwor Elin sie. »Er nimmt ja auch keine Rücksicht auf dich.«

Caroline seufzte und starrte in die Flammen im Kamin.

Elin fuhr fort: »Wir könnten wieder zusammenwohnen wie seinerzeit in Hollywood. Das war so schön!«

Caroline nickte und lächelte versonnen bei dieser Erinnerung. Schlagartig wurde sie wieder ernst. »Aber wenn ich nach Kopenhagen gehen würde, hieße das, meinen Mann zu verlassen und meine Ehe scheitern zu lassen. Das kann ich Klarius nicht antun! Er würde es auch niemals zulassen! Nein, wenn ich richtig darüber nachdenke, ist es völlig ausgeschlossen.«

»Du sollst nicht nur denken, sondern auch fühlen«, warf Elin ein.

»Aber ich liebe Klarius. Ich weiß nicht, ob ich mir ein Leben ohne ihn vorstellen kann. Ob ein schöpferischer Beruf mich ausfüllen würde, wenn ich dafür auf meinen Mann verzichten müsste?«

»Na gut«, lenkte Elin ein. »Vielleicht finden wir einen Mittelweg. Wer sagt denn, dass du dich von Klarius trennen musst, wenn du zur Ausbildung nach Kopenhagen gehst? Er könnte dir doch folgen. Ihr könntet euch dort ein Haus suchen. Der Herr Kapitän ist schließlich ohnehin die meiste Zeit des Jahres auf See, da kann es ihm egal sein, in welcher Stadt das Haus seiner Frau steht.«

Caroline wiegte nachdenklich ihren Kopf. Dann schüttelte sie ihn. »Da irrst du dich. Klarius ist in Sandefjord daheim. Er würde seine Mutter niemals alleine lassen. Hier hat er auch alle seine Freunde.«

Elin seufzte und nippte am erkalteten Tee. Sie nahm einen Bissen vom Mandel-Marzipan-Gebäck, das Caroline so gerne buk und ihrer Schwester schon oft nach Kopenhagen geschickt hatte. Beide schwiegen eine Weile, nur das Kaminfeuer prasselte und der Wind zerrte an den Fensterläden.

»Einsam ist es hier«, stellte Elin fest.

Caroline nickte und drehte den Kopf weg, damit Elin nicht die Tränen sah, die ihr in die Augen geschossen waren.

»So kannst du jedenfalls nicht weitermachen, Cari«, sagte Elin sanft und legte ihren kräftigen Arm um ihre Schultern.

»Du hast recht«, schniefte Caroline. »Sobald Klarius von der Expedition zurück ist, werde ich mit ihm reden. So geht es wirklich nicht weiter. Ich will nicht alleine und ohne Aufgabe vor mich hinleben und nur darauf warten, wann mein Mann endlich zu mir zurückkommt.«

Carolines Stimme wurde fester und sie redete sich in Fahrt. »Dann ist er einige Tage oder Wochen hier und ich versuche, es ihm so angenehm wie möglich zu machen: Ich koche seine Lieblingsgerichte, lausche seinen Abenteuergeschichten, lache über seine Witze und bin zärtlich zu ihm. Aber er fragt mich nie, was ich mir wünsche.«

Carolines Wangen waren während dieses Geständnisses ganz heiß geworden und ein Tumult tobte in ihrer Brust.

»Ich habe in den letzten Jahren einiges heruntergeschluckt, weil ich keinen Streit mit Klarius wollte«, gab sie nun zu. »Als ich nach unserer Heirat eine Anstellung als Buchhalterin oder Bürokraft suchen wollte, habe ich zu schnell wieder aufgegeben, weil Klarius mich nicht darin unterstützt hatte. Außerdem dachte ich, ich würde bald Kinder bekommen.«

Sie presste ihre Lippen zusammen und ihre Hände verkrampften sich.

»Ich weiß, wie sehr du dir ein Kind wünschst. Es tut mir sehr leid, dass dieser Wunsch bisher nicht für dich in Erfüllung gegangen ist. Aber es ist nicht deine Schuld!«, sagte Elin eindringlich. Caroline drückte ihr dankbar die Hand. Ja, sie hatte manchmal das niederdrückende Gefühl, als Frau versagt zu haben. Aber das waren Dinge der Natur, auf die sie keinen Einfluss hatte. Was aber ihre Berufstätigkeit anging, war sie nicht machtlos.

»Du hast mit deinem Vorschlag ins Schwarze getroffen, Elin. Ich möchte auf jeden Fall wieder arbeiten. Das Nähen bereitet mir Freude und ich bin vielleicht auch gut darin.«

Elin nickte vehement dazu.

»Deine Idee mit der Textildesign-Ausbildung ist wirklich gut!«

Elin strahlte und gab ihr einen Stups mit der Schulter wie eine Aufforderung zum Aufbruch. »Du kannst die Wochen bis Klarius' Rückkehr dazu nutzen, noch mehr über diesen Beruf herauszufinden, um ihn deinem Mann im Gespräch besser anpreisen zu können«, schlug Elin vor.

Caroline fühlte sich ganz kribbelig vor Freude, dass sie mit Elin zusammen Pläne schmieden konnte.

»Ja, gleich morgen gehe ich in die Bibliothek und leihe mir Bücher dazu aus. Vielleicht kann ich auch einen Fernkurs belegen«, überlegte Caroline.

»Das wäre eine Möglichkeit«, meinte Elin. »Als Erstes musst du Klarius davon überzeugen, dass die Weiterbildung zur Textildesignerin eine gute Idee ist. Im nächsten Schritt könntest du dann einen möglichen Umzug nach Kopenhagen vorschlagen. Männer muss man mit einer guten Taktik herumbekommen.« Elin zwinkerte ihr verschwörerisch zu und Caroline stimmte nickend zu.

»Ja, ich muss das geschickt einfädeln und darf nicht mit der Tür ins Haus fallen. Klarius mag keine Überraschungen.«

Den Rest des Abends verbrachten sie in hoffnungsvoller Aufregung, Elin ließ sich von Caroline ihre neuesten Skizzen und Schnittmuster zeigen. Sie kochten zusammen eine Gemüsesuppe und Elin erzählte ihr Anekdoten aus dem kunterbunten Geschäftsalltag im Magasin de la Mer, die ihr die Kaufhauswelt wirklich schmackhaft machten.

Bevor sie zu Bett gingen, umarmte Caroline ihre Schwester. »Ich habe mich schon lange nicht mehr so lebendig gefühlt!«

»Das freut mich, Cari! Dann hat sich mein Besuch gelohnt.«

Kapitel 51:
Katerstimmung und Flaggenfoto

Sydney, 19. Juni 1995

Jesse tippt missmutig auf ihrer Tastatur herum. Die Worte wollen einfach nicht fließen. Sie kann keine Begeisterung für ihren Artikel über die prekären Lebensbedingungen von Straßenmusikern aufbringen. Aber es liegt nicht am Thema, sondern an diesem Montagmorgen. Elvira hat ihr zu ihrer Niederlage im Rennen um den Walkley Award kondoliert.

»Nicht jeder kann gewinnen. Es ist immerhin eine Ehre, nominiert zu sein«, hat die Bürovorsteherin gesagt und ihr wie zum Trost einen Stapel Post auf den Tisch gelegt.

Der Preisträger Robinson zeigt heute auch Anzeichen von Katerstimmung – aber so wie nach einer großen Sause. Sein Rasierwasser überdeckt nur mühsam eine verräterische Whiskeyfahne. Seine goldenen Manschettenknöpfe funkeln heute noch heller als sonst und lenken von seinen verquollenen

Äuglein ab. Er hat »rattenscharfen Sex« letzte Nacht mit seiner Model-Freundin gehabt. Das hört Jesse wider Willen in der Kaffeeküche heraus, als er gegenüber P. P. mit seinem zerkratzten Rücken prahlt.

Nach der Mittagspause steht Patricia plötzlich neben ihr und stellt wortlos eine bunte Papptüte mit Schleife vor Jesse hin.

Neugierig guckt sie nach, was sich darin verbirgt. Es ist ein schwarzes T-Shirt. Sie faltet es auseinander, hält es vor sich und liest die Aufschrift in Weiß: »Ich wurde für den Walkley Award nominiert und alles, was ich bekam, war dieses lausige T-Shirt.«

Jesse prustet los. Sofort streift sie das Shirt über ihre Bluse. Patricia begutachtet das neue Outfit und hält grinsend beide Daumen in die Höhe. Wobble vom Nachbarschreibtisch schaut auch herüber und muss lachen.

»Eine tolle Haltung, Brubaker«, sagt er. Jesse fühlt sich besser.

Endlich widmet sie sich dem Poststapel. Die meisten der großen Umschläge enthalten Belegexemplare und Kataloge von Verlagen oder Geschäften, die darauf spekulieren, einen geneigten Journalisten dazu zu bringen, über sie zu schreiben und so kostenlos Werbung für ihr Produkt zu machen. Jesse arbeitet jedoch im falschen Ressort, um wirklich brauchbare Werbegeschenke zu bekommen. Im Lifestyle-Ressort regnet es teure Kosmetika und Gutscheine für Schönheitssalons und Restaurants. Die Sportredaktion wird geflutet mit Merchandise – ihr Praktikant Runner hat dort seine Turnschuhe abgestaubt. In Jesses Ressort Politik, Wirtschaft und Gesellschaft flattern höchstens Einladungen zu Politveranstaltungen herein. Wenn man Glück hat, gibt es dort Bier und Sandwiches. Und sie haben eine ganze Kiste voll mit Kugelschreibern und Luftballons aller Parteien.

Doch halt, was ist das? Ein Umschlag aus Norwegen. Von Susan Riise vom Polarinstitut in Oslo. Jesse hat die

Wissenschaftlerin vor einigen Wochen kontaktiert. Die Archäologin ist seit drei Jahren Leiterin der Abteilung zur Bewahrung des kulturellen Erbes der Polarregionen. Sie wacht über ein großes Archiv, bestehend aus schriftlichem Forschungsmaterial und Sammlerstücken von Polarexpeditionen des 20. Jahrhunderts. Am Telefon ist Susan Riise sehr hilfsbereit gewesen. Sie kann gut Englisch und hat Jesse versprochen, ihr bei der Suche nach Caroline Mikkelsen zu helfen.

»Wir müssen beim Kapitän ansetzen. Über ihn und die *M/S Thorshavn* gibt es bestimmt Aufzeichnungen«, hat Susan gesagt.

Mit ungeduldigen Fingern reißt Jesse die Verschlusslasche auf. Sie schnappt nach Luft. Obenauf liegt ein schwarz-weißes Foto von einer Gruppe von Menschen in felsiger Landschaft, die um eine wehende Fahne auf einem dreieckigen Holzgestell herumstehen. Jesses Blick wird magisch angezogen von der Frau in der Mitte, die das Seil der Fahne in den Händen hält – sie hat die Fahne soeben gehisst. Ihre Gestalt ist in einen schwarzen knöchellangen Mantel gehüllt und eine schwarze Mütze verdeckt ihre Stirn. Ein helles kreisrundes Gesicht mit einem strahlenden Lächeln kann erahnt werden. Caroline auf dem Boden der Antarktis! Jesse springt vom Stuhl.

»Schau mal«, sagt sie atemlos und hält das Foto Patricia unter die Nase. »Das ist die erste Frau in der Antarktis. Caroline Mikkelsen. Am 20. Februar 1935. Erinnerst du dich noch an meine Story vom Februar? Damals hatte ich noch nicht genügend Informationen beisammen. Aber allmählich setze ich die Puzzlestücke zusammen«, sprudelt es aus Jesse hervor.

»Das Foto sagt mehr als hundert Worte«, meint Patricia schmunzelnd. »Dann musst du eben tausend Wörter schreiben. Die erlaubt dir Marlow bestimmt, wenn du jetzt die Fakten zusammen hast. Woher hast du das Foto?«

»Vom Polarinstitut in Oslo«, antwortet Jesse und merkt, dass sie eigentlich gar nicht weiß, wo genau das Foto herstammt.

Sie muss unbedingt ihre journalistische Aufgabe vernünftig erledigen und nicht wie ein Kind herumspringen, das zu Weihnachten sein lang ersehntes Hündchen bekommen hat. »Ich mache Fortschritte in meiner Recherche, aber die Story ist noch nicht reif«, erklärt sie nun in sachlichem Ton und nimmt das Foto wieder an sich.

Patricia zwinkert ihr zu. »Go for it«, sagt sie.

Begierig liest Jesse den beiliegenden Brief. Susan hat die Spur von Klarius Mikkelsen verfolgt. Seine Fahrten in den 1930er-Jahren als Kapitän der *M/S Thorshavn* sind im Register der Schifffahrtsbehörde gut dokumentiert. Das Foto, von dem Susan für Jesse einen Abzug gemacht hat, hat im Registerbuch der Antarktisexpedition aus dem Jahr 1935 beigelegen. Zu dem Foto sind das Datum und die Beschreibung »Kapitän Klarius Mikkelsen und seine Frau Caroline hissen die norwegische Flagge an der Ingrid-Christensen-Küste« vermerkt.

Jesse studiert das Foto erneut. Ob der Mann rechts neben Caroline wohl der Kapitän ist? Er hält ein Blatt Papier in der Hand, als hätte er gerade eine Rede gehalten oder Aufzeichnungen gemacht.

Jesses Spürsinn erwacht und sie folgt ihrer neuen Fährte. Sie steckt sich ihren gespitzten Bleistift hinter das Ohr und wählt sich ins Internet ein, was jedes Mal unsäglich lange dauert, bis die Verbindung hergestellt ist und die Daten übertragen werden.

Kapitel 52:
Rückkehrer aus der Antarktis

Sandefjord, 24. März 1937

Meine liebe Elin,
 seit Klarius zurück ist, sind wir wieder in den alten Trott verfallen. Meine Aufbruchsstimmung ist völlig in sich zusammengebrochen. Ja, ich lese (heimlich) in den Büchern über Textildesign und mache viele Zeichnungen – ich habe mir dafür eine Palette wunderbarer Aquarellstifte gekauft. Ich wünschte, du wärst jetzt hier und könntest mir so Mut machen wie bei deinem letzten Besuch. Denn ich spüre deutlich, dass dies der richtige berufliche Weg für mich ist. Schon damals während unserer Ausbildung in Hollywood habe ich gemerkt, wie sehr mich das Arbeiten mit Stoffen und Mustern begeistert und wie erfüllend es ist, ein schönes Kleidungsstück zu entwerfen und zu schneidern. Aber dann bin ich zurück in Dänemark von diesem Weg abgekommen, als mir Onkel Rasmus die Stelle in der

Buchhaltung von seinem Fischhandel angeboten hat. Dieses Angebot konnte ich nicht ausschlagen, sonst wären er und unsere Eltern ernsthaft beleidigt gewesen. Und die Stellen für Näherinnen in Frederikshavn waren wirklich schlecht bezahlt. Aber jetzt habe ich – auch dank deiner Unterstützung – zu meinem wahren Talent zurückgefunden. Und das Textildesign wäre eine neue und aufregende Erweiterung meiner Fähigkeiten. Ich möchte so gerne diesen Traum weiterverfolgen und mich von niemandem mehr davon abbringen lassen.

Vor ein paar Tagen ist im Sandefjords Blad ein langer Artikel über Klarius erschienen. Der Reporter war bei uns zu Hause (ich habe ihm guten Kaffee und Plundergebäck serviert) und hat meinen Mann befragt. Im Artikel werden die großen Verdienste der Antarktisexpedition von Klarius und den Christensens gewürdigt: Sie haben neues Land entdeckt und kartiert, alte Karten wurden korrigiert, mehrere Tausend Meilen Küste wurden per Land und aus der Luft kartiert, wobei rund 2.200 Luftaufnahmen entstanden. Es wurden archäologische, botanische und zoologische Proben gesammelt und andere Exponate, die bisher unbekannt waren. Natürlich bin ich stolz auf meinen Mann. Er ist in Sandefjord scheinbar überall bekannt – beim Einkaufen haben mich schon mehrfach fremde Leute auf ihn angesprochen und mir zu seinen Verdiensten für Norwegen gratuliert.

Gerade hat mir Klarius eröffnet, dass er in drei Wochen schon wieder mit der *Thorshavn* auf eine mehrwöchige Reise aufbrechen wird.

»Wir müssen uns wirklich ranhalten mit dem Walfang«, sagte Klarius. »Die Deutschen wollen uns Norwegern den Rang der ersten Walfangnation streitig machen. Das können wir nicht zulassen. Unsere Reedereien schicken jetzt noch häufiger die Fänger raus. Der Kampf um die Gebiete und die Vorherrschaft hat begonnen.«

Klarius wird bei diesem Thema schnell heftig. Bereits in der letzten Saison tummelten sich die deutschen Schiffe in den Jagdrevieren der Norweger, was sich auch negativ auf die Fangzahlen und den Ölertrag ausgewirkt hat.

»Dieser Herr Hitler macht keine halben Sachen«, sagte Klarius und knirschte mit seinem Kiefer. »Die deutsche Regierung hat einen Vierjahresplan zur Schließung ihrer Fettlücke aufgestellt. Die Deutschen wollen sich vom norwegischen Import unabhängig machen. Die Schiffe der Rau-Walfang-AG sind auf dem neuesten Stand der Technik, es sind hocheffiziente Fabrikschiffe«, gestand er düster ein. »Ich habe mich in den Seemannskneipen umgehört und mit einigen der Matrosen von den deutschen Walfängern gesprochen. Diese *Walter Rau* ist ein verdammt gut gebautes Mutterschiff, das mit acht Fangschiffen unterwegs ist. Wir haben sie im Januar in der Antarktis gekreuzt.«

Nun soll die *Thorshavn* unter der Führung von Klarius so schnell wie möglich erneut auslaufen – in die Walfanggebiete in der Karibik und vor Afrika. Das bedeutet für mich wieder wochenlange Einsamkeit, und ich schiebe meine Träume und Pläne vor mir her.

NEIN! Ich werde jetzt den Stift beiseitelegen, drei Mal tief durchatmen, hinunter zu Klarius gehen und ihm mitteilen, dass es so nicht weitergeht. Entweder er bleibt hier oder ich gehe ohne ihn fort. Ob ich es schaffe, ihm ein solches Ultimatum zu stellen???

Sei umarmt
deine Caroline

Kapitel 53:
»Entweder die *Thorshavn* oder ich!«

»Klarius, ich halte es nicht mehr aus, hier wieder für Monate am Stück alleine zu sein. Bleib bei mir in Sandefjord, ich bitte dich. Die *Thorshavn* kann auch ohne dich in See stechen«, sagte Caroline mit einer Stimme, die seltsam fremd klang, ganz dumpf wie aus weiter Ferne. Ihre Ohren rauschten vor Aufregung und sie presste ihre Hände aneinander wie in einem Gebet. Klarius, der am großen Wohnzimmertisch über die ausgebreiteten Seekarten und den Routenplan gebeugt war, nahm seine Zigarre aus dem Mund und drehte sich zu ihr um. Seine glasklaren Augen waren ganz groß vor Erstaunen.

»Was stellst du dir vor, Line? Ich bin der Kapitän der *Thorshavn*. Das Schiff fährt nicht ohne mich.« Seine Bassstimme brachte Carolines Magenwände zum Schwingen.

»Herr Christensen findet bestimmt auch einen anderen Kapitän«, wandte sie ein.

Klarius schnaubte und seine Augenbrauen zogen sich zusammen.

»Ich will nicht ständig alleine sein«, wiederholte sie. »Du hast mir vor unserer Ehe ein anderes Leben versprochen.« Bei diesen Worten klang sie ein wenig jämmerlich, hielt aber seinem Blick trotzig stand.

»Du wusstest genau, dass du einen Kapitän heiratest und was das heißt! Das ist meine Welt«, sagte er ernst und hielt die Seekarten vor seine Brust wie einen weltumspannenden Fächer.

»So habe ich es mir aber nicht vorgestellt!«, drang es heiser über Carolines Lippen. Sie machte zwei schnelle Schritte auf ihn zu, riss ihm die Seekarten aus den Fingern und schleuderte sie durch den Raum. Sie segelten wie Papierflieger, bevor sie verstreut auf dem Teppich zum Liegen kamen. Klarius starrte sie ungläubig an. Solch einen Ausbruch hatte er von ihr noch nie erlebt. Das Blut rauschte in Carolines Wangen. »Ich halte die Einsamkeit nicht mehr aus. Ich bin immer noch eine Fremde in diesem elenden Hafenkaff! Und niemand braucht mich«, rief sie gepresst. Der verdammte Kloß in ihrem Hals dämpfte ihre Stimme, aber nicht die Kraft ihrer Worte.

»Du musst dich eben besser beschäftigen und mehr unter Leute gehen«, schlug Klarius beschwichtigend vor. Seine Augen durchstreiften das Zimmer auf der Suche nach einer häuslichen Beschäftigung, der sie nachgehen könnte. Er musterte die farbenfrohen Vorhänge und Kissenbezüge, die Caroline genäht hatte.

»Das Nähen bereitet dir doch Freude«, sagte er und nickte zufrieden.

»Diese Hausfrauennäherei ist keine Beschäftigung, die mich ausfüllt. Damit bin ich auch alleine und nie bekomme ich ein Lob. Nicht einmal von dir. Als ich früher im Büro gearbeitet habe, war das anders. Da hatte ich nette Kolleginnen und mein Chef hat meine Arbeit geschätzt – auch wenn es nicht mein Traumberuf war. Aber du wolltest nicht, dass ich mir in Sandefjord eine Stelle suche«, hielt Caroline ihm entgegen.

Klarius brummte, stand auf und fing an, die Papiere vom Boden aufzuheben.

»Lass das«, zischte sie. Er sollte sich nicht von ihr abwenden. Hörte er ihr überhaupt richtig zu? »Du hast mir versprochen, dass wir Kinder bekommen«, platzte es aus ihr heraus.

Mit einem Ruck richtete sich Klarius kerzengerade auf und drehte sich zu Caroline. Er blinzelte, als wäre er von einem Scheinwerfer geblendet worden, und presste seine Lippen zusammen. Sie sahen sich einen langen Moment an, dann zuckten Carolines Mundwinkel und ein Sturzbach von Tränen strömte ihre Wangen hinab.

»Das liegt alleine in Gottes Hand«, murmelte Klarius und senkte seinen Blick.

Sie schniefte und wischte sich die Tränen mit dem Ärmel aus dem Gesicht. »Wenn ich schon nicht Mutter werde, dann will ich wenigstens etwas anderes erschaffen«, sagte sie mit klarer Stimme. Die Tränen hatten ihre enge Kehle frei gemacht. »Ich möchte Textildesignerin werden. In Kopenhagen gäbe es eine Stelle mit Ausbildung für mich. Im Magasin de la Mer, wo meine Schwester Elin arbeitet.«

»Aha, daher weht also der Wind«, stellte Klarius fest und eine Zornesfalte grub sich steil über seiner Nasenwurzel ein. »Immer dieses Briefeschreiben mit deiner Lieblingsschwester! Sie hat dich bestimmt gegen mich aufgebracht und dir diese Flausen in den Kopf gesetzt.«

»Das stimmt nicht«, rief Caroline. »Sie will mir nur helfen, weil sie weiß, wie unglücklich ich bin.«

»Unglücklich, ja?«, brüllte er. »Das sind ja ganz neue Töne. Ist das der Dank dafür, dass ich dir ein schönes Haus gekauft habe und gut für dich sorge? Dass ich dir eine Weltreise ermöglicht habe?«

Klarius stemmte seine Fäuste in die Seiten und sie fixierten einander mit den Augen wie zwei Duellanten.

»Du musst dich entscheiden«, sagte Caroline mit zitternder Stimme und festem Blick. »Entweder die *Thorshavn* oder ich!«

Klarius holte tief Luft, öffnete den Mund, ein Luftstrom kam pfeifend über seine Lippen, aber keine Worte. Plötzlich ließ er seine Hände sinken und stampfte an ihr vorbei, durch den Flur und aus dem Haus, die Tür knallte hinter ihm zu. Kurz darauf hörte Caroline den Motor aufheulen und den Kies unter den Reifen wegspritzen, als er davonraste. Jetzt fuhr er bestimmt in seine Stammkneipe und kam nachher mitten in der Nacht zurück und wollte sich im Bett wieder mit ihr vertragen – und damit sollte alles wieder gut sein.

Nein, diesmal nicht! Mit zitternden Beinen stieg Caroline die Treppe hoch. Sie holte ihren Koffer vom Schrank und packte. Dabei liefen ihr unentwegt Tränen über das Gesicht, aber das war nicht schlimm.

Caroline erreichte die letzte Fähre nach Frederikshavn um 18 Uhr. Es war bereits dunkel, als sie an der Tür von Cousine Lily läutete. Ins Haus ihrer Eltern wollte sie auf keinen Fall. Von dieser Ehekrise sollte ihre Mutter nichts mitbekommen, deren Vorwürfe sie sich lebhaft ausmalte. Natürlich wäre sie auf Klarius' Seite und ohne Verständnis für Carolines Nöte. Mutters Wahlspruch kannte sie zur Genüge: »Eine Ehe eingehen heißt kleine Dinge aufgeben, um größere Werte zu besitzen.«

Cousine Lily nahm sie herzlich auf und richtete Caroline sofort das Gästezimmer unter dem Dach her. Als sie nun unter fremden Daunenfedern lag und den Regen auf das Dach prasseln hörte, wünschte sie sich nichts sehnlicher, als dass Klarius kommen würde, um sie zurückzuholen. Sie hatte ihm einen Zettel mit Lilys Adresse auf dem Küchentisch hinterlassen. Caroline staunte über sich selbst. Was hatte sie bloß für ein großes Drama veranstaltet? Aber irgendetwas musste sie tun, damit nicht alles beim Alten blieb.

Kapitel 54:
Neue Verbindung

Frederikshavn, 27. März 1937

Caroline sprang mit dem Nähzeug in der Hand auf und lugte durch die Gardinen auf die Straße. Dort unten stand ein Mann in dunklem Mantel und Hut vor der Haustür von Lily. War es Klarius? Sie ging auf die Zehenspitzen und ihre Nase stieß gegen die Fensterscheibe, die sofort beschlug und ihr die Sicht nahm. Hastig wischte sie mit dem Ärmel den Kondensfilm weg. In diesem Moment drehte der Mann seinen Kopf und sie konnte unter seinen Hut blicken. Nein, es war nicht Klarius. Ihr war, als würde ihr Herz mit einem schweren Schlag bis in ihre Kniekehlen sacken. Warum kam er nicht? Sie war nun schon drei lange Tage fort und er war ihr nicht nachgeeilt, um sie heimzuholen. Wartete er etwa darauf, dass sie reumütig zu ihm zurückkehrte und ihn sogar um Verzeihung bat? Dabei war *sie* doch im Recht. Mit nervösen Fingern führte sie die Nadel auf und ab durch den Musselinstoff des Kleides und nähte den Kragen aus feiner Spitze an. Sie hatte sich heute schon fünf Mal in den Finger gestochen. Die Tür flog knarrend auf. Lily kam ins Damenzimmer.

»Wer war an der Tür?«, fragte Caroline, als wäre es eine Nebensache.

»Ein Staubsaugervertreter von Electrolux.« Lily verdrehte die Augen. »Schon der zweite diese Woche. Ich muss diese aufdringlichen Verkäufer wohl bald mit dem Teppichklopfer von meiner Schwelle vertreiben. Aber leider kein Kapitän für dich.«

Caroline nickte und seufzte.

»Keine Sorge, der Wind wird deinen Gatten schon nach Frederikshavn blasen.«

»Besser wäre die Sehnsucht«, murmelte Caroline. »Der Wind kann ihn auch sonst wohin wehen.«

Sie saßen eine Weile schweigend beisammen, Lily blätterte im Frühlingskatalog vom Magasin de la Mer und Caroline ließ die Nadel auf und nieder wandern. Im Kamin prasselte ein behagliches Feuer. Da läutete es erneut an der Haustür.

»Wenn das wieder ein Vertreter von Electrolux ist, dann werfe ich die Tür ins Schloss, dass es nur so staubt«, sagte Lily mit einem Lachen und ging hinunter, um zu öffnen. Caroline saß ganz still und lauschte. Sie hörte ein Murmeln im Flur, dann knarrende Schritte auf der Treppe. Sie hielt den Atem an. Lily hatte den Besucher offenbar hereingebeten. Es klopfte und ihre Cousine steckte den Kopf zur Tür herein mit einem zufriedenen Lächeln im Gesicht.

»Das Glück klopft an, bevor es eintritt, aber es geht ohne Gruß«, flüsterte sie und warf Caroline einen beschwörenden Blick aus ihren großen Augen zu. Mit Schwung öffnete sie die Tür weit, trat zur Seite und im Türrahmen erschien die kräftige Gestalt von Klarius. Caroline sprang auf und das Kleid samt Nähnadel glitt ihr aus den Fingern und landete lautlos auf dem Teppich.

Klarius trug seinen guten blauen Sonntagsanzug. In der Hand hielt er einen großen Strauß roter Rosen. Carolines Blick wurde von diesem herrlichen Rot angezogen. Ihr Herz hämmerte so wild, als wollte es ihr aus der Brust springen. Die Blumen verrieten ihr eindeutig, dass ihr Mann zur Versöhnung gekommen war. Am liebsten wäre sie zu ihm gelaufen und ihm um den Hals gefallen. Aber sie zügelte sich im letzten Moment und ging nur drei wackelige Schritte auf ihn zu. Sie hob ihren Blick zu seinem Gesicht. Klarius lächelte sie verlegen an und seine blauen Augen glitzerten wie das Meer an einem sonnigen Tag.

»Für dich«, sagte er mit belegter Stimme und hielt ihr den Rosenstrauß entgegen.

Sie nahm die Blumen in einen Arm und legte den anderen um seine breiten Schultern. Er zog sie stürmisch an sich und drückte seine Lippen auf ihre wie ein Ertrinkender. Sie erwiderte seinen Kuss, bis sie nach Luft schnappen musste.

»Komm wieder nach Hause, Line«, raunte er in ihr Haar hinein.

»Aber nur, wenn du mich nicht ständig alleine lässt«, entgegnete sie mit einer Klarheit in der Stimme, die sie selbst überraschte. Sie sah ihm forschend ins Gesicht. Klarius brummte auf seine Art, die sie als Einlenken kannte, und ein Lächeln spielte um seine Lippen. Er durchmaß den kleinen Raum mit kraftvollen Schritten, die den Dielenboden ächzen ließen, und setzte sich auf einen der Sessel beim Kamin. Caroline nahm gegenüber Platz, ihre duftenden Rosen auf dem Schoß. Er beugte sich hinab und hob das Kleid vom Boden auf, an dem sie genäht hatte.

»Nähst du schon wieder etwas Schönes?«, fragte er.

Sie nickte und wartete geduldig.

Er rieb sich das Kinn und stocherte mit dem Schürhaken im Feuer herum. Dann räusperte er sich. »Ich habe mit Herrn Christensen gesprochen.«

Caroline hob erwartungsvoll ihren Blick.

»Er ist einverstanden, dass mich ein anderer Kapitän auf der nächsten Tour der *Thorshavn* vertritt. Kapitän Nils Larsen, der bisher die *Norvegia* geführt hat, wird nun die Fahrt ins Karibische Meer und dann nach Algier und Italien leiten.«

Klarius blickte sie an wie ein Hund, der gerade ein Kunststück vollführt hatte und nun seine Belohnung erwartete. »Das freut mich«, sagte sie schlicht. Klarius brummte. Er schien größeren Jubel von ihr erwartet zu haben. »Aber ganz aufgeben willst du die Weltmeere nicht?«, fragte sie. Klarius brummte noch tiefer.

»Ich höre mich gerade nach anderen Möglichkeiten um«, erzählte er, und seine Stirn sah zerfurcht aus wie nach einem Sturm. »Aber davon, dass du nach Kopenhagen ziehst, um auf eine Textilschule zu gehen, will ich nun nichts mehr wissen«, sagte er dröhnend und rieb die rechte Faust über seinen Oberschenkel. Dabei streifte sie über das Kleid, welches über seinem Bein lag, und plötzlich schrie er auf. Die Nähnadel steckte in seiner fleischigen Hand. Er warf sie auf den Boden und lutschte wütend an dem winzigen Einstich. »Als meine Ehefrau gehörst du an meine Seite: In mein Haus, an meinen Tisch, damit wir miteinander essen und reden können, und in mein Bett!«, polterte er.

Caroline lächelte mild und griff nach seiner Hand und drückte einen Kuss auf die Stelle, wo die Nadel ihn gestochen hatte. »Ich will doch mit dir leben. Deshalb sollst du auch nicht ständig auf See sein. Aber ich brauche mehr als nur die Hausarbeit. Das Nähen ist mir wichtig und auch meine Zeichnungen und Entwürfe. Ich brauche einen Beruf! Wenn du das nicht verstehst, dann machst du mich unglücklich.«

Klarius schluckte und sah beschämt zu Boden. »Kannst du deine Näharbeiten nicht auch in Sandefjord ausweiten? Dort findest du vielleicht sogar eine Lehrstelle oder was du suchst…«, schlug er leise vor.

»Darüber habe ich inzwischen Erkundigungen eingeholt«, hakte sie eifrig ein. »Ich könnte einen Fernlehrgang in einem Textildesignkurs in Kopenhagen belegen. Von Sandefjord aus.«

Klarius nickte erleichtert. Caroline schilderte ihm ihre Pläne. Sie war entschlossen, sich dieses Mal gegen seine

Widerstände durchzusetzen. Sie staunte selbst darüber, wie es ihr mit zarter Hand und festem Willen gelang. Nicht nur sie brauchte Klarius – auch er brauchte sie. Und deshalb gab er ihren Wünschen schließlich nach.

Sandefjord, 5. April 1937

Meine liebe Elin,

die ehelichen Wogen haben sich wieder geglättet. Aber der Sturm war wirklich nötig. Die Ereignisse überschlagen sich gerade. Klarius hat mir eben erzählt, dass er eine andere Stelle in Aussicht hat. Er könnte von der Brücke der *Thorshavn* endgültig abtreten und stattdessen die Führung der *Peter Wessel* übernehmen. Das ist eine Fähre, die täglich zwei Mal zwischen Larvik und Frederikshavn verkehrt, also über den Skagerrak pendelt. Larvik ist die Nachbarstadt von Sandefjord, und mein Mann würde jeden Tag nach Feierabend zu mir nach Hause kommen!

Ach, das klingt wirklich gut. Schließlich war er sechs lange Jahre Kapitän der *Thorshavn* und ständig auf Weltreise. Ich denke, er ist auch aus eigenen Stücken bereit, nun sesshafter zu werden – nicht nur mir zuliebe. Wenn mein Mann der Fährführer ist, kann ich auch noch öfters Ausflüge nach Frederikshavn zu Familienbesuchen machen. Das ist wirklich eine schöne Aussicht. Da ich so begeistert davon bin, will sich Klarius auf diese Stelle bewerben. Allerdings gibt es noch viele andere Anwärter und es ist nicht sicher, ob sich mein Mann in diesem Auswahlverfahren durchsetzen kann. Aber ich hoffe, seine einflussreichen Freunde und Förderer legen ein gutes Wort für ihn ein, allen voran Herr Christensen.

Auf dieser hoffnungsvollen Note beschließe ich meinen Brief.

Sei herzlich umarmt, liebe Schwester
deine Caroline

Kapitel 55:
Hollywood in Sandefjord

Sandefjord, 25. Oktober 1937

Meine liebe Elin,

gestern Abend war ein festlicher Empfang im Walfangmuseum von Sandefjord: Eine Sonderausstellung zu den letzten vier Antarktisexpeditionen wurde eröffnet. Es waren viele Journalisten gekommen und Vertreter internationaler geografischer Gesellschaften. Lars Christensen hat einen mitreißenden Vortrag gehalten. Auch mein Mann als Kapitän der *M/S Thorshavn* auf allen diesen Reisen hat eine Rede gehalten – das kann er wirklich gut, die Leute hingen an seinen Lippen und lachten über seine Scherze. Ich war sehr stolz auf ihn.

Die letzten Monate waren eine schöne Zeit. Ich bin froh, dass mein Mann und ich nun (erstmalig) einen richtigen Ehealltag führen und wir die Abende zusammen verbringen. Klarius geht ganz auf in seiner neuen Rolle als Kapitän der *Peter Wessel*. Auf der Fähre gibt es viele Stammfahrer, die er alle beim Namen kennt. Er hält gerne Schwätzchen mit den Fahrgästen.

Mit seiner charmanten Art ist mein Mann sehr beliebt – und so fühlt er sich auch geschätzt bei seiner Arbeit.

Ich selbst suche noch immer nach Möglichkeiten, meine Tage besser zu füllen. Sicher, die Hausarbeit nimmt einige Zeit in Anspruch, aber zusätzlich zu diesen Pflichten möchte ich auch etwas Schönes und Beständiges schaffen. Meine Fortbildung im Textildesign bereitet mir viel Freude und ich habe schon einiges dazugelernt – vor allem auch theoretischen Hintergrund, den ich bisher noch nicht kannte. Und mein neues Wissen setze ich sofort in die Praxis um. Ständig probiere ich neue Muster, Farben, Materialien und Methoden aus. Nur schade, dass ich dabei fast immer alleine bin.

Meine zwei Nähschülerinnen sind im Sommer abgesprungen, weil sie Stellen in Oslo gefunden haben. Aber meine Tätigkeit als Lehrerin hat mir so gut gefallen, dass ich nun neue Schülerinnen anwerben möchte. Dazu habe ich diese Woche eine Zeitungsanzeige im Sandefjords Blad geschaltet und vollmundig meine Nähexpertise für Unterricht angeboten. »Hollywood Nähstudio« habe ich mein kleines Zimmer im zweiten Stock unseres Hauses genannt. Ich muss selbst dabei lächeln. Aber in der Reklame wird schließlich ständig übertrieben, die Leute sind das gewöhnt. Ich denke, dass ich meinen Schülerinnen einiges beibringen kann. Ich war mir nicht sicher, was für einen Stundenlohn ich für meinen Unterricht verlangen kann. Also habe ich probeweise denselben Lohn angesetzt, der hier üblicherweise für Klavierstunden verlangt wird. Es geht mir auch eigentlich nicht darum, Geld zu verdienen. Klarius ist bei diesem Thema sowieso schnell verärgert – er scheint zu denken, wenn ich auch etwas verdiene, dann stelle ich damit seine Fähigkeit als alleinigen Versorger infrage. Ich möchte einfach nur wieder das Gefühl haben, für etwas nützlich zu sein und dass meine Talente gebraucht werden.

Aber ich bin zuversichtlich, dass sich mein »Hollywood Nähstudio« bewähren wird.

Ich freue mich darauf, dich in drei Wochen in Kopenhagen zu besuchen. Dann kannst du mir die neuesten Modetrends aus der Hauptstadt zeigen.

Ich umarme und herze dich, liebe Schwester
deine Caroline

Kapitel 56:
Deutsche Besatzung
und Getuschel

Oslo, 21. Mai 1940

Meine liebe Elin,
   ich schreibe dir aus einem Hotelzimmer mit Blick auf den Hafen von Oslo. Wenn ich mir die Kriegsschiffe und die unzähligen Hakenkreuzfahnen ansehe, besteht kein Zweifel mehr, dass Norwegen von den Deutschen besetzt ist. Das spürt man in Sandefjord nicht so sehr.
   Klarius und ich sind auf Einladung der Norwegischen Geografischen Gesellschaft hierhergekommen. Gestern Abend hat mein Mann einen Vortrag über seine Antarktisexpeditionen gehalten. Im Saal saßen auch einige Deutsche in Uniform. Sie sehen fürchterlich harmlos aus.
   »Ihren Walfang mussten die Deutschen einstellen, weil sie alle ihre Schiffe für den Kriegseinsatz brauchen«, sagte Klarius vor einem Jahr mit einiger Befriedigung, als die Konkurrenz

aus den norwegischen Gewässern verschwand. Gestern machten sich die Uniformierten fleißig Notizen, während mein Mann sprach, und fotografierten die Karten, die aushingen. Sie benahmen sich wie schlecht verkleidete Spione in einem Filmstreifen.

»Diese Hanswurste«, flüsterte Klarius mir zu. Dennoch, mir war nicht wohl dabei. Aber lassen wir die Politik, das ist alles so deprimierend.

Ausblenden kann ich die deutsche Besatzung trotzdem nicht, auch wenn ich es gerne täte. Klarius hat mir erzählt, dass eine der Bürokräfte der Reederei Thor Dahl eine Jüdin ist. Sie heißt Frau Birnbaum. Sie hat früher in der Stadtverwaltung Bremen gearbeitet, sieben Jahre lang, und wurde 1934 plötzlich entlassen, weil sie keinen Ariernachweis vorzeigen konnte. Hast du von solchen Kündigungen nach dem Arierparagraf schon gehört? Angeblich gilt das jetzt ebenfalls in Norwegen. Jedenfalls kam Frau Birnbaum danach nach Sandefjord, sie hat hier wohl entfernte Verwandschaft. Aber als die Deutschen auch Norwegen besetzt haben, musste sie in einer Nacht-und-Nebel-Aktion nach Schweden flüchten. Schlimm ist das. Aber was soll man dagegen tun?

Ich muss nun doch auf eine Sache zu sprechen kommen, die mich seit einer Woche sehr beschäftigt. Tante Gunda sagte bei meinem letzten Familienbesuch beim Suppekochen in der Küche zu mir: »Dein Mann scheint sich in Frederikshavn sehr wohlzufühlen. Besonders, wenn er hier über Nacht bleibt.«

Dabei hatte sie so einen Blick und Ton drauf, der nichts Gutes verheißt. Zwei Mal pro Woche bleibt Klarius über Nacht in Frederikshavn, weil der Fahrplan der Fähre das so vorsieht.

»Wie meinst du das?«, wollte ich wissen – eigentlich wollte ich nichts davon hören – und hackte die Möhren energisch in schmale Scheiben.

»Man munkelt, dass dein Mann häufiger in Damengesellschaft gesehen wird. In den Kneipen am Hafen.«

»Das muss nichts heißen«, entgegnete ich heftig und schnitt mir fast in den Finger. »Er muss schließlich zu Abend essen und meistens trifft er sich dabei auch mit Kollegen auf ein Bier. Da ist doch nichts Schlimmes dran. Vielleicht sitzt auch mal zufällig eine Frau dabei.«

»Eine bestimmte Dame teilt aber auffällig oft mit deinem Mann den Tisch – und womöglich auch das Bett: die Sekretärin von seinem Dienstherrn, Fräulein Adamsen. Ein lediges Frauenzimmer mit langen Fingernägeln und platinblonden Haaren, die schamlos mit jedem Mannsbild kokettiert.«

»Von Fräulein Adamsen habe ich schon gehört. Sie regelt auch die Dienstpläne. Sie ist nur eine Mitarbeiterin, weiter nichts«, sagte ich mit mehr Überzeugung, als ich fühlte.

Tante Gunda schnaubte nur und nickte. Damit war das Gespräch beendet. Aber der Gedanke ging mir natürlich nicht mehr aus dem Kopf.

Am nächsten Tag habe ich zufällig Fräulein Olsen auf dem Markt getroffen. Sie heißt nun eigentlich Frau Moeller, ist mit einem Direktor verheiratet und nach wie vor Chefbuchhalterin bei Onkel Rasmus. Sie sieht noch genauso adrett aus wie vor zehn Jahren, nur dass ihre Schminke eine Schicht zugelegt hat – wobei sie dasselbe über meine Figur sagen könnte. Wir begrüßten uns herzlich mit einer Umarmung. Nach einigen Floskeln zum Wetter und zur Gesundheit fiel dann dieser Satz, der mir wie ein Messer ins Herz stach: »Kapitän Mikkelsen hat inzwischen offenbar zwei Häfen, in die er regelmäßig einläuft – einen mit und einen ohne Ehe.«

Mir blieb der Mund offen stehen. Fräulein Olsen hatte es plötzlich eilig wegzukommen, und so konnte ich sie nicht weiter befragen.

Nach drei unruhigen Nächten habe ich meinen Mann gestern Morgen, als er gerade zur Tür hinauswollte, am Arm festgehalten und gesagt: »Ich habe gehört, du triffst dich in Frederikshavn mit anderen Frauen.«

Meine Stimme zitterte dabei leicht, aber mein Blick war fest auf ihn gerichtet. Ein Ausdruck des Erstaunens huschte über sein Gesicht und dann senkte er die Augen. Fühlte er sich etwa ertappt?

»Die Leute reden viel, wenn der Tag lang ist«, antwortete Klarius und machte eine wegwerfende Handbewegung.

»Stimmt das also nicht?«, fragte ich wie ein Lamm, das auf die Gnade des Wolfes hofft.

»Natürlich treffe ich mich mit Frauen«, sagte er und lachte mich dabei ohne Anzeichen von Reue an. »Das ist ja wohl nicht verboten. Ich treffe mich auch mit Männern. Du weißt genau, dass ich gerne in Gesellschaft bin.«

Er zog seinen Arm aus meiner Umklammerung und wollte hinausgehen. Er wollte meine Frage wohl als reinen Witz abtun.

»Du hast also keine Geliebte?!«, fragte ich mit Nachdruck und griff nach seiner Hand, die schon auf der Türklinke lag. Ich kam mir vor wie eine bettelnde Hündin.

»Jetzt mach dich nicht lächerlich, Line!«, sagte er streng über die Schulter und drückte die Klinke herunter. Ich stand wie angewurzelt da und hätte am liebsten auf der Stelle losgeheult, biss aber meine Zähne zusammen, als ich unsere Nachbarin mit ihren zwei Mädchen im Vorgarten sah. Klarius ging einige Meter unseren Zuweg hinab, dann überlegte er es sich, kam mit drei langen Schritten zurück, nahm mich fest in den Arm und gab mir einen leidenschaftlichen Kuss auf den Mund. »Du bist doch die Schönste und die Einzige für mich!«, raunte er in mein Ohr und marschierte davon. Ich hätte ihn am liebsten festgehalten, damit er diese wunderbaren Worte noch mal wiederholen soll. Ich glaube ihm und habe beschlossen, dem Gerede der Leute keine Beachtung mehr zu schenken.

Was meinst du dazu, liebe Schwester? Bin ich zu naiv? Jetzt zweifele ich ja doch wieder, sonst würde ich dich nicht nach deiner Meinung fragen.

Ich hoffe, wir sehen uns spätestens an Weihnachten wieder.
Viele Grüße und Küsse
deine Schwester Caroline

Kapitel 57:
Happy Birthday, Dad!

Sydney, 2. Juli 1995

Gerade, als Jesse zur Wohnungstür hinauswill, um zur sonntäglichen Redaktionssitzung zu fahren, klingelt das Telefon. Es ist Gloria.

»Kommst du mit Aidan heute Nachmittag zum Geburtstagskaffee von Joseph?«, fragt sie. Jesse ist zu überrumpelt, um sich darüber zu ärgern, dass die zweite Ehefrau ihres Vaters von ihm stets mit seinem Vornamen spricht. Nie sagt sie »dein Vater«. Jesse ist überzeugt, Gloria will so jede verwandtschaftliche Beziehung zwischen Vater und Tochter verleugnen.

»Soll sein Geburtstag nun doch gefeiert werden? Mir hat er zuletzt gesagt, er wünscht, dass wir diesen Tag ignorieren.«

Jesse hört ein gekünsteltes Lachen durch die Leitung.

»Was Joseph äußert und was er sich in Wirklichkeit wünscht, sind manchmal zweierlei«, säuselt Gloria. Jesse wickelt sich wütend die geringelte Telefonschnur um die Finger, bis diese ganz verknotet ist. Als ob Gloria als Einzige die wahren Wünsche ihres Vaters kennen würde. Lächerlich!

»Du weißt ganz genau, dass ich am Sonntagnachmittag immer in die Redaktion muss«, sagt sie zwischen zusammengebissenen Zähnen.

»Dein Bruder kommt jedenfalls mit Frau und Kindern um fünfzehn Uhr zu uns«, plappert Gloria weiter, ohne auf Jesses Einwand einzugehen.

»Wenn ihr uns noch ein Stückchen Kuchen übrig lasst, dann stoßen wir gegen siebzehn Uhr zur Geburtstagsfeier dazu.«

»Die Verspätung wird Joseph euch sicherlich nachsehen«, sagt Gloria spitz und legt auf.

»Mein Vater kann eh keine Geschenke leiden«, meint Jesse vom Beifahrersitz, während Aidan den SUV einhändig durch die breiten Straßen der Villensiedlung in Chelsea steuert. Er hat sie direkt von der Arbeit abgeholt. Sie wirft einen nervösen Blick auf die Uhr. 17:03 Uhr.

»Mach dir keinen Kopf«, beruhigt sie Aidan. »Dein Vater freut sich einfach, uns zu sehen. Sein Haus ist voll genug mit den ausgestopften Tieren von Gloria. Da ist dein Dad bestimmt froh, dass wir ihm nicht noch einen Staubfänger mitbringen.«

Jesse seufzt. Das Leben ist als Kind irgendwie leichter gewesen, als es noch ausgereicht hat, ihrem Dad ein selbst gemaltes Bild zu schenken. Aidan parkt vor dem Bungalow ihres Vaters. Der Rasen im Vorgarten ist wie immer penibel getrimmt. Jesse holt tief Luft, bevor sie an der Haustür klingelt. Sie hätte doch wenigstens Blumen mitbringen sollen. Aber ihr Vater hasst jede Art von Brimborium. Also kommt sie mit leeren Händen. Das bereut sie im nächsten Moment. Als Gloria sie ins Wohnzimmer führt, wird ihr Blickfeld vollkommen von einem riesigen Strauß bunter Luftballons eingenommen, der an einem Stuhl am Esstisch festgemacht ist. Es sieht aus, als würde hier ein Kindergeburtstag gefeiert. Sie muss erst um das schwebende Ballonmonstrum herumgehen, um einen Blick auf ihren Vater zu erhaschen, der am Kopf des Tisches vor einem mit Krümeln bedeckten Kuchenteller sitzt und Zeitung liest. Es ist natürlich der Sydney Morning Messenger. Doktor Joseph Brubaker ist wie stets sorgsam und stilvoll in einen dreiteiligen Anzug gekleidet. Anders als so manche Leute, die sonntags im Schlabberlook herumlaufen, legt ihr Vater am Tag des Herrn seinen Sonntagsanzug an: mit Weste und Einstecktuch. Das ist von jeher so gewesen. Jesse kann sich nicht erinnern, ihren Vater jemals nachlässig gekleidet gesehen zu haben. Selbst für den Gang vom Schlafzimmer ins Bad trägt er seinen seidenen Morgenrock und schlüpft in Samtpantoffeln.

»Happy birthday, Dad«, wünscht Jesse mit belegter Stimme, und Aidan wiederholt den Glückwunsch wie ein fröhliches Echo. Ihr Vater senkt raschelnd die Zeitung und blickt sie überrascht über seine Lesebrille an. Seine türkisblauen Augen funkeln unter den buschigen grauen Augenbrauen.

»Ah, Jesse«, sagt ihr Vater. »Hast du es auch geschafft. Hi, Aidan. Wir haben die Torte schon halb aufgegessen, die Jonathan uns mitgebracht hat.«

Jesse schaut sich suchend nach dem restlichen Familienbesuch um. Aber sie hört nur den Papagei James IV. aus dem Nebenzimmer krächzen.

»Dein Bruder musste schon wieder fahren, weil die Kinder noch Hausaufgaben machen müssen«, ertönt Glorias fistelige Stimme, als hätte sie einen Zug vom Helium aus den Luftballons genommen. In ihrer schrillen Blütenbluse und den pinken Leggins passt sie optisch bestens zur Farbexplosion der Ballons.

»Hat mein Bruder auch die Luftballons mitgebracht?«, fragt Jesse und übergeht den Vorwurf, dass sie zu spät dran sei.

»Nein, die habe *ich* für Joseph besorgt.« Gloria rauscht hinter den Stuhl ihres Mannes und zupft mit spitzen lackierten

Fingernägeln ein paar Staubflocken von den Schultern seines feinen Anzugs. Sie tut das genauso, als würde sie ein ausgestopftes Tier abstauben. Jesse hat regelmäßig Visionen von Gloria, wie diese ihren Vater nach dessen Tod wie eine Wachspuppe präpariert und auf dem Sofa zwischen Mia und Mau platziert und dort Teekränzchen abhält.

»Eine Birne gefällig?«, fragt Gloria in der Vision und reicht ihren Gästen schrumpelige Früchte auf Silbertellern, die seltsam haarig sind und wie Schrumpfköpfe aussehen. Jesse schüttelt sich und die schauerliche Vision verblasst.

»Ich hoffe, du hast deinen Ehrentag angenehm verbracht«, sagt sie zu ihrem Vater und fühlt sich, als würde sie ihren Text aus dem spanischen Hofzeremoniell ablesen.

»Habe schon einundsiebzig Geburtstage gefeiert. Also kein Grund, hier eine Parade abzuhalten.«

Der Seitenhieb ging wohl in Richtung der raumfüllenden Luftballons.

»Nehmt doch bitte Platz.« Joseph zeigt auf die beiden Stühle rechts von ihm. Gloria legt neue Gedecke auf, schenkt Kaffee ein und schiebt jedem Gast ein Stück Torte auf den Teller. Dann setzt sie sich auf ihren Stammplatz zur Linken ihres Mannes, die Hände im Schoß gefaltet wie zur Anbetung.

»Das schmeckt köstlich. Auch der Kaffee. Danke, Gloria«, sagt Aidan mit vollem Mund und schiebt sich unbekümmert Gabel für Gabel von der Buttercremetorte rein. Jesse hat Buttercreme noch nie leiden können und stochert nur pro forma in ihrem Stück herum.

»Dieser Gordon Robinson ist seinen Preis echt nicht wert.« Ihr Vater und klopft mit seinem Siegelring auf die Zeitung. »Ich habe eben dessen Artikel zu den Machenschaften von Telecom Australia gelesen. Der Typ schreibt wie ein Krimiautor. Alles auf Effekt. Aber schaut man genau hin: nichts als Worthülsen und Vermutungen. Das ist doch kein seriöser Journalismus.«

Jesse ist nicht überrascht, dass ihr Vater auf der Walkley-Award-Vergabe immer noch herumhackt.

»Ja, der Jury scheint dieser populäre und süffige Stil von Robinson zu gefallen. Die Faktenrecherche und die gesellschaftliche Relevanz des Sujets stehen da wohl eher an zweiter Stelle.« Jesse ist sofort im Verteidigungsmodus. Eigentlich verteidigt sie nicht den Sieg von Robinson, sondern ihre eigene Niederlage.

»Du hättest den Preis bekommen müssen«, insistiert ihr Vater. »Du gibst dich ja leider immer mit dem zweiten Platz zufrieden. Wie früher beim Reiten.«

»Aber es liegt doch gar nicht in meiner Hand. Ich schreibe, so gut ich kann, und dann entscheidet die Jury«, sagt Jesse und hasst sich für den weinerlichen Klang in ihrer Stimme.

»Wenn Jesse ein Mann wäre, hätte sie den Preis längst bekommen«, mischt sich nun Aidan ein. »Dieser Herrenclub von Juroren wählt doch immer Preisträger aus ihren eigenen Reihen aus.«

»Mehr tun, als mir einen Hosenanzug anzuziehen, kann ich auch nicht«, murmelt Jesse.

»Vielleicht solltest du dir bis zur Preisverleihung im nächsten Jahr einen roten Schnauzbart wachsen lassen.« Aidan lacht und stimmt den Cher-Song »Just like Jesse James« an. Sie muss schmunzeln. Erleichtert sieht sie, wie sich die Gewitterwolken auf der Stirn ihres Vaters verziehen, als er sich Aidan zuwendet.

»Und wie läuft es bei dir in der Kanzlei?«, fragt er seinen Schwiegersohn.

»Alles bestens, Dad. Arbeits- und Familienrecht sind wahre Goldgruben.«

Aidan erzählt von den millionenschweren Scheidungsdeals, die er gerade wieder ausgehandelt hat.

»Es gibt keine besseren Scheidungsmandate als Arztehepaare«, schwärmt Aidan. »Anwesende natürlich ausgeschlossen.«

Und er zwinkert Gloria zu, die säuerlich die Lippen spitzt und in ihren kalten Kaffee pustet. Ihr Vater grinst und klopft Aidan jovial auf die Schulter. Ein Stich von Eifersucht fährt brennend in Jesses Brust. Warum kann ihr Vater nicht einmal mit ihr so zufrieden sein wie mit seinem Sohn und seinem Schwiegersohn. Es liegt wahrscheinlich am Bart, den Jesse nicht hat. Sie reibt sich über ihre weiche Oberlippe und schiebt den Teller von sich weg.

»Machst du eine Diät? Du hast keinen Bissen von der Torte gegessen«, bemerkt Gloria vorwurfsvoll.

»Jesse trainiert jeden Tag wie besessen auf ihrem Spinning-Rad, damit sie keine wabbeligen Oberschenkel bekommt wie so manche Frau über vierzig«, sagt Aidan.

»Wäre das ein Scheidungsgrund, Herr Anwalt, wenn ich wabbelige Oberschenkel bekäme?«, schießt Jesse zurück und schaut Aidan herausfordernd an.

»Die Beschaffenheit deiner Beine ist wirklich kein passendes Thema bei Tisch, Jesse«, mischt sich ihr Vater streng ein und tupft sich mit der gebügelten Stoffserviette den Mund ab, Gentleman alter Schule, der er ist.

»Aidan hat doch damit angefangen«, murmelt sie und fühlt sich wie ein gescholtenes Schulmädchen. Sie spürt, wie ihr Brustkorb ganz eng wird und ihr Herz von innen gegen die Rippen pulsiert wie gegen Gitterstäbe. Ihr ist auf einmal zum Heulen zumute.

»Warum musst du mich vor meinem Vater schlechtmachen und mir in den Rücken fallen?«, faucht sie Aidan auf der Rückfahrt an.

»Habe ich gar nicht. Du bist echt überspannt«, sagt Aidan und dreht das Radio so laut auf, dass jedes weitere Gespräch unmöglich ist.

Kapitel 58:
Die Beerdigung

Sandefjord, 3. April 1941

Caroline konnte es immer noch nicht fassen. Sie saß auf der harten Kirchenbank in der ersten Reihe und starrte auf den blumengeschmückten Sarg. Klarius' Sarg. Neben ihr saß Nora Mikkelsen kerzengerade, ihr Gesicht streng gefasst, ein weißes Taschentuch in der Hand, das trocken bleiben würde. Die Trauerzeremonie wurde mit dem Orgelspiel zu »*Siste reis* – letzte Reise« eröffnet. Caroline hätte besser auf ihren Mann achtgeben müssen! Zwei Wochen lang hatte er an dieser Grippe laboriert, ein bisschen Fieber gehabt, dann war es besser geworden. Nachts war sein Atem aber immer noch schwer gegangen.

»Ach was, ich brauche keinen Arzt«, sagte Klarius zu ihr. Als sein Atmen sich immer rasselnder anhörte, gab er endlich Carolines Drängen nach und ging zum Arzt. Lungenentzündung, lautete die Diagnose. Aber von Krankmeldung wollte der Kapitän nichts hören.

Am letzten Morgen schüttete er sein Medikament mit Kaffee und Rum herunter, gab Caroline einen Kuss und fuhr zum Hafen. Den Tag über setzte er drei Mal mit der Fähre über. Zum Dienstschluss brach er in Frederikshavn zusammen. Sie brachten ihn sofort ins Krankenhaus. Er bekam kaum noch Luft. Die Oberschwester hatte Caroline benachrichtigt. Sie solle sich nicht beunruhigen. Am nächsten Morgen könne sie ihren Mann besuchen kommen. Am nächsten Morgen war er tot. Caroline hatte keine Gelegenheit gehabt, an seinem Bett zu sitzen und seine Hand zu halten. Sie hatte ihm keine Liebesworte und kein Lebewohl sagen können.

Heute sollte sie sich also von ihm verabschieden. Die Kirche von Sandefjord war voll. Mit so vielen Trauergästen hatte Caroline nicht gerechnet. Nur ihre Eltern und Geschwister hatten nicht aus Dänemark anreisen dürfen – diese verdammten Einreisebeschränkungen der Deutschen! Wie sehr sehnte sie sich in diesem Augenblick nach einer tröstenden Hand aus ihrer Familie.

Nun sang der Kirchenchor »*Gud, når du til oppbrudd kaller* – Gott, wenn du zur Trennung rufst«. Carolines Blick kehrte unentwegt zurück zu dem Foto ihres Mannes in Schwarz-Weiß, das in einem silbernen Rahmen auf dem Kopfende des aufgebahrten Sarges stand. Sie selbst hatte dieses Foto ausgewählt: Darauf war Klarius in seinem Kapitänsanzug zu sehen, er hatte seinen schelmischen Blick und ein leichtes Lächeln auf den Lippen.

Um alles andere, was die Beerdigungsfeier betraf, hatte sich Nora Mikkelsen gekümmert. Seit jenem Tag des Todes hatte sich eine bleierne Antriebslosigkeit über Caroline gelegt. Welcher Sarg, welche Blumen, welche Lieder? Diese Entscheidungen hatten sie überfordert. Also hatte ihre Schwiegermutter das Zepter übernommen und Caroline war ihr dankbar dafür.

Pastor Holsen trat hinter den Altar und hielt die Trauerrede. Er sprach von Klarius' verschiedenen Lebensstationen, von seinen Erfolgen als Kapitän und von seinen gut geknüpften familiären und freundschaftlichen Banden.

Wer waren all diese Menschen in der Kirche? Caroline betrachtete die vielen Kränze, die den Sarg umgaben, und las die Schriftbänder. Obenauf lagen natürlich die Kränze der Familie: von ihr als Ehefrau und von Mutter und Schwester. Klarius' Schwester war aus Narvik angereist, Caroline kannte sie kaum. Dort gab es außerdem Kränze seiner Arbeitgeber A/S Thor Dahl, der Reederei Wessel und der Sandefjorder Schifffahrtsgesellschaft. Die Familie Christensen hatte als private Beileidsbekundung zusätzlich einen besonders schönen Kranz gestiftet. Die Kirche war gefüllt mit dieser großen Trauerschar von Menschen, die Klarius sein ganzes Leben lang gekannt hatten, die Caroline aber fremd waren. Sie selbst hatte Klarius nur die letzten neun Jahre seines Lebens begleitet. War sie als seine zweite Ehefrau jemals der wichtigste und liebste Mensch in seinem Leben gewesen? Caroline wusste es nicht und es zog ihr das Herz zusammen. Sie wünschte, sie hätte Klarius noch mehr geben können. Sie wünschte, sie hätte ihm ein Kind schenken können. Dann würde ein Teil von ihm weiterleben. Aber das war ihnen nicht vergönnt gewesen. Er hatte ihr nie einen Vorwurf deswegen gemacht. Nun hatte der Tod ihrer gemeinsamen Zeit ein jähes Ende gesetzt. Es machte sie unendlich traurig, dass sie mit Klarius keine neuen Erlebnisse mehr würde teilen können.

Der Pastor las Davids Psalm 23, »Der Herr ist mein Hirte«, und ihre Lippen bewegten sich mit. »Und ob ich schon wanderte im finstern Tal, fürchte ich kein Unglück; denn du bist bei mir, dein Stecken und Stab trösten mich.«

Caroline fühlte diese Finsternis sehr deutlich, die sich über ihre Seele gelegt hatte. Sie wollte darauf vertrauen, dass der Herrgott sie aus dieser Tiefe wieder hinauf ins Licht führen würde. Aber die Schritte müsste sie selber gehen – das hatte sie in ihrem Leben schon gelernt. Warum nur wurden die Menschen durch Unglück so hart geprüft? Warum hatte der Schöpfer entschieden, Klarius zu sich zu holen? Heute fand sie keine Antworten auf diese brennenden Fragen. Zum Abschluss sang die Gemeinde »Näher an meinem Gott« und ein Trio des Chors »Ave Maris Stella« zum Ausmarsch.

Die Trauergemeinde zog auf den Friedhof. Pastor Holsen sprach das Vaterunser, bevor der Sarg in die Erde eingelassen wurde. Ingrid Christensen stand neben Caroline und hatte den Arm um sie gelegt. Carolines Tränen hatten sich endlich gelöst und strömten in warmen Fluten ihre Wangen hinunter.

Am nächsten Tag saß Caroline am Esstisch vor ihren beiden Gedecken und wartete darauf, dass Klarius jeden Augenblick zur Tür hereinkäme und rief: »Line, was gibt es zu essen?« Sie stocherte auf ihrem Teller herum und bewegte die Erbsen von einer Seite zur anderen. Wie sollte es mit ihr weitergehen? Das Haus gehörte nun ihr. Aber sollte sie hier wohnen bleiben oder woanders neu anfangen? Im Moment wollte sie sich nur verkriechen und nichts verändern. Es schellte an der Haustür und Caroline zuckte zusammen. Sie stand auf und ging mit unsicheren Schritten zur Tür. Vor ihr stand die hohe, schmale Gestalt ihrer Schwiegermutter, wie eh und je ganz in Schwarz gekleidet, ihr silbriges Haar in einen strengen Knoten gebunden. In jeder Hand hielt sie einen großen Pappkarton.

»Jetzt räumen wir die Schränke aus«, sagte sie und marschierte an Caroline vorbei und nahm energisch die Treppenstufen nach oben. Gestern beim Leichenschmaus, ein fürchterliches Wort – als Kind hatte Caroline immer gedacht, die Gäste vertilgten hierbei die Leiche –, hatte Nora Mikkelsen angekündigt, dass sie ihr helfen werde, alle Sachen von Klarius auszuräumen und an die Wohlfahrt zu spenden.

Nun stand Caroline neben ihrer Schwiegermutter und faltete gehorsam die Hosen, Pullover, Anzüge und Mäntel ihres Mannes zusammen und stapelte sie in die Kartons.

»Du musst dich von diesen irdischen Erinnerungen trennen. Das ist nur Tand«, erklärte Nora entschlossen und nahm Caroline eine Krawatte aus der Hand, die sie zärtlich durch ihre Finger gleiten ließ. Protest schwoll in ihrer Kehle an, aber sie schluckte ihn wieder hinunter. Ihre Schwiegermutter hatte schon viele Angehörige zu Grabe getragen – ihre Eltern, ihren Ehemann, Klarius' beide Brüder, seine erste Ehefrau und nun ihren jüngsten und letzten Sohn – sie kannte sich mit Trauer bestens aus. Als der Schrank leer war, schleppten sie die schweren Kartons schweigend nach unten.

»Oh, die hätten wir fast vergessen«, sagte Nora und griff nach Klarius' Kapitänsmütze, die am Garderobenhaken hing.

»Nein!«, drang es gellend aus Carolines Kehle, und sie riss ihrer Schwiegermutter die Schirmmütze aus der Hand und presste sie an ihre Brust.

»Die gebe ich nicht her«, flüsterte sie, und das blasse Gesicht von Nora Mikkelsen verschwamm vor ihren Augen.

»Heule, so viel du willst. Aber morgen machen wir mit seinem Schreibtisch weiter«, entschied ihre Schwiegermutter, und Caroline fühlte, dass Widerspruch zwecklos war.

Kapitel 59:
Pinguine im Traum

Sandefjord, 15. Mai 1941

Meine liebe Elin,
der Frühling ist in Sandefjord eingezogen, die Bäume blühen und überall regt sich Leben – nur in meinem Innern scheint noch Winter zu herrschen. Ich gehe meinen täglichen Aufgaben nach. Ich habe mir einen strengen Stundenplan aufgestellt, damit ich nicht in Trübsal verfalle. Das ganze Haus habe ich geputzt und im Garten ein Gemüsebeet angelegt. Montags, mittwochs und freitags kommen am Nachmittag meine Nähschülerinnen. Das sind die besten Stunden der Woche.

Ich habe seit einigen Wochen einen wiederkehrenden Traum: Ich sitze alleine in einem Ruderboot ohne Ruder und treibe auf dem Meer zwischen Eisschollen – ringsherum verschwimmt alles in Grau und Weiß: Wasser, Himmel und Schnee gehen ineinander über. Ich lasse mich treiben und alles ist völlig still. Ich denke im Traum: Ich bin taub geworden. Denn selbst bei Nacht hört man ständig etwas in der Antarktis – Seevögel,

Wale, Pinguine, Robben –, und all die anderen Lebewesen senden ihre Rufe in die Nacht. Oder man hört das Eis knirschen und knacken, die Wellen an den Bug des Schiffes schlagen. Im Traum habe ich Angst, gleich auch noch blind zu werden.

Aber dann gibt es einen Ruck, mein Boot setzt auf und ich bin an Land. Im nächsten Augenblick vernehme ich dieses Geschnatter, das wie ein Lachen klingt. Gott sei Dank, ich bin nicht taub! Aus dem Nebel watscheln die kleinen Pinguine mit ihren runden, freundlichen Augen auf mich zu. Sie begrüßen mich. Ich steige aus dem Boot und folge ihnen über ein weites Schneefeld. Ich kann am Horizont eine Ansammlung von dunklen Gestalten erkennen: Es ist die Kolonie der Adeliepinguine. Als ich dort ankomme, setze ich mich mitten unter sie. Sie wackeln dicht an mich heran und wärmen mich, wie sie es mit ihren Küken tun. Ich bin eine von ihnen. Ich werde überleben – das spüre ich. Ich werde diese todbringende Kälte überstehen! Dann wache ich meistens auf – und fühle mich getröstet.

Gestern habe ich mein Fotoalbum herausgeholt und mir alle Bilder unserer Reise angeschaut – eigentlich wollte ich nur die mit den Pinguinen ansehen. Es hat mir wehgetan, die Fotos von Klarius zu betrachten. Aber gleichzeitig hat mir die Erinnerung an diese besonderen Momente gutgetan. Es ist nicht alles verloren – solange ich mich an ihn erinnere, lebt er weiter.

Ich bin fest entschlossen, mich auf die schönen Momente eines jeden Tages zu konzentrieren – auch wenn es nur der Genuss einer Marzipankartoffel ist –, und optimistisch in die Zukunft zu blicken. Mir stehen neue Möglichkeiten offen. Das ist doch eine ganze Menge, oder?

Vielen Dank für die neuen Schnittmuster. Die werde ich sofort mit meinen Schülerinnen ausprobieren.

Ich sende dir liebe Maigrüße und einen Kuss
deine Caroline

Kapitel 60:
Pfingstrose und Hollywood-Schneiderei-Akademie

Sandefjord, 10. Oktober 1943

Caroline startete den Motor und lenkte das Automobil auf die Straße, die zum Hafen hinunterführte. Sie saß warm und weich auf dem Schaffell von Klarius, aber nun war sie es, die das Steuer des Wagens in der Hand hielt. Ein wenig vorgebeugt umklammerte sie das Lenkrad, den Blick fest auf die Straße gerichtet. Seit sie Witwe war, musste sie wohl oder übel selbst fahren. Sie hatte inzwischen Übung gewonnen und sich einen rasanten Fahrstil angewöhnt, der zwar nicht mit dem Höllentempo ihres Mannes mithalten konnte, mit dem sie jedoch immer sicher an ihr Ziel gelangte. Im Hafen hielt sie vor der Lagerhalle des Kontors Rønning & Lunde. Hier kaufte sie regelmäßig für ihre Näherei Stoffe ein, die per Schiff aus Hamburg nach Sandefjord importiert wurden und von den deutschen Besatzern nicht so stark mit Zöllen belegt waren wie Importe aus anderen Nachbarländern.

»*God dag*, Frau Mikkelsen«, begrüßte sie Herr Rønning junior und ließ seine Zähne geschäftshungrig aufblitzen. »Was darf es heute für Sie sein? Ich habe gerade eine Lieferung von bestem Brokat hereinbekommen. Mit echten Gold- und Silberfäden.«

Der Sohn des Inhabers war genauso charmant wie schlitzohrig, wie Caroline bei ihrem ersten Kauf in diesem Kontor hatte lernen müssen. Im Sommer vor zwei Jahren war sie als frische Witwe bei ihm vorstellig geworden, um eine kleine Auswahl an Stoffen für ihre lokalen Nähaufträge einzukaufen. Für die Tischdecken und Bettwäsche, die sie besticken wollte, entschied sie sich für Cretonne aus Baumwolle mit Leinwandbindung, auch Fahnenstoff genannt, der sich leicht verarbeiten ließ. Sie bestellte zehn Meter davon zu einem sehr günstigen Sonderpreis, wie Herr Rønning ihr zähneblitzend versicherte. Er redete wie ein Sturzbach auf sie ein und zeigte ihr Dutzende von Stoffen, bis ihr der Kopf schwirrte, sodass sie auf dem Bestellschein übersah, dass er zehn Rollen anstelle von Metern dort eingetragen hatte. Zwei Wochen später klappte ihr beim Anblick dieser immensen Lieferung und der gepfefferten Rechnung die Kinnlade herunter. Aber ihr Stolz hatte es ihr verboten, ihre Unachtsamkeit zuzugeben und die Abnahme zu verweigern. Schließlich hatte sie den Bestellschein voller Naivität unterschrieben. Die Kaufleute von Sandefjord sollten nicht denken, dass sie die Witwe Mikkelsen übervorteilen konnten.

»Ich habe noch viel vor mit meinem Geschäft, der Stoff wird sicher bald verbraucht sein«, hatte sie trotzig zum grinsenden Rønning junior gesagt, als die letzte der Stoffrollen auf dem Lieferwagen verladen war, der nun gehörig Schlagseite hatte. Seitdem prüfte sie jedes Dokument gründlich, bevor sie es unterschrieb, und auf seltene Sonderangebote war sie seit jenem Tag nicht wieder hereingefallen. Allerdings stapelten sich die dicken Rollen des Fahnenstoffes nach wie vor in ihrem Lager daheim, obwohl sie inzwischen unzählige Tischdecken und Bettbezüge daraus gefertigt hatte – der Vorrat schien unerschöpflich.

»Das ist unsere patriotische Reserve«, sagte sie ihren Näherinnen und zwinkerte ihnen dabei zu. »Wenn unser König Haakon VII. endlich aus seinem Londoner Exil zurückkehrt, wird aus jedem Fenster Norwegens unsere Nationalflagge wehen. Dann kann ich das ganze Land mit dem Stoff dafür versorgen.«

Bis es so weit war, diente ihr üppiger Vorrat an Fahnenstoff als beliebte Beigabe zu ihren Schnittmustern der Nähschule. Jeden Monat brachte sie ein Heft mit neuen Anleitungen und Schnittmustern heraus, in dem die Hausfrau lernte, wie sie praktische Wunder mit der Nähnadel und einem Stück Stoff vollbringen konnte. Die Anzahl ihrer Abonnentinnen stieg von Monat zu Monat und Caroline verzeichnete voller Stolz über zweitausend zahlende Empfängerinnen.

»Heute brauche ich zwanzig Meter Damast in Burgund. Und einige Meter weiße Glacé-Seide.« Sie lächelte den Kaufmann verbindlich an.

»Mit Vergnügen, ich habe genau das Richtige für Sie da, gerade geliefert«, jubilierte der Verkäufer und führte sie ins Lager. Dort stieg er auf eine Leiter und hievte eine Rolle vom obersten Regal, wo schon die Spinnen ihre Netze gewebt hatten, und kam mit dem Stoff über der Schulter zum Präsentationstisch. Mit einem dramatischen Armschwung wie ein Zauberkünstler rollte er den Atlasstoff aus, der eher blutrot als weinrot war. Caroline rieb den Stoff zwischen ihren Fingern und hielt ihn ins Licht, um die Jacquardtechnik zu prüfen, bei der sich Kett- und Schussatlas abwechselten, sodass ein besonderes Muster entstand, das sich auf Vorder- und Rückseite des

Stoffes wie ein Positiv- und Negativbild spiegelte. Sie merkte schnell, dass das Webbild unschöne Unregelmäßigkeiten aufwies, von den Stockflecken an den Rändern ganz zu schweigen. Auch ging ein muffiger Geruch von diesem Stoff aus: nach Keller und irgendwie rußig. Es handelte sich offensichtlich um Ausschussware, die schon einige Zeit das Lager hütete.

»Der Stoff stammt wohl von einem Piratenschiff«, sagte sie mit einem schelmischen Lächeln. »Oder er war sogar in die Schlacht bei Waterloo verstrickt, so blutrot und nach Schießpulver riechend, wie er ist.«

Herr Rønning hob anerkennend die Augenbrauen und ließ seine Piratenzähne aufblitzen. Für ihn gehörte ein guter Schlagabtausch mit zum Geschäft.

»Meine verehrteste Frau Mikkelsen, Ihre Fantasie spielt Ihnen einen Streich. Die Engländer wären froh, wenn sie diesen Stoff in ihre Finger bekämen.«

»Aber meine norwegischen Kunden sind da deutlich wählerischer«, meinte Caroline. »Ich hoffe, Sie haben noch Besseres im Angebot, sonst schaue ich mich im Kontor Nilsen & Sons um.«

Bei der Erwähnung seiner Konkurrenz verschwand das Grinsen von Herrn Rønnings Gesicht und er beeilte sich, ihr einen hochwertigen Stoff zu zeigen. Nachdem sie einen vorzüglichen Damast sowie die gewünschte Seide ausgewählt und einen günstigen Preis ausgehandelt hatte, fuhr sie zufrieden heim und summte zu den Liedern im Radio mit.

Als sie mit den Stoffrollen beladen zur Haustür ging, kam gerade ihre Nachbarin Frau Kristoffersen mit ihren zwei Töchtern heraus, gerüstet für einen Spaziergang. Die kleine Inga lief in Gummistiefeln zum Briefkasten und ihre jüngere Schwester Lara wackelte ihr eifrig hinterher.

»*God dag*, Frau Mikkelsen«, grüßte die Mutter sie strahlend. »Ich habe die Schlafanzüge für die Mädchen gestern fertig genäht. Ihr Schnittmuster war wirklich gut. Ich habe auch den weichen Nickistoff genommen, wie Sie vorgeschlagen haben. Meine Kleinen sind richtige Schmusebärchen in den Anzügen.«

»Das freut mich«, sagte Caroline und spürte beim Anblick der niedlichen Mädchen das wohlbekannte Ziehen in der Brust.

»Gibt es in der nächsten Ausgabe der Nähschule vielleicht eine Anleitung zum Ändern eines Rockes?«, wollte ihre Nachbarin wissen.

»Mal sehen. Wenn Sie mir sagen, was Sie brauchen, dann erstelle ich gerne eine Anleitung für Sie«, versprach Caroline zuvorkommend. Frau Kristoffersen erläuterte ihren Wunsch, die Rocklänge gemäß der neuen Mode zu kürzen und einen Faltenwurf einzufügen. Die kleinen Mädchen zerrten dabei ungeduldig an den Händen ihrer Mutter und Caroline sagte zu, eine solche Nähanleitung in die nächste Ausgabe aufzunehmen. Sie wusste inzwischen, dass die Wünsche einer Hausfrau häufig von vielen weiteren Kundinnen geteilt wurden. Oft schon hatten ihre sieben Schwestern sie zu neuen Entwürfen angeregt. Caroline musste nur gut zuhören und den Frauen anbieten, was sie gerade brauchten. Das war ihr Erfolgsgeheimnis, wie Elin es nannte, obwohl Caroline gar nichts Geheimnisvolles daran fand. Gleich würde Elin sie zusammen mit Mutter besuchen. Caroline seufzte und ging ins Haus. Wenn Elin nur alleine käme.

»Das sind also deine Pfingstrosen?«, fragte Carolines Mutter wenig später und fuhr mit der Hand über das aufgedruckte Blumenmuster auf den Servietten und Tischdecken, die ordentlich gestapelt in den Regalen lagen. »Sie sehen aus wie Tulpen.«

»Überhaupt nicht«, widersprach Elin und warf Caroline ein schnelles Lächeln zu.

»Das Stilmuster von Caroline ist sogar in der Zeitschrift vom Magasin de la Mer abgebildet. Zeig es Mama«, forderte sie Caroline auf, die das Magazin hervorholte, die richtige Seite aufschlug und es der Mutter hinhielt.

»Schau, hier ist meine Pfingstrose und hier sind die Waren, die damit verziert sind. Eine Kollektion von Geschirr, außerdem gibt es Tischdecken, Servietten und Vorhänge mit diesem Muster«, erklärte Caroline stolz.

»Der Chefdesigner vom Magasin de la Mer war so begeistert von Carolines Zeichnungen, dass er die Pfingstrose als Stilmuster eingekauft hat. Caroline hat sogar mit einem Anwalt ein Patent darauf anmelden lassen, damit ihr niemand das Design stehlen kann«, berichtete Elin eifrig, und Caroline nickte. Ihre Mutter musterte skeptisch die bunten Bilder in der Zeitschrift, als wären es Hieroglyphen.

»Na ja, du hast schon als Kind unsere Tapeten mit deinen Buntstiften angemalt«, fiel Mutter ein.

»Ich hätte auch niemals gedacht, dass ich mit meinen Zeichnungen sogar einmal Geld verdienen würde«, meinte Caroline. »Aber ohne die Hilfe von Elin hätte das nie geklappt. Wenn sie meine Entwürfe nicht bei den wichtigen Leuten im Magasin de la Mer vorgezeigt und für mich geworben hätte, wären meine Pfingstrosen reine Mauerblümchen geblieben.«

»Ihr Design ist ein richtiger Verkaufsschlager bei uns im Haus und auch bei anderen Filialen in Dänemark und Norwegen«, sagte Elin mit Brustton.

»In diesen düsteren Zeiten wollen die Leute wohl freundliche Blumen um sich herum haben.« Mutter gab Caroline das Magazin zurück. »Und dein früheres Eheschlafzimmer ist nun zum Lagerraum für die ganzen Stoffe geworden. Aber Stoffe wärmen nicht so gut wie der Körper eines Ehemannes«, stellte sie fest und ließ ihren Blick über die Regale mit den bunten Stoffrollen und den großen Zuschneidetisch in der Mitte des Raumes schweifen.

»Das ist das größte Zimmer im Haus«, entgegnete Caroline verteidigend. »Als Schlafzimmer für eine Person wäre das wirklich Platzverschwendung. Und seit dem Tod meines Mannes schlafe ich nun einmal alleine.«

Caroline schaute zu Boden. Wie schaffte es ihre Mutter bloß, ihr aus ihrem Geschäftserfolg einen Vorwurf zu machen? Caroline war froh, dass sie das große Haus nach Klarius' Tod nicht verkauft hatte. Die Räume im Erdgeschoss hatte sie im Laufe der Zeit voll und ganz in eine Schneiderei und Atelier umgewandelt. Da sie das Eheschlafzimmer als Stofflager nutzte, stand ihr schmales Bett nun im kleinen ehemaligen Nähzimmer mit Blick auf den Garten. Dieses Kämmerlein war ihre Koje – es fehlten nur noch die Walgesänge in der Nacht. Stattdessen pfiffen die Seeküstenschwalben und Blaumeisen sie morgens aus dem Bett. Diese Tiere hatte Caroline in verschiedenen Designs verewigt. Aber angefangen hatte es mit den Eisblumen, die sie in jener stürmischen Dezembernacht im ersten Winter nach Klarius' Tod gezeichnet hatte. Das Zeichnen und Übertragen ihrer Stilmuster in Stickereien hatte ihr neue Lebensfreude beschert und sie aus ihrer Trauer befreit.

»Heute waren wieder fünf Bestellungen für meine Serviettenkollektion mit den Motiven ›Tiere der Nordsee‹ und ›Eisblumen‹ in der Post. Zwei der Kunden sind gehobene Restaurants aus Oslo«, sagte sie an Mutter gewandt und kam sich prahlerisch vor. Aber es stimmte: Caroline hatte mittlerweile einige Stammkunden in ihrem Versandhandel und stetig kamen neue dazu. Die Pfingstrose würde sicherlich noch für viele weitere Aufträge sorgen.

»Haben deine Näherinnen heute frei?« Mutter runzelte missbilligend die Stirn. Sie hatte in ihrem Haushalt mit 16 Kindern seit ihrer Heirat keinen einzigen freien Tag gehabt, wie sie gerne und oft betonte.

»Wenn wir viel zu tun haben, arbeiten wir auch samstags, aber heute habe ich ihnen freigegeben«, antwortete Caroline. »Außerdem seid ihr beide zu Besuch, und da möchte ich Zeit für euch haben.«

»Ich habe Carolines fünf Näherinnen bei meinem letzten Besuch kennengelernt.« Elin zwinkerte ihrer Schwester aufmunternd zu. »Ihr seid wirklich eine fröhliche und fleißige Truppe.«

»Arbeiten und Lachen schließen sich nicht gegenseitig aus«, sagte Caroline trotzig. Wenn ihre Kolleginnen im Haus waren, füllte es sich mit Leben und sie fühlte sich nicht mehr wie eine einsame Witwe.

»Und was bedeutet das ›Hollywood‹-Schild an deiner Tür?«, erkundigte sich Mutter.

»Du weißt doch, dass ich mit zwei Schneidereischülerinnen angefangen hatte, die zu mir ins Haus kamen. Inzwischen habe ich meine ›*Hollywood Tilskjærerakademi*‹ ausgeweitet und biete meine Kurse seit über einem Jahr auch als Fernkurs an. Ich habe Schnittmuster und schriftliche Anleitungen als Lehrmaterial erstellt. Das habe ich mir von den Studienunterlagen meiner Textildesignausbildung abgeschaut.«

»Jede Frau kann doch nähen, dazu braucht man keinen Briefkurs zu machen.« Mutter schüttelte verständnislos ihren Kopf. »Das lernt jedes Mädchen von seiner Mutter.«

»Offenbar nicht«, widersprach Caroline. »Sonst würden sich nicht so viele Frauen bei mir anmelden. Auch durch den Krieg ist die Kleidung in den Geschäften viel teurer geworden und es gibt nicht mehr alles.«

»Wir hatten im Magasin de la Mer ebenfalls einige Engpässe in den letzten Monaten«, stimmte Elin zu. »Aber zum Glück ist der Ausnahmezustand in Dänemark seit Anfang Oktober aufgehoben und wir können alle ein wenig aufatmen. Leider müsst ihr in Norwegen die Besatzung durch die deutsche Wehrmacht noch länger aushalten. Hoffentlich findet dieser schreckliche Krieg bald ein Ende.«

Caroline nickte dazu. »Ja, hier im Land spüren wir die Warenknappheit, nicht nur bei Lebensmitteln, sondern auch bei Kleidung«, bestätigte sie. »Besonders für Familien mit vielen

Kindern braucht die Hausfrau ständig Nachschub. Ich habe extra eine Anleitung erstellt, in der es um das Ausbessern und Umnähen von gebrauchter Kleidung geht und wie man aus Stoffresten hübsche Kinderkleidung nähen kann. Meine Nachbarin zum Beispiel ist eine begeisterte Abonnentin von mir.«

»Und wann nähst du endlich etwas für ein eigenes Kind?«, stichelte Mutter und schaute sie direkt an.

Caroline hatte das Gefühl, als hätte sie einen Boxhieb in den Bauch erhalten, und schnappte nach Luft.

»Jetzt lass sie doch«, zischte Elin.

»Ohne Mann kein Kind, das ist wohl klar«, sagte Caroline gepresst.

»Gehst du wenigstens mal aus? Wie willst du einen heiratswilligen Mann kennenlernen, wenn du dich hier hinter deiner Nähmaschine und deinen Stoffmustern versteckst?«, drängte ihre Mutter.

»Ich bin zu beschäftigt zum Ausgehen.« Caroline verschränkte ihre Arme vor der Brust. »Außerdem bin ich ganz zufrieden mit meinem Leben, so wie es ist. Ich verdiene meinen Lebensunterhalt selbst und habe gute Kolleginnen und Freundinnen. Ich brauche nicht unbedingt einen Mann.«

»Jede Frau braucht einen Mann!«, schnaubte ihre Mutter und warf auch Elin einen tadelnden Blick zu.

»Nicht jede Frau muss so ein Leben wie du führen, Mama. Nicht jede Frau muss ein Dutzend Kinder in die Welt setzen, damit sie ihren Lebenszweck erfüllt«, sagte Caroline zornig.

»Ein Dutzend? Ha! Wenn ich nach dem zwölften Kind meinen Ofen zugemacht hätte, dann gäbe es euch beide nicht. Womit habe ich euch undankbare Töchter eigentlich verdient?!«, schimpfte Mutter.

Caroline und Elin sahen sich stumm an. Sie wussten beide, dass es sinnlos war, mit Mutter über dieses Thema zu diskutieren.

Kapitel 61:
Alles auf eine Karte – Jesse will es wissen

Sydney, 28. September 1995

Jesse ist fest entschlossen, als sie mit dem Fingerknöchel zaghaft an den Türrahmen des Chefredakteurs klopft. Der Moment ist denkbar ungünstig, denn Marlow versucht gerade, sich das Rauchen abzugewöhnen, zum vierten Mal in diesem Jahr, und ist übelster Laune. Er hat die Ärmel seines Hemdes hochgekrempelt; drei Nikotinpflaster kleben auf seinem haarigen Unterarm. Aber Jesse kann und will nicht länger warten.

»Was gibt's?«, knurrt Marlow und beißt krachend von einer Karotte ab, die ihm seine Frau säuberlich geschält in eine Brotdose gepackt hat. Das Kauen soll ihn vom Rauchen ablenken.

»Ich möchte eine Recherchereise nach Norwegen unternehmen«, sagt Jesse und setzt sich widerstrebend in den antiken Sessel vor den Schreibtisch vom Chef. Sie sinkt in das durchgesessene Polster ein. Dadurch ist sie nun zwei Köpfe kleiner als Marlow, der auf einem Drehsessel aus schwarzem Leder über ihr thront.

»Nach Norwegen? Warum nicht gleich nach Sibirien?«, schnaubt Marlow. »Das Wetter soll ähnlich einladend sein. Was wollen Sie in dieser Ödnis, Brubaker?«

»Es geht um die Story über Caroline Mikkelsen ...«

»Ja, ja, die erste Frau in der Antarktis – ich erinnere mich«, fällt ihr der Chef polternd ins Wort. »Damit haben Sie uns schon Anfang des Jahres gelangweilt. Sie wollen nach Norwegen, um diese verschollene Frau auszubuddeln? Ein Skelett werden Sie finden, wenn überhaupt. Genau das ist mein Problem mit der Story: Sie hat kein Fleisch auf den Rippen! Diese Kapitänsgattin war ja noch nicht einmal am Südpol. Irgendwo in der Antarktis hat sie ihr Füßchen an Land gesetzt, wo genau, wissen wir nicht. Sie jagen einem Phantom hinterher. Vergessen Sie es!«

Jesse hat eine solche Tirade von Marlow erwartet. Sie ist keineswegs entmutigt. Alles läuft nach Plan. Jetzt würde sie ihre Trumpfkarten ausspielen.

»Ich bin inzwischen mit meiner Recherche vorangekommen«, berichtet Jesse ruhig. »Ich habe den Eintrag im Logbuch der *Thorshavn* vom Landgang am 20. Februar 1935, der eindeutig belegt, dass Caroline Mikkelsen zur Gruppe der Landgänger gehörte. Und was noch besser ist: Ich habe ein Foto vom historischen Moment der Flaggenhissung.«

Jesse schiebt Marlow das Foto über den Tisch und lächelt wie eine Katze, die soeben einen Sahnetopf ausgeschleckt hat. Marlow nimmt das Foto in die Hand, hält es sich unter die Nase und studiert es durch das Vergrößerungsglas seiner Lesebrille. Er gibt ein Brummen von sich.

»Man kann das Gesicht der Frau kaum erkennen«, murrt er.

»Ich habe ein wundervolles Porträtbild von Caroline aus derselben Zeit.« Jesse schiebt ihm ihre Trumpfkarte Nummer zwei rüber. Bei der Betrachtung des Fotos hellen sich Marlows Züge sichtlich auf.

»Hübsche Frau«, grummelt er. »Also, wie ist der Sachstand?«

Er hat angebissen. Jesse präsentiert Marlow die Fakten und nennt ihre Quellen.

»Susan Riise vom Polarinstitut in Oslo war sehr hilfreich. Ich weiß inzwischen, dass Kapitän Mikkelsen 1941 gestorben und Caroline somit Witwe geworden ist. Wenn sie erneut geheiratet hat, dann trägt sie heute einen anderen Namen. Das würde erklären, warum unsere Suche nach Frau Mikkelsen bislang ins Leere lief.«

Marlow beißt krachend von seiner Möhre ab. Jesse holt tief Luft und fährt fort: »Über Susann Riise habe ich Kontakt zu einer Journalistin des Abendblatts aufgenommen, das ist eine der auflagenstärksten Tageszeitungen Norwegens. Die Kollegin ist bereit, eine Suchanzeige nach Caroline zu schalten. Mit beiden Fotos. Schon nächste Woche. Wir würden jedoch den Aspekt des möglichen Rekords von wegen Erstbetretung weglassen, damit keine geltungssüchtigen Hochstaplerinnen aufkreuzen. Ich möchte vor Ort sein, wenn sich Caroline meldet. Damit ich als Erste ein Interview mit ihr bekomme.«

Ihr Chefredakteur weiß, wie wichtig der Faktor Zeit ist und dass es im Zeitungsgeschäft darum geht, eine Story schneller als die Konkurrenz zu drucken. Aber die Story muss gut sein. Ein Schnellschuss kann nach hinten losgehen. Er wiegt seinen Kopf hin und her und scheint noch nicht überzeugt zu sein. Jesse legt eilig nach.

»Außerdem muss ich nach Sandefjord reisen, um vor Ort zu recherchieren. Der Friedhof mit dem Grab von Kapitän Mikkelsen ist ein zentraler Anlaufpunkt. Dort konnte ich über die Distanz nichts in Erfahrung bringen. Außerdem gibt es dort eine Bibliothek mit einer Sammlung zur Seefahrtsgeschichte von Sandefjord, dem damaligen Zentrum der Walfangindustrie. Ich muss dort hin!«

Jesse überlegt, ob sie noch ins Spiel bringen sollte, dass sie als Einzige im Redaktionsteam noch keine kostspieligen Recherchereisen in Anspruch genommen hat – im Gegensatz zu P. P., Robinson und McQuire, die regelmäßig Reportage- und Interviewreisen machen und in teuren Hotels logieren. Selbst Wobble, der das Fliegen verabscheut, lässt sich nobel chauffieren und wählt die besten Restaurants für seine Interviews aus. Patricia ist deutlich genügsamer, aber im letzten Monat hat Marlow auch ihr einen Trip nach San Francisco für eine Reportage über eine Schwulen-und-Lesben-Vereinigung genehmigt. Das Geldargument kommt Jesse dann allerdings doch zu billig vor. Sie ist schließlich kein Kind, das den Vater zu Weihnachten anbettelt, genauso viele Geschenke zu bekommen wie die Geschwister. Jesse will Marlow mit dem Inhalt ihrer Story überzeugen.

»Dann gibt es noch die zweite Spurensuche in der Antarktis nach dem Steinhaufen von 1935«, spielt Jesse ihre letzten Karten aus. »Diana Patterson, die Leiterin der Davis Station, hat den siebzehn Überwinterern einen Suchauftrag erteilt: Sie haben ein Koordinatenprofil erstellt und werden in den nächsten Wochen und Monaten systematisch nach dem Mikkelsen-Steinhaufen und der Flagge Ausschau halten. Diese Stelle wurde bereits 1957 von einer australischen Expedition gefunden und dokumentiert. Jetzt muss sie nur wiederentdeckt werden.«

Jesse macht eine dramatische Pause.

»Alle Fäden laufen zusammen. Ich habe es im Gefühl.«

Das klingt selbst in ihren Ohren lächerlich pathetisch. Marlow zieht seine linke Augenbraue ironisch in die Höhe und lacht schließlich kurz und bellend auf.

»Sie wollen mir wohl einen Gebrauchtwagen mit defektem Kilometerstand verkaufen, was, Brubaker?«, knurrt er und fährt mit seiner Rechten in die Brusttasche seines Hemdes, wo sonst normalerweise seine Zigarettenschachtel steckt, die zurzeit aber leer ist. Er wirft einen verärgerten Blick auf die Karotte, die als schlechter Ersatz im Aschenbecher liegt. Seine Brauen ziehen sich gewittrig zusammen.

»Warum brennen Sie für diese Story? Was finden Sie an dieser Mikkelsen-Frau so interessant?« Marlow blickt sie durchdringend über seine Brillengläser an. Das ist die entscheidende Frage. Marlows Credo lautet: »Die Motivation des Journalisten ist der Schlüssel zur Geschichte.«

Jesse schluckt trocken. Ja, warum? Warum lässt sie diese Geschichte nicht los? Warum muss sie über Monate hinweg immer wieder daran denken? Sogar in ihre Träume hat sich Caroline Mikkelsen eingeschlichen.

Erst vor wenigen Tagen ist Jesse im Traum über eine unendliche Schneelandschaft gestapft und ist auf großer Suche gewesen, wonach hat sie nicht gewusst. Sie hat nur gewusst, dass sie nicht aufgeben darf, nicht stehen bleiben, sonst würde der Schnee unter ihren Füßen nachgeben und sie würde in eine Eisspalte stürzen. Aber in dieser Eiswüste existierte kein Orientierungspunkt. Ringsum breitete sich das Weiß aus wie ein Totentuch. Auch der Himmel war weiß. Himmel und Erde gingen ineinander über, waren gar vertauscht. Die Weltordnung war womöglich auf den Kopf gestellt. Jesse fürchtete, von diesem Weiß blind zu werden. Noch mehr fürchtete sie, ihre Sinne und ihren Verstand zu verlieren. Sie wollte schreien, aber sie blieb stumm.

Da hörte sie plötzlich ein Flattern, das wie der Flügelschlag eines gigantischen Vogels klang. Sie drehte den Kopf nach dem Geräusch und sah eine rot-blaue Fahne an einem Mast wehen. Die riesige Stofffahne schlug heftig im Wind und sie taumelte darauf zu, warf sich in ihre rettende Umhüllung. Plötzlich fand sie sich in einem Zelt wieder. Es war ein Zirkuszelt mit leeren Rängen und einer Manege mit Sandboden. In der Mitte stand ein Siegertreppchen. Daneben sah sie ihr treues walisisches Springpferd Kimberly mit seiner unbändigen rotbraunen Mähne. Das Pferdchen scharrte mit den Hufen, als wollte es am liebsten auf das Siegerpodest springen und ganz oben eine Pirouette drehen.

Ein Zirkusdirektor im roten Frack, mit schwarzem Zylinder und gezwirbeltem Schnurrbart trat durch einen Vorhang in die Manege. Er ging zu ihrem Pferd, das zunächst vor dem fremden Mann zurückwich. Er streckte seine weiß behandschuhte Hand aus, in der ein grüner Apfel lag. Die Nüstern des Pferdchens blähten sich gierig und sofort fraß es dem Zirkusdirektor aus der Hand. Dabei ließ der Mann seine freie Hand mit dem weißen Handschuh über Bauch und Beine des Pferdes gleiten, wie ein zärtliches Streicheln. Aber Jesse wusste schon, was diese Untersuchung zum Vorschein bringen würde, und ihre Kehle schnürte sich zusammen. Der Mann im Zylinder hielt ihr seine Hand in einer Geste der Anklage entgegen: Blut auf weißem Handschuh. Sie war disqualifiziert. Ausgestoßen aus der Gemeinschaft der Sieger. Sie drehte sich um und wollte vom Ort ihrer Niederlage fliehen, da stand plötzlich diese Frau vor ihr. Eine hohe Gestalt in einem schwarzen Mantel mit blondem Haar in Wellen, so wie auf dem Porträtfoto von Caroline. Ihr Gesicht war hell und verschwommen, aber ganz deutlich konnte Jesse ein gütiges Lächeln in diesem Gesicht spüren. Eine tröstliche Wärme ging von dieser Frau aus.

Dann erwachte Jesse aus ihrem Traum und warme Tränen liefen ihr die Wangen hinunter.

Von diesem Traum würde sie Marlow natürlich nicht erzählen. Jesse weiß selbst nicht genau, was er bedeutet. Sie weiß nur, dass es wichtig ist, Caroline zu finden. Wenn sie sie gefunden hat, werden sich die Schleier heben und sie wird verstehen, warum. Solange ihr Verstand sich weigert, bleibt ihr nichts anderes übrig, als auf ihr Gefühl zu vertrauen. Jesse räuspert sich.

»Mein Instinkt als Journalistin verrät mir, dass diese Frau und ihre Geschichte es wert sind, entdeckt zu werden«, sagt sie mit vorgerecktem Kinn und sieht Marlow unverwandt an. Dieser erwidert den Blick forschend, bis er zufrieden ist.

»Okay«, entscheidet Marlow. »Enttäuschen Sie mich nicht.« Dann winkt er sie mit der Hand zur Tür und beißt wieder in seine Karotte.

Jesse geht schnurstracks zu Elvira, um ihren Flug nach Oslo zu buchen. Ihr Herz hämmert vor Aufregung. In Sandefjord wird sie das Geheimnis um Caroline lüften, da ist sie sich sicher.

Kapitel 62:
Ein Sturm fällt einen Baum und weht einen Gärtner herbei

Sandefjord, 9. April 1944

Hoffentlich riss ihr der Sturm nicht das Dach über dem Kopf weg, dachte Caroline. Die hölzernen Fensterläden klapperten und knirschten, als würde ein wütender Riese daran rütteln. Caroline schlug die Bettdecke zurück, schlüpfte in ihre Pantoffeln und huschte auf flinken Sohlen durch das ganze Haus. Sie prüfte alle Fenster, die sie am Nachmittag mit zusätzlichen Brettern außen verstärkt hatte. Hoffentlich hielten die Läden dem Orkan stand, der vom Meer ungebremst auf die Küste und die standhaften Häuser von Sandefjord einpeitschte. Gerade in solchen Nächten wünschte sie sich, sie müsste nicht alleine in diesem großen Haus leben. Nach ihrem Rundgang legte sie sich wieder ins Bett und das Sturmheulen wiegte sie in einen unruhigen Schlaf. Mitten in der

Nacht krachte es unglaublich laut. Caroline schreckte hoch und horchte in die Dunkelheit. Was war das gewesen? Da alle Fenster verbarrikadiert waren, konnte sie nicht hinausschauen. Sie zog sich die Decke bis unter die Nase und verkroch sich in die Kissen.

Als der Morgen kam, wurde es still. Nebelschleier hoben sich aus dem feuchten Boden und legten sich wie ein Vorhang über die Zeugnisse der nächtlichen Verwüstung. Caroline öffnete die Fensterläden – und da sah sie es: Die herrliche Kastanie in ihrem Garten war umgerissen worden und streckte sich wie ein Gefallener vor ihr aus. Der mächtige Stamm lag quer über der Wiese und sein Geäst zeigte wie Finger zum Haus. Das Gemüsebeet war darunter begraben, aber der Schaden war nicht groß, da die meisten Setzlinge noch klein oder unter der Erde waren. Ihre Nachbarn waren auch alle draußen und untersuchten die Schäden an ihren Häusern. Einige Dachziegel waren weggerissen worden, ein Schuppen hatte kein Dach mehr, aber Carolines umgestürzter Baum war der größte Schaden.

»Da haben Sie Feuerholz für den ganzen nächsten Winter, Frau Mikkelsen«, meinte Herr Mathisen von nebenan.

»Bestellen Sie jemanden mit einer Motorsäge«, riet ihr Frau Kristoffersen. Plötzlich kamen die kleinen Mädchen von nebenan aufgeregt angerannt. Sie hatten ein Vogelnest in der Baumkrone entdeckt, das nun im Astgewirr versteckt auf dem Boden lag.

»Da sind Babyvögel drinnen«, rief Inga und zog Caroline an der Hand zum Fundort. Sie schauten nach und tatsächlich: Das Nest war voll besetzt mit vier winzigen Küken, die leise zirpten und ihre Schnäbelchen hungrig nach oben reckten, ihre Augen noch geschlossen – sie waren ganz frisch geschlüpft. Ein fünftes Ei lag aufgebrochen dabei, das Jungtier darin war noch nicht bereit zum Schlüpfen gewesen und verendet. Der dicke Kater Leif schlich schon gierig um die Baumkrone herum.

»Hau ab, du böser Vogelfresser«, kreischte die kleine Jana. In diesem Moment bemerkte Caroline das Vogelpaar, das besorgt über dem Haus kreiste: die Eltern der hilflosen Küken. Es waren zwei prächtige Küstenseeschwalben. Caroline mochte diese Vögel besonders gerne, weil diese sie mit ihrem schwarz-weißen Gefieder und den roten Schnäbeln an die Pinguine aus der Antarktis erinnerten. Die Schwalbeneltern wollten offensichtlich zu ihrem Nachwuchs, aber die Menschen schreckten sie ab. Caroline trug das Nest mit den Küken in die Küche, um es vor dem Kater in Sicherheit zu bringen. Jana versuchte, den Vogelbabys Milch aus ihrem Fläschchen in die Schnäbel zu tröpfeln.

»Vögel trinken keine Milch«, sagte ihre weise vierjährige Schwester Inga. »Wir müssen Regenwürmer suchen.«

Damit jagten die zwei Mädchen davon – zweifellos auf der Suche nach diesem Futter.

Caroline machte sich als Nächstes daran, im Telefonbuch nach geeigneten Firmen zu suchen, die ihr den Baum zerlegen würden. Sie telefonierte herum – von der Feuerwehr über die Försterei bis zur Schreinerei –, aber niemand war bereit, diese Arbeit in den nächsten Wochen zu erledigen. Alle Arbeiter waren ausgebucht mit dringenderen Einsätzen oder hatten nicht das nötige Gerät dafür. Also blätterte sie im überregionalen Branchenbuch und versuchte es auf gut Glück bei der Gartenbaufirma Mandel & Söhne aus Tønsberg, 30 Kilometer nördlich von Sandefjord.

Es läutete drei Mal, dann meldete sich eine Dame am Telefon, offenbar die Sekretärin. Caroline schilderte ihr Baumproblem. Nein, solche Arbeiten fielen nicht ins Profil der Firma, sie machten zwar Geländearbeiten und hätten auch schon viele Bäume ein- und umgepflanzt, aber das reine Zersägen, nein … Da hörte Caroline im Hintergrund eine Männerstimme und es wurde gemurmelt.

»Hören Sie«, meldete sich die Sekretärin wieder. »Sie haben Glück, der Juniorchef hat morgen in der Nähe von Sandefjord einen Auftrag. Er könnte gegen Nachmittag bei Ihnen sein und sich die Sache mal ansehen.«

Caroline sagte erleichtert zu. Gerade, als sie aufgehängt hatte, trippelten die kleinen Mädchen herein. Lara hatte einen Goldfisch aus dem Teich des Nachbarn Larsson in der Hand und wollte ihn an die Vogelbabys verfüttern.

Am nächsten Nachmittag hörte Caroline um kurz nach 15 Uhr tatsächlich ein mächtiges Brummen. Sie eilte zum Fenster und sah einen Lastwagen mit Kran von der Gartenbaufirma Mandel & Söhne vor ihrer Tür halten. Zwei Arbeiter in grünen Overalls und dicken Stiefeln stiegen aus und marschierten zielstrebig in den Garten. Dort nahmen sie das liegende Baum-Ungetüm in Augenschein. Caroline eilte hinaus.

»*God dag.* Johan Mandel«, sagte der Jüngere der beiden und reichte ihr die Hand. Der Juniorchef hatte ein rundes Gesicht mit rehbraunen Augen und sprach mit sanfter Stimme. Seine feinen Augenbrauen und vollen Lippen verliehen ihm ein jungenhaftes Aussehen. Er wirkte überhaupt nicht so wie die derben Arbeiter, die Caroline im Laufe der Jahre kennengelernt hatte.

»Da haben Sie aber Glück gehabt, Frau Mikkelsen, dass die Kastanie nicht auf Ihr Haus gestürzt ist«, sagte er. Zu ihrem großen Glück im Unglück hatten ihr die Nachbarn auch schon gratuliert. Sie nickte halbherzig. Er stapfte zum Wurzelwerk, das jäh aus dem Boden gerissen worden war und nun wirr in die Luft ragte. Im Erdreich klaffte ein kleiner Krater.

»Hier könnten Sie einen Teich anlegen. Das Loch haben wir schon«, schlug der Kollege vor, ein stämmiger Bursche mit roten Haaren. Er wollte offenbar, dass noch ein richtiger Gartenbauauftrag dabei heraussprang.

»Meinen Sie, Sie können den Baum zersägen und alles abtransportieren?«, fragte Caroline hoffnungsvoll. »Die Nachbarn raten mir zwar, den Stamm als Feuerholz zu verwenden, aber eigentlich heize ich mit Briketts.«

Herr Mandel wiegte seinen Kopf, drehte schweigend eine Runde um den ganzen Baum, dann stand er wieder vor ihr und nickte bedächtig. »Das machen wir. Kein Problem. Das Holz bringen wir zum Müller. Das kostet Sie nichts, daraus bekommen wir Holzstreu für die Beete.«

Caroline lächelte erleichtert. Dann nannte er ihr einen günstigen Pauschalpreis und sagte, sie könnten sofort mit der Arbeit anfangen.

»Ja, bitte!«, antwortete sie und nickte erleichtert.

Während die beiden Gartenbauer dem Baum mit zwei Motorsägen zu Leibe rückten, kochte Caroline Kaffee und durchstöberte ihre Vorratskammern nach Gebäck. Sie fand immerhin Haferplätzchen von vorletzter Woche, ein bisschen hart, aber sonst gut genießbar. Nach einer Stunde bat sie die Männer herein. Auf Geheiß von Mandel junior zogen beide artig ihre lehmigen Stiefel aus und nahmen höflich Carolines Verköstigung an.

»Was piepst denn da so?«, fragte Johan Mandel, und Caroline zeigte ihm das Vogelnest im Wintergarten. Sie hatte eine Wärmelampe darüber gestellt und die nackten Küken seit gestern alle halbe Stunde mit Katzenfutter verdünnt mit Wasser gefüttert. Die Vogeleltern kreisten immer noch in der Nähe am Himmel. Sie wollte das Nest eigentlich auf ihr Dach legen oder sonst wo in die Höhe, damit die Eltern die Jungtierpflege wieder übernehmen konnten, aber alleine schaffte sie das nicht.

»Woher stammen denn die armen Würmchen?«, fragte Herr Mandel. Die Würmchen piepten jämmerlich.

»Sie sind auch Sturmopfer. Ihr Nest hing in den Wipfeln der Kastanie«, erklärte Caroline.

»Wir könnten das Nest in die Eiche im Nachbargarten heben«, schlug der Gartenbauer vor. Caroline war im ersten Moment überrascht über so viel Hilfsbereitschaft – aber dann auch wieder nicht, schließlich hatte Herr Mandel ihren wenig lukrativen Baum-Auftrag auch nur aus reiner Gutmütigkeit angenommen.

Und so verbrachten sie die nächste Stunde damit, das Nest mithilfe des Krans in den Baumwipfeln der Eiche mit Drähten festzumachen. Währenddessen hatte Caroline die Vogelbabys in einem Brotkorb untergebracht. Als das Nest festsaß, bettete Herr Mandel die Küken behutsam um – ein wahrer Tierfreund, dieser Mann. Mit Spannung beobachteten sie, ob das Elternpaar zu ihrem Nest zurückkehrte. Es dauerte keine zehn Minuten, da kreisten die Küstenseeschwalben – angelockt von den Rufen ihrer Jungen – zunächst skeptisch über der Eiche und landeten dann zielsicher im umquartierten Nest. Das war bestimmt eine riesige Wiedersehensfreude. Kurz darauf flogen die Eltern bereits eifrig hin und her und schafften Futter für ihre Küken heran. Die Kleinen waren gerettet. Mit dem letzten Tageslicht räumten die Gartenbauer die Reste der Kastanie auf ihren Laster. Caroline bedankte sich überschwänglich und dann verschwanden ihre Retter in die Nacht.

Sandefjord, 12. April 1944

Meine liebe Elin,

ich habe dir zwar erst gestern von der umgestürzten Kastanie geschrieben, aber heute – am Tag nach der Baum-Vogel-Rettung – gibt es neue Entwicklungen.

Rate mal, wer mich eben angerufen und schüchtern gefragt hat, ob er mich bald einmal ausführen darf – zum Essen und in einen Garten, den er mit seiner Firma gestaltet hat? Der sanfte Vogelfreund Johan Mandel! Ich habe zugesagt und freue mich sogar darauf. Da habe ich mit dem Sturm vielleicht wirklich Glück im Unglück gehabt …

Ich umarme und drücke dich
deine aufgeregte Schwester Caroline
PS: Ich muss unbedingt zum Friseur.

Kapitel 63:
Ein neuer Herzschlag

Sandefjord, 20. Dezember 1944

Meine liebe Elin,
ach, ich hätte nie gedacht, dass ich jemals so glücklich sein könnte. Ich erwarte ein Baby! Ich bin im vierten Monat schwanger und kann schon die wunderbare Wölbung meines Bauches fühlen. Ich würde das am liebsten noch tausend Mal aufschreiben, damit ich es wirklich glauben kann. Johan ist auch überglücklich.

Meinen lieben Johan so kurz nach unserem Kennenlernen zu heiraten war die beste Entscheidung meines Lebens. Ja, es stimmt schon, dass ich ihn nicht so aufregend fand wie damals Klarius mit seinem weltgewandten Charme. Aber bereits an dem Tag, als Johan die Vogelküken mit mir gerettet hat, habe ich gespürt, dass er ein gutes Herz hat. Bei Johan habe ich das Gefühl, dass ich die ganze Welt für ihn bin. Klarius musste ich immer mit der See teilen.

Diese Vergleiche vertraue ich aber nur dir an, liebe Schwester. Gegenüber Johan spreche ich nicht über meinen ersten Mann, das versteht sich von selbst. Johan schwärmt mir schließlich auch nicht von meinen Vorgängerinnen vor. Vielleicht gab es auch keine, er hat immer so fleißig in der Firma seines Vaters gearbeitet, dass ihm für Frauenbekanntschaften praktisch keine Zeit blieb.

Bei unserer ersten Verabredung hatte ich Johan von meiner Reise auf der *Thorshavn* erzählt. Er hatte gestaunt und interessierte Fragen gestellt. Aber als er mir sagte, dass er selbst noch nie außerhalb von Norwegen gewesen sei (einige Male war er mit seinem Vater in Oslo), habe ich beschlossen, nicht wieder mit den fernen Ländern zu prahlen, die ich schon bereist habe.

Was ich nun mit Johan erleben darf, nämlich eine Familie zu gründen und gemeinsam Kinder großzuziehen, ist die wunderbarste Erfahrungsreise, die ich mir wünschen kann. Dieses Geschenk konnte mir Klarius nicht machen. Ich bin fleißig dabei, Babykleidung zu nähen. Das werden frohe Weihnachten, nur der Krieg muss endlich aufhören.

Ich sende dir tausend Küsse
deine Schwester Caroline MANDEL

Kapitel 64: Bauchgefühl

Sandefjord, 1. Mai 1945

Caroline steckte sich eine Marzipankartoffel in den Mund und strich sich über ihren Bauch, der fast ebenso rund war wie die Leckerei. Sie lehnte sich im Schaukelstuhl zurück und nahm das Strickzeug wieder auf. Das Mützchen war beinahe fertig. Sie spürte, wie das Baby in ihrem Innern strampelte und scheinbar im Fruchtwasser Saltos schlug. Zärtlich tätschelte sie mit den Fingerspitzen die Stelle, wo sie die lebensfrohen Tritte ihres Schatzes fühlte. Obwohl sie mit ihren 39 Jahren nicht mehr die jüngste werdende Mutter war, machte sie sich keinerlei Sorgen – sie spürte deutlich, dass mit dem Baby und mit ihr selbst alles in bester Ordnung war.

»Bist du heute wieder ganz aufgedreht, was?«, flüsterte sie. Vielleicht ahnte das Kind, dass gerade sein Zimmer eingerichtet wurde. Caroline blickte zu Johan, der mit konzentrierter Miene die Fugen und Nieten der Seitenwände der Wiege aneinanderfügte. Die Holzelemente hatte er in einem schönen

Frühlingsgrün gestrichen, das sie selbst ausgewählt hatte. Johan war ein geschickter Handwerker und hatte auch schon den Wickeltisch sowie das Kleiderschränkchen aus dem gleichen Holz gezimmert. Bald war alles bereit für die Ankunft ihres Kindes. Das große Fenster ließ viel Licht in den Raum, der erfüllt war von Vorfreude. Caroline hatte das Gefühl, als trage sie die Sonne mit sich herum. Sie musste schmunzeln, denn ihr runder Bauch sah heute in der gelborangen Bluse wirklich wie ein Sonnenball aus. Sie hatte sich die meisten Kleider ihrer Umstandsgarderobe selbst geschneidert. Die Kleider, die es in den Geschäften gab, gefielen ihr überhaupt nicht. Die meisten Schnitte waren darauf ausgelegt, den Bauch der Schwangeren möglichst zu kaschieren, in locker fallenden und farblosen Stoffen wurde der Bauch beinahe wie ein Schandfleck verborgen. Aber Caroline trug ihren prächtigen Bauch voller Stolz vor sich her und hüllte seine Form gerne in leuchtende Farben. Die Raffungen der Bluse unter der Brust und um die Hüften sorgten dafür, dass die Babykugel bestens zum Vorschein kam. Am liebsten hätte sie eine Schleife um ihren Bauch gebunden, denn darin verbarg sich wirklich ein Geschenk.

»Komm gucken, Caroline, das wippt jetzt richtig«, meldete sich Johan aus der anderen Zimmerecke und tippte mit dem Fuß auf die gebogenen Kufen der Wiege, die daraufhin sanft hin und her schaukelte.

»Das hast du schön gebaut«, lobte sie ihn und gab ihrem Mann einen Kuss auf seine weichen Lippen. Seine Hand legte sich stützend in ihren Rücken.

Seit Johan zur Hochzeit in ihr Haus gezogen war, hatte sich einiges verändert. Die komplette Einrichtung war neu und ganz nach Carolines Geschmack mit viel hellem Holz und freundlichen Farben. Es hatte ihr gutgetan, all die alten Möbel aus Klarius' Zeiten hinauszuwerfen. Nicht nur, weil sie die meisten davon hässlich und schäbig fand, sondern auch, weil zu viele Erinnerungen daran hingen. Lediglich ihren kleinen Nähtisch hatte sie behalten. Im großen Eheschlafzimmer stand nun wieder ein warmes Bett für zwei. Ihr Stofflager und den Zuschneidetisch hatte sie in eine eigens dafür errichtete Holzhütte im Garten umquartiert.

»Jetzt baue ich noch ein Vogelhaus in die Birke vor dem Fenster, dann singt die Nachtigall unser Kind in den Schlaf«, frohlockte Johan. »Und zum Aufwecken haben wir die Schwalben mit ihrem Gesang.«

»Ums Aufwecken musst du dir keine Sorgen machen, das erledigt unser Baby höchstpersönlich mit lautem Geschrei«, neckte Caroline ihren Mann. Sie konnte es kaum erwarten.

Kapitel 65:
Jesse gibt eine Suchanzeige auf

Oslo, Norwegen, 1. Oktober 1995

Als Jesse in Oslo aus dem Flugzeug steigt, peitscht der Wind ihr Regentropfen ins Gesicht und sie hält ihren Kopf gesenkt, während sie den gelben Linien auf dem Asphalt des Flugfeldes ins schützende Gebäude folgt. Sie muss an den gelben Weg aus »Der Zauberer von Oz« denken. Ob Jesse hier auch so viele Prüfungen überstehen muss wie Dorothy in diesem Lieblingsfilm ihrer Kindheit? Leider hat sie keine roten Zauberschuhe an den Füßen, sondern Stiefeletten aus Wildleder, die in kürzester Zeit vom Regen durchnässt sind.

Im Terminal muss sie eine halbe Stunde auf ihren Koffer warten und nimmt dann ein Taxi ins Hotel in der Hafengegend.

Im Hotel lässt sie sich auf das Bett fallen. Sie blickt auf ihre Armbanduhr: ein Uhr nachts. So fühlt sie sich auch. Hier in Oslo hat der graue Himmel noch Tageslicht. Der Hotelwecker verrät ihr, dass es erst 16 Uhr am Nachmittag ist. Sie zieht die Vorhänge zu und legt sich schlafen. Morgen hat sie viel vor.

Als Jesse aufwacht, ist es draußen noch dunkel. Sechs Uhr an einem Montagmorgen. »Der frühe Vogel fängt den Wurm«, heißt es doch. Sie duscht heiß und stärkt sich mit einem kräftigen Frühstück. Um zehn Uhr ist sie mit Torild Albertsen von der Tageszeitung Abendblatt verabredet. Sie hat noch zwei Stunden Zeit und erkundet die Umgebung. Mit dem Faltplan, an dem der Wind zerrt, findet sie sich einigermaßen zurecht. Immerhin regnet es nicht. Sie spaziert durch den Schlosspark. Über die norwegische Königsfamilie weiß sie bestens aus den Boulevardblättern Bescheid. König Harald und Königin Sonja sind vorbildliche Monarchen. Der 22-jährige Kronprinz Haakon ist einer der begehrtesten Junggesellen Europas. Er leistet gerade seinen Militärdienst bei der norwegischen Marine ab. Die Norweger und die Seefahrt sind offenbar untrennbar miteinander verbunden.

Jesse geht die Karl Johans gate am Rande einer Parkanlage entlang. Sie sieht die Rückseite vom Nationaltheater. Am Ende des Parkstreifens befindet sich eine Schlittschuhbahn, »*Spikersuppa skøytebane*«, die um diese Zeit verlassen daliegt. Die weiße Eisfläche lässt die surrealen Bilder aus ihrem Traum von der Antarktis wieder vor ihrem inneren Auge aufsteigen. Im nächsten Moment fällt ihr Blick auf das schrille Schild einer Burgerfiliale und sie muss schmunzeln. Oslo strotzt vor banaler Realität – das ist irgendwie beruhigend. Nun hält sie sich Richtung Norden. Nach einigen Hundert Metern erreicht sie das schlichte graue Zeitungsgebäude, das im Schatten eines eckigen Regierungshochhauses aus den 60er-Jahren steht. Die Presse als sogenannte vierte Gewalt im Staat macht sich hier zumindest optisch ziemlich klein.

Jesse meldet sich beim Empfang an und kurze Zeit später kommt Frau Albertsen mit ausgestreckter Hand auf sie zu. Die

Journalistin ist eine rundliche Frau um die 50 mit blondem Bubikopf und wachen Augen. Sie führt Jesse in ihr Büro im dritten Stock. Es ist ein schlauchartiges Einzelzimmer mit schlichten Möbeln. Der Schreibtisch mit dem bauchigen Monitor dominiert den Raum. Frau Albertsen hat die Wände über und über mit Landkarten behängt. Ihre Gastgeberin zieht einen zweiten Stuhl neben den eigenen Sessel vor den Schreibtisch und schenkt Jesse eine Tasse schwarzen Tee ein. Sie selbst hat scheinbar gerade ihr Frühstück eingenommen, links neben dem Computer steht ein Teller mit Brötchenkrümeln und ein brauner weicher Brocken liegt noch darauf, den Jesse nicht identifizieren kann.

Frau Albertsen, die ihren Blick verfolgt hat, lacht sie an. »Das ist Braunkäse«, sagt sie in gutem Englisch. »Den gibt es nur in Norwegen. Möchten Sie probieren?«

Jesse schüttelt lächelnd den Kopf. Sie wünscht, sie hätte der Kollegin ein Präsent aus Australien mitgebracht. Frau Albertsen hat schon einen Entwurf für den Suchartikel verfasst, den sie Jesse in der Übersetzung vorliest. Jesse ist sehr zufrieden damit und steuert die Fotos von Caroline bei. Der Artikel soll am Freitag, den 6. Oktober, erscheinen.

»Es freut mich, dass ich bei Ihnen offene Türen einrenne«, sagt Jesse.

Frau Albertsen schaut verblüfft zur Tür. Okay, diesen figurativen Ausdruck scheint es im Norwegischen nicht zu geben.

»Ich meine, dass ich in Ihrer Redaktion auf keine Widerstände stoße. Bei mir in Sydney musste ich ziemliche Überzeugungsarbeit bei meinem Chefredakteur leisten«, erklärt Jesse. Jetzt hat Frau Albertsen verstanden und nickt.

»Wir Norweger verehren unsere Entdecker. Wir sind eine Nation der Seefahrer. Wir wären stolz, wenn eine Norwegerin als Erstbetreterin der Antarktis in die Annalen einginge.«

Frau Andersen beugt sich zu Jesse hinüber und senkt ihre Stimme. »Außerdem kann es nie schaden, die Flagge der Frauen hochzuhalten, nicht wahr?« Sie zwinkert Jesse verschwörerisch zu. »Wussten Sie, dass Frauen in Norwegen schon seit 1895 wählen durften und bereits im Jahr 1911 die erste Frau als Abgeordnete ins Parlament gelangte? Da saßen die Suffragetten in England noch in der Kinderstube.«

»Wir können in Australien offenbar noch einiges von den Norwegerinnen lernen«, staunt Jesse.

Schließlich verabschieden sie sich herzlich voneinander und Frau Albertsen verspricht, Jesse sofort zu kontaktieren, sobald sich jemand auf die Suchanzeige meldet.

Am frühen Nachmittag nimmt Jesse den Zug nach Sandefjord und checkt drei Stunden später dort in eine Pension am Hafen ein. Im Haus riecht es nach Fisch und die Matratze des Bettes hängt durch wie eine Hängematte. Jesse lässt sich um 18 Uhr in diese Schlafstätte aus Daunen sinken und schläft die nächsten zwölf Stunden wie ein Murmeltier.

Am Dienstag sucht sie die zwei Friedhöfe der Stadt auf. Auf dem zweiten wird sie fündig: das Familiengrab Mikkelsen. Auf einem breiten Stein aus grau gemasertem Marmor sind eine Anzahl von Namen in Metallbuchstaben aufgebracht. Ihr Blick fällt sofort auf Klarius und seine Lebensdaten: 1887–1941. Neben seinem Namen stehen links eine Lisa und rechts eine Nora. Von den Lebensdaten her könnte Nora seine Mutter sein. Die Grabstätte ist mit immergrünen Büschen bepflanzt und sieht einigermaßen gepflegt aus.

In der Friedhofsverwaltung bekommt Jesse einen alten Mann mit roter Nase zu sprechen, der grummelnd mit seinem krummen Finger ein dickes, staubiges Register durchblättert. Er zeigt ihr den Eintrag zur Grabstelle der Mikkelsens. Jesse fragt, wer für die Grabpflege bezahlt. Der Mann versteht sie nicht. Jesse reibt Daumen und Zeigefinger aneinander in der internationalen Geste für Geld und deutet auch auf ihre Geldbörse. Der Mann nickt.

»Mikkelsen. Aus Narvik«, antwortet er. Er kritzelt auf einen Zettel: 1960–2020. Die Grabstelle scheint für 60 Jahre bezahlt zu sein.

»Kommt manchmal jemand von der Familie zum Grab?« Jesse faltet ihre Hände wie im Gebet und tupft sich theatralisch die Augen. Der alte Mann grinst und zeigt Zahnlücken. Er wiegt nachdenklich seinen Kopf. Dann weist er auf den Kalender an der Wand, sein krummer Finger tippt auf den 1. November, also Allerheiligen. Dann deutet er auf die roten Grabkerzen im Regal, die hier gekauft werden können. Jesse versteht. Aber wenn sie den ganzen Monat in Sandefjord bliebe, um sich zu Allerheiligen beim Mikkelsen-Grab auf die Lauer zu legen, würde Marlow garantiert ausflippen. Sie sieht ihn vor sich, wie er vor Zorn drei Zigaretten gleichzeitig pafft.

Sie bedankt sich beim Friedhofsverwalter und will gehen, der aber zupft sie am Ärmel. Er macht erst eine Geste des Lenkens, dann breitet er die Arme aus wie ein Vogel – nein, wie ein Flugzeug. Scheinbar will er wissen, wo sie hinwill oder wo sie herkommt. Sie zuckt ratlos die Achseln. Der Alte formt mit seinen Händen ein Dreieck, das er wie ein Dach über seinen Kopf hält. Ah, er meint ihr Zuhause.

»Australien«, sagt Jesse.

Der Alte zeigt wieder seine Zahnlücken, sagt: »*Kenguru?*«, und deutet ein beidbeiniges Hüpfen an, erstaunlich fit für sein Alter.

Jesse lacht bestätigend. »*Kenguru*«, wiederholt sie und winkt zum Abschied. Trotz des rauen Klimas scheinen die Norweger ein sonniges Gemüt zu haben.

Bei einem Spaziergang am Hafen blickt Jesse auf die aufgewühlte See und wundert sich, wie unterschiedlich Wasser aussehen kann. Auch die See hat ihren eigenen Charakter, genauso wie

Berge. Niemand würde die Alpen mit dem Himalaja verwechseln. Ebenso verhält es sich mit den Meeren dieser Welt. Wasser ist eben nicht Wasser, genauso wenig wie Gipfel gleich Gipfel ist. In der Bucht ihrer Geburtsstadt Townsville hat das Meer ein tiefes Blau mit weißen Krönchen und seine Wellen schlagen klein und beständig auf das Land, völlig unaufgeregt. Wie eine weise Seebärin. In Sydney ist das Wasser im Hafenbecken fast schwarz und im Korallenmeer des Barrier Reefs leuchtend türkis. Es gibt die hohen Wellen, die die Surfer anlocken. Der Südpazifik bei Sydney ist wie eine launische Geliebte: mal aufschäumend, mal verführerisch, mal zutiefst trüb und kalt.

Hier am Hafen von Sandefjord peitscht der Wind die See auf. Man sollte meinen, dass der Skagerrak – diese große Einbuchtung, die Norwegen, Schweden und Dänemark miteinander verbindet – ein friedliches Gewässer wäre. Aber hier scheinen die Strömungen miteinander zu toben wie ein Rudel verspielter Junghunde.

Jesse schaut der Sonne beim Untergehen zu. Das hat sie schon lange nicht mehr getan. Dann legt sie sich schlafen. Sie steht auch mit der Sonne wieder auf. Wie lange ist es her, dass sie so gut durchgeschlafen hat? Monate. Jahre sogar. Hier in diesem rauen Fischerort fühlt Jesse sich mit jedem Tag mehr und mehr von der Langsamkeit des Lebens angesteckt. Wie Ebbe und Flut hat an diesem Ort alles seinen Rhythmus. Man muss sich diesem Rhythmus anpassen und nicht dagegen ankämpfen. Die Natur gibt hier den Weltenlauf vor. Welch ein Aufatmen, nicht stündlich auf die Uhr achten zu müssen, die sich jede Stunde schneller zu drehen scheint bis zum Redaktionsschluss um 20 Uhr, dieser täglichen apokalyptischen Erlösung.

Am Donnerstag hat sie keinen Termin. Sie schlendert ohne Plan durch die Straßen, guckt sich Schaufenster an, kehrt in ein Café ein, weil ihr der Kuchen in der Auslage Appetit macht. Es ist kein American Cheesecake. Aber warum nicht einmal etwas Norwegisches probieren – »*kvaefjordkake*«. Diese Leckerei hat einen Rührteigboden, darauf ruht eine Schicht goldgelbe Vanillepuddingcreme und obenauf liegt eine knusprige Mandelbaiserhaube. Danach kann man süchtig werden.

Am Nachmittag besucht Jesse das Walfangmuseum. Hier stößt sie auf viele Spuren von Lars Christensen und seinen umfangreichen Antarktisexpeditionen. Aber anstatt sich hektisch Notizen zu machen, schlendert Jesse wie eine Touristin durch die Ausstellung und lässt die Atmosphäre auf sich wirken. Manche Dinge kann man vielleicht besser mit dem Gefühl als dem Verstand begreifen.

Zurück im Hotel kuschelt sie sich im Bett in die Daunendecke und holt die Postkarte mit den niedlichen Pinguinen hervor, die sie im Museum gekauft hat. Sie hat bei ihrem Rundgang ständig an ihr kindliches Ich denken müssen, das so viele Stunden über dem Atlas gehangen und sich Reiserouten in ferne Länder ausgedacht hat. Mit einem Schmunzeln schreibt sie nun eine Postkarte, die sie an sich selbst in Sydney adressiert.

> Liebe kleine Jesse,
> heute darfst du den ganzen Tag im Schlafanzug bleiben und dich mit deinem Atlas und einem leckeren Proviant (Mamas Kuchen) im Bett aalen. Das nächste Schiff in die Antarktis steht für dich bereit. Du kannst schon deine Reiseliste schreiben. Vergiss nicht, einige Leckerlis für die Pinguine einzupacken. Am liebsten mögen sie Fisch.
>
> Ich sende dir einige Küsschen auf die Nase – für jede Sommersprosse eines
> > deine große Jesse

Beim letzten Satz füllen sich ihre Augen mit Tränen. Sie lässt sie laufen. Die Worte und die Tränen fühlen sich warm an. Nachdem sie die Postkarte in den Briefkasten geworfen hat, ist sie in Hochstimmung. Als Kind hat sie Briefe an den Weihnachtsmann am Nordpol geschrieben. Heute fühlt sie sich hier im hohen Norden selbst wie der Weihnachtsmann, der einem Kind seine Wünsche erfüllt.

Am Freitag kehrt ihre Nervosität zurück. Beim Frühstück schnappt sie sich als Erstes eine Ausgabe des Abendblatts und liest begierig die Suchanzeige zu Caroline.

»Gesucht wird Caroline Mikkelsen, die im Winter 1934/35 auf der *M/S Thorshavn* die Antarktis bereiste«, heißt es in der Überschrift. Die Gesuchte selbst oder Personen, die etwas über ihren Verbleib wissen, sind aufgefordert, sich bei der Zeitung zu melden. Eine Telefonnummer und Adresse sind angegeben.

Jesse hat ihrer Verbündeten Torild Albertsen ihre Telefonnummer in der Pension mitgeteilt und sitzt nun auf der Stuhlkante in Erwartung ihres Anrufs. Heute ist es noch zu früh, ermahnt sie sich. Tatsächlich bleibt das Telefon am Freitag stumm. Aber am Samstag läutet es.

»Wir haben sie gefunden!«, ertönt die jubilierende Stimme aus Oslo.

Kapitel 66:
Blumen in Tønsberg

Tønsberg, 18. Mai 1948

Meine liebe Elin,
    inzwischen haben wir uns im neuen Heim in Tønsberg gut eingerichtet. Unser kleiner Johan hat sein neues Kinderzimmer schon fest in Beschlag genommen und seine sämtlichen Spielsachen aufgebaut (besser gesagt, verstreut), sodass man sich vorsichtig einen Weg bahnen muss, um nicht auf eine Spielfigur, ein Schiffchen oder einen Bagger zu treten. Vor dem Umzug hatte Johan junior stolz verkündet: »Mama, wenn ich drei Jahre alt bin, will ich ein Bettchen ohne Gitter bekommen. Gitterbetten sind nur für Babys«, und dabei hat er auf seine kleine Schwester gezeigt. Die beiden teilen sich das Kinderzimmer, und ja – Johan hat sein Bettchen für große Jungs bekommen. Er ist so goldig! Ich brauche nur in sein kleines Gesichtchen zu schauen und mir wird es warm im Herzen. Bei Lisbet natürlich genauso.

Nächste Woche wollen wir unser Blumengeschäft »Mandel Hageparadis« im Stadtzentrum eröffnen. Mein Mann hat alles bestens vorbereitet. Wir haben zwei Verkäuferinnen eingestellt. Auf unsere Zeitungsanzeige haben sich dreizehn (!) freundliche Damen mit Verkaufs- und Pflanzenerfahrung gemeldet. Wir haben sie im Stundentakt über drei Tage verteilt zu uns einbestellt, um sie kennenzulernen.

»Was meinst du, sollen wir einfach die beiden Floristinnen mit der längsten Berufserfahrung nehmen?«, fragte mich Johan ein wenig erschlagen nach den vielen Vorstellungsgesprächen.

»Ich denke, wir entscheiden uns für eine erfahrene und eine junge. Dann können sie sich gut ergänzen und vor allem entsteht kein Konkurrenzkampf«, schlug ich vor und hielt ihm die Fotos von meinen beiden Favoritinnen hin.

»Ja, ist gut. So machen wir es«, antwortete mein Mann und strich zufrieden über meine Hand. Ich freue mich, dass Johan, obwohl er fünf Jahre älter ist als ich und geschäftserfahren, meinen Rat immer so hoch schätzt.

Die Ware bekommen wir von der Gartenbaufirma seines Vaters.

Du fragst, liebe Elin, ob sich die familiären Wogen endlich geglättet hätten. Nun, mein Schwiegervater hat tatsächlich nachgegeben. Das war ein langer Weg. Aber ich wollte nicht länger mit ansehen, wie mein Johan immer den Kopf einziehen musste, wenn sein Vater das Zepter – oder besser den Spaten – in der Firma schwang.

»Mein Vater will es so«, sagte Johan jedes Mal, wenn dieser einen Vorschlag seines Sohnes niederschmetterte oder ihm Aufträge erteilte, die ihm nicht gefielen.

»Lass uns dein eigenes Geschäft gründen«, habe ich tausend Mal zu ihm gesagt. »Dann bist du der Chef und entscheidest, was und wie es gemacht wird.«

»Du hast ja recht, meine Liebe«, war seine beständige Antwort. Nun haben wir den Worten auch Taten folgen lassen. Wie ich dir geschrieben hatte, war Schwiegervater Mandel zuerst wütend und wollte nicht mit unserem Blumenladen zusammenarbeiten.

»Wer bei Mandel & Söhne aussteigt, ist kein Sohn mehr«, hatte der alte Herr geschimpft. Johan hat ziemlich unter dem Widerstand seines Vaters gelitten. Im Frühling hat er einige Pfund abgenommen, weil er vor Sorge wenig aß und sich nachts hin und her wälzte, dass unser Bett ächzte. Ich habe ihn so gut getröstet, wie ich konnte.

Zum Glück sind wir nicht auf das Geld von Schwiegervater Mandel angewiesen. Mit meiner Schneiderei, dem Versandhandel und der Nähschule mache ich guten Umsatz. Ich führe mein Geschäft natürlich weiter. Die Räumlichkeiten in Sandefjord behalte ich bei, alles ist gut eingespielt mit meinen Angestellten, weswegen ich nicht jeden Tag selbst vor Ort sein muss.

Ich hoffe, du kommst uns bald in unserem neuen Heim besuchen. Unser kleiner Johan fragt oft nach seiner Patentante *Enil.*

Ich umarme und küsse dich
deine Schwester Caroline

Kapitel 67:
Papa mag keine Pinguine und die Ruhe nach dem Sturm

Tønsberg, 30. Oktober 1948

»Papa, können wir einen echten Pinguin in unseren Garten holen?«, fragte der kleine Johan unvermittelt seinen Vater. Sie saßen zusammen am Frühstückstisch, Johan junior und Lisbet in ihren Hochstühlchen, und aßen Haferbrei. Der Dreijährige löffelte den Brei schon ganz alleine, auch wenn sein Gesichtchen danach aussah wie nach einer Tortenschlacht. Caroline tat ihrem Mann zu seinem Rührei angebratenen Speck auf den Teller. Auf dem Tisch prangte ein prächtiger Strauß Pfingstrosen, mit dem Johan sie am Vortag überrascht hatte.

»Wie kommst du auf einen Pinguin?«, fragte Johan seinen kleinen Sohn erstaunt.

»Ich habe dem Kleinen gestern vor dem Einschlafen eine Geschichte aus der Antarktis erzählt«, erklärte Caroline und strich Johan junior über sein feines, blondes Haar. »Wie ein Elternpaar ihr Küken vor der Kälte beschützt, indem sie es auf ihren Füßen tragen und mit ihren Bauchfedern einhüllen.«

»Ich will einen Pinguin«, rief Johan junior und sein kleines, breiverklebtes Gesicht strahlte vor Begeisterung.

»Du hast doch schon einen«, sagte sein Vater und meinte das Kuscheltier, das Caroline für ihn zum Geburtstag ausgesucht hatte.

»Ich will einen Pinguin! Einen echten. Der kann in unserem Garten wohnen«, krakeelte der Junge.

»Jaaa«, kreischte Lisbet, die keine Ahnung hatte, worum es ging.

»Da musst du deine Mama fragen«, seufzte Johan.

»Das geht leider nicht, mein Schatz«, sagt Caroline sanft. »Pinguine leben in der Antarktis. Da ist es ganz kalt und alles ist voller Eis und Schnee. Hier bei uns ist es ihnen viel zu warm.«

»Aber hier ist doch auch Schnee«, beharrte der Kleine. »Wenn wir Schlitten fahren und an Weihnachten. Wir können den Pinguinen Eis aus unserem Kühlraum hinlegen.«

Johan zog seine hellen Augenbrauen zusammen und Caroline beobachtete, wie er seinen Daumen am Handrücken rieb – das tat er immer, wenn ihm unbehaglich zumute war.

»Das Eis schmilzt zu schnell und die Pinguine würden in der Sonne schrecklich schwitzen«, sagte sie begütigend. »Wir lassen sie lieber in der Antarktis.«

Der kleine Bub dachte kurz nach und war offenbar nicht bereit, so einfach nachzugeben.

»Aber wir können ein Schiff nehmen und in die Antaaktara fahren und die Pinguine besuchen«, verkündete Johan junior und stellte sich in seinem Stühlchen auf, als wollte er sofort aufbrechen. »Bist du auch ein Kapitän, Papa?« Sein Tonfall ließ ahnen, dass er davon überzeugt war.

»Ich fahre einen Bagger. Damit bleibt man an Land und reist nicht um die Welt«, antwortete sein Vater gedämpft und rieb sich über das Kinn. Johan junior verzog seine Mundwinkel zu einer enttäuschten Schnute.

»Das ist langweilig«, maulte der Knirps, und seine Stimme sank enttäuscht in die Tiefe.

»Dein Papa baut mit seinem Bagger schöne Gärten. Aber in der Antarktis kann man keine Bäume und Blumen pflanzen, weil dort im Schnee und Eis nichts wachsen kann«, erklärte Caroline ihm eilig.

»Hm«, machte ihr Mann und stand auf. Er stellte seinen halb vollen Teller in die Spüle und ging hinaus. Caroline spürte, dass er verletzt war. Er wollte sichtlich nicht mit einem gewissen Kapitän aus ihrer Vergangenheit verglichen werden – vor allem nicht, wenn er bei diesem Vergleich als langweiliger Landbaggerführer in den Augen seines Sohnes schlechter abschnitt.

»Lass uns nicht mehr über die Antarktis und Pinguine sprechen, mein Schatz«, redete sie ernst auf ihren Sohn ein, und der Kleine nickte widerwillig.

»Komm, wir wollen in den Garten gehen und unsere Hasen füttern«, schlug sie munter vor. Zum Glück ließen sich kleine Kinder schnell ablenken. In Zukunft würden ihre Gutenachtgeschichten besser nicht mehr von unerreichbaren Orten handeln.

Wenn Caroline nachts im Bett neben ihrem Mann lag, gingen ihre Gedanken regelmäßig auf Reisen. Die Wellen ihrer Erinnerung trugen sie zurück ins Eismeer und sie lauschte dem Gesang der Wale und dem Lachen der Pinguine. Dieser Schatz war für immer in ihrem Innern konserviert – so wie die Antarktis die Erinnerung der Erde bewahrte. War es ein Betrug an Johan, wenn sie in diese Erinnerungen eintauchte, von denen er ausgeschlossen war?

In dieser Nacht tobte ein Herbststurm um ihr Haus. Die Fensterläden rappelten und der kleine Johan schrie angstvoll, als er von dem Getöse aus dem Schlaf gerissen wurde. Caroline eilte ans Kinderbett. Sie nahm ihren weinenden Sohn auf den Arm, der sein Gesichtchen in ihrem Hals vergrub.

»Alles ist gut, ich bin bei dir«, flüsterte sie und strich dem Kleinen beruhigend über den Rücken. Seine geballten Fäustchen lockerten sich und er nestelte in ihren Haaren. »Das ist nur der Wind, der kommt in unser Haus nicht hinein.«

Sie trat an die Wiege von Lisbet, um nach ihrer Jüngsten zu sehen. Das kleine Mädchen schlief friedlich und schien vom Sturm nichts mitzubekommen.

»Iss happ Durst«, quengelte Johan und umschlang sie fest mit seinen kurzen Beinen, als ein neuerlicher Windstoß die offenen Fensterläden zum Klappern brachte. Caroline fischte das halb leer getrunkene Fläschchen mit Fencheltee vom Fußende des Kinderbettes und steckte es dem Jungen in den Mund. Sie setzte sich mit dem Kind auf dem Schoß in den Schaukelstuhl ans bodentiefe Balkonfenster und wickelte die weiche Wolldecke um sie beide. Sie legte ihre Lippen auf seinen Scheitel und ließ ihren Atem warm auf das seidige Haar strömen, während sie eine leise Melodie summte. Seine Kopfhaut roch nach dem unverwechselbaren Duft ihres Kindes und sie sog ihn ein, es gab keinen schöneren auf der Welt. Johan seufzte, der Nuckel rutschte aus seinem entspannten Mund und schon war er eingeschlafen. Regentropfen trommelten gegen die Fensterscheibe. Sie schimmerten im Laternenlicht wie Perlen und wurden vom Wind hin und her getrieben. Carolines Augen folgten dem langsamen und geschmeidigen Tanz der Regentropfen, die sich manchmal zu Mustern zusammenfügten wie in einem Kaleidoskop, aber durch die ständige Bewegung immer wieder aufgelöst wurden. Sie dachte an die vielen Stilmuster, die sie mittlerweile gezeichnet und gestickt hatte. Diese waren festgehalten für die Ewigkeit. In wenigen Stunden würde sie wieder neue Blumengestecke und Sträuße zusammenstellen. Mit Erstaunen hatte sie festgestellt, wie viel Ähnlichkeit das Arrangieren von Blumen mit ihren Zeichnungen für Stoffmuster hatte. Die Blumen waren ein neues Feld, auf dem sie ihre Freude an Farbkombinationen und harmonischen Anordnungen ausprobieren konnte. Gleich morgen würde sie ihre neueste Vision umsetzen. Nicht nur ihr Ehemann, auch die Kunden des Blumengeschäfts hatten ihre Kunstfertigkeit bereits gelobt. Aber deutlicher noch als das Lob spürte sie diese tiefe Wärme in ihrer Brust: Es war das Gefühl, eine unerschöpfliche Quelle in ihrem Innern zu tragen, aus der sie mit vollen Händen schöpfen und sich und anderen davon geben konnte.

KAPITEL 68:
JESSE UND CAROLINE

TØNSBERG, 8. OKTOBER 1995

»Caroline Mikkelsen lebt noch«, hat Torild Albertsen Jesse atemlos am Telefon berichtet. »Ihr Sohn Johan hat sich heute Morgen bei uns gemeldet. Er hat die Suchanzeige im Zug auf dem Heimweg von der Arbeit gelesen und sofort seine Mutter angerufen. Sie heißt nun Mandel, ist neunundachtzig Jahre alt und lebt in Tønsberg, dreißig Kilometer nördlich von Sandefjord. Sie ist einverstanden, dass Sie sie zu einem Interview besuchen.«

Nun sitzt Jesse an diesem Sonntagnachmittag im Taxi nach Tønsberg und ist so aufgeregt wie vor dem Abschlussball – sie spürt eine Mischung aus Vorfreude und Furcht, auf dem gesellschaftlichen Parkett auszurutschen und sich zu blamieren. Wo ist bloß ihre journalistische Coolness geblieben? Das Taxi trägt Jesse auf einer Schnellstraße über flaches Land. Dann geht es scharf nach Osten und nach einer Weile ist sie im beschaulichen Tønsberg. Der Ort liegt auf einer Ebene, die zur Wasserkante im Osten hin leicht absinkt. Ein kleiner Felsrücken gibt dem Städtchen einen markanten Blickfang. Oben thront ein viereckiges Türmchen mit Fahne.

»Castle Rock Tower«, sagt der Taxifahrer und zeigt stolz auf das Wahrzeichen. »Festung. Sehr alt. Castrum Tunsbergis«, erklärt ihr der Fahrer in abgehackten Sätzen auf Englisch. »Tønsberg älteste Stadt von Norwegen. Von den Wikingern gebaut im neunten Jahrhundert.« Dabei streckt er neun seiner zehn runden Finger in die Höhe und lässt dabei das Lenkrad los, das er zwischen seinen kräftigen Knien festklemmt. Jesse nickt eifrig vom Beifahrersitz, bereit, im Notfall ins Lenkrad zu greifen.

»Du kannst dir altes Wikingerboot anschauen. Oseberg ship wurde auf Oseberg farm in einem alten Grabhügel gefunden. Steht jetzt im Wikingermuseum in Oslo.«

Er winkt mit der rechten Hand Richtung Westen und hat mit seiner Linken wieder das Lenkrad umfasst, allerdings nur mit seinem kleinen Finger.

»Festung gebaut im Jahrhundert tausend und dreihundert.«

Er hält erst alle zehn Finger in die Luft, das Lenkrad dabei wieder zwischen seinen Knien, dann drei Finger. An seinem Rückspiegel baumelt ein Kobold an einer Schnur. Jesse hofft, es ist ein spezieller Schutzengel für freihändiges Fahren.

Nicht weit vom Schlossturm steht eine Kirche, deren Spitzturm diesen überragt. Sie kurven durch den Ort. Die meisten Häuser sind mit Holz verkleidet und in Gelb- und Orangetönen gestrichen. Es geht leicht bergab. Jesse kann am Ende der Straße das Wasser des Meeresarmes funkeln sehen. Die Sonne lugt hinter Wolken hervor, als wollte sie Jesse bei ihrer besonderen Begegnung über die Schulter schauen. Das Taxi biegt scharf nach links und bleibt am Eingang zu einer schnurgeraden langen Straße vor einer Schranke stehen.

»Hedrumgaten«, verkündet ihr Fahrer die Zieladresse. »Nur für Bewohner. Nummer fünfzehn gleich am Anfang.«

Jesse bedankt sich, bezahlt mit großzügigem Trinkgeld und steigt aus. Der Blick auf die Armbanduhr verrät ihr, dass sie fast eine halbe Stunde zu früh dran ist. Sie wird die Zeit nutzen, um sich einen Eindruck von Carolines Wohnumgebung zu machen. Die Einbettung der porträtierten Person in ein Milieu gehört zu einem guten Zeitungsinterview dazu. Jesse geht die Kiesstraße entlang, die verlassen wirkt. Bis auf eine Katze zeigt sich kein Lebewesen. Auf der rechten Seite zur See hin ist die Straße von hohen Bäumen gesäumt, die in herbstlicher Farbenpracht leuchten. Links stehen ordentlich aneinandergereiht kastenförmige Zweifamilienhäuser, zweistöckig mit spitzem Dach und quadratischen Fenstern wie Augen. Die Grundstücke sind mit übermannshohen Hecken voneinander abgetrennt. *Die Südpolpionierin lebt zurückgezogen in einer gepflegten Wohnsiedlung in der ältesten Stadt Norwegens.* Im Geiste formuliert Jesse bereits ihr Intro des Artikels. *Langweilig*, hört sie die Stimme von Marlow in ihrem Kopf krächzen.

Sie muss sich heute richtig ins Zeug legen und alles aus dem Interview herausquetschen, was möglich ist, um Marlow zufriedenzustellen. Beim Gedanken an das unwirsche Gesicht ihres Chefredakteurs und seinen gezückten Rotstift, der wie ein Dolch über ihrem Artikel schwebt – bereit, jeden Satz blutig zu zerlegen –, beschleunigt sich ihr Herzschlag, und ihr Brustkorb fühlt sich zu eng an. Jesses Augen gleiten über die Fassaden und suchen bei jeder Haustür die Nummer. Da ist die Nummer 15. Das Haus hat einen freundlichen sonnengelben Anstrich und vor den Fenstern hängen Blumenkästen, in denen Chrysanthemen in Weiß, Gelb und Rosa blühen. Hätte sie ihrer Interviewpartnerin Blumen mitbringen sollen? Aber nein, schließlich ist es ein beruflicher Besuch. Interviews sind professionelle Routine für sie. Trotzdem fühlt sich Jesses Mund wie vor einer Prüfung trocken an. Sie steckt sich ein Pfefferminzbonbon in den Mund und beschleunigt ihre Schritte. Sie möchte von der Bewohnerin nicht zur Unzeit vor dem Haus herumlungernd entdeckt werden. Sie geht an drei weiteren Häusern vorbei, ohne sie genauer anzusehen. Das bunte Herbstlaub der Bäume am rechten Wegrand verschwimmt vor ihren Augen. Verdammt, ihr Herz hat zum Galopp angesetzt.

»Bringen Sie gefälligst eine sensationelle Story zurück! Ein Kaffeekränzchen mit einer alten Dame lockt keinen Leser hinter dem Ofen hervor«, tönt ihr Marlows Stimme vom Telefonat heute Morgen noch in den Ohren. Jesse schwankt auf den nächsten Baum zu, umfasst den Stamm wie einen für lange Zeit verschollenen Freund mit beiden Armen und lehnt ihre Wange an die knorrige Rinde. Sie schließt die Augen und ringt nach Atem.

»Panikattacke«, flüstert die Stimme ihres Hausarztes ungebeten in ihrem Kopf, und sie reibt ihre Stirn an der rauen Borke des Baumes, um diesen Gedanken zu zermalmen. Langsam lässt das Schwindelgefühl nach. Sie nimmt den herben Duft der Baumrinde und von modrigen Blättern auf dem Boden wahr. Sie öffnet die Augen und schaut die Böschung hinab, die zu einem Bächlein führt. Aus einem Impuls heraus stapft sie durch den dichten Laubteppich hinab zum Wasserlauf, der so tröstlich gluckert. Sie kraxelt zwischen dornigen Büschen herum und taucht unter den Ästen eines kleinen Baumes hindurch, bis sie am matschigen Rand des Bächleins steht. Die Absätze ihrer Wildlederstiefeletten sinken in den schlammigen Boden ein. Hastig macht sie zwei Schritte zurück und rudert mit den Armen durch die Luft, um nicht das Gleichgewicht zu verlieren. Dabei entgleitet ihr die Ledermappe mit ihren Unterlagen für das Interview. Die Mappe öffnet sich im Herunterfallen und die weißen Papiere legen sich in den Wind wie Segelflieger. Mit einem Platsch landet die kostbare Mappe mit der Innenseite nach unten im Matsch. Mit eleganten Schwüngen gesellen sich die Papiere dazu. Jesse stöhnt und geht in die Hocke, um die Sachen wieder aufzusammeln – alles ist feucht und verschmiert mit brauner Erde. Ihr Fragenkatalog für das Interview, den sie in penibler journalistischer Vorbereitung erstellt hat, ist unbrauchbar geworden. Unter geflüsterten Flüchen stopft sie die Papiere wieder in ihre Mappe, die nun peinlich unprofessionell aussieht. Hat sich etwa das Universum gegen sie verschworen? Aber nein, sie ist selbst daran schuld. Was muss sie auch hier am Bachlauf herumstiefeln. Sie kann beinahe das hämische Lachen ihrer Kollegen hören.

»Alles kein Drama«, raunt sie sich zur Selbstberuhigung zu. Von solchen Äußerlichkeiten wird sie sich nicht aus dem Tritt bringen lassen. Plötzlich hört sie mehrstimmiges Bellen hinter sich sowie ein Rascheln und Brechen von Zweigen. Aufgeschreckt blickt sie sich um und sieht zwei Hunde durchs Gebüsch auf sie zu springen. Sofort ertönen ein scharfer Pfiff und ein Ruf des Hundebesitzers. Die Tiere halten inne. Jetzt sieht sie eine Gestalt oben am Wegrand auftauchen.

»*Alt i orden med deg?* – Alles in Ordnung bei Ihnen?«, ruft der Mann ihr zu. Er steigt einige Schritte im Laubteppich zu ihr hinab. Es ist ein junger Mann mit kinnlangen blonden Haaren und einem Bart.

Jesse hebt ihren Daumen zum Zeichen, dass alles okay mit ihr ist. Sie klettert die Böschung empor, während die beiden Hunde neugierig neben ihr durch das Laub toben und sie beschnuppern wollen. Ein dritter Hund sitzt neben dem Mann, der ihr auf dem letzten Meter die Hand entgegenstreckt, um ihr zu helfen. Das hätte sie auch alleine geschafft, aber aus Höflichkeit ergreift sie seine Hand, die sich warm und fest anfühlt. Zurück auf der ebenen Straße steht sie Auge in Auge mit dem Norweger, der sie forschend anschaut.

»Mögen Sie Bäume?«, fragt der Mann auf Englisch. Hat er etwa ihre Baumumarmung beobachtet, fragt sich Jesse peinlich berührt. Und woher weiß er, dass sie keine Einheimische ist? Haben die Buschtrommeln in diesem Örtchen die Ankunft der Fremden verbreitet?

»Ja, ich mag Bäume«, antwortet Jesse und klopft sich verlegen die Blätter vom Mantel. Der Blick des Mannes folgt jeder ihrer Bewegungen, als würde er ein exotisches Wesen betrachten.

»Sie sind die Australierin, oder?«, erkundigt sich der Norweger weiter und lächelt sie offenherzig an.

»Woher wissen Sie das?«, kommt es ihr über die Lippen.

»Meine Großmutter erwartet Sie schon«, sagt der Mann, und Jesse starrt ihn fassungslos an, während ihre Gedanken auf Hochtouren laufen und die Informationen zusammensetzen.

»Oh, dann sind Sie also der Enkelsohn von Caroline Mikkelsen, ich meine, Mandel?«, bringt sie etwas gefasster hervor. Der Mann nickt.

»Ich führe Sie zum Haus.« Er macht eine höfliche Armbewegung in diese Richtung.

Sie nickt. Als sie neben ihm hergeht, lösen sich Lehmbrocken von ihren Stiefeln und sie kommt sich wie eine Überlebende aus einer Schlammlawine vor – gezeichnet und trotzdem irgendwie glücklich.

»Das trocknet wieder«, meint er aufmunternd mit Blick auf ihre verdreckte Mappe, aus der unordentlich die Ecken von Papieren herauslugen. Doch auf dem kurzen Weg zum Haus wird Jesse sich bewusst, dass ihr Herzrasen und ihre Beklemmung durch diese unerwartete Begegnung wie weggeblasen sind und die kritische Stimme von Marlow aus ihrem Kopf verschwunden ist.

An der Haustür von Caroline hängt ein herbstlicher Kranz, der mit Walnüssen und roten Vogelbeeren geschmückt ist. Die Bewohnerin hat offenbar ein gutes Händchen für Dekoration.

Die Klingel befindet sich auf einem Messingschild in Fischform, neben dem oberen Knopf steht »Elin Svendsen« und darunter »Caroline Mandel«. Ihr Begleiter klingelt bei »Mandel« und die Hunde führen einen aufgeregten Tanz auf. Die Tür geht auf. Jesse blickt in lebendige haselnussbraune Augen aus einem fein geformten Gesicht, in das sich die Spuren eines langen Lebens eingegraben haben.

»*God dag.* Ich bin Caroline«, begrüßt sie die Dame mit klarer Stimme und streckt ihr eine zarte Hand hin. Jesse ergreift diese vorsichtig und drückt nur sanft. Aber ganz so zerbrechlich, wie sie aussieht, ist diese Hand gar nicht.

»Jesse Brubaker«, sagt sie mit Energie, aber ihre Stimme klingt leicht belegt.

»Kommen Sie doch herein. Da machen Sie die weite Reise aus Australien, um mich zu besuchen?!« Caroline schüttelt ungläubig den Kopf. Im Flur drängen sich die drei Hunde um Jesses Beine und beschnuppern sie wieder neugierig. Sie trägt ihren hellblauen Hosenanzug, dazu eine weiße Seidenbluse. Bei ihrer Frisur hat sie nicht so viel Strenge walten lassen wie sonst bei Interviews: Sie trägt sie über der Stirn auftoupiert und am Hinterkopf zu einer kunstvollen Banane aufgesteckt – fast schon glamourös. Hoffentlich ist wenigstens ihre Frisur beim Ausflug in das Gebüsch nicht in Unordnung geraten. Ihre blauen Augen hat sie dezent geschminkt und cappuccinofarbenen Lippenstift aufgetragen. Jetzt ist sie froh, sich mit ihrem Styling solche Mühe gegeben zu haben, denn auch Caroline hat sich offensichtlich schick gemacht. Sie trägt einen cremefarbenen Wollrock und eine smaragdgrüne Seidenbluse mit Rüschen, dazu eine Brosche mit einer Seerose aus Perlmutt. Ihr graues Haar hat sie im Nacken in einen Knoten gebunden, in ihre Stirn kräuseln sich einige abenteuerlustige Locken. Ihre hellbraunen Augenbrauen ziehen einen großen Bogen über ihre warmen Augen. Ihre Lippen sind rot, und wenn sie lacht, blitzen gepflegte dritte

Zähne auf und ihr Lachen breitet sich über ihr ganzes Gesicht aus. Auf den Wangen hat sie einige Altersflecken, die aber eher wie mädchenhafte Sommersprossen wirken. Dass sie fast 90 Jahre alt ist, merkt man ihr nicht an. Sie bewegt sich mühelos mit kleinen Schritten in erstaunlichem Tempo. Wahrscheinlich halten ihre drei Hunde sie in Bewegung.

Caroline führt Jesse ins Wohnzimmer, ihr Enkel und die Hunde folgen ihnen. Die gute Stube liegt zum Garten hinaus. Sie ist behaglich möbliert mit weichen Sofas mit Blumenmustern, auf dem Boden sind dicke Teppiche ausgelegt. Die Wände sind vollgehängt mit unzähligen gerahmten Familienfotos in allen Größen und Formen. Es gibt antike Geschirrvitrinen und Kommoden. Grünpflanzen und gefüllte Blumenvasen, wohin sie blickt. Ein Raum erfüllt von Leben.

»Meinen Enkelsohn Erik haben Sie schon kennengelernt«, sagt Caroline und tätschelt diesem liebevoll den Arm. »Er kann sehr gut Englisch. Deshalb habe ich ihn heute Nachmittag eingeladen, damit er beim Übersetzen hilft.«

Erik nickt und lächelt sanft aus seinem verwegenen Wikingerbart. Jesse mustert ihn genauer. Er trägt Jeans und ein blau-rot kariertes Oberhemd, frisch gebügelt, vielleicht von seiner Oma. Bisher hat Caroline teils Norwegisch, teils Englisch mit Jesse gesprochen.

»Sie können gerne Englisch sprechen, ich verstehe Sie ganz gut. Aber ich rede lieber Norwegisch und Erik übersetzt – das geht besser. Früher habe ich viele Bücher auf Englisch gelesen – alles von Agatha Christie. Ich habe auch als junge Frau ein Jahr in Los Angeles gelebt und dort eine Ausbildung zur Schneiderin in den MGM-Studios in Hollywood gemacht. Aber die Sprache rostet, wenn man sie nicht ständig benutzt«, erzählt Caroline, und Erik übersetzt. Er macht das sehr einfühlsam, wartet auf die natürlichen Pausen im Redefluss und blickt dabei vermittelnd von einer Gesprächspartnerin zur anderen. Trotzdem ist

Jesse sich nicht sicher, ob ihr seine Anwesenheit angenehm ist. Was hat er sich bloß gedacht, als er sie einen Baum umarmend und im Gebüsch kraxelnd entdeckte? Hat er gemerkt, dass er sie in einem Moment der Schwäche erwischt hat?

Sie nehmen in der Sofaecke Platz, Jesse auf einem Sessel und Caroline über Eck auf dem großen Sofa, Erik daneben. Auf dem Couchtisch steht ein feines Porzellangeschirr mit Rosenmuster bereit. In zwei Kannen dampfen Kaffee und Früchtetee. Caroline öffnet eine runde Keksdose mit offensichtlich selbst gebackenen Leckereien und lüftet eine Alufolie von einem Teller: Ein kastenförmiger Kuchen mit Mandelbelag kommt zum Vorschein.

»Das ist *kvaefjordkake*. Eine norwegische Spezialität. Eigentlich bin ich gebürtige Dänin aus Frederikshavn. Aber ich lebe schon so lange in Norwegen, dass es meine zweite Heimat geworden ist«, verrät Caroline.

»Das ist mein neuer Lieblingskuchen«, stößt Jesse erfreut aus. »Den habe ich vor zwei Tagen in Sandefjord probiert.«

»Es ist auch der Lieblingskuchen von Erik.« Caroline zwinkert ihrem Enkel zu, der das mit einem offenen Lächeln erwidert. Er hat auffallend schöne Zähne. Caroline legt ihnen allen Kuchen auf und Jesse bemerkt, dass sie einen Ehering trägt. Ob ihr zweiter Ehemann wohl auch schon tot ist? Das Klingelschild nur mit Carolines Namen deutet darauf hin. Jesse will alle diese biografischen Daten abfragen. Sie muss sich bremsen, nicht sofort mit allem über die Dame herzufallen. Aus Erfahrung weiß sie, dass es am besten ist, die Menschen zunächst in ihrem eigenen Tempo frei erzählen zu lassen.

Die Hunde tollen um sie herum und wollen den neuen Gast offenbar besser kennenlernen – oder sie spekulieren auf Hundekekse.

»Das sind meine kleinen Lieblinge.« Caroline zeigt auf den vorwitzigen weiß-braun-schwarz gescheckten Beagle, der mit seinen Kulleraugen zu Jesse hochschaut und mit seinem Schwanz wedelt. »Das ist Oscar.« Die alte Dame krault ihn hinter den Ohren. Der zweite Hund ist ein Labrador Retriever, so groß wie ein Schaf und auch so hell. Die Hundelady schmiegt sich schüchtern an die Beine ihrer Herrin.

»Das ist Wilma. Ich habe sie aus dem Tierheim gerettet. Ihre Vorderläufe waren gelähmt und sie sollte eingeschläfert werden. Aber mit Massage und Training habe ich ihre Vorderläufe wieder hinbekommen. Nun springt sie durch den Garten wie ein junges Füllen.«

Wie zum Beweis stützt sich die Hündin auf ihre Vorderpfoten und leckt an der Hand ihrer Herrin. Ein schwarzer Mittelspitz stolziert ein wenig hochnäsig um den Tisch herum.

»Das ist Valentino. Ich habe ihn nach dem Schauspieler genannt – meine erste große Filmliebe«, erzählt Caroline und schmunzelt versonnen. »Aber das war vor Ihrer Zeit.«

»Ein paar alte Filme kenne ich auch«, sagt Jesse. »Ich wollte als Kind immer Judy Garland als Freundin haben.«

Sie lächeln sich an und Jesse spürt, dass sie sich verstehen. Als Oscar seine Nase auf Jesses Teller strecken will, schickt Caroline die drei Hunde auf ihre Kissen in die andere Zimmerecke. Die Tiere folgen brav dem Zeigefinger ihrer Herrin. Jesse probiert den Kuchen.

»Der schmeckt wirklich fantastisch. Ich bin leider so eine schlechte Bäckerin, sonst würde ich den *kvaefjordkake* zu Hause mal nachbacken.« Jesse schiebt sich genüsslich die dritte Gabel in den Mund. Sie entdeckt ein Sofakissen, auf dem ein prächtiger Königspinguin aufgestickt ist.

»Mögen Sie Pinguine?«, erkundigt sich Jesse, um das Gespräch sanft in Richtung Antarktis zu steuern. Caroline lacht.

»Ja, ich liebe diese Tiere, seit ich sie in der Antarktis zum ersten Mal aus der Nähe und in ihrem natürlichen Umfeld gesehen habe.«

»Oma Caroline hat einen Pinguin-Kompass in der Brust«, hakt Erik ein und lächelt seine Großmutter liebevoll an. »Als ich kleiner war, ist sie oft mit mir in den Zoo gegangen. Wir haben stundenlang die Pinguine beobachtet.«

»Ja, manchmal kommt es mir so vor, als hätte ich eine Magnetnadel in meiner Brust, aber sie zeigt nicht zum Nordpol, sondern zum Südpol«, gesteht Caroline schmunzelnd.

»Oma Caroline arbeitet seit dem Tod von unserem Opa Johan ehrenamtlich in der Bibliothek von Sandefjord, also schon seit zehn Jahren«, erklärt Erik. »Sie hat im Laufe der Jahre dafür gesorgt, dass die Bibliothek eine große Sammlung von Büchern über Pinguine angeschafft hat.«

Caroline nickt zufrieden und nimmt einen Schluck Früchtetee. »Ich lese in der Bücherei auch regelmäßig den Kindern vor«, ergänzt sie. »Ich finde es schön, den jungen Menschen etwas von dieser geheimnisvollen Welt der Antarktis mitzugeben.«

»Solange ich denken kann, hat mir meine Oma von der Tierwelt im ewigen Eis erzählt. Von den Walen, die unter Wasser singen. Von den Fliegenden Fischen. Ihretwegen habe ich auch Meeresbiologie studiert«, sagt Erik, und seine blaugrünen Augen schimmern in den Farben des Meeres.

»Ja, unser Erik ist der Erste aus unserer Familie, der studiert hat. Er ist so klug und fleißig!«

Caroline streichelt stolz über die bärtige Wange ihres Enkels, dieser lächelt ein wenig verlegen, lässt sich die Liebkosung aber gerne gefallen.

»Er ist ein echter Tiefseeforscher. Die letzten Monate war er vor der Küste Irlands auf einem Forschungsschiff und hat den Meeresgrund in großer Tiefe untersucht, Proben genommen und Filmaufnahmen gemacht. Dort gibt es große Korallenriffe.«

»Im nächsten Frühjahr komme ich sogar nach Australien.« Erik blickt Jesse in die Augen, was sie einen Moment lang schwindelig werden lässt, weil sie das Gefühl hat, in ein bodenloses Gewässer einzutauchen.

»Wirklich?«, fragt Jesse. Höchst originell, Frau Journalistin.

»Ja, ich werde für einige Monate im Great Barrier Reef forschen. Sie leben in Sydney, nicht wahr?«

Jesse bejaht. »Dann führe ich Sie gerne mal in der Stadt herum, wenn Sie möchten, Erik«, bietet sie mit vollendeter Höflichkeit an. »Wir haben mehr als Kängurus und das Ozonloch zu bieten«, fügt sie ein bisschen trotzig hinzu. Irgendwie wurmt sie der Gedanke, Erik könnte ihre australische Heimat verschmähen.

»Ich dachte eher, Sie sind mit einem Koala verwandt«, sagt Erik leise und wirft ihr einen neckenden Blick zu. Er spielt offensichtlich auf ihre peinliche Baum-Umarmung an.

»Wir Australier sind sehr naturverbunden«, kontert Jesse lahm. Wo ist bloß ihre Schlagfertigkeit hin?

»Wenn Sie mir die Stadt zeigen, dann nehme ich Sie zum Tauchen mit«, schlägt Erik vor. »Sie dürfen mich auch interviewen, wenn Ihnen danach ist.«

»Splendid, ich hatte noch nie ein Unterwasser-Interview«, sagt sie und wirft ihm einen Blick unter den Wimpern zu. Das fehlt gerade noch, wie ein Collegegirl zu flirten, ermahnt sie sich. Der Mann ist mindestens zehn Jahre jünger als sie. Aber warum sollte das eigentlich verboten sein? Joan Collins hat sich schließlich auch den 14 Jahre jüngeren Schwedenschönling Peter Holm geangelt. Nur fehlen Jesse dafür vielleicht die Verführungskünste einer Collins. Sie schüttelt leicht den Kopf, um sich aus dem Sog der wassergrünen Augen loszureißen.

Jesse holt ihr Diktiergerät aus der Handtasche, um den offiziellen Teil des Interviews einzuleiten. Auf die schlammigen Papiere mit allen Interviewfragen kann sie sich leider nicht mehr stützen. Sie fühlt sich wie eine Pilotin, die ohne

Navigationshilfe fliegen muss. Sie muss sich auf ihr Gedächtnis und auf ihre Intuition verlassen.

So stellt sie Caroline ihre Fragen zu deren Biografie und wie es zur Antarktisreise kam. Bald schon holt Caroline ein Fotoalbum aus dem Schrank und zeigt Jesse kleine Schwarz-Weiß-Fotos von der Schiffsreise. Besonders genau sieht sich Jesse die Bilder vom Landgang an.

»Ich erinnere mich daran, als wäre es gestern gewesen«, sagt Caroline, als sie ihr diesen besonderen Tag des Landgangs beschreibt. Sobald das Gespräch auf ihren Mann Klarius kommt, geht eine Veränderung in Caroline vor. Sie lobt ihn als guten Kapitän, aber aus ihrer Stimme klingt eine deutliche Zurückhaltung und sie hält ihre Augen gesenkt. Sie verbirgt etwas vor ihr, geht es Jesse durch den Kopf. Ihr Instinkt als Journalistin ist geweckt. Sie kommt zu dem Schluss, dass es wohl Gefühle für Klarius sind, die sie verbirgt. Welcher Natur diese Gefühle sind, kann Jesse nicht recht deuten.

Sobald Caroline jedoch über ihren zweiten Mann Johan spricht, betont sie, was für ein guter Mann er gewesen sei. Die Bäume im Garten habe er gepflanzt. Sein Blumengeschäft habe sie jahrzehntelang mit ihm geführt. Er sei ein wundervoller Vater für ihre beiden Kinder gewesen und ein gütiger Großvater. Auch Caroline ist glückliche Oma von fünf Enkelkindern. Strahlend präsentiert sie Jesse alle Familienmitglieder auf den Fotos an den Wänden. Erik scheint sie ein wenig bremsen zu wollen, aber Jesse betrachtet alle Fotos geduldig. Es gibt ein großes Hochzeitsfoto von Caroline und Johan. Auch Erik ist oft zu sehen: als pausbackiges Baby, als Knirps in Latzhosen, als Schulbub beim Fototermin mit zu engem Jackett und Zahnlücken, als Teenager.

»Ein hübscher Junge, unser Erik, nicht wahr?«, meint Caroline auf Norwegisch. Erik übersetzt das nicht, aber Jesse hat es verstanden und zwinkert ihm zu.

Nach einer Weile wendet sich Jesse mit der Frage an ihre Interviewpartnerin, die ihr schon seit Beginn auf den Lippen brennt: »Warum haben Sie sechzig Jahre lang über Ihre Antarktisreise geschwiegen? War Ihnen nicht bewusst, dass Sie als erste Frau der Welt den weißen Kontinent betreten haben? Warum haben Sie Ihren Rekord nicht mit der Welt geteilt?«

Caroline senkt den Blick und schweigt eine Weile. Es wird still im Raum und selbst die Hunde verstummen.

»Ich habe nach meiner Heirat mit Johan ein neues Leben angefangen«, sagt Caroline mit klarer Stimme. »Ich habe all die Jahre in unserer Ehe über meine Erlebnisse mit Klarius geschwiegen, weil ich meinen Mann schonen wollte.«

Jesse nickt und macht sich eine mentale Notiz für ein Zitat. Irgendetwas in ihrem Innern rebelliert. Sie selbst würde ihr Licht niemals unter den Scheffel stellen, um Aidan zu schonen. Aber stimmt das wirklich? Verärgert schiebt sie den Gedanken beiseite.

»Befürchteten Sie also, der Kapitän oder Ihr zweiter Mann hätten etwas dagegen gehabt, wenn Sie als erste Frau in der Antarktis in der Öffentlichkeit geehrt worden wären?«, hakt Jesse nach. »Haben Ihre Ehemänner Ihnen verboten, davon zu sprechen?«

»Nein, natürlich nicht.« Caroline blickt Jesse erstaunt an. »Das war meine eigene Entscheidung.«

»Sie haben also auf den Ruhm verzichtet. Aber wie fühlt es sich heute für Sie an, dass Ihr Rekord endlich gewürdigt wird?«, will Jesse wissen.

Caroline seufzt. »Die Journalistin vom Abendblatt hat mir schon mitgeteilt, dass ich nun ins Guinnessbuch der Rekorde eingetragen werden soll. Ich habe bereits einen Anruf von diesen Leuten erhalten. Aber für mich kommt es nicht auf diesen Rekord an!«

Jesse starrt Caroline ungläubig an.

»Wenn Sie die Antarktis mit eigenen Augen sehen würden, würden Sie das verstehen. Dieses Land ist so stark und so einsam – es braucht keine Menschen. Ich habe keine Spuren auf diesem Boden hinterlassen. Nein. Aber die Antarktis hat Spuren in mir hinterlassen.« Caroline klopft sanft auf ihre Brust. »Diese Reise, dieser Landgang, das waren Erlebnisse, die ich nie vergessen habe, die ich all diese Jahre in meinem Herzen und in meiner Erinnerung bewahrt habe.«

Sie schweigt und scheint in sich hineinzulauschen. Jesse beißt sich auf die Zunge, um Caroline nicht mit weiteren Fragen zu bestürmen. Vielleicht würde ohne ihr Drängen ein echtes Geständnis seinen Weg an die Oberfläche finden.

»Es war ein Geschenk, die Antarktis zu besuchen. Ein Geschenk von meinem Klarius an mich. Und von der Natur. Ich habe nicht das Gefühl, irgendeinen Rekord aufgestellt zu haben. Darauf kommt es nicht an.«

Jesse blickt Caroline in die Augen und es schimmern plötzlich Tränen darin.

»Worauf kommt es an?«, fragt Jesse leise.

»Ich hatte ein gutes Leben«, sagt Caroline schlicht und mit Würde. Sie erhebt sich und gießt Jesse Kaffee nach. Jesse spürt, dass das Interview vorbei ist. Sie schaltet das Diktiergerät aus.

Als Caroline wieder auf ihrem Sessel sitzt, leuchtet ihr Gesicht plötzlich freudig auf.

»Wissen Sie, wer oben im Haus wohnt?«, fragt sie. Jesse schüttelt den Kopf.

»Meine Schwester Elin. Sie ist ein Jahr jünger als ich. Wir waren uns immer sehr nah, aber jahrelang räumlich getrennt. Sie hat in Hamburg und in Kopenhagen gelebt. Wir haben uns in dieser Zeit viele Briefe geschrieben und so alle Höhen und Tiefen miteinander geteilt. Seit wir beide Witwen sind, wohnen wir wieder dicht beieinander. Ich stelle Sie Ihnen einmal vor, ja?« Caroline erhebt sich aus ihrem Sessel.

Jesse nickt lächelnd.

Caroline geht aus dem Zimmer und alle drei Hunde folgen ihr.

Jesse schaut zu Erik. Der schmunzelt und schiebt Jesse ein zweites Stück Kuchen auf den Teller.

»Oma Caroline und Großtante Elin sind wie *beans and carrots* – Bohnen und Möhren«, sagt er.

Jesse amüsiert sich über seine kulinarische Abwandlung des Sprichworts.

»*Peas and carrots*«, verbessert sie ihn. »Erbsen und Möhren.« Erik lacht unbekümmert. Jesse wünscht sich, sie könnte auch so über ihren eigenen kleinen Fehlern stehen.

»Darf ich?«, fragt er leise, und seine Hand nähert sich ihrem Kopf. Was hat er vor? Jesse hält still. Seine Finger ziehen vorsichtig etwas aus ihrem gewundenen Haar am Hinterkopf: ein gelbes Blatt von einem Baum. O nein, hat sie das ganze Interview über dieses Blatt in den Haaren gehabt? Nervös streicht sie mit ihrer Hand über die Frisur und prüft, ob sich noch mehr unerwünschte Objekte dort verstecken.

»Keine Sorge, wir Norweger lieben Naturschönheiten«, sagt Erik. Das gelbe Blatt liegt nach wie vor auf seiner Handfläche und kommt ihr wie ein Beweisstück ihrer Unvollkommenheit vor.

»In Norwegen lässt man sich gerne vom Wind treiben.« Er pustet auf das Blatt, das durch die Luft segelt und zu ihren Füßen landet. Jesse schnappt es sich und steckt es energisch in ihre Handtasche. Erik lächelt amüsiert – aber auf eine nachsichtige Weise, die nichts von Spott an sich hat.

Kurz darauf kommt Caroline wieder ins Wohnzimmer und zieht an der Hand ihre Schwester hinter sich herein. Elin ist fast einen Kopf größer als ihre Schwester und von kräftiger Statur. Sie trägt ihr graues Haar in einem kessen Bob und aus ihrem runden Gesicht strahlen zwei kornblumenblaue Augen.

Elin und Jesse geben sich die Hand.

»Komm, setz dich zu uns«, sagt Caroline, und Elin nimmt bereitwillig auf dem Sofa Platz. Ihre Schwester versorgt sie sofort auch mit Kaffee und Kuchen.

»Eigentlich gehen wir am Sonntagnachmittag immer zusammen Bridge spielen«, erzählt Caroline. »Elin ist die Meisterspielerin in unserer Runde. Wir haben jedes Mal viel zu lachen und zu schnattern. Ich habe damals auf der *Thorshavn* Bridge gelernt. Danach habe ich es Jahrzehnte lang nicht mehr gespielt. Aber seit Elin zu mir gezogen ist, haben wir gemeinsam wieder damit angefangen.«

»Hast du deinem Gast aus Australien schon die Servietten mit deinem Pfingstrosendesign gezeigt?«, fällt Elin ein. Caroline schüttelt den Kopf. Nun springt Elin auf und holt einige Servietten aus dem Schrank und zeigt sie Jesse.

»Dieses Muster hat Caroline entworfen«, sagt sie mit Schwesternstolz. »Das war noch während des Krieges, kurz nachdem ihr erster Mann gestorben war. Caroline hat sich vollkommen in ihre Schneiderei, den Versandhandel und die Schule gestürzt und war eine selbstständige Geschäftsfrau.«

Wie Elin so animiert spricht, kann Jesse die Ähnlichkeit zu Caroline erkennen. Ihre beiden Stimmen und ihre Sprechweisen sind sich sehr ähnlich, auch in ihrer lebendigen und vergnügten Art gleichen die Schwestern sich.

»Im letzten Jahr hat das dänische Kaufhaus Magasin de la Mer, für das ich früher jahrelang gearbeitet habe, das Design von meiner Schwester erneut aufgenommen. Die schönen Pfingstrosen kann man heute wieder kaufen – auf Geschirr und auf Vorhängen.«

Caroline lächelt bescheiden und fährt mit ihren faltigen Fingern zärtlich über das Muster auf der Serviette.

»Ja, diese historischen Muster sind wieder in Mode. Sie nennen es Retro-Style«, ergänzt Erik. Der vorwitzige Beagle Oscar trappelt herbei und beschnuppert die Servietten. Elin füttert ihn mit einem Hundekeks.

»Sind Sie zum ersten Mal in Norwegen?«, wendet sich Elin an Jesse.

Jesse bejaht und sagt ein paar Worte zu ihren Eindrücken aus Oslo und Sandefjord.

»Das norwegische Lebensgefühl ist ganz anders, als ich es kenne. Hier geht alles einen ruhigeren Gang als im hektischen Sydney.« Vor allem den guten und tiefen Schlaf wird sie vermissen, wenn sie wieder zurück in der Arbeitsmühle ist. Aber das behält sie lieber für sich.

Schließlich bedankt sich Jesse für das Gespräch und die Bewirtung. Alle drei samt der Hundeschar begleiten sie zur Tür. Jesse fällt zum Glück noch ein, ihnen ihre Visitenkarte zu geben. Für Erik schreibt sie außerdem ihre Privatnummer auf die Karte und sagt, er solle sich gerne bei ihr melden, wenn er nächsten Frühling in Sydney ist. Beim Händedruck zum Abschied schaut sie nur kurz auf seinen Mund mit den vollen Lippen und vermeidet einen Blick in seine Augen. Warum fühlt sie sich so seltsam verlegen – wie ein Teenager? Das muss die norwegische Luft sein. Die hat irgendetwas mit ihr angestellt. Schnell rettet sie sich auf das sichere Terrain der hochprofessionellen Journalistin.

»Sobald der Artikel über Sie erschienen ist, Caroline, sende ich Ihnen ein Exemplar zu. Meine Kollegin vom Abendblatt kommt sicher auch noch für ein Interview auf Sie zu. Ich fürchte, ans Rampenlicht werden Sie sich zukünftig gewöhnen müssen.«

Caroline hebt die Schultern und lächelt. »Wenn sich die Leute meinetwegen wieder mehr für die Antarktis interessieren, dann soll es mir recht sein«, sagt sie. »Falls die tüchtigen Forscher der Davis Station wirklich unseren Steinhaufen und die Flagge finden sollten, würde ich gerne davon hören.«

Jesse verspricht es. Als sie schon in der offenen Haustür steht, fasst Caroline sie sacht am Ellenbogen und flüstert ihr ins Ohr: »Sie gehen doch wirklich mit unserem Erik tauchen, oder?«

»Ich weiß nicht, ob Tauchen das Richtige für mich ist. Vielleicht bleibe ich besser mit beiden Füßen auf dem Boden«, flüstert Jesse zurück. Sie ist sich nicht sicher, ob sie sich vor dem Element scheut oder ob sie wegen Erik zögert, der sie heute so aus dem Gleichgewicht gebracht hat.

Caroline schaut ihr forschend in die Augen. Danach rückt sie wieder dicht an ihr Ohr heran. »Als Frau sollte man auf sein Herz hören. Das war damals bei mir so, als ich mit meinem Klarius auf Entdeckungsreise gegangen bin. Vertrauen Sie auf sich und Ihr Gefühl! Dann wissen Sie, ob Sie mit einem Mann die Meere erkunden wollen.«

Jesse nickt und lächelt. Sie spürt, wie ihre Ohren heiß werden und ihr Herz schneller schlägt. Caroline zwinkert ihr verschwörerisch zu und umarmt sie zum Abschied.

An diesem Abend sitzt Jesse im Hotelzimmer im Bett, den Notizblock auf dem Schoß und ihren Füller in der Hand – aber bis auf ein paar Stichwörter ist das Papier leer. Sie hat Schlagzeilen und Sätze im Kopf, die ihrem Chefredakteur gefallen würden. Sie könnte Caroline zu einer Klischeefigur machen. Zur schüchternen Kapitänsgattin, die von den männlichen Entdeckern vom Ruhm ausgeschlossen wurde: eine schwache Frau, die sich der Dominanz ihrer Männer unterworfen hatte. Aber das stimmt nicht. Caroline ist eine starke

Frau. Sie hat ihre Stärke jedoch anders gezeigt, als Figuren in Heldengeschichten es tun. Caroline hat keinen Ruhm für sich eingefordert – damals, 1935, nicht und heute auch nicht. Jesse muss an die Trophäen von ihren Reitturnieren denken. Wie sehr sie um diese Pokale und Medaillen aus falschem Gold und Silber gekämpft hat. Wie sie davon überzeugt gewesen ist, diese glänzenden Leistungsbeweise unbedingt erringen zu müssen. Caroline braucht das alles nicht. Das muss ein wunderbares Gefühl sein. Und beim Abschied hat Caroline ihr noch ihr Geheimnis anvertraut, ihre Liebe zu Klarius, von der sie vor ihrem Enkelsohn nicht hat sprechen wollen. Aber mehr noch, sie hat Jesse ihre Lebensweisheit offenbart: Es waren die Liebe und das Selbstvertrauen, die Caroline den Mut für ein Leben voller Entdeckungen geschenkt haben. Nicht etwa Ehrgeiz und Geltungsbedürfnis wie bei den männlichen Südpolpionieren Amundsen und Scott, die Jesses Kollegen in der Redaktion so bewundern. Sie seufzt und löscht das Licht. Jetzt weiß sie, dass sie Carolines Worte aus dem Interview für sich selbst sprechen lassen wird.

Kapitel 69:
Worauf es ankommt

Sydney, 3. November 1995

An diesem Freitagmorgen tippt Jesse unter Hochdruck an einem Artikel über die Kaninchenkrankheit RHD – *rabbit hemorrhagic disease*. In einem geheimen Versuchslabor auf einer Insel vor Südaustralien haben skrupellose Wissenschaftler mit einem Virus experimentiert und dieses an Kaninchen getestet. Mindestens eines dieser Tiere ist als blinder Passagier auf einem Schiff von der Insel entkommen und das Virus hat sich rasend schnell in der natürlichen Tierpopulation verbreitet und bereits den Staat Victoria erreicht. Der Virologe, mit dem Jesse heute früh telefoniert hat, schätzt einen bleibenden Rückgang der Kaninchenpopulation aufgrund des Virus auf 60 Prozent innerhalb der nächsten zwölf Monate. Die Story hätte auch aus der Feder von Michael Crichton stammen können – nur dass Kaninchen leider nicht so beeindruckende Protagonisten sind wie Dinosaurier.

»Hat Steven Spielberg schon wegen der Filmrechte für deine Kaninchen-Story angerufen?«, schallt es vom Schreibtisch von Paul McQuire herüber. Jesse wirft einen Papierflieger in seine Richtung, den sie aus der Titelseite des Boulevardblattes Express mit der Headline »Das Kaninchen-Virus mutiert« gefaltet hat.

Ihr Telefon klingelt und sie meldet sich gestresst. Hoffentlich kaut ihr nicht wieder der Kollege ihrer Rechtsabteilung das Ohr ab. Als sie hört, wer dran ist, zieht ihre Anspannung weiter an, aber es mischt sich Freude hinein. Es ist Diana Patterson von der Davis Station.

»Wir haben heute den Mikkelsen-Steinhaufen gefunden«, tönt ihre Stimme blechern durch eine verrauschte Leitung. Das Satellitentelefon scheint gestört zu sein. Jesse presst den Hörer an ihrem Ende noch fester an ihr Ohr.

»Das ist ja fantastisch!«, ruft sie. »Sind Sie sicher, dass es die Landestelle von Caroline aus dem Jahr 1935 ist?«

»Ziemlich. Ich war mit meinen Kollegen auf Erkundungsgang. Wir haben einen fast mannshohen Steinhaufen und darauf einen hölzernen Fahnenmast entdeckt. Allerdings hat genau an dieser Stelle eine Gruppe von Adeliepinguinen gebrütet. Wir wollten sie nicht stören. Deshalb haben wir das Monument nicht näher untersuchen können. Wir wollen auf jeden Fall im Frühjahr zurückkehren, sobald der Schnee geschmolzen ist und die Pinguine weitergezogen sind. Die Fundstelle befindet sich allerdings nicht auf dem Festland, wie wir dachten, sondern auf einer vorgelagerten Insel namens Tryne Island. Die Koordinaten lauten: 68° 22' Süd, 78° 24' Ost.«

Jesse schreibt eifrig mit. Bei den letzten Worten sinkt ihr das Herz. Verdammt! Festland oder Insel macht einen Unterschied, was den Rekord von Caroline angeht. Sie bedankt sich bei Diana und legt auf.

Nach dem Telefonat starrt Jesse auf die Weltkarte, die an ihrem Arbeitsplatz hängt. Ihr Blick wandert von der

Antarktis nach Norwegen. Ihre Finger kribbeln und sie öffnet die mittlere Schreibtischschublade, in der sie einige wertvolle Postkarten versteckt hat. Dort liegt die Karte mit den Pinguinen, die sie an die kleine Jesse aus Sandefjord geschrieben hat. Inzwischen haben sich noch weitere Karten von Jesse an ihr kindliches Ich eingefunden. Sie hat Freude daran gefunden, kleine liebevolle Nachrichten an sich selbst zu schreiben. Doch eine Karte ist darunter, die von einem anderen Absender stammt: von Erik Mandel. Seine Postkarte zeigt eine geheimnisvolle Unterwasserwelt mit vielfarbigen Fischen, Meerespflanzen und Korallen. Erik hat auf die Rückseite ein Gedicht geschrieben.

Ein Taucher zur Meerjungfrau

Schäumende Meeresgischt
verschleiert dein Gesicht
du Nymphe mit lockendem Mund
ziehst mich hinab auf den Meeresgrund

Inmitten bunter Korallenpracht
soll dein feuriges Haar mich umschlingen ganz sacht
dann will ich an deinen Lippen trinken
und im heiß-kalten Rausch mit dir versinken

Sie hat diese Zeilen unzählige Male gelesen. Jedes Mal klopft ihr Herz dabei und ihr Gesicht wird prickelnd warm. Das sind eindeutig die romantischsten und aufregendsten Zeilen, die ihr je ein Mann geschrieben hat. Aber hat er wirklich *sie* mit diesen Worten anreden wollen? Die Überschrift besagt, dass der Taucher zur Meerjungfrau spricht. Erik ist der Taucher. Aber ist Jesse in seinen Augen die Meerjungfrau? Immerhin steht ihr Name im Adressfeld. Und die feuerroten Haare der Nymphe passen auch zu ihr. Erik scheint ihre außergewöhnliche Haarfarbe schön zu finden. Das hat Seltenheitswert für Jesse. Als Kind ist ihr Rotschopf Anlass für unzählige Witze und Schmähungen gewesen, das kennt jede Leidensgenossin. Unter Erwachsenen ist sie es gewohnt, dass die Leute ihre Haarfarbe diplomatisch ignorieren, als hätte sie eine Warze auf der Nase oder ein anderes Gebrechen, über das man gnädig den Mantel des Schweigens breiten sollte.

Sie hat Eriks geschwungene Handschrift auf der Postkarte genau studiert. Sie mag es, wie er ihren Namen geschrieben hat. Nächtelang, wenn sie mal wieder nicht hat schlafen können, hat sie überlegt, ob und wie sie auf diese Postkarte antworten soll. Vorerst hat sie sich für mysteriöses Schweigen entschieden.

Schließlich gibt sie sich einen Ruck und sucht nach einer detaillierten Landkarte im Internet. Es dauert minutenlang, bis sich das Bild zusammensetzt, und sie kaut ungeduldig auf dem Ende ihres Bleistifts herum. Schließlich hat sie das Areal auf dem Bildschirm. Tatsächlich, die Insel Tryne liegt lang gestreckt drei Kilometer vor der Ingrid-Christensen-Küste. Aus den Erzählungen von Caroline und dem Eintrag im Logbuch der *Thorshavn* geht hervor, dass Kapitän Mikkelsen und sein Steuermann das betretene Land für das Festland gehalten haben. Man muss bedenken, dass dieser Küstenabschnitt der Antarktis 1935 noch völlig unerforscht war und es weder genaue Karten noch andere Messpunkte mit Koordinaten gab, die der Kapitän hätte heranziehen können. Jesse kennt sich dank ihrer Recherche inzwischen gut aus, besonders im Vestfold-Archiv hat sie aufschlussreiche Informationen gesammelt. Die Kartierung wurde erst in den Jahren nach 1935 verfeinert, insbesondere durch die nächste Expedition unter Lars Christensen, dessen Forscher das Gebiet auch erstmalig mit Wasserflugzeugen überflogen und 1936/37 rund 2.200 Luftaufnahmen anfertigten, die aber erst 1946 von einem Team norwegischer Kartografen ausgewertet wurden. Das ermöglichte die genauere Erfassung und Benennung dieses Küstenabschnitts des antarktischen Kontinents.

Am Nachmittag ist Redaktionskonferenz. Sie sind alle im Glaskasten versammelt. Marlow drückt seine Zigarette aus und läutet die Runde ein: »McQuire, Sie haben das heißeste Thema. Fangen Sie mal an.«

Paul hat in den letzten sechs Monaten den Mordprozess gegen Daniel Higgins North verfolgt, der angeklagt ist, den Polizeikommissar Carl Webster im Jahr 1989 erschossen zu haben. Heute ist das Urteil gesprochen worden.

»North ist zu lebenslanger Haft ohne Bewährung verurteilt worden«, berichtet McQuire. »Ich habe O-Töne von Angehörigen des Opfers und vom Verteidiger des Verurteilten.«

»Okay.« Marlow schnipst mit dem Finger. »Nächste Woche machen Sie dann einen Follow-up-Artikel zu Haftbedingungen für Langzeitgefangene.«

Wobble, Patricia und Robinson kommen an die Reihe und Jesse hört kaum zu. Dann ist sie dran. Sie umreißt kurz ihren Kaninchen-Virus-Artikel. Anschließend holt sie tief Luft.

»Ich habe außerdem Neuigkeiten aus der Antarktis und möchte nächste Woche einen Folgeartikel zu meinem Mikkelsen-Porträt vom Oktober schreiben. Heute haben die Forscher der Davis Station den Mikkelsen-Steinhaufen gefunden.«

Sie fasst die Informationen von Diana zusammen. Auf der Stirn von Marlow ziehen Gewitterwolken auf.

»Soll das heißen, diese Caroline war in Wirklichkeit gar nicht die erste Frau, die den weißen Kontinent betreten hat?«, knurrt er. »Dann haben wir die Frau ja zu Unrecht als Rekordhalterin gefeiert!«

Jesse schluckt.

»Aber sie war die erste Frau, die eine Insel der Antarktis betreten hat. Nur wenige Kilometer vom Festland entfernt.«

Sie will Caroline unbedingt gegen die Herabwürdigung von Marlow verteidigen. »Das ist auch ein Rekord. Die Vertreter des Guinnessbuchs werden das sicherlich so aufnehmen«, entgegnet sie beinahe beschwörend.

»Ich sage es nur ungern, aber Sie haben sich mit dieser Antarktis-Story verrannt, Brubaker. Mir hat schon im Oktober Ihr Porträt nicht sonderlich gefallen«, sagt Marlow, und Jesse spürt einen Schmerz in der Hand, weil sie ihren Stift zu fest umklammert hat.

»Ich habe Ihren Artikel vor ein paar Wochen laufen lassen, weil Sie die weite Reise nach Norwegen unternommen haben und dabei etwas für uns herauskommen musste. Sie ist bestimmt eine nette alte Dame, diese Mikkelsen-Mandel. Aber eine Heldin ist sie nicht! Warum sollen wir einer Frau huldigen, die nur als Touristin an Bord dieses Schiffes war und von ihrem Kapitänsgatten praktisch auf Händen auf das Festland – Pardon, auf die Insel – getragen worden ist? Wo ist bitte schön ihr persönlicher Einsatz, wo ist die Leistung?« Marlow hämmert bei jedem »Wo« mit der Faust auf den Tisch, dass der Kaffee wie bei einem Sturm in den Tassen schwappt.

»Ich habe doch nie behauptet, dass sie eine Extremsportlerin oder so etwas in der Art ist«, verteidigt Jesse ihren Artikel und Caroline.

Nun klingt unerwartet die ruhige Stimme von Patricia in den Raum: »Der ans Ziel getragen wurde, darf nicht glauben, es erreicht zu haben.«

Marlow starrt Patricia einen Moment lang an, dann hämmert er ein drittes Mal mit der Faust auf den Tisch. »Genau so ist es!«, ruft er.

»Ich habe doch schon immer gesagt, dass diese Mikkelsen mit Amundsen nicht mithalten kann«, tritt P. P. nach und lächelt selbstgefällig.

»Haben Sie diese Weisheit erfunden?«, will Marlow von Patricia wissen. »Vielleicht sollten *Sie* den nächsten Artikel über vermeintliche Helden und Hochstapler schreiben, Larkin.«

»Das ist ein Zitat von Marie von Ebner-Eschenbach«, sagt Patricia. Das Aphorismenbuch dieser österreichischen Schriftstellerin steht auf dem Schreibtisch von Patricia und sie zitiert mit Vorliebe daraus. Dass ausgerechnet Patricia ihr jetzt in den Rücken fallen muss, ärgert Jesse. Gerade von ihr hätte sie mehr Verständnis und Solidarität für die weibliche Sicht auf das antarktische Erlebnis von Caroline erwartet.

»Also ist ein weiterer Artikel über Caroline Mikkelsen abgelehnt, oder wie soll ich das verstehen?«, hakt Jesse schneidend nach. Sie blickt zornig zu Marlow hinüber.

»Jetzt nehmen Sie es nicht persönlich, Brubaker«, antwortet Marlow gönnerhaft. »Es ist ja nicht Ihre Schuld, dass diese Mikkelsen nicht aus Heldenstoff gemacht ist. Von mir aus schreiben Sie eine kurze Notiz, falls diese Frau wirklich einen Eintrag ins Guinnessbuch der Rekorde erhalten sollte.«

Damit ist die Sache vom Tisch. Zumindest für Marlow.

Jesse fühlt sich den Rest des Tages, als würde sie mit einer offenen Wunde herumlaufen. Als sie nach der Arbeit nach Hause kommt, hockt Aidan mal wieder vor dem Fernseher und schaut sich irgendein Sportmatch an. Auch dort kommt es nur darauf an, wer wen besiegt. Warum wollen Männer ständig Rangfolgen erkämpfen? Jesse hat das so satt.

Sie stürmt ins Arbeitszimmer, schwingt sich auf ihr Spinning-Rad und strampelt los. Immer auf der Stelle. Auch ihre Gedanken kreisen: Drehung um Drehung, ohne einem Ziel näher zu kommen. Sie spielt den Schlagabtausch in der Redaktionssitzung unaufhörlich in ihrem Kopf durch.

Sie hat versagt. Aber nicht, weil sie an Caroline geglaubt hat und an die Bedeutung ihrer Geschichte. Sie hat versagt, weil sie diese Bedeutung den Leuten nicht richtig hat vermitteln können. Warum verstehen Marlow und die anderen Kollegen nicht, was sie so sehr an Caroline fasziniert?

Sie haben Caroline nie getroffen. Wenn Jesse sich Carolines Gesicht und Augen voll heiterer Gelassenheit vorstellt, fühlt sie sich ein wenig getröstet.

»Darauf kommt es nicht an«, sind die Worte von Caroline gewesen, als Jesse sie nach ihrer Erstbetreuung gefragt hat. Caroline hat recht. Im Leben kommt es auf andere Dinge an als darauf, einen Rekord aufzustellen.

Plötzlich streckt Jesse ihre Knie mitten in der Bewegung durch. Auf einem echten Fahrrad hätte diese Vollbremsung sie wohl über den Lenker geschleudert. Sie steigt vom Rad und marschiert schnurstracks zum Schrank im Wohnzimmer. Dort stehen im Vitrinenteil ihre angestaubten Jugendpokale vom Springreiten. Unzählige Silbermedaillen liegen daneben. Sie hat diese ungeliebten Trophäen aus einer Art Pflichtgefühl heraus aufbewahrt. Sie hat gedacht, sie müsste sich an ihre Vergangenheit erinnern, um in der Zukunft weiterhin nach dem unerreichbaren ersten Platz zu streben. Entschlossen schnappt sie sich einen Karton und greift mit beiden Händen zu. Die Trophäen landen kreuz und quer im Karton.

»Bisschen spät für Hausputz, oder?«, murmelt Aidan gähnend vom Sofa. Jesse antwortet ihm nicht. Sie trägt den Karton in den Keller und leert ihn in den Müllcontainer aus. Zufrieden wischt sie sich den Schweiß von der Stirn. Sie wird nie wieder dem ersten Platz hinterherjagen!

»Danke, Caroline«, flüstert sie und lächelt. In dieser Nacht schläft sie gut und träumt von einer bunten Unterwasserwelt – und einem Taucher.

KAPITEL 70:
WAS NIE HEIL WAR, KANN AUCH NICHT ZERBRECHEN

SYDNEY, 6. NOVEMBER 1995

»Kommen Sie mir nicht damit, Brubaker«, schnauzt Marlow sie an.

»Wenn Ihre Quelle nicht ans Telefon geht, dann müssen Sie eben Klinken putzen. Ich dachte, Sie hätten das investigative Handwerk inzwischen verstanden.«

»Ich kümmere mich darum«, sagt Jesse zwischen zusammengebissenen Zähnen. Es hat keinen Sinn, sich weiter zu verteidigen. Marlow ist auf hundertachtzig und für ihre Argumente taub. Sie marschiert zurück zu ihrem Schreibtisch und schaut beinahe flehend auf die Uhr: Ihr bleiben noch vier Stunden bis zum Redaktionsschluss. Sie kann es schaffen. Wenn sie sich beeilt. Und die scheue Quelle ihr die Tür aufmacht. Sie braucht die Aussage dieser Sekretärin, um die Anschuldigung von systematischer sexueller Belästigung der Mitarbeiterinnen durch den Senator auf feste Füße zu stellen. Bei diesem sensiblen Thema sind die Lippen der betroffenen Frauen oft verschlossen. Sie fürchten um ihren Arbeitsplatz und um ihren Ruf. Jesse überprüft die Adresse der Frau, die sie interviewen muss. Sie wohnt im Vorort Rockdale südlich von Sydney. Alleine die Fahrt dorthin wird im Berufsverkehr eine Stunde dauern. Aber sie muss es versuchen. Sie ermittelt die Route auf ihrem Stadtplan und schnappt sich die Autoschlüssel.

Um 18:53 Uhr hetzt Jesse zurück in den Redaktionsraum. Nur Wobble und McQuire sitzen noch an ihren Schreibtischen, die übrigen Kollegen genießen schon ihren Feierabend. Durch die Glasfenster des Büros kann sie Marlow hin und her tigern sehen, den Telefonhörer mit der einen Hand ans Ohr gepresst, eine Zigarette in der anderen. Er streitet bestimmt mit dem Anwalt aus ihrer Rechtsabteilung.

»Das Risiko nehme ich auf mich«, hört sie seine Stimme bellen. Er bemerkt Jesse und macht eine wütende Geste auf seine Armbanduhr. Jesse nickt und hält ihren Daumen hoch. Sie spürt einen stechenden Kopfschmerz hinter der Stirn und ihr Herz setzt zum Galopp an. Aber in diesem Moment hat sie keine Zeit für ihre Einreibeprozedur im Bad. Durchschnaufen kann sie nach Redaktionsschluss. Sie ruft den Artikel über den Senator auf ihrem Bildschirm auf und tippt mit fliegenden Fingern das eben eingeholte Zitat an die passende Stelle: »Der Senator hat mich auf seinen Schoß gezogen und seine Hand zwischen meine Schenkel gesteckt.«

Das wird Marlow gefallen. Die Scham der betroffenen Frau, deren Klarname in dem Artikel aus rechtlichen Gründen genannt werden muss, ist dem Chefredakteur egal.

Fünf Minuten später schickt sie das Dokument per Mail an Marlow. Sie beobachtet durch das Glasfenster, wie er sich an seinen PC setzt und mit zusammengezogenen Brauen ihren Artikel liest. Ihr Herz hämmert so heftig, dass ihr schwindelig wird. Sie wühlt in der Schublade nach ihrer Herzsalbe und stürmt ins Damen-WC.

Auf dem Klodeckel sitzend reibt sie ihre Brust ein und versucht, ihre Atmung wieder in den Griff zu bekommen. Ihre Bluse klebt an ihrem feuchten Rücken. Nach einigen Minuten geht es ihr besser. Am Waschbecken tupft sie kühlendes Wasser auf ihre Stirn. Sie ist blass wie ein Gespenst, nur ihre roten Haare leuchten wie Feuer.

Als sie um halb neun in die Wohnung kommt, sitzt Aidan mit einer Essensschachtel vom Chinesen auf der Fernsehcouch.

»Dein Vater wollte dich sprechen«, ruft er ihr kauend hinterher, als sie ins Schlafzimmer verschwindet. Sie zieht ihren eleganten Hosenanzug aus und schlüpft in ihren Pyjama. Heute hat sie keine Kraft mehr fürs Spinning.

In der Küche reißt sie hungrig den Kühlschrank auf. Ihr Magen tut weh, weil sie seit Stunden nichts gegessen hat. Aber im Kühlschrank liegen nur eine Packung Käse und zwei rote verschrumpelte Paprika.

»Warst du nicht einkaufen?«, fragt sie ihren Mann und baut sich mit den Händen in den Hüften vor dem Sofa auf.

»Ich habe bis eben gearbeitet«, verteidigt sich Aidan, ohne zu ihr aufzublicken. Er stopft sich einen weiteren Löffel Reis mit Geflügel in den Mund.

»Ich auch!« Obwohl sie erschöpft ist, fühlt sie sich wie ein gespannter Bogen, der entweder gleich einen Pfeil abschießt oder unter der Spannung zerbricht.

»Bestell dir doch auch was zu essen. Die Takeout-Menüs hängen in der Küche«, sagt Aidan gleichmütig.

»Darum geht es nicht«, faucht Jesse, und ihr Magen zieht sich zusammen. »Du musst genauso deinen Teil beitragen zu dieser Wohngemeinschaft. Warum muss ich immer einkaufen und putzen und deine verdammte Wäsche waschen? Ich bin nicht dein Dienstmädchen. Ich bin deine Ehefrau. Auch wenn ich davon in letzter Zeit nichts mehr merke.«

»Nun fang keinen lächerlichen Streit mit mir an. Du hast nur Hunger. Sobald du etwas im Magen hast, fühlst du dich besser«, entgegnet Aidan pseudoverständnisvoll.

»Lächerlich? Lächerlich findest du das also? Dass wir uns nichts mehr zu sagen haben? Dass du nie ein liebevolles Wort für mich hast? Dass du mich nie in den Arm nimmst? Dass du nicht einmal mitbekommst, wenn ich völlig fertig von der Arbeit komme?«

Jesse schnappt nach Luft. Tränen schießen ihr brennend in die Augen. Zornig beißt sie sich auf die Lippen, um zu verhindern, hemmungslos loszuschluchzen.

»Tu bloß nicht so, als seist du die Einzige mit einem stressigen Job. Ich stehe als Anwalt auch ständig unter Druck«, kontert Aidan kühl. Er schaut sie immer noch nicht an.

»Ich rede nicht von unseren Jobs, sondern von unserer Beziehung«, sagt Jesse gepresst.

»Reg dich ab und lass mich das Spiel zu Ende sehen.« Aidan schaltet den Ton vom Baseballspiel demonstrativ lauter. Er nimmt die Teetasse vom Beistelltisch und will sie zum Mund führen. Jesse hat ihm diese Tasse geschenkt. Eine Spezialanfertigung zum ersten Hochzeitstag. Darauf gedruckt ist ein kitschiges Bild von ihnen aus den Flitterwochen, eng umschlungen am Strand bei Sonnenuntergang. Jesse reißt Aidan die Tasse aus der Hand und schleudert sie an die Wand über dem Fernseher. Es gibt einen dumpfen Aufprall, Tee spritzt auf den Bildschirm, die Tasse liegt vor dem Fernseher wie eine Opfergabe.

»Spinnst du?«, brüllt Aidan. »Der Fernseher!«

Jesse gibt ein kurzes, hysterisches Lachen von sich. Endlich strömt wieder Luft in ihre Lungen und der Druck auf ihrer Brust löst sich. Sie geht die Tasse inspizieren. Der Henkel ist abgebrochen, aber sonst ist sie unversehrt. Das Liebespaar aus vergangenen Tagen grinst ihr in körnigem Sonnenuntergangsrot entgegen.

»Es ist vorbei«, verkündet Jesse mit klarer Stimme.

Sie geht mit erhobenem Haupt ins Schlafzimmer und packt einen Koffer.

Eine Stunde später sitzt sie im Hotelbett und beißt in einen tröstenden Schokoladenmuffin. Sie hat kurz überlegt, ob sie im Haus ihres Vaters um eine Unterkunft für die Nacht bitten sollte. Aber zwischen Glorias ausgestopften Tieren will sie nicht schlafen. Morgen wird sie ihren Bruder anrufen. Als Immobilienmakler sollte er ihr in kürzester Zeit eine neue Wohnung besorgen können.

Sie zappt durch die Kanäle. Bloß keine Nachrichten. Tipp – tipp – tipp. Dann verharrt ihr Finger in der Luft, sie hat den richtigen Kanal gefunden. Die vertraute öde Landschaft von Kansas taucht in Schwarz-Weiß vor ihren Augen auf – ein Mädchen mit Zöpfen auf einem Bauernhof mit Hühnern und einem Hündchen. Judy Garland als das traurige Mädchen Dorothy singt mit ihrer goldenen Stimme vom Regenbogen und dem himmlischen Land, in dem Träume wahr werden.

Jesses Augen füllen sich mit warmen Tränen. Wie sehr kann sie die Melancholie dieses Mädchens nachfühlen. Auch sie hat in den letzten Jahren ein Leben in Schwarz-Weiß geführt, eintönig und karg. Aber wie in Judy Garlands Lied über den Regenbogen der Träume, der das Grau der Wolken in eine Welt der Farben und der Wunder verwandelt, sieht Jesse endlich den Weg, der vor ihr liegt. Dorothy im »Zauberer von Oz« hat ihre roten Zauberschuhe, die sie auf den Weg der Entdeckungen, Mutproben und Selbsterkenntnis führen. Jesse hat keine roten Schuhe. Stattdessen hat sie rote Haare, denkt sie und lächelt. Sie fühlt sich zum ersten Mal seit Langem hoffnungsvoll. Damit man den Regenbogen sehen kann, muss es zuerst regnen. Doch dann kommt die Sonne und bringt die Farbenpracht zum Vorschein. Der Regenbogen wird sie in die Weiten eines blauen Himmels führen – oder in die Tiefen eines blauen Ozeans.

Epilog

Sydney, 4. Mai 1996

»Vermisst du gar nicht den Trubel in unserer Redaktion?«, will Patricia wissen, die Jesse im Café gegenübersitzt. »Ehrlich gesagt, dachte ich immer, ein Sabbatjahr machen nur Leute mit Burnout oder die auf irgendeinem spirituellen Trip sind. Aber du?«

Jesse rührt gelassen in ihrem Chai-Tee und lächelt.

»Die ersten Wochen waren eine ziemliche Umstellung«, gibt sie zu. »Ich bin auch ohne Wecker jeden Morgen zur gewohnten Zeit aufgewacht und das Adrenalin ist in meine Adern geschossen, als müsste ich eine Deadline einhalten. Ständig habe ich auf die Uhr geschaut. In meinem Kopf habe ich permanent neue Artikel formuliert und redigiert. Aber nach einigen Tagen habe ich mir selbst Zeitungs- und Nachrichtenverbot erteilt und alle Uhren verbannt. Das war wie eine Entziehungskur. Inzwischen habe ich endlich das Gefühl, der Schalter ist umgelegt und ich bin nicht mehr im 24/7-Journalistinnenmodus. Das fühlt sich fantastisch an.«

»Aha«, sagt Patricia skeptisch und linst auf ihre Uhr. Bald ist ihre Mittagspause vorbei und sie muss wieder in die Redaktion zurück. »Und was machst du so den ganzen Tag?«

»Ich schlafe lange. Dann gehe ich bummeln. Ich lese und schaue mir Filmklassiker an. Außerdem gehe ich wieder reiten – fast täglich. Es ist so wunderbar, auf einem Pferd zu sitzen und durch die Natur zu streifen. Ganz ohne Wettkampfdruck.«

»Klingt wie Urlaub. Aber rostet da auf Dauer nicht dein reges Köpfchen ein?« Patricia mustert sie skeptisch.

Jesse lässt ihre Finger versonnen durch ihr seidiges Haar gleiten. Sie trägt ihre Haarpracht nun fast immer offen. Die Zeiten von strengen Haarknoten und Hüten zum Verstecken ihres Rotschopfes sind vorbei. »Okay, ein bisschen Kopfarbeit mache ich demnächst doch: Ich möchte die Biografie von Caroline Mikkelsen schreiben.«

»Ah, deine Antarktisheldin. Wenn Marlow das hört, dann kringelt er sich«, meint Patricia ironisch.

Im ersten Moment ärgert sich Jesse, dann erinnert sie sich daran, dass sie in diesen Tagen auf die Zustimmung oder Ablehnung des Chefs pfeifen kann. Sie trinkt einen Schluck Tee. Sie beschließt, die Bemerkung von Patricia zu ignorieren.

»Ich habe einen Stapel alter Briefe von Caroline aus den 1930er- und 40er-Jahren. Das ist wertvolles Material, ich bin gespannt, was ich darin entdecken werde.«

Jesse hatte sich wie ein Kind unter dem Weihnachtsbaum gefühlt, als sie Carolines Paket aus Norwegen geöffnet und die ihr anvertrauten Briefe behutsam in ihren Händen gehalten hat. Fasziniert hat sie die skandinavischen Briefmarken mit Motiven von Schiffen und Walen und die exotischen Poststempel aus Afrika betrachtet. Als sie die Briefe schließlich entfaltet hat, ist es ihr so vorgekommen, als trüge das spröde Papier noch den Duft der weiten Welt in sich.

»Die Briefe sind gerade beim Übersetzer«, fährt Jesse fort. »Ich habe richtig Lust auf kreatives Schreiben. Vielleicht fange ich auch wieder mit Kurzgeschichten und Gedichten an. Solche Texte habe ich als Studentin viele geschrieben und große Freude daran gehabt. Ein Jahr ist lang – mal sehen, wo es mich hintreibt. Auf jeden Fall stehen Reisen auf meiner Wunschliste. Japan zur Kirschblüte zum Beispiel.«

»Ah, dann kannst du gleich ein paar japanische Hochzeitsgedichte verfassen«, unkt Patricia und lächelt sie schief an.

Der Witz wird wohl nie alt. Jesse ist großzügig und lächelt zurück.

»Ja, jetzt wo meine Scheidung durch ist, kann ich wieder ans Heiraten denken«, sagt Jesse und ist nun wirklich amüsiert.

»Wo wir gerade beim Thema sind …« Patricia lehnt sich vertraulich vor. »Elvira hat erzählt, sie hat dich vor ein paar Tagen mit einem bärtigen Jüngling mit langen blonden Haaren am Hafen gesehen.«

Patricia blickt sie erwartungsvoll an und scheint den Atem anzuhalten.

»Ja, das ist mein neuer Tauchlehrer«, erklärt Jesse lässig. »Ich habe ihn extra aus Norwegen einfliegen lassen.«

Sie lächelt geheimnisvoll. Mehr bekommt Patricia heute nicht aus ihr heraus. Für einige Tage Redaktionsklatsch dürfte das reichen.

»Viel Spaß mit deinem Wikinger«, wünscht Patricia zum Abschied.

Er ist zwar noch nicht *ihr* Wikinger, aber Jesse kann es kaum erwarten, ihn heute Nachmittag wiederzusehen.

Am Nachmittag geht sie barfuß am Curl Curl Beach spazieren, der feine Sand rieselt zwischen ihren Zehen und die Wellen der Tasmanischen See tragen ihre Schaumkronen mit rhythmischem Hoch und Tief auf den Strand. Neben ihr trottet Lady of the Sea. Die Stute bläht ihre Nüstern und knabbert an Jesses Jackentasche.

»Okay, du bekommst noch einen Snack«, verspricht sie lachend und füttert die Lady mit dem dritten Apfel, einem

Granny Smith, die Sorte, die früher ihrer Kimberly auch so gut geschmeckt hat. Nur dass Kimberly für diese Belohnung erst gehorsam hat springen müssen. Die Springzeiten der Lady sind jedoch vorbei. Sie lebt auf einem Gnadenhof. Lady of the Sea ist ein erfolgreiches Springpferd gewesen, bis sie sich vor zwei Jahren als Neunjährige auf dem Höhepunkt ihrer Karriere an einem Hindernis den rechten Hinterlauf zertrümmert hat. Normalerweise werden Pferde mit solchen Verletzungen noch an Ort und Stelle mit einem Pistolenschuss erlöst. Aber die Stute hat Glück gehabt, es ist kein Tierarzt dort gewesen, der den sogenannten Gnadenschuss freigegeben hat. Noch mehr Glück hat sie gehabt, in die Hände von Maya Wollongong zu gelangen, einer Aborigine, die auf ihrem Hof alte und verletzte Tiere aufnimmt und pflegt. Die Farm von Maya liegt am nördlichen Rand von Sydney. Jesse ist zu ihr gekommen, um ein unkompliziertes Reitpferd zu finden. Dort ist sie auf die Lady mit ihrem rotbraunen Fell getroffen, der breiten Blesse auf dem Nasenrücken und den langen schwarzen Wimpern, die ihren Augen etwas Verschmitztes geben. Die Stute ist leicht hinkend angetrabt gekommen, hat Jesse neugierig beschnuppert und vergnügt gewiehert. Da hat es klick in ihrem Innern gemacht.

Anstatt auf dem Tier zu reiten, führt sie es nun spazieren, was ihnen beiden erstaunlich viel Freude bereitet. Die Lieblingsbeschäftigungen der Stute sind futtern und Schabernack treiben. Auch heute hat sie wieder nur Schelmereien im Sinn. Sie jagt die Silberkopfmöwen über den Strand, was mit ihrem dicken Bauch und dem hinkenden Lauf ziemlich drollig aussieht. Danach kugelt sich die Lady ausgiebig im Sand und streckt dabei alle vier Beine von sich. Jesse hockt sich neben sie und reibt ihr den Hals mit Sand ab, was diese mit einem genießerischen Schnauben belohnt. Heute Abend wird sie wieder eine Stunde brauchen, um den ganzen Sand aus der struppigen Mähne herauszubürsten. Aber Jesse genießt diese monotone und beruhigende Tätigkeit des Bürstens und Striegelns mindestens genauso wie die Stute.

Die Lady wiehert ausgelassen, wackelt mit ihren Ohren und stupst Jesse an der Schulter.

»Wollen wir um die Wette laufen?«, fragt Jesse und trabt los. Die Lady hoppelt in ihrem dreibeinigen Lauf neben ihr her und behält sie die ganze Zeit im Blick ihrer dunklen runden Augen. Unvermittelt wirft sie den Kopf zurück und stoppt. Jesse folgt ihrem Kommando und bleibt auch stehen.

»Unentschieden«, verkündet Jesse und reibt ihre Nase an den Nüstern der Lady, die zustimmend schnaubt. »Den nächsten Apfel können wir uns teilen.«

Am nächsten Tag wird es ernst. Sie soll zum ersten Mal in den Ozean abtauchen.

»Ich bin die ganze Zeit in deiner Nähe.« Erik nickt ihr aufmunternd zu. Schon früh am Morgen sind sie in Sydney aufgebrochen. Erik hat sie mit seinem Auto abgeholt. Das internationale Forschungslabor, bei dem er für die nächsten zwei Jahre in einem Projekt angestellt ist, hat seinen Sitz in Sydney und seine Wohnung liegt nicht weit von ihrer entfernt. Sie sind nach Cairns gefahren, der Außenstelle des Labors. Von dort war es eine gute Stunde mit dem Boot und nun liegen sie über dem Great Barrier Reef vor Anker, bereit für einen Tauchgang. Das heißt, er ist bereit. Aber sie?

In den letzten zwei Wochen haben Erik und sie sich fast täglich getroffen und er hat ihr Tauchunterricht gegeben. Er ist ein geduldiger und immer gut gelaunter Lehrer. Das Schwimmen im Tauchanzug und den Einsatz der Flossen hat sie schnell gelernt. Jesse hat allerdings zunächst eine Höllenangst gehabt, ihr Leben dem Atemregler und der Sauerstoffflasche anzuvertrauen. Was wäre, wenn sie plötzlich in der Tiefe keine Luft mehr bekäme und der Weg an die Oberfläche zu weit wäre?

Erik hat ihre Ängste nicht abgetan, sondern nach Alternativen gesucht. Anstelle der Vollmaske hat er ihr einen Helm besorgt.

»Wie bei einem Astronauten«, hat Erik gesagt. »Darin könntest du auch auf dem Mond spazieren gehen.«

Darin fühlte sie sich sicherer und ist schließlich im Hallenbad bei einer Wassertiefe von zehn Metern gut zurechtgekommen. Jesse ist noch nie im Leben vor einer Herausforderung zurückgeschreckt. Aber sie will nicht tauchen, um Erik oder sonst irgendwen zu beeindrucken. Sie will die Wunder der Unterwasserwelt mit eigenen Augen sehen.

Erik spricht mit leuchtenden Augen von den Korallenriffen und der farbenprächtigen Tier- und Pflanzenwelt.

»Korallen sind keine Pflanzen, wie man früher dachte, sondern Nesseltiere. Sie haben einen Mund, mit dem sie Nahrung fangen, und einen Darm zur Verdauung. Sie scheiden Kalziumkarbonat aus. Daraus bauen sie das Skelett, aus dem das Riff besteht. Aber die wunderbare Farbe des Riffs kommt nicht von den Korallen, sondern von ihren Symbionten: den Algen. Diese Zooxanthellen setzen sich auf der Haut ihres Polypen, der Koralle, ab und bekommen Nährstoffe von diesem. Im Gegenzug produzieren sie durch Photosynthese Sauerstoff und Glukose, die vom Polypen aufgenommen werden. So versorgen sie sich gegenseitig.«

Seit einigen Jahren ist jedoch die sogenannte Korallenbleiche zu beobachten: Die Korallen verlieren ihre Farbe und sterben ab. Nicht nur das Barrier Reef, sondern auch Korallen in tropischen Regionen sind von diesem Phänomen betroffen.

»Wir sind gerade dabei, diese Korallenbleiche zu untersuchen. Nach unseren Erkenntnissen stoßen die Korallen ihre Symbionten ab und verhungern dann. Wir wissen noch nicht genau, warum diese Abstoßung erfolgt. Eine Theorie ist, dass es an der Erwärmung des Wassers liegen könnte.«

Jesse hört ihm aufmerksam zu und versucht, sich nicht zu sehr von seinen schönen Augen ablenken zu lassen.

Bei ihrem ersten Wiedersehen hat Erik sich freundlich, aber zurückhaltend gezeigt. Weder mit Worten noch mit Blicken hat er an die leidenschaftlichen Zeilen auf seiner Postkarte angeknüpft. In ihren Gesprächen ist er sachlich geblieben. Kein Flirt, keine charmanten Doppeldeutigkeiten. Jesse ist enttäuscht gewesen. Was immer zwischen ihnen geflirrt hatte, war in den letzten Monaten erloschen. Bis gestern.

Nach ihrem Treffen mit Patricia war Erik zu ihr gekommen. Sie hatte ihn zum Kuchenessen eingeladen – oder besser gesagt zum Backen, denn die Zubereitung des norwegischen *kvaefjordkake* traute sie sich alleine nicht zu. Er spazierte lässig in Jeans und Hemd in ihre neue Wohnung, seine blonden Haare im Zopf, in der Hand statt Blumen eine grüne Pflanze im Topf, die zwar wie Pfefferminze aussah, aber etwas anderes war.

»Einfach wachsen lassen. Du wirst sehen, was dabei herauskommt. Auf jeden Fall etwas Essbares«, erklärte er lachend. Dass sie inzwischen geschieden war und alleine lebte, hatte er bei ihrem ersten Wiedersehen nickend aufgenommen und keine Emotion preisgegeben. Nun sagte er: »Gut, dass hier kein Ehemann wohnt.«

Jesse war zu verdattert, um etwas darauf zu antworten. In der Küche stellte sie sich einigermaßen ungeschickt an. Erik bewies viel Feingefühl beim Zweiteilen des Rührteigbodens. Die Vanillepuddingcreme war ihr zu fest geraten und schnitt sich wie Flan. Und die Hälfte der Mandelblättchen der Oberschicht hatte sie im Ofen anbrennen lassen.

»Als Bäckerin bin ich echt eine Niete«, seufzte Jesse. »Soll ich das wegschmeißen und noch mal von vorne anfangen?«

Erik schüttelte den Kopf. »Lass nur. Der Kuchen muss nicht perfekt sein.«

Jesse spürte, wie sie sich entspannte. Sie musste wirklich nicht alles können. Eigentlich mochte sie ihre »Backschwäche« sogar. Als sie den Kuchen schließlich probierten, sortierte Erik einige der dunkelbraunen Mandelblättchen aus, befand aber: »Das ist der beste australische *kvaefjordkake*, den ich je gegessen habe«, und strahlte sie an. Dass es sein erster Kuchen australischer Art war und somit konkurrenzlos, tat seinem Lob keinen Abbruch. Sie schmunzelte.

Beim Abschied zog er sie unerwartet in seine Arme und gab ihr einen weichen Kuss auf den Hals. Dann war er zur Tür hinaus und Jesse lächelte benommen vor sich hin. Sie spürte die Wärme seiner Lippen auf ihrer Haut noch bis in den Schlaf hinein.

Aber gerade ist nicht der Moment, über diesen Kuss nachzudenken. Erik steht in voller Tauchausrüstung vor ihr und hält ihr die Hand entgegen. Jesse prüft noch einmal, ob ihr Helm richtig sitzt. Anschließend schaltet sie die Sauerstoffzufuhr ein. Sie nimmt Eriks Hand. Seite an Seite stehen sie auf dem Deck des Boots, einen Meter über der Wasseroberfläche. Erik drückt ihre Hand im Rhythmus ihrer gemeinsamen Atmung. So, wie sie es im Hallenbad geübt haben: die Zungenspitze hinter die Schneidezähne. Einatmen über die Nase. Bis vier zählen. Langes Ausatmen zum Summen von A-U-O-M. Sie atmen fünf Runden gemeinsam. Dann springen sie. Das Wasser umfängt sie. Die Bleigewichte in ihrer Tarierweste ziehen Jesse nach unten, mit dem Kopf voran. Sie setzt die Flossen ein und spürt, wie sie ihre Richtung selbst bestimmt. Erik ist neben ihr. Sie atmet ruhig. Gebannt richtet sie ihre Augen auf das Korallenriff, das stetig näher kommt. Eine neue, farbenprächtige Welt voller Geheimnisse und Gefahren liegt dort unten in der Tiefe des Ozeans und in ihr selbst. Jesse ist bereit, diese Tiefen zu erkunden.

Nachwort:
Fakten und Fiktion

Initialzündung und Suche nach Zeitzeugen

Alles begann mit dieser Zeitungsüberschrift vom 20.02.2015, dem 80. Jahrestag der Antarktisbetretung von Caroline Mikkelsen: »Lange geheim: Die erste Frau am Südpol.« Als ich dann im Artikel las: Fast 60 Jahre behielt sie ihr Abenteuer für sich, »um meinen zweiten Mann zu schonen«, war meine Neugier als Schriftstellerin geweckt. Ich wollte mehr über diese bescheidene und einfühlsame Frau erfahren, über die Beziehungen zu ihren beiden Ehemännern und das 60 Jahre lang gehütete Familiengeheimnis. Meine Suche im Internet (Wikipedia u. a.) gab nur nackte Fakten her, die Lebensdaten und Carolines Eintrag im Guinnessbuch der Rekorde als erste Frau, die am 20. Februar 1935 die Antarktis betreten hat. Mich interessierte aber der Mensch hinter dem Rekord. Mit detektivischem Eifer begab ich mich also auf die Suche nach Zeitzeugen und kontaktierte im Mai 2019 mit Erfolg die australische Wissenschaftlerin **Diana Patterson**, die Leiterin der

Davis Station in der Antarktis nahe bei der Landestelle der Norweger im Jahr 1935. Sie gab mir bereitwillig und detailliert Auskunft zur Suchaktion nach dem historischen Steinhaufen und nach der verschollenen Frau Mikkelsen. Sehr erhellend waren für mich auch ihre Eindrücke von Caroline aus ihrer persönlichen Begegnung im Jahr 1996, als sie die 89-Jährige in ihrem Zuhause in Tønsberg besucht hatte. Sie beschrieb mir Caroline als tüchtige, lebensfrohe und bescheidene Dame.

Um Sohn oder Tochter von Caroline in Norwegen ausfindig zu machen, gab mir Diana den Tipp, mich an **Susan Barr** vom Polarinstitut in Oslo zu wenden, die 1995 bei der öffentlichen Suche nach Caroline eine tragende Rolle gespielt hatte. Diese war auch sofort hilfsbereit und fand für mich die Postanschrift von **Johan Mandel**, Carolines Sohn, in Tønsberg heraus. Nun war es Zeit für einen altbewährten Brief auf Papier, den ich an Johan schrieb und mit klopfendem Herzen nach Norwegen schickte. Und siehe da: Wenige Tage später meldete sich Carolines Sohn per E-Mail bei mir. Es folgte ein sehr vertrauensvoller und erkenntnisreicher Austausch, auf Englisch und Norwegisch mit Übersetzungshilfe, in dem er meine vielen Fragen zu seiner Mutter beantwortete und per Post alle Zeitungsartikel über Caroline und sogar die Originalfotos aus dem Familienalbum von Carolines Weltreise auf der *M/S Thorshavn* mit ihrem Mann Klarius als Kapitän in meine Hände gab.

Darstellung der Personen

Alle diese Informationen zu Carolines Lebenslauf und ihren Charaktereigenschaften habe ich ausgewertet und in meinen Roman einfließen lassen: **Faktisch korrekt** ist also, dass Caroline (20.11.1906–15.09.1998) das 13. von 16 Kindern der Fischerfamilie Aaen aus Frederikshavn in Dänemark war.

Sie hat als junge Frau eine Ausbildung zur Schneiderin in Los Angeles absolviert. 1932 hat sie den fast 20 Jahre älteren Kapitän Klarius Mikkelsen (1887–1941) geheiratet und ist zu ihm nach Sandefjord ins Walfangzentrum gezogen. Wie genau sich Caroline und Klarius kennengelernt haben, wusste selbst Sohn Johan nicht, da seine Mutter im Familienkreis über ihre erste Ehe stets geschwiegen hatte. Das Einzige, was Johan mir sagte, war, dass seine Mutter in ihrer ersten Ehe wohl auch Enttäuschungen erlebt, aber Klarius als ihre erste große Liebe stets in ihrem Herzen bewahrt habe. Bei der **Liebesgeschichte von Caroline und Klarius** war ich somit auf meine **Fantasie** und mein psychologisches Einfühlungsvermögen angewiesen, wie sich wohl das Kennenlernen und die Ehe zwischen dem deutlich älteren und weltgewandten Kapitän und der jungen, schüchternen und kreativen Frau gestaltet hat. Um ein möglichst authentisches Bild von ihren Hochzeitsfeierlichkeiten zu malen, habe ich gründliche **Recherchen zu dänischen Bräuchen und Hochzeitssitten** betrieben. Dass Caroline in der Reederei ihres Onkels als Sekretärin gearbeitet und so den Kapitän als dessen Geschäftspartner kennengelernt hat, habe ich erfunden. Gelesen habe ich, dass Caroline vor ihrer Ehe als Erzieherin oder Kindermädchen tätig war. Daraus habe ich ihren Kinderwunsch abgeleitet, der jedoch in ihrer Ehe mit Klarius unerfüllt geblieben ist, was sicherlich eine schmerzvolle Enttäuschung für die kinderliebe junge Frau gewesen sein muss, ebenso wie die langen Abwesenheiten des Kapitäns, wenn er ständig auf den Weltmeeren unterwegs war.

Den **beruflichen Werdegang von Klarius** konnte ich auf **Fakten** stützen: In der norwegischen Nationalbibliothek (online) habe ich einige Zeitungsartikel mit Nachruf und detaillierter Beschreibung seiner Beerdigung gefunden, wo auch seine Karrierestationen als Kapitän aufgelistet werden. Der Reeder und Auftraggeber der Antarktisexpedition **Lars Christensen** sowie seine reiselustige Frau **Ingrid Christensen** sind historische Personen.

Carolines persönliche Entwicklung nach dem Tod von Klarius von einer Hausfrau zur Geschäftsfrau basiert ebenfalls auf **Fakten**. Ihre **Geschäftstüchtigkeit** als Leiterin ihrer Nähschule und eines Versandhandels geht aus den Porträts norwegischer Zeitungen (1995/96) hervor. Nach ihrer **zweiten Heirat** (1944) mit dem Gärtner **Johan Mandel** hat sie mit ihm zusammen ein Blumengeschäft im norwegischen Tønsberg geführt. Diese **Fakten** habe ich allerdings mit **Fantasie** ausgefüllt, was das Kennenlernen und ihre eheliche Beziehung betrifft – hierbei habe ich aus Carolines Aussage im Zeitungsinterview zur »Schonung« ihres Mannes geschlossen, dass er vermutlich ein unsicherer und sanfter Mann gewesen ist, dem sie die Konkurrenz zum Kapitän nicht zumuten wollte, und dass Caroline in dieser Ehe das Ruder in der Hand hielt.

Darüber hinaus hat mir ihr Sohn Johan von ihrem Pfingstrosendesign berichtet, was es bis heute in Norwegen gibt. Von ihm weiß ich auch, dass Caroline als Seniorin drei Hunde hatte, die sie fit gehalten haben, und dass sie gerne Bridge gespielt hat. Sie pflegte lebenslang eine gute Beziehung zu ihren dänischen Geschwistern, die sie oft besucht hat. Ihre **Lieblingsschwester Elin**, der sie im Roman brieflich ihr Herz ausschüttet, basiert auf ihren Schwestern, ist jedoch in dieser konkreten Figur **fiktiv**.

Ebenso **fiktiv** ist die australische **Journalistin Jesse Brubaker**. Sie setzt sich zusammen aus den Frauen, die engagiert und beharrlich in den Jahren 1995/96 nach Caroline gesucht haben. Für meinen Roman war es dramaturgisch wichtig, die »Wiederentdeckung« der 89-jährigen Caroline zu zeigen. Auch die spannende Suche nach ihr sollte in Erscheinung treten. So habe ich die Figur der Jesse entworfen, die als Gegenpart zu

Caroline eine Frau der heutigen Zeit ist, aber wie Caroline mit denselben Herausforderungen des Frauseins konfrontiert wird: Beide müssen sich gegen männliche Dominanz behaupten, sei es im Berufsleben oder in der Ehe, und die eigenen Bedürfnisse erkennen und durchsetzen.

Zeitgeist im Australien der 1990er-Jahre

Im Hinblick auf die **journalistischen Themen**, über die Jesse und ihre Kollegen im fiktiven **Sydney Morning Messenger** berichten, habe ich mich von australischen Headlines aus dieser Zeit inspirieren lassen. Auf Fakten stütze ich mich bei den gesellschaftspolitischen Themen wie das Gesetz gegen sexuelle Diskriminierung und Belästigung von Frauen am Arbeitsplatz von 1995, was auch durch die Me-too-Debatte wieder hochaktuell ist. Den Walkley Award gibt es wirklich. Für die fiktiven Reportagen der Romanfiguren habe ich mir von den realen preisgekrönten Reportagen einige Anregungen geholt.

Welt des Wassers

Als verbindendes Element zwischen diesen unterschiedlichen Frauen Caroline und Jesse dient das Meer, denn beide leben in Hafenstädten und haben eine besondere Beziehung zum Wasser. Auf **Fakten** gründet sich auch der thematisierte **Eingriff der Menschen in die natürliche Welt des Wassers**, was beide Zeitebenen des Romans miteinander verbindet: Waren es zu Carolines Zeit in den 1930er- und 40er-Jahren noch die **Wale**, die erbarmungslos abgeschlachtet und beinahe ausgerottet wurden, so sind es seit den 1990er-Jahren die sensiblen Biotope der Meere, insbesondere die **Korallenriffe**, die am Eingriff der Menschen in die Natur sterben. So habe ich Carolines **Enkelsohn Erik** als **fiktive** Figur zu einem Meeresbiologen gemacht, der von seiner Oma die Liebe zur Natur mitbekommen hat. Tatsächlich pflegte Caroline eine enge Beziehung zu einem ihrer fünf Enkelkinder, wie mir ihr Sohn erzählte. Dass Enkelsohn Erik zudem als junger Mann für Jesse eine partnerschaftliche Perspektive bietet, ist allerdings meiner romantischen Fantasie entsprungen.

Die Reise in die Antarktis

Die Stationen von Carolines **Seereise 1934/35 auf der M/S *Thorshavn*** entsprechen den **Fakten**. Hierzu habe ich das Logbuch der *Thorshavn* herangezogen, was mir vom Vestfold-Archiv des Walfangmuseums in Sandefjord in digitalisierter Form zur Verfügung gestellt worden ist. Mit der freundlichen Unterstützung der Archivarin konnte ich die genaue Reiseroute mit den angelaufenen Häfen rekonstruieren. Auch den historischen Eintrag vom 20. Februar 1935 vom **Landgang** von Caroline hat mir die Archivarin ins Deutsche übersetzt. Bei dieser Szene im Roman habe ich mich dicht an die Beschreibung aus den Zeitungsinterviews von Caroline selbst und an die Originalfotos (z. B. vom Hissen der Flagge, Caroline umringt von Adeliepinguinen) gehalten und so **größtmögliche Authentizität** angestrebt.

Was das **Leben an Bord eines Walfängers** mit Ritualen wie der Äquatortaufe und den Walfang angeht, habe ich mich von den **Tagebuchaufzeichnungen des deutschen Matrosen Heinrich Wickede** anregen lassen, der 1938/39 auf dem Walfänger *Walter Rau* von Hamburg bis ins Südpolarmeer sechs Monate lang unterwegs war. Zum genauen Vorgang der Walschlachtung habe ich Videos und viele Fotos aus den 1930er-Jahren gesichtet und in Worte verwandelt.

Quellenangabe

In Kapitel 58 ist Davids Psalm 23 »Der Herr ist mein Hirte« in der Fassung LUT 2017, Deutsche Bibelgesellschaft, Stuttgart wiedergegeben.

Danksagungen

Mein erster Dank gilt **Caroline Mikkelsen**, die mich mit ihrer Lebensgeschichte so inspiriert hat. Ohne die freundliche Unterstützung ihres Sohnes **Johan Mandel** wäre jedoch vieles für mich im Dunkeln geblieben. Danke für die vertrauensvolle Zusendung der Fotos aus dem Familienalbum und der norwegischen Zeitungsartikel aus den Jahren 1995/96, als Caroline 60 Jahre nach ihrer Antarktisbetretung von der Öffentlichkeit wiederentdeckt und gewürdigt wurde, u. a. mit dem Eintrag ins Guinnessbuch der Rekorde. Viele Facetten von Carolines Leben und ihrer Persönlichkeit konnte ich den Zeitungsinterviews entnehmen, aber auch den Erinnerungen ihres Sohnes, die er mit mir geteilt hat. Herzlichen Dank ebenfalls an Johans Frau **Torild**, die unsere E-Mail-Korrespondenz bereitwillig unterstützt hat.

Sehr hilfsbereit auf meinem Rechercheweg war auch **Diana Patterson**, die Leiterin der Davis Station in der Antarktis nahe bei der Landestelle der Norweger im Jahr 1935. Es ist ihrem Einsatz zu verdanken, dass 1995 überhaupt nach der verschollenen Erstbetreterin der Antarktis gesucht wurde. Ich bin dankbar, dass Diana mir ihre Eindrücke von Caroline aus ihrer persönlichen Begegnung im Jahr 1996 geschildert hat, als sie die 89-Jährige in deren Zuhause in Tønsberg (Norwegen) besucht hat.

Unbürokratische Unterstützung habe ich zudem von der engagierten Archivarin **Petra Erdösi Jensen** vom Vestfold-Archiv des Walfangmuseums in Sandefjord erhalten, die mir das Logbuch der *Thorshavn* in digitalisierter Form zur Verfügung gestellt hat, sodass ich die Reiseroute von Caroline und Klarius in meinem Roman ganz genau nachzeichnen konnte. Nach dieser umfassenden Recherche war ich bestens gerüstet, meinen Roman zu schreiben.

Im Schreibprozess und in der Überarbeitung des Manuskripts in seinen vielen Entwicklungsstufen haben mir meine Testleserinnen sehr geholfen. Mein großer Dank geht an **Dorit Günther** (@wortkosterin auf Instagram), die das Manuskript unzählige Male gelesen und mir aus ihrer Erfahrung als Journalistin sowie Literaturkennerin wertvolle Hinweise zur Ausgestaltung der Figuren und zum Feilen an der Sprache gegeben hat. Auch der frische Blick und das empathische Feedback meiner zweiten Testleserin **Janina** haben mir sehr geholfen. Den letzten Schliff in der Dramaturgie und Figurenentwicklung hat die Lektorin **Ute Köhler** mit feinem Gespür und großer Detailgenauigkeit angebracht.

Ich möchte dem gesamten Verlagsteam von Tinte & Feder von Amazon für seine Unterstützung und sein Engagement in allen Produktionsphasen danken. Allen voran der Lektorin **Nicole Tschierschke**, die sich an erster Stelle für mein Manuskript eingesetzt und an mich geglaubt hat. Ohne sie wäre mein vorliegendes Romandebüt nicht geglückt. Danke ebenfalls an meine Agentin **Nina Arrowsmith**, die die Vertragsverhandlungen geführt hat und mir auch sonst in meinem Autorinnenleben zuverlässig zur Seite steht.

Ein dickes Dankeschön geht an meine liebevolle **Großfamilie**, die mich über die letzten Jahre in meinem Traum von der Schriftstellerei stets bestärkt und auch bei Zurückweisungen und Enttäuschungen auf dem langen Weg bis zur Veröffentlichung getröstet und wiederaufgebaut hat. Umso glücklicher bin ich nun, mein Romandebüt mit ihnen teilen zu können.

Zu guter Letzt möchte ich Ihnen, meinen Leserinnen und Lesern, herzlich für Ihr Interesse an Carolines und Jesses Geschichte danken. Gerne können Sie mir schreiben – per Mail an arabella-meran-autorin@gmx.de –, wie Ihnen der Roman gefallen hat. Ich freue mich über Rückmeldung von Ihnen. *Wenn Sie mehr über die Entstehung dieses Buches und über meine neuen Projekte erfahren möchten, finden Sie mich auf Instagram unter @arabella_meran_autorin und auf meinem Blog* www.ulrikearabella.de.

Folge dem Autor/der Autorin auf Amazon

Wenn dir dieses Buch gefallen hat, folge Arabella Meran auf Amazon. Dann erhältst du eine Benachrichtigung, wenn der Autor/die Autorin sein/ihr nächstes Buch veröffentlicht. Um dem Autor/der Autorin zu folgen, gehe bitte folgendermaßen vor:

Desktop:

1) Suche auf Amazon.de oder in der Amazon App nach dem Namen des Autors/der Autorin.
2) Klicke auf den Namen des Autors/der Autorin, um auf die Autorenseite zu gelangen.
3) Klicke auf den »Folgen«-Button.

Smartphone und Tablet:

1) Suche auf Amazon.de oder in der Amazon App nach dem Namen des Autors/der Autorin.
2) Klicke auf einen Titel des Autors/der Autorin.
3) Klicke auf den Namen des Autors/der Autorin, um auf die Autorenseite zu gelangen.
4) Klicke auf den »Folgen«-Button.

Kindle eReader und Kindle App:

Wenn du dieses Buch auf einem Kindle eReader oder in der Kindle App liest, wird dir automatisch angeboten, dem Autor/der Autorin zu folgen, nachdem du die letzte Seite des Buches gelesen hast.